V&R

Lutherjahrbuch

Organ der internationalen Lutherforschung

Im Auftrag der Luther-Gesellschaft herausgegeben von
Helmar Junghans
Professor em. an der Universität Leipzig

73. Jahrgang 2006

Vandenhoeck & Ruprecht

ISBN 978-3-525-87438-7
ISSN 0342-0914
Layout: Institut für Kirchengeschichte
der Theologischen Fakultät Leipzig
Gesamtherstellung: ⊕ Hubert & Co., Göttingen

Anschriften

der Mitarbeiter: Akademischer Mitarbeiter Dr. Michael Beyer, Pfarrhaus, D-04668 Schönbach; Professor Dr. Siegfried Bräuer, Nordendstraße 61, D-13156 Berlin; Professorin Dr. Angelika Dörfler-Dierken, Sozialwissenschaftliches Institut der Bundeswehr, Prötzeler Chaussee 20, D-15344 Strausberg; Dr. Martina Fuchs, Institut für Geschichte, Universität Wien, Dr. Karl-Lueger Ring 1, A-1010 Wien; Professor Dr. Scott H. Hendrix, 1196 Fearrington Post, 46 Caswell, Pittsboro, NC 27312 USA; Professor Dr. Helmar Junghans, Gletschersteinstraße 37, D-04299 Leipzig; Professor Dr. Carter Lindberg, 113 Whitney Street, Northborough, MA 01532-1403 USA; Professor Dr. Pilgrim Lo, Lutheran Theological Seminary, 50, Tao Fung Shan Road, Shatin, NT, Hong Kong, China; Privatdozent Dr. Wolf-Friedrich Schäufele, Institut für Europäische Geschichte, Abteilung Abendländische Religionsgeschichte, D-55116 Mainz; Pfarrer Dr. Jens Wolff, Hauptstraße 162, D-06528 Brücken; Professor Dr. Peter Zimmerling, Paul-Gruner-Straße 66, D-04107 Leipzig.

für Rezensionsexemplare, Sonderdrucke, Mitteilungen sowie Anfragen: Theologische Fakultät, Institut für Kirchengeschichte, Abt. Spätmittelalter und Reformation, Otto-Schill-Straße 2, D-04109 Leipzig (Tel. 0341-9735436, FAX 0341-8616821; E-mail: Lutherjahrbuch@uni-leipzig.de; junghans@uni-leipzig.de);

der Geschäftsstelle der Luther-Gesellschaft in der Leucorea: Collegienstraße 62, D-06886 Lutherstadt Wittenberg (Tel.: 03491-466233; Fax: 03491-466278; E-Mail: info@luther-gesellschaft.de; www.Luther-Gesellschaft.de).

Die *Abkürzungen* der »Lutherbibliographie 2006« werden im ganzen »Lutherjahrbuch 2006« verwendet. Den Abkürzungen für die *Lutherausgaben* liegt »Kurt Aland: Hilfsbuch zum Lutherstudium. 4. Aufl. Bielefeld 1996« zugrunde; StA verweist auf »Martin Luther: Studienausgabe. B; L 1979 ff«; BSLK auf »Die Bekenntnisschriften der evangelisch-lutherischen Kirche/ hrsg. vom Deutschen Evangelischen Kirchenausschuß im Gedenkjahr der Augsburgischen Konfession 1930. 2 Bde. GÖ 1930« und Nachdrucke.
Die Abkürzungen für *biblische Bücher* und die *Zeichensetzung bei Stellenangaben* folgen dem »NOVUM TESTAMENTUM GRAECE« von Eberhard Nestle.
Die *Anordnung der Rezensionen* folgt der Systematik der »Lutherbibliographie«.

In memoriam Gerhard O. Forde

By Steven D. Paulson

Professor Gerhard O. Forde died at age 77 on August 9, 2005 in St. Paul, Minnesota. His funeral was held at St. Anthony Park Lutheran Church on August 12, 2005 and he is buried on the hillside of the beautiful white church, Indherred, where his Father and Grandfather preached for over forty years and where he grew up in the parsonage next door. Gerhard Forde is one of a small number of American Lutheran theologians who have made an indelible mark in theology in the United States and internationally. He did so by means of his interpretation of Luther for the modern audience, especially in his popular book »Where God meets man« (MP 1972), and his co-authored »Free to be« (with James Nestingen, MP 1975) by which he taught the gospel to young and old alike. His chief theological contributions include first, that the place of the law in any theological system determines whether or not the theology can issue in the gospel. That is, the law comes to its fulfillment and end in Christ alone. Thus, God's holy law has a place, but a limited, penultimate place in this old world. Theology itself has an eschatological limit as a collection of theories or ideas that must finally get out of the way of the cross. Second, Forde made significant contributions for the doctrine of atonement and the person of Christ by refusing to understand redemption by law alone. Instead he used the dialectic of death and life. God is reconciling the world to himself by the actual, historical events of Christ's cross and resurrection by which sinners are first caught *in* the act of rebellion, then they can be caught *by* Christ's act of love bestowed as a gift of the unconditional forgiveness of sins – by faith alone. Third, that means all theology is for proclamation or the present election of sinners by the power of God's word to do what it says. The only true theologians are the kind Luther, in the Heidelberg Disputation, called »theologians of the cross« rather than »theologians of glory«. Forde provided one of the great commentaries on Luther's theses in his »On being a theologian of the cross« (Grand Rapids, MI 1977). Fourth, Forde believed that sin is human bondage. Our bondage is the incessant claim that we are free over against the absolute, hidden God, and therefore we will not listen to his Son's forgiveness apart from the law. Christ's justification of sinners therefore meant actual death and resurrection for God Himself, then for each sinner of Christ's choosing.

Within the church, Gerhard Forde is remembered for teaching the Lutheran Confessions to thousands of American pastors as documents of Christian freedom and the means to improve preaching. He exercised an important influence for twenty two years in the Lutheran and Roman Catholic dialog. He understood that true ecumenism required the freedom of the Lutheran proposal – it is enough for church unity to agree upon the word and sacraments – and so he understood that the doctrine of justification by faith alone would not truly be agreed upon until the underlying issues of hermeneutics – the distinction of law and gospel – would become the center of ecumenical discussion with Rome rather than requiring human traditions for ordering the church's ministry. He served on the Commission for a New Lutheran Church (CNLC) from 1983 through 1987 that led to the creation of the Evangelical Lutheran Church in America (ELCA). There he made a lasting contribution by – among many other matters – shaping the form of the public confession and absolution that is known today as the »Brief order for confession and forgiveness" in the »Lutheran book of worship«.

Forde was born in Starbuck, Minnesota on September 10, 1927 and was raised in the Old Norwegian Synod, with its ties to the state church in Norway and its strong traditions of Lutheran hymns and chorales. Forde attended Luther College in Decorah, Iowa receiving his B. A. degree in 1950. He proceeded to the University of Wisconsin in Madison, WI in chemistry for one year, but left to pursue theology at Luther Seminary in St. Paul, Minnesota (B. Th. degree in 1955). Forde did not identify directly with his teachers whom he saw as stuck with intractable positions derived from the Norwegian-American controversy on election (Naadevalgstrid, 1880). Forde saw a way through pietism and rigid orthodoxy by means of the lively dialectic of law and gospel in Luther where the law and gospel are not substances, but *function* in human lives. Election then ceases being an intellectual conundrum and gives way to real matters of death and life. He received his Th. D. degree from Harvard Divinity School in 1967, though he baffled most of his teachers there, including Paul Tillich (1886-1965). What Forde produced at Harvard was a dissertation – »The Law-gospel debate«, MP 1969 – that gathered up some shared concerns of a small group of Scandinavians – like Lauri Haikola (1917-1987), Herbert Olsson (1899-1969), and Gustaf Wingren (1910-2000) – who arose after the effects of long wars, responding to Karl Barth (1886-1968) and Rudolf Bultmann (1884-1976), and from the search for a modern use of historical-critical scholarship that did not depend solely upon the systems of Friedrich Schleiermacher (1768-1834), Georg Wilhelm Friedrich Hegel (1770-1831) or even Immanuel Kant (1724-1804). They all went back to Luther. Luther, of course, was pre-modern, but unusually so since he broke radically with theories that depended upon the law as the only life-giving relation to God. In the middle of graduate work Forde spent an inspirational year in Tübingen (1958/59) with Hanns Rückert (1901-1974), Hermann Diem (1900-1975), Ulrich Mann (1915-1991), and Ernst Käsemann (1906-1998), but there he came upon his own favorite modern interpreter of Luther, Hans Joachim Iwand (1899-1960), whose writings taught him what it meant to preach to people with bound wills. Provoked by the debates about law and gospel initiated by Karl Barth, Forde found a much deeper problem stemming from the atonement debates surrounding Johann Christian Konrad von Hoffmann (1810-1877). He recognized the problem of assuming that the law was God's eternal plan so that theories of salvation came to replace Christ himself as our salvation. This was a more persistent problem than Christological liberalism or forms of idealism or materialism, or even of Barth's re-ordering of law and gospel. Instead, Forde pursued a radical dialectic of law and gospel, and a truly eschatological end of the law in Christ himself and alone. Eventually this propelled him to his enduring interest in Luther's »Bondage of the will«. Forde produced a remarkable sketch for dogmatic theology called »Theology is for proclamation« (MP 1990) on the basis of Luther's distinction between God preached and not preached. Forde then built his systematics out of the need to preach to sinners who are in open rebellion against their Creator. Forde's last book – »The captivation of the will« (Grand Rapids, MI 2005), is his capstone interpretation of Luther's crucial theological arguments concerning Scripture, God, human willing, and Christ and our salvation.

Forde's teaching began at St. Olaf College in Northfield, Minnesota in 1955/56; he lectured at Luther Seminary for one school year 1959/60, and then joined the faculty of Luther College in Decorah, Iowa from 1961 to 1963. He returned to Luther Seminary in 1964 and in the same year wed his beloved wife Marianna, who taught French at nearby St. Catherine's college for most of her career and with whom he had three children. He became a full professor in systematic theology in 1974. He formally retired in 1998 but continued teaching for four more years. He was ordained in 1968 and became the Lutheran tutor at Mansfield College, Oxford University (1968-1970). He spent sabbatical years at Harvard (1972/73), Strasbourg (1979/80), and the Institute for Ecumenical and Cultural Research, St. John's University, Collegeville, Minnesota (1988). He served as president during the Eighth International Luther Congress held at St. Paul, 1993, where he gave the main address, »Called to freedom«. Forde was instrumental in the early days of »Dialog: a journal of theology«; and put his final efforts into »The Lutheran quarterly«, where he wrote the journal's inaugurating mission called »Radical Lutheranism«, that is now included in his first volume of collected essays, »A more radical Gospel« (Grand Rapids, MI 2004).

For most of his students, however, he will be remembered for his incisive and arresting sermons. That is only fitting for one who believed that theology's purpose was not thinking itself, but the proclamation of Christ to bound sinners who need His unconditional forgiveness.

Biography: Gerhard O. FORDE: The one acted upon: theological autobiography. Dialog 36 (St. Paul, MN 1997), 54-61.

Bibliography: BIBLIOGRAPHY OF THE PUBLICATIONS OF GERHARD O. FORDE. In: By faith alone: essays on justification in honor of Gerhard O. Forde/ ed. by Joseph A. Burgess; Marc Kolden. Grand Rapids, MI 2004, 341-344.

Picture: http://www.luthersem.edu/memorial/gerhard_forde.asp.

In memoriam James M. Kittelson

By Carter Lindberg

James Matthew Kittelson, Professor of Church History at Luther Seminary, St. Paul, Minnesota, died of liver cancer at the age of 62 on 10 November 2003. The son of Berta († 1999) and Lee M. Kittelson, James was born in Beresford, South Dakota where he is buried. He is survived by his wife Margaret, two married daughters, and two grandchildren. A graduate of St. Olaf College, Northfield, Minnesota (1963), Kittelson received his M. A. (1964) and Ph. D. (1969) from Stanford University where his mentor was Lewis W. Spitz (1922-1999).

Kittelson's academic career began in the History Department of the University of Iowa (1967-1971) from whence he went to the History Department of The Ohio State University in Columbus, Ohio (1971-1997). After he became Professor Emeritus at Ohio State, he was appointed Professor of Church History and Director of the Thrivent Reformation Research Program at Luther Seminary (1997-2003). His academic career included visiting professorships at Luther Seminary (1992), Concordia University in Irvine, California (1997), and the University of Copenhagen (2002).

Kittelson's service to the field of Reformation studies included Vice-President and President of the Sixteenth Century Studies Conference (1973-1974) and membership on the boards of the Center for Reformation Research, the Sixteenth Century Studies Conference, the American Society for Reformation Research, Newberry Library Renaissance Center, and the editorial boards of »Studies in the Reformation« and »Lutheran quarterly«. As Director of the Thrivent Reformation Research Program he acquired substantial grants to facilitate the microfilming as well as the acquisition of Reformation materials. He set the goal of the program's »Project Wittenberg« to complete a library of 40,000 titles. In working toward this goal he established institutional relationships with programs in Lutherstadt Wittenberg.

Kittelson's »home away from home« was Strasbourg, the locus for his numerous archival studies and his major scholarly research and publications. The first fruit of his work in Strasbourg was the monograph »Wolfgang Capito from Humanist to Reformer« (Leiden 1975). After numerous articles on Strasbourg reformers and events that appeared over the years in ARG, SCJ, and TRE, Kittelson's second major work on Strasbourg appeared: »Toward an established church: Strasbourg from 1500 to the dawn of the seventeenth century« (MZ 2000). In conjunction with his work on the Reformation in Strasbourg, Kittelson pursued a long-term interest in the role of Humanism and education in the formation of the Reformation. With Pamela Transue he edited »Rebirth, reform, and resilience: universities in transition, 1300-1700« (Columbus, OH 1984); he also wrote numerous articles such as »Humanism and the Reformation in Germany« (Central European history 9 [Leiden 1976], 302-322); »Luther the educational reformer« (in: Luther and Learning/ ed. by Marilyn Harran. Selinsgrove 1985); »Learning and education: phase two of the Reformation« (in: Die dänische Reformation vor ihrem internationalen Hintergrund/ ed. by Leif Grane and Kai Horby. GÖ 1990); »Luther on the education of a Christian« (LuJ 57, [1990], 260 f) and »Humanism in the Lutheran theological faculties of the late Reformation« (in: The harvest of Humanism in Central Europe: essays in honor of Lewis W. Spitz/ ed. by Manfred P. Fleischer et al. StL 1992); Kittelson also contributed articles to the TRE and was a contributor to as well as a senior editor of the four volume »The Oxford Encyclopedia of the Reformation/ ed. by Hans J. Hillerbrand. NY; Oxford 1996«. In addition to the painstaking archival-based research that established Kittelson's place among leading North American Reformation scholars, he had the ability to make that research readily accessible to others. A prime example is his very popular Luther volume, »Luther the Reformer: the story of the man and his career« (MP 1986) that has been translated into Korean, Chinese, Portuguese, Finnish, and Estonian.

Kittelson's solid grounding in the primary sources along with his feisty personality made him a substantive controversialist. He did not hesitate to take on such eminent historians as Heiko A. Oberman (1930-2001) and Gerald Strauss; see for example his »Luther the theologian« (in: Reformation Europe: a guide to research II/ ed. by William S. Maltby. StL 1992) and

»Visitations and popular religious culture: further reports from Strasbourg« (in: Pietas et societas: new trends in Reformation social history/ ed. by Kyle Sessions and Phillip Bebb. Kirksville 1985). Kittelson's ire directed against biased historical readings found a major target in those »systematic theologians« who »enlisted the authority of Luther and early Lutheranism to buttress teachings that are demonstrably contrary to the historical record, when understood in its own terms«; »Leading the least of these astray: ›Evangelical Catholic‹ ecclesiology and Luther« (in: Caritas et Reformatio/ ed. by David Whitford. StL 2002, 245); see also »Historical and systematic theology in the mirror of church history: the lessons of ›Ordination‹ in sixteenth-century Saxony« (ChH 71 [2002], 743-773). If anything, Kittelson's sense of the importance of historical truth-telling was sharpened when he moved from the Department of History at Ohio State to the position of Church Historian at Luther Seminary.

He was especially critical when he perceived historical scholarship distorted to the service of a theological fad or an ecumenical agenda; see for example »Contemporary spirituality's challenge to sola gratia« (LQ 9 [1995], 367-390) and »Enough is enough!: the confusion over the Augsburg Confession and its Satis est« (LQ 12 [1998], 249-270). It was in this spirit that Kittelson added his name to an international group of Lutheran professors opposing the »Joint Declaration of the Doctrine of Justification« and in North America raised critical objections to the Evangelical Lutheran Church in America's statement »Called to common mission« that affirmed acceptance of the Anglican »historic episcopate«. Kittelson's passion for the historic Lutheran confessions was recognized by his recent election as Honorary President of the Fellowship of Confessing Lutheran Churches.

Yet for all his historical and theological passion, Kittelson also possessed a sharp wit and earthy humor reminiscent of Luther himself. Kittelson was fond of Luther's declaration in his preface to »Galeatius Cappela: History of the German peoples« that »Historians are the most useful people and they can never be honored, praised, and thanked enough.« That is an apt description of Kittelson himself.

Bibliography: Hans WIERSMA: James Kittelson (1941-2003): a doctor of the church. LQ 18 (2004), 333-341.
    Picture: Kittelson: Luther the reformer, cover; http://www.luthersem.edu

Gustav König (1808-1869): Luther im Gebet am Bette des kranken Melanchthon, Stahlradierung
In: Dr. Martin Luther der deutsche Reformator: in bildlichen Darstellungen von Gustav König. Gotha 1851
(Lutherstadt Wittenberg, Lutherhaus)

Die Spiritualität Martin Luthers als Herausforderung

Von Peter Zimmerling

Glaube und Denken Martin Luthers sind vielen evangelischen Christen fremd geworden.[1] Dazu hat nicht zuletzt seine Heroisierung im 19. Jahrhundert – man denke nur an die vielen damals errichteten heroischen Lutherdenkmäler – mit deren fatalen Nachwirkungen im 20. Jahrhundert und die Berufung der Naziideologen auf seine anti-judaistischen Schriften beigetragen. Fremd ist er vielen Menschen auch aufgrund der Rechtfertigungslehre geworden, die beherrschend im Zentrum seines theologischen Denkens steht. Sie scheint der Lebenswirklichkeit vieler Menschen nicht mehr zu entsprechen.[2] An die Stelle der Frage nach dem gnädigen Gott ist für sie die Frage nach dem gnädigen Nächsten getreten. Gerade junge Menschen werden von der Frage umgetrieben, wie sie sich selbst gnädig sein können.

Die Beschäftigung mit der Spiritualität[3] Luthers stellt eine Möglichkeit dar, diese Fremdheit zu überwinden. Sie läßt, einen neuen Zugang zu ihm als Mensch und im Gefolge davon zu seinem theologischen Denken

1 Manfred SEITZ stellte dies bereits am Ende des Luthergedenkjahrs 1983 in einem Vortrag vor der Herbstsynode der Badischen Landeskirche unter die Überschrift: »Martin Luther: Versuch, einem Fremden zu begegnen« fest; In: DERS.: Erneuerung der Gemeinde: Gemeindeaufbau und Spiritualität. 2. Aufl. GÖ 1991, 115-124.

2 Eberhard HAHN: »Ich glaube ... die Vergebung der Sünden«: Studien zur Wahrnehmung der Vollmacht zur Sündenvergebung durch die Kirche Jesu Christi. GÖ 1999, 181-195.

3 Auch wenn immer noch Bedenken gegen den Begriff »Spiritualität« geäußert werden, hat er sich doch ökumenisch mittlerweile weithin durchgesetzt, was nicht davon entbindet, jeweils zu sagen, was man damit meint. Ich verstehe unter Spiritualität im Folgenden den äußere Gestalt gewinnenden gelebten Glauben, wobei der Begriff drei Aspekte, nämlich rechtfertigenden Glauben, Frömmigkeitsübung und Lebensgestal-

gewinnen. Erstaunlicherweise wurde dieser Weg bisher kaum eingeschlagen. Die Spiritualität Luthers ist in den vergangenen Jahren trotz des neuen »Mega-Trends« Spiritualität vergleichsweise selten untersucht worden, am ehesten noch im nordamerikanischen Raum.[4] Dabei fällt auf, daß sich zuerst von seiten römisch-katholischer Theologen ein entsprechendes Interesse gezeigt hat.[5] Die Ursache dafür ist folgende: Katholischerseits besteht aufgrund der zahlreichen Orden und der engen Verbindung von gelebter und gedachter Theologie traditionellerweise ein großes Interesse an spirituellen Fragen. Außerdem besitzt die gelebte Spiritualität von jeher ein starkes ökumenisches Potenzial. Schon bald nach der Reformation begann ein spiritueller Austauch zwischen den getrennten Konfessionen. Die ökumenische Öffnung der römisch-katholischen Kirche durch das Zweite Vatikanische Konzil hat diesen interkonfessionellen Austausch besonders in den Jahren nach dem Konzil noch verstärkt.

Es geht mir im Folgenden nicht darum, eine Gesamtschau von Luthers Spiritualität vorzulegen; das wäre zwar eine lohnende Aufgabe, die aber weit die Grenzen eines Artikels sprengen würde. Vielmehr soll exemplarisch an einigen markanten Punkten Luthers Spiritualität auf ihre Anschlußfähigkeit an heutige Diskurse zum Thema »Spiritualität«

tung miteinander verbindet; so auch die Definition der EKD-Studie EVANGELISCHE SPIRITUALITÄT: Überlegungen und Anstöße zu einer Neuorientierung, vorgelegt von einer Arbeitsgruppe der Evangelischen Kirche in Deutschland/ hrsg. von der Kirchenkanzlei im Auftrag des Rates der Evangelischen Kirche in Deutschland. 2. Aufl. GÜ 1980, 12.

4 Walther von LOEWENICH: Die Frömmigkeit Martin Luthers. In: Ders.: Von Augustin zu Luther: Beiträge zur Kirchengeschichte. Witten 1959, 261-268; Seitz: Martin Luther: Versuch, einem Fremden zu begegnen; z. B. Egil GRISLIS: The spirituality of Martin Luther. Word & world 14 (St. Paul, MN 1994), 453-459.

5 Marc LIENHARD: Luther und die Anfänge der Reformation. In: Geschichte der christlichen Spiritualität. Bd. 2: Hochmittelalter und Reformation/ hrsg. von Jill Raitt u. a. Würzburg 1995, 277-307 (Marc Lienhard ist zwar evangelischer Theologe, aber das mehrbändige Werk zur Geschichte der Spiritualität erschien im römisch-katholischen Echter Verlag); LUTHER, Martin: Der Glaube allein: Texte zum Meditieren/ ausgew. und eingel. von Otto Hermann Pesch. ZH; Köln 1983; vgl. auch den besonders instruktiven Artikel von Pesch über Luther im römisch-katholischen Lexikon für Spiritualität; Otto Hermann PESCH.: Luther, Martin. Praktisches Lexikon der Spiritualität/ hrsg. von Christian Schütz. FR; BL; W 1988, 814-818.

untersucht werden.[6] Dabei wird sich zeigen, daß sie einerseits eine Berei-
cherung für gegenwärtige Überlegungen darstellt, andererseits sich wider-
ständig gibt. Heutige Spiritualität kann jedoch gerade aus den Fremdheits-
erfahrungen lernen, welche die Beschäftigung mit Luthers Frömmigkeit
mit sich bringt.

I Die Erfahrung

Luthers Spiritualität ist orientiert an der Erfahrung; gleichzeitig öffnet er
den Erfahrungsbegriff für die Anfechtung.

Luthers Spiritualität ist von ihrem Ursprung her erfahrungsbezogene
Spiritualität, obwohl eine längere theologische Tradition seine Rechtfertigungslehre anders verstand: daß sie nämlich keinen Raum für die
Erfahrung ließ. Zu dieser Auslegungstradition trug nicht zuletzt das von
Sören Kierkegaard (1813-1855) inspirierte Glaubensverständnis der frühen dialektischen Theologie bei. Kierkegaard definierte den Glauben als
1000 Klafter »über dem Abgrunde erbaut«.[7] Man muß auch den Glauben
glauben. Von dieser Definition her wird verständlich, wieso der Glaube
beim frühen Karl Barth (1886-1968) nirgends Bodenhaftung bekommen,
d. h. zur Erfahrung werden konnte.[8]

Richtig an dieser Interpretation ist, daß Luther davon ausgeht, daß der
Mensch durch den Heiligen Geist keine neue sittliche Qualität verliehen
bekommt. Das Gute, das im Leben eines Christen wirklich wird, ent-
springt nicht aus einer Qualität des Menschen.[9] Der Christ bleibt bis an

---

6 Vorformen der folgenden Überlegungen habe ich vorgetragen in meinem Buch Peter
ZIMMERLING: Evangelische Spiritualität: Wurzeln und Zugänge. GÖ 2003.

7 Sören KIERKEGAARD: Philosophische Brocken. In: Ders.: Gesammelte Werke. Bd. 10.
Düsseldorf 1967, 95.

8 Erst der späte Karl Barth hat die Frage nach der Erfahrbarkeit Gottes als theologisch
legitim anerkannt; SCHLEIERMACHER-AUSWAHL/ besorgt von Heinz Bolli; mit einem
Nachwort von Karl Barth. 3. Aufl. GÜ 1983, 311 f.

9 Wilfried JOEST: Martin Luther. In: Gestalten der Kirchengeschichte. Bd. 5: Die Reformationszeit 1/ hrsg. von Martin Greschat. S; B; Köln; MZ 1981, 140. Der Christ wird
»gerade aus seinem eigenen Sein- und Können-wollen [...] wieder und wieder heraus-
gerufen in das Zusammensein mit Christus, in das, was Christus kraft dessen, daß er
mit ihm ist, in ihm, seinem Tun und Leben ›kann‹. Das geschieht in dem Maß, als der

sein Lebensende Sünder, der Vergebung bedürftig. Gleichzeitig hält Luther jedoch fest, daß der Rechtfertigungsglaube dem Menschen zur gelebten Erfahrung wird. Mit Paul Althaus (1888-1966) gesprochen:

> »Der Glaube ist nicht nur in sich selber Erfahrung, sondern ihm wird auch Erfahrung im Leben zuteil. Der Christ erfährt, daß er im Glauben an das Wort Gottes wirklich Christus bei sich hat mit seiner Macht, die Sünde, den Teufel, die Todesangst zu überwinden. [...] Die Gnade selber ist verborgen und daher zu glauben, aber ihre Wirkungen bleiben nicht verborgen, sondern sind offenkundig und als solche ein Erweis für die Gegenwart der Gnade.«[10]

Für eine solche Interpretation Luthers existieren eine Reihe von Belegen:

> »Da mus nu angehen die erfarung, das ein Christ kŏnne sagen: Bisher hab ich gehoret und gegleubt, das Christus mein heiland sey, so meine sund und tod überwunden habe, Nu erfare ichs auch, das es also sey, Denn ich bin jtzt und offt jnn tods angst und des Teuffels stricken gewesen, Aber Er hat mir heraus geholffen und offenbaret sich mir also, das ich nu sehe und weis, das er mich lieb habe, und das es war sey, wie ich glewbe.«[11]

Oder an anderer Stelle:

> »Es ist gar eyn groß, starck, mechtig unnd thettig ding umb gottis gnade, sie ligt nit, wie die trawmprediger fabuliern, ynn der seelen und schlefft odder lessit sich tragen, wie eyn gemallt brett seyne farbe tregt. Neyn, nit alßo, sie tregt, sie furet, sie treybett, sie tzeucht, sie wandellt, sie wirckt allis ym menschen und lessit sich wol fulen und erfaren; sie ist vorporgen, aber yhr werck sind unvorporgen, werck unnd wortt weyssen, wo sie ist, [...]«[12]

In diesen Zusammenhang gehört auch das bekannte Lutherwort:

> »Das christliche Leben ist nicht Frommsein, sondern ein Frommwerden, nicht Gesundsein, sondern ein Gesundwerden, nicht Sein, sondern ein Werden, nicht Ruhe, sondern eine Übung. Wir sinds noch nicht, wir werdens aber. Es ist noch nicht getan und geschehen, es ist aber im Gang und Schwange. Es ist nicht das Ende, es ist aber der Weg. Es glühet und glänzt noch nicht alles, es bessert sich aber alles.«[13]

> Mensch glaubt, d. h. sich an Christus hält. [...]: was in seinem Leben und Tun geschieht, geschieht nicht aus ihm selbst, sondern aus der Gegenwart und Kraft des Gottes, der in Christus mit ihm ist«; ebd, 140 f.

10 Paul ALTHAUS: Die Theologie Martin Luthers. GÜ 1962, 63.

11 WA 45, 599, 9-15.

12 WA 10 I 1, 114, 20 - 115, 6.

13 WA 7, 336, 31-36: »Das alßo ditz lebenn nit ist. eyn frümkeytt ßonderrn eyn frum

Dieses Wort bringt die Dialektik und damit einhergehende Dynamik von Luthers Erfahrungsbegriff prägnant zum Ausdruck. Auch wenn der Christ seine eschatologische Vollendung noch vor sich hat, beginnt doch der neue Mensch bereits in diesem Leben in ihm Gestalt zu gewinnen.

Luthers erfahrungsbezogene Spiritualität ist heute aus mehreren Gründen hochaktuell. Angesichts einer spirituellen Auszehrung des Protestantismus – Wolfgang Huber sprach schon vor Jahren von dessen »Selbstsäkularisierung«[14] – hat sich die seit einiger Zeit zu beobachtende Wiederkehr der Religion bisher meist an der evangelischen Kirche vorbei ereignet. Dem entspricht, daß sich viele derjenigen Menschen von der evangelischen Kirche abwenden, die nach spirituellen Erfahrungen suchen. Sie erwarten von der Großkirche keine Antworten mehr auf ihre Fragen. Angesichts dieser Situation gilt es, in Aufnahme von Überlegungen Luthers eine nicht allein auf den Intellekt und den Willen, sondern eine auf die Erfahrung bezogene evangelische Spiritualität zu entwickeln. »Gerade die geistig beanspruchten Menschen suchen vielfach mehr als eine weitere intellektuelle Anstrengung in der Religion. Immer mehr Menschen wollen den Glauben nicht nur denken, sondern auch spüren.«[15]

Einer erfahrungsorientierten Spiritualität drohen allerdings zwei Gefahren. Analog zu ähnlichen Entwicklungen in der Erlebnisgesellschaft[16] kommt es einerseits leicht zu einer *Überbetonung* der Rolle von Erfah-

---

werden: nit eyn gesundheyt ßondernn eyn eyn gesund werden: nit eyn weßen sondernn eyn werden: nit eyn ruge ßondernn eyn vbunge   Wyr seynß noch nit. wyr werdenß aber Es ist noch nit gethan vnnd geschehen es ist aber ym gang vnnd schwanck. Es ist nit das end. es ist aber der weg   es glüwett vnnd glintzt noch nit alliß. es fegt [bessert] sich aber alliß«

14 Wolfgang HUBER: Kirche in der Zeitenwende: gesellschaftlicher Wandel und Erneuerung der Kirche. GÜ 1998, 10 u. ö.

15 Michael MEYER-BLANCK: Inszenierung des Evangeliums: ein kurzer Gang durch den Sonntagsgottesdienst nach der Erneuerten Agende. GÖ 1997, 133.

16 Der Soziologe Gerhard Schulze scheint eine Krise der von ihm konstatierten Erlebnisgesellschaft anzudeuten, wenn er schreibt: »Die gegenwärtige Krise des Subjekts ist durch fürsorgliche Entmündigung jedoch nicht zu entschärfen. Wir, das Publikum, müssen erkennen, daß wir die Situation, in der wir uns befinden, nicht anders verdienen«; Gerhard SCHULZE: Die Erlebnisgesellschaft: Kultursoziologie der Gegenwart. 2. Aufl. F; NY 2005, 549.

rungen für den Glauben, andererseits droht eine falsche *Interpretation* geistlicher Erfahrungen. Der heutige Mensch will Leid vermeiden, um dadurch Zeit zu sparen und das Leben voll auszukosten.[17] Entsprechend wird der geistliche Gehalt von Erfahrungen des Leids und Verzichts verkannt.[18] Luthers Erfahrungsbegriff schließt demgegenüber Anfechtungen ein und vermag dadurch, solche Fehlentwicklungen zu korrigieren. Der Reformator ist sogar der Überzeugung, daß die Anfechtung der primäre Ort ist, an dem Gott dem Menschen begegnet. Das zeigt Luthers bekannte Trias »oratio, meditatio, tentatio« als »eine rechte weise in der Theologia zu studirn«.[19] Luther hat darin die contemplatio – für mittelalterliche Spiritualität das Ziel der geistlichen Übung – durch die tentatio ersetzt.[20]

> »Zum dritten ist da Tentatio, Anfechtung. Die ist der Prüfestein, die leret dich nicht allein wissen und verstehen, sondern auch erfaren, wie recht, wie wahrhafftig, wie süsse, wie lieblich, wie mechtig, wie tröstlich Gottes wort sei, weisheit uber alle weisheit.«[21]

Indem die tentatio als Höhepunkt der Gotteserfahrung interpretiert wird, erfolgt eine revolutionäre Rückbindung der Spiritualität an den Alltag. Christian Möller versteht deshalb die »Begeisterung für das Alltägliche« zu Recht als das zentrale Merkmal lutherischer Spiritualität.[22] Sie knüpft damit an Jesu Hinwendung zu den Sündern und Zöllnern an. Daß die Anfechtung primärer Ort der Gotteserfahrung ist, hat für Luther theologische Gründe. Gott offenbart sich dem Menschen sub specie contrario,[23] was an der Offenbarung Gottes in Jesus Christus erkennbar wird.

17 Marianne GRONEMEYER: Das Leben als letzte Gelegenheit: Sicherheitsbedürfnisse und Zeitknappheit. 2. Aufl. DA 1996, z. B. 122.
18 Manfred SEITZ: Evangelische Askese. In: Evangelische Askese: Einübung in die Zeitlichkeit/ hrsg. von Manfred Seitz; Hans-Rudolf Müller-Schwefe. Kassel 1979, 14-20.
19 WA 50, 658, 13 - 660, 16; bes. 658, 29 f (Vorrede zu Wi deutsch 1, 1539).
20 Belege bei Martin NICOL: Meditation bei Luther. 2. Aufl. GÖ 1991, 91-101.
21 WA 50, 660, 1-4.
22 Zuletzt in Christian MÖLLER: Leidenschaft für den Alltag: Impulse reformatorischer Spiritualität. S 2006; vgl. auch DERS.: Lutherische Spiritualität: reformatorische Wurzeln und geschichtliche Ausprägungen. In: LUTHERISCHE SPIRITUALITÄT: lebendiger Glaube im Alltag/ hrsg. von Hans Krech; Udo Hahn im Auftrag der Bischofskonferenz der Vereinigten Evangelisch-Lutherischen Kirche Deutschlands. Hannover 2005, 32-34.
23 Belege bei Althaus: Die Theologie Martin Luthers, 58-65; vgl. auch 34-42.

»[...]: das Kreuz Christi gibt den Maßstab für die rechte Erkenntnis der Wirklichkeit Gottes, seiner Gnade, seines Heils, des Christenstandes, der Kirche Christi.«[24] »[...], dann diese gaben vnnd wolthat Gottes sind unter dem kreutz verporgen, das sie die gotlosen weder sehen noch erkennen kůnnen, sunder haltens nur fůr eytel ungelůcke vnnd plagen, [...]«[25]

Auf diese Weise gelingt es Luther, die gesamte Erfahrungswirklichkeit des Menschen für die Spiritualität zu öffnen:

> »Siehe, er steht hinter der Wand und sieht durch die Fenster. Das ist so viel wie: Unter den Leiden, die uns gleich von ihm scheiden wie eine Wand, ja eine Mauer, steht er verborgen und sieht doch auf mich und läßt mich nicht. Denn er steht und ist bereit zu helfen in Gnaden und durch die Fenster des dunklen Glaubens läßt er sich sehen.«[26]

Der Christ vermag, in der Gewißheit zu leben, es immer und überall mit Gott zu tun zu haben.

Das möchte ich kurz an Luthers Überlegungen zum Gebet aufzeigen. Im Hinblick auf ausbleibende Gebetserhörungen stellt er in seiner Vorlesung zu R 8, 26 f fest:

> »Es ist kein schlimmes, sondern das allerbeste Zeichen, wenn auf unsere Bitten hin scheinbar das Gegenteil eintritt. So wie's kein gutes Zeichen ist, wenn unseren Bitten alles ganz nach Wunsch widerfährt.«[27]

Wenn Gott uns nicht gibt, worum wir bitten, sondern uns gibt, was unseren Vorstellungen und Gedanken zuwiderläuft und es scheint, als ob er uns sogar zürne, dann dient das dazu, daß wir empfänglich für *seine* Gaben werden.

> »Das alles tut er nur darum, weil es Gottes Art ist, erst zu zerstören und zunichte zu machen, was in uns ist, bevor er seine Gaben schenkt. Wie geschrieben steht: ›Der Herr macht arm und macht reich, führt in die Hölle und wieder heraus‹ (1. Sam. 2, 6).

24 Althaus: Die Theologie Martin Luthers, 38.

25 WA 31 I, 51, 21-24.

26 WA 6, 208, 13-17: »›Sich, er steht hinder der wandt und sicht durch die fenster‹, das ist szo vil, unter dem leidenn, die uns gleich von ym scheyden wollen wie eine wand, ja eine maurenn, steht er vorborgen vnnd sicht doch auff mich und lesset mich nit. Dan er steht und ist bereit, zuhelffen in gnaden, vnnd durch die fenster des tunckeln glaubens lesset er sich sehen.«

27 WA 56, 375, 3-5; zitiert nach D. MARTIN LUTHERS EPISTEL-AUSLEGUNG/ hrsg. von Eduard Ellwein. Bd. 1: Der Römerbrief. GÖ 1963, 150.

Mit diesem seinem über alle Maßen heiligen Ratschluß macht er uns empfänglich für seine Werke und seine Pläne, wenn unsere Pläne zum Schweigen
gekommen sind und unsere Werke ruhen und wir rein Empfangende werden im
Verhältnis zu Gott, sowohl was unser inneres als auch unser äußeres Handeln
angeht.«[28]

Luther begründet wiederum christologisch: In der gleichen Weise wie
Gott an Jesus Christus gehandelt hat, handelt er an allen Christen, damit
diese Christus gleichförmig werden.[29]

»So nämlich handelte er an seinem eigentlichen Werke, dem Erstling und
Urbild aller seiner Werke, ich meine an Christus. Ihn hat er gerade dann, als er
ihn verherrlichen und in sein Königreich einsetzen wollte, wie es der fromme
Gedanke aller Jünger so glühend wünschte und erwartete, ganz im Gegenteil
zuerst sterben, zuschanden werden und in die Hölle fahren lassen [...]
Ebenso kommt auch Gott über unser Fühlen und Denken und sieht, wonach
es begehrt und wozu es sich eignet und was es ersehnt. Alsdann erhört er es und
hebt an, ihm die Form aufzudrücken, die seine Kunst und sein Plan bereithält.
Dabei geht dann notwendigerweise Gestalt und Vorstellung, wie wir sie in uns
tragen, zugrunde.«[30]

Das alles tut Gott nicht, um uns zu demütigen, sondern um uns mehr
zu geben, als wir je von ihm erbitten würden. Auch »heilige und fromme
Menschen« neigen dazu, Gottes überfließende Güte nach ihren eigenen
Vorstellungen zu begrenzen.

»Man muß darauf achten, daß der Apostel mit dem Wort: ›Wir wissen nicht,
was wir beten sollen‹ nicht sagen will, daß die heiligen und frommen Menschen
gerade um das Verkehrte und Schädliche bitten sollen, sondern daß sie um allzu
armselige und geringe Dinge bitten oder um solche, die zu ärmlich sind, als daß
sie Gott geben will. Daher sagt er ›unserer Schwachheit‹ und nicht ›unserem
gottlosen Wesen‹. Denn wir sind zu schwach und unvermögend, daß wir um so
große Dinge bitten. Darum, wenn Gott uns erhört und kommt, uns das Erbetene
zu geben, dann zerstört er jene schwächlichen und immer noch allzu ärmlichen
Gedanken und gibt das, was der Geist erfleht an unserer Statt.«[31]

28 WA 56, 375, 18-24; zitiert nach D. Martin Luthers Epistel-Auslegung 1, 150f.
29 WA 41, 304, 20-22: »Summa, es mus mit gelidden sein, und müssen alle gleichformig
    werden dem Sone Gottes, wie hernach stehet, oder wir werden mit zu der herrligkeit
    nicht erhaben werden.«
30 WA 56, 377, 4-8; 378, 6-9; zitiert nach D. Martin Luthers Epistel-Auslegung 1, 152.
31 WA 56, 379, 26 - 380, 6; zitiert nach D. Martin Luthers Epistel-Auslegung 1, 153.

II Die mystische Frömmigkeit

Luthers Spiritualität nimmt Anliegen mystischer Frömmigkeit auf; gleichzeitig reinterpretiert er diese von der für seine Spiritualität konstitutiven Rechtfertigungserfahrung her.

Luthers Stellung zur Mystik ist immer wieder Gegenstand heftiger Kontroversen gewesen.[32] Ich gehe im Folgenden davon aus, daß Luther Anliegen mystischer Spiritualität positiv aufgenommen, diese aber im Sinne seiner neuen reformatorischen Erkenntnisse reinterpretiert hat. Luthers reformatorisches Grunderlebnis war kein bloßer Bewußtseinsakt, sondern erfaßte seine ganze Person und schloß – analog zu mystischen Erfahrungen – den emotionalen Bereich mit ein. Das wird z. B. am Selbstzeugnis seiner reformatorischen Entdeckung aus der Vorrede zu seinen lateinischen Werken von 1545 erkennbar:

> »Da habe ich angefangen, die Gerechtigkeit Gottes als die zu begreifen, durch die der Gerechte als durch Gottes Geschenk lebt, nämlich aus Glauben (qua iustus dono Dei vivit nempe ex fide); [...]
>
> Nun fühlte ich mich ganz und gar neugeboren und durch offene Pforten in das Paradies selbst eingetreten. [...] Nun, mit wieviel Haß ich früher das Wort ›Gerechtigkeit Gottes‹ gehaßt hatte, mit um so größerer Liebe pries ich dieses Wort als das für mich süßeste; so sehr war mir diese Paulusstelle [Röm 1,17] wirklich die Pforte zum Paradies.«[33]

Eine noch größere Nähe zur Mystik lassen Luthers Ausführungen zum »fröhlichen Wechsel« in der reformatorischen Hauptschrift »Von der Freiheit eines Christenmenschen« erkennen. Der Reformator formuliert darin

---

32 Vgl. dazu z. B. Adolf von HARNACK: Lehrbuch der Dogmengeschichte. 3., verb. und verm. Aufl. Bd. 3. FR; TÜ 1894, 392; dagegen z. B. Winfried ZELLER: Luthertum und Mystik. In: Herausforderung: religiöse Erfahrung; vom Verhältnis evangelischer Frömmigkeit zu Meditation und Mystik/ hrsg. von Horst Reller; Manfred Seitz. GÖ 1980, 98-105; Reinhard SCHWARZ: Mystischer Glaube: die Brautmystik Martin Luthers. In: Zu dir hin: über mystische Lebenserfahrung von Meister Eckhart bis Paul Celan/ hrsg. von Wolfgang Böhme. F 1990, 125-140; MARTIN LUTHER – DER MYSTIKER: ausgewählte Texte/ hrsg. von Gerhard Wehr. M 1999.

33 WA 54, 186, 5 f. 7 f. 14-16; zitiert nach KIRCHEN- UND THEOLOGIEGESCHICHTE IN QUELLEN: ein Arbeitsbuch. Bd. 3: Reformation/ ausgew. und komm. von Volker Leppin. Neukirchen-Vluyn 2005, 22 f (7 b).

seine rechtfertigungstheologischen Entdeckungen in der Sprache der mittelalterlichen Brautmystik. Entscheidend sind für ihn die christologische und die soteriologische Dimension der Gottesgemeinschaft.[34]

> »Hie hebt sich nu der fṙlich wechßel und streytt. Die weyl Christus ist gott und mensch, wilcher noch nie gesundigt hatt, und seyne frumkeyt unûbirwindlich, ewig und almechtig ist, ßo er denn der glaubigen seelen sund durch yhren braudtring, das ist der glaub, ym [sich] selbs eygen macht und nit anders thut, denn als hett er sie gethan, ßo mussen die sund ynn yhm vorschlundenn und erseufft werden, [...], also wirt die seele von allen yhren sunden, [...] des glaubens halben, ledig und frey, und begabt mit der ewigen gerecktickeyt yhrs breûdgamß Christi. Ist nun das nit ein frôliche wirtschafft, da der reyche, edle, frummer breûdgam Christus das arm vorachtet bôßes hûrlein zur ehe nympt, und sie entledigt von allem ûbell, zieret mit allen gûtern?«[35]

Den seligen Tausch zwischen Christus und dem Christen hat Luther an vielen Stellen in seinen Werken beschrieben. Immer jedoch wird die auch für mystische Frömmigkeit zentrale Einheit zwischen Christus und dem Christen durch den *Glauben* bewirkt.

> »Darum, mein lieber Bruder, lerne Christum und zwar den Gekreuzigten. Ihm lerne lobsingen und an dir selbst verzweifeln. Dann sprich zu ihm: Du, o Herr Jesu, bist meine Gerechtigkeit, ich aber bin deine Sünde; du hast, was mein ist, angenommen, und mir gegeben, was dein ist. Was du nicht warst, nahmst du an und gabst mir, was ich nicht war.«[36]

Luther hat anscheinend sogar eine literarische Renaissance der Mystik als reformatorisches Anliegen betrachtet, als er die »Theologia Deutsch«, einen Traktat der mittelalterlichen Deutschen Mystik, 1516 und noch einmal 1518 herausgab.[37]

---

34 Vgl. dazu Oswald BAYER: Vita passiva – Luther und die Mystik. In: Die Kirchenkritik der Mystiker: Prophetie aus Gotteserfahrung. Bd. 2: Frühe Neuzeit/ hrsg. von Mariano Delgado; Gotthard Fuchs. Fribourg; S 2005, 108-110.

35 WA 7, 25, 34 - 26, 7.

36 WA Br 1, 35, 24-27 (11), Luther an Georg Spenlein am 8. April 1516 aus Wittenberg: »Igitur, mi dulcis Frater, disce Christum et hunc crucifixum, disce ei cantare et de te ipso desperans dicere ei: tu, Domine Ihesu, es iustitia mea, ego autem sum peccatum tuum; tu assumpsisti meum, et dedisti mihi tuum; assumpsisti quod non eras, et dedisti mihi, quod non eram.«

37 WA 1, (375) 378 f; vgl. dazu im einzelnen Zeller: Luthertum und Mystik, 101 f.

Diese Beobachtungen zeigen, daß Luthers Verhältnis zur Mystik differenzierter gesehen werden muß, als das in der Vergangenheit häufig geschah.[38] Während die evangelische Theologie seit Albrecht Ritschl (1822-1889) und noch einmal verstärkt seit der dialektischen Theologie in der ersten Hälfte des vergangenen Jahrhunderts Mystik und christlichen Glauben als zwei sich ausschließende Gegensätze betrachtete, ist es nach dem Zweiten Weltkrieg im Rahmen der evangelischen Theologie zunächst zögernd und seit dem Ende der 1960er Jahre verstärkt zu einer Neubewertung der Mystik gekommen.[39] In seinem letztem Lebensjahr, 1968, fragte Karl Barth selbstkritisch, ob nicht in der katholischen und orthodoxen Mystik der im Geist »sich selbst vergegenwärtigende und applizierende Gott« am Werk gewesen sein könnte.[40] Noch vor Barth hatte 1966 Karl Rahner (1904-1984) die inzwischen vielfach zitierte These aufgestellt: »[...] der Fromme von morgen wird ein ›Mystiker‹ sein, einer, der etwas ›erfahren‹ hat, oder er wird nicht mehr sein [...]«[41]

Die Frage nach den mystischen Dimensionen von Luthers Spiritualität ist momentan besonders aktuell, da wir gegenwärtig eine Renaissance mystischer Frömmigkeitsformen erleben. Wie der Begriff »Spiritualität« stellt auch derjenige der »Mystik« einen »Containerbegriff mit unklaren Konturen und vielen möglichen Inhalten«dar.[42] Deshalb ist es eine wichtige Aufgabe, im Gespräch mit Luther herauszufinden, welche Aspekte mystischer Erfahrung in das reformatorische Glaubensverständnis integriert werden können. Bis vor wenigen Jahren richtete sich das ganze Interesse lutherisch geprägter Spiritualität auf die im Glauben mittels Wort und Sakrament anzueignende Rechtfertigung des Sünders. Zudem standen Intellekt und Willen dominierend im Zentrum des Glaubens-

---

38 So auch Zeller: Luthertum und Mystik, 104.

39 Das dokumentiert z. B. das bereits zitierte Werk: HERAUSFORDERUNG: religiöse Erfahrung; vom Verhältnis evangelischer Frömmigkeit zu Meditation und Mystik/ hrsg. von Horst Reller; Manfred Seitz. GÖ 1980.

40 Schleiermacher-Auswahl, 311 f.

41 Karl RAHNER: Schriften zur Theologie. Bd. 7: Zur Theologie des geistlichen Lebens. Einsiedeln; ZH; Köln 1966, 22.

42 Gerhard RUHBACH: Mysterium und Mysticum: Mystik – eine biblische Kategorie. In: Verwandeltes Leben: von christlicher Mystik/ hrsg. von Jürgen Spieß. Marburg 1990, 17.

aktes. *Andere* Formen des Geisteswirkens kamen kaum in den Blick. Angesichts eines nüchternen Arbeitsalltags reicht vielen Menschen heute ein rationalistisch bzw. voluntaristisch geprägtes Glaubensverständnis nicht mehr. Von daher wird die Offenheit vieler evangelischer Christen für mystische Spiritualität verständlich. Wenn Wort und Sakrament den Resonanzboden, d. h. Inspirationsquelle und Korrekturinstanz mystisch geprägter spiritueller Erfahrungen bilden, ist gegen solche Erfahrungen nichts einzuwenden. Wort und Sakrament als Kriterien des Geisteswirkens sollten von evangelischer Theologie deshalb in Zukunft weniger kausativ, als vielmehr kriteriologisch verstanden werden.[43]

III Das christologische Thema

Luther ist der erste neuzeitliche Weihnachtschrist; gleichzeitig hält er am altkirchlichen christologischen Dogma fest.

Ein Grunddatum von Luthers Spiritualität ist die Inkarnation, die Geburt des Gottessohnes als Kind in der Krippe von Bethlehem, die an Weihnachten gefeiert wird. Luther kann deshalb mit Fug und Recht als der erste neuzeitliche »Weihnachtschrist« bezeichnet werden. Er hat die Konzentration seines Glaubens auf das Kind in der Krippe im Lied »Vom Himmel hoch, da komm ich her« eindrucksvoll zum Ausdruck gebracht. Es gewann nicht ohne Grund den Charakter eines Volkslieds. In ihm schlägt das Herz von Luthers Glauben und finden sich bis zum heutigen Tag Erwachsene mit ihren Sehnsüchten nach dem verlorenen Land der Kindheit wieder.[44]

> »Euch ist ein Kindlein heut geborn / von einer Jungfrau auserkorn, / ein Kindelein so zart und fein, / das soll eu'r Freud und Wonne sein.«
> »Merk auf, mein Herz, und sieh dorthin; / was liegt doch in dem Krippelein? / Wes ist das schöne Kindelein? / Es ist das liebe Jesulein.«

---

43 So auch Reinhold BERNHARDT: Der Geist und die Geister: Esoterik in systematisch-theologischer Perspektive. In: Esoterik: Herausforderung für die christliche Kirche im 21. Jahrhundert/ hrsg. von Hans Krech; Udo Hahn im Auftrag der Bischofskonferenz der Vereinigten Evangelisch-Lutherischen Kirche Deutschlands. Hannover 2003, 132.

44 Vgl. dazu Mattias MORGENROTH: Weihnachtschristentum: moderner Religiosität auf der Spur. 2. Aufl. GÜ 2003, 175-196.

»Ach mein herzliebes Jesulein, / mach dir ein rein sanft Bettelein, /
zu ruhen in meins Herzens Schrein, / daß ich nimmer vergesse dein.[45]

Offenbarungstheologische und soteriologische Gründe sind gleichermaßen dafür verantwortlich, daß das Weihnachtsgeschehen zu einem
herausragenden Orientierungspunkt von Luthers Spiritualität wurde. Im
Kind in der Krippe ist Gott dem Menschen unüberbietbar nahe gekommen. Hier ist Gott anfaßbar geworden.

»Ach Herr, du Schöpfer aller Ding, / wie bist du worden so gering, /
daß du da liegst auf dürrem Gras, / davon ein Rind und Esel aß!«[46]

Das Jesuskind ist für Luther der klarste Spiegel der väterlichen Liebe
Gottes:

»Unter allen geboten [Gottes ist das] hohest, das man seinen lieben Son
vnsern [herrn Jhesum Christum sollen für] vns bilden, der sol vnsers hertzen
[teglicher und fürnemster Spiegel] sein, darin wir sehen, wie lieb vns [Gott hat
vnd wie er so hoch als] ein frumer Gott fur uns hat gesorget, das er auch [seinen
lieben Son für] vns gegeben hat.«[47]

Mit dem offenbarungstheologischen Motiv verbunden ist das soteriologische. Luthers Spiritualität kreist um den Gedanken, daß und wie Gott
dem Menschen in Jesus Christus das Heil schenkt. Sein Glaube lebt von
der gnädigen Zuwendung Gottes zur Welt und hat gewissermaßen die
Gnade Gottes im Rücken. Darum besitzt die Kategorie der Erinnerung für
Luthers Spiritualität überragende Bedeutung. Am anschaulichsten wird die
Hinwendung Gottes zum Menschen in der Geburt Jesu in Bethlehem.

»Sei mir willkommen, edler Gast! / Den Sünder nicht verschmähet hast /
und kommst ins Elend her zu mir: / wie soll ich immer danken dir?«[48]

Die soteriologische Zuspitzung von Luthers christologischem Denken wird auch an vielen anderen Stellen deutlich.[49]

---

45 Evangelisches Gesangbuch, Lied 24, Strophe 2. 7. 13.
46 Evangelisches Gesangbuch, Lied 24, Strophe 9.
47 WA Br 6, 87, 41-45 (1811), Luther an Barbara Lißkirchen am 30. April 1531 [aus
   Wittenberg]. Da die Handschrift – Luthers Autograph? – sehr beschädigt war, wurden
   in eckigen Klammern Text aus einem zeitgenössischen Druck übernommen.
48 Evangelisches Gesangbuch, Lied 24, Strophe 8.
49 So z.B. in den »Schmalkaldischen Artikeln«; BSLK, 415, 6 - 416, 6 ≙ WA 50, 198, 23-

Der theologisch motivierten Konzentration von Luthers Spiritualität auf das Weihnachtsfest entspricht ein seit Jahren zu beobachtender gesamtgesellschaftlicher Trend.[50] Das Weihnachtsfest ist als einziges Fest des Kirchenjahrs für die meisten evangelischen Kirchenmitglieder übriggeblieben, wobei sich parallel dazu der Rhythmus des Gottesdienstbesuchs vom Wochen- zum Jahresrhythmus verschoben hat.[51] In gesellschaftlicher Hinsicht zeigt sich die Bedeutung des Weihnachtsfests daran, daß eine Reihe von Wirtschaftszweigen ohne das Weihnachtsgeschäft zum Niedergang verurteilt wäre. Empirische Untersuchungen belegen, daß sich das Wissen um den spirituellen Gehalt des Weihnachtsfests umgekehrt proportional zu seiner wirtschaftlichen Bedeutung verhält: Während immer weniger Menschen den spirituellen Grund des Weihnachtsfestes kennen und ihn allein an Liebe und Mitmenschlichkeit festmachen,[52] boomen die im Zusammenhang mit dem Weihnachtsfest stehenden Wirtschafszweige.

Angesichts dieser Situation könnte die Besinnung auf Luthers Festhalten an der uns fremd gewordenen altkirchlichen Christologie auf dem Weg zur Wiedergewinnung des spirituellen Gehalts des Weihnachtsfestes hilfreich sein.[53] Luthers Christologie läßt sich weder auf die Vorbildfunktion Jesu noch auf dessen Kerygma reduzieren. Die Kerygma-Theologie Rudolf Bultmanns (1884-1976) wollte von Luther her beweisen, daß es der Glaube nur mit dem Kerygma zu tun habe, hinter dem die Person Jesu Christi zurücktrete. Das ist falsch. Eher kann man in der scholastischen Theologie und ihrer Gnadenlehre ein Zurücktreten der Person Jesu Christi

---

200, 6. Philipp Melanchthon brachte dies in der Einleitung zu seinen »Loci communes rerum theologicarum seu hypotyposes theologicae« von 1521 in einer klassisch gewordenen Formulierung zum Ausdruck: »[...] hoc est Christum cognoscere beneficia eius cognoscere, non, quod isti [Scholastiker] docent, eius naturas, modos incarnationis contueri; MELANCHTHONS WERKE IN AUSWAHL/ hrsg. von Robert Stupperich. 2., neubearb. Aufl. Bd. 2 I. GÜ 1978, 20, 27-29.

50 Vgl. dazu Morgenroth: Weihnachtschristentum.

51 Vgl. dazu Christian GRETHLEIN: Grundfragen der Liturgik: ein Studienbuch zur zeitgemäßen Gottesdienstgestaltung. GÜ 2001, 41-43 (dort auch weiterführende Literatur).

52 Morgenroth: Weihnachtschristentum, 27-30 (mit Belegen).

53 Zu Luthers Christologie vgl. im einzelnen Althaus: Die Theologie Martin Luthers, 159-174 (mit Belegen).

beobachten. Christus ist hier nur die causa für den Habitusverleih, für den dann die Kirche zuständig ist. Luthers Glaubensbegriff beinhaltet demgegenüber eine deutliche Vergegenwärtigung des Gottmenschen Jesus Christus. Der Ruf zum Glauben wird von ihm inhaltlich gefaßt als ein Sich-Halten an den menschgewordenen, gekreuzigten und auferstandenen Jesus Christus. Zeit seines Lebens geht es Luther in seiner Spiritualität zunächst und vor allem um die persönliche Gegenwart des gekreuzigten und auferstandenen Jesus von Nazareth. An ihn glaubt er mit der ganzen Glut seines Herzens. In der Gegenwart Jesu Christi möchte er leben.

Die Sehnsucht nach der Nähe Gottes in Jesus Christus ist der innere Grund, wieso Luther am altkirchlichen christologischen Dogma festgehalten und dieses in seiner Ubiquitätslehre weiterentwickelt hat. Es gibt wahrscheinlich nur wenige Theologen, die sich so in die Person Jesu Christi vertieft haben, wie Luther.[54] Angesichts der engen Verbundenheit von Spiritualität und Theologie bei Luther,[55] ist es nicht verwunderlich, daß seine Theologie ganz auf Jesus Christus ausgerichtet ist – ein in der Kirchengeschichte fast einmaliger Vorgang. Deshalb legt Luther den 1. und den 3. Glaubensartikel auf Christus hin aus. Die Schöpfung hat in der Soteriologie ihr Ziel. »Denn er [Gott] hat uns eben dazu geschaffen, daß er uns erlösete und heiligte; [...]«[56] Genauso ist Jesus Christus das Ziel des Geisteswirkens:

> »Denn wider Du noch ich künnten immermehr [je] etwas von Christo wissen noch an ihn gläuben und zum Herrn kriegen, wo es nicht durch die Predigt des Evangelii von dem heiligen Geist würde angetragen und uns in Bosam [Busen, Herz] geschenkt. [...] Darümb ist das Heiligen nicht anders, denn zu dem HERRN Christo bringen, solch Gut zu empfahen, dazu wir von uns selbs nicht kommen künnten.«[57]

---

54 Loewenich: Die Frömmigkeit Martin Luthers, 267.

55 Vgl. dazu im Einzelnen Oswald BAYER: Oratio, Meditatio, Tentatio: eine Besinnung auf Luthers Theologieverständnis. LuJ 55 (1988), 7-59; Otto Hermann Pesch meint sogar, »daß Luthers Theologie identisch mit seiner Spiritualität ist«; ders.: Luther, Martin, 816 f.

56 BSLK, 660, 32 f ≙ WA 30 I, 191, 36 (Der große Katechismus, 1529, Erklärung zum Glaubensbekenntnis, Schluß).

57 BSLK, 654, 21-27. 38-42 ≙ WA 30 I, 188, 6-9.15-17 (Der große Katechismus, 1529); vgl. auch: »Ich gläube, daß ich nicht aus eigener Vernunft noch Kraft an Jesum Christ, meinen Herrn gläuben oder zu ihm kommen kann, sondern der heilige Geyst hat

IV Freude und Dankbarkeit

Freude und Dankbarkeit zeichnen Luthers Spiritualität aus; gleichzeitig betont er die Schwere und den Ernst der Sünde.

Luthers reformatorische Theologie entzündete sich an der spätmittelalterliche Frage: »Wie bekomme ich einen gnädigen Gott?« Als Mönch im Kloster bedrängte ihn diese Frage mit schrecklicher Gewalt. Er vermochte in Gott nur einen tyrannischen Herrn zu sehen, der auch im Evangelium dem Menschen ein Gesetz auferlegt, das er unmöglich erfüllen kann. Wie sollte ein Mensch einen solchen tyrannischen Gott lieben können? Durch das Studium der Bibel begriff Luther, daß Gottes Gerechtigkeit nicht als dessen – unerfüllbare – Forderung an den Menschen zu verstehen, sondern Gottes aus freier Gnade gewährtes Geschenk an den Menschen ist. Nicht eine durch Werke erworbene Gerechtigkeit macht den Menschen in Gottes Augen gerecht, sondern Gottes eigene Gerechtigkeit, die er jedem aus Gnade schenkt. Niemand kann und braucht sich den Himmel zu verdienen. Darum tut der Christ gute Werke nicht, um Gott zu gefallen, sondern aus Freude und Dankbarkeit über die erfahrene Liebe Gottes.

Weil im Zentrum von Luthers Spiritualität der in Jesus Christus offenbar gewordene liebende Gott steht, kann Luther bekennen: »got ist ein glüender backofen foller liebe.«[58] Der Glaube verliert gegenüber der mittelalterlichen Spiritualität alles Ängstliche. Dadurch kommt eine bis dahin ungekannte Wärme in das Verhältnis des Menschen zu Gott hinein. Diese Wärme zeigt sich etwa in einem brieflichen Rat Luthers an Elisabeth, der Frau seines Schülers Johann Agricola (1492/94-1566), die wahrscheinlich unter Depressionen litt. Luther und seine Frau hatten sie bereits in einem früheren Brief zu einem Ortswechsel nach Wittenberg eingeladen, um ihr eine neue Perspektive zu geben:

> mich durchs Evangelion berufen, mit seinen Gaben erleuchtet, im rechten Glauben geheiliget und erhalten, gleichwie er die ganze Christenheit auf Erden berüft sammlet, erleucht, heiliget und bei Jesu Christo erhält im rechten einigen Glauben, [...]«; BSLK, 511, 46 - 512, 8 ≙ WA 30 I, 250, 1-11 (Der kleine Katechismus, 1529, Erklärung zum 3. Glaubensartikel).

58 WA 10 III, 56, 2 f.

»Der Ehrhaftigenn vnd tugentsamen frauen Elizabeth Agricola, Schulmei-
stern zu Eisleben, meiner liebenn freunden. G⌊nade⌋ V⌊nd⌋ F⌊riede⌋. Mein liebe Elsa!
[...] Du must aber nicht so kleinmutig vnd zcage sein, sondern dencken, das
Christus nahe ist vnd hilft dir dein vbell tragen. Den er hat dich nicht so
verlassenn, als dir dein fleisch und bluth eingibt. Alleine ruffe du nu mit ernst
von hertzenn, so bistu gewiß, das er dich erhorett, weyll du weist, das es seine
arth ist, helfen, sterckenn, vnd trosten alle die, so sein begeren.«[59]

Der positive, lebensbejahende Grundton von Luthers Spiritualität ist
paradoxerweise mit dessen Rede von der Schwere und dem Ernst der
Sünde ursächlich verknüpft. Wie Paulus geht Luther davon aus: Je größer
die Sünde, je kraftvoller die Erfahrung der Vergebung (R 5, 20 f). Darum
fordert Luther in der Einleitung zur Römerbriefvorlesung von 1515/16
das magnificare peccatum, das Großmachen der Sünde:

»Die Summe dieses Briefes ist: zu zerstören, auszurotten und zu vernichten
alle Weisheit und Gerechtigkeit des Fleisches, – mag sie in den Augen der
Menschen auch bei uns selbst noch so ansehnlich erscheinen und noch so
aufrichtig und von Herzen geübt werden – dafür aber einzupflanzen, festzustellen
und großzumachen die Sünde – mag sie auch gar nicht da sein, oder mag man nur
vermuten, daß sie da ist.«[60]

Der Weg, Gottes Gnade zu erfahren, ist der *Glaube*. Indem ich im
Glauben Gottes Urteil über mich bejahe, trete ich auf seine Seite, auf die
Seite der Wahrheit. Luther lehrt deswegen, daß Glaube nicht im sittli-
chen Streben, sondern im Eingestehen der Größe der eigenen Schuld
besteht. In seiner zweiten Galaterbriefvorlesung erklärt Luther laut Druck-
fassung von 1535:

»Du darfst dir nicht träumen lassen, als wären deine Sünden so klein, daß sie
mit deinen Werken getilgt werden könnten. Du darfst aber auch nicht verzweifeln
wegen ihrer Größe, als müßtest du sie einmal im Leben oder im Tod noch ernstlich
fühlen. Sondern lerne hier aus Paulus das glauben, daß Christus nicht für erdichte-
te oder gemalte Sünden, sondern für wirkliche Sünden, nicht für kleine, sondern
sehr große, nicht für die eine und andere, sondern für alle, nicht für überwundene
[...], sondern für unüberwundene Sünden sich dahin gegeben hat.«[61]

59 WA Br 4, 210, 1-3; 211, 1-10 (1112), Luther an Elisabeth Agricola am 10. Juni 1527 aus
   [Wittenberg].
60 WA 56, 157, 1-6.
61 WA 40 I, 87, 22-28.

Hier wird auch Luthers seelsorgerlicher Rat an Melanchthon verständlich: »Esto peccator et pecca fortiter, sed fortius fide et gaude in Christo, [...]«[62] Im Briefkontext lautet dieses Wort übersetzt: »Sei ein Sünder und sündige kräftig, aber glaube noch kräftiger und freue dich in Christus.«

Dabei ist es das Wissen um die Größe der göttlichen Gnade in Jesus Christus, das Luther die Freiheit gibt, die Größe der menschlichen Schuld nicht zu beschönigen. Das zeigt ein Seelsorgebrief Luthers:

> »Hüte dich darum, je solche Reinheit anzustreben, daß du vor dir nicht mehr als Sünder erscheinen willst, ja gar keiner mehr sein willst. Denn Christus wohnt nur unter Sündern. Dazu kam er ja vom Himmel, wo er unter Gerechten wohnte, damit er auch unter Sündern Wohnung nehme. Solcher seiner Liebe sinne immer wieder nach. Und du wirst seinen gar süßen Trost erfahren.«[63]

Diese Gedanken Luthers müssen heute vor einem schwerwiegenden Mißverständnis geschützt werden. Sünder sein war für ihn kein Ausdruck einer zerknirschenden, entmündigenden, klein machenden, sondern einer heilsam rettenden Erfahrung.[64] Das Stehen zu seinem Sündersein ermöglicht dem Menschen die Einkehr in eine Selbstbegrenzung, die ihm letztlich zugute kommt. Er muß nicht länger mehr sein »als ein heilsam vor Gott und von Gott begrenzter Mensch«.[65] Ein weiteres kommt hinzu: Schuldigwerden gehört zum Humanum, auch zum Leben in der Nachfolge, wesentlich dazu. Ich stehe zu meinem Menschsein, indem ich meine Schuld eingestehe. Eine Leugnung oder Bagatellisierung meiner Schuld würde demgegenüber eine Verleugnung meines Menschseins bedeuten. Das Eingeständnis des Sünderseins wahrt den Unterschied zwischen Schöpfer und Geschöpf.

62 WA Br 2, 372, 84 (424) ≙ MELANCHTHONS BRIEFWECHSEL. Bd. T 1: Texte 1-254 (1514-1522)/ bearb. von Richard Wetzel. S-Bad Cannstatt 1991, 325, 81 f (157), Luther an Philipp Melanchthon am 1. August 1521 von der [Wartburg].

63 WA Br 1, 35, 28-32 (11), Luther an Georg Spenlein am 8. April 1516 aus Wittenberg: »Cave, ne aliquando ad tantam puritatem aspires, ut peccator tibi videri nolis, imo esse. Christus enim non nisi in peccatoribus habitat. Ideo enim descendit de coelo, ubi habitabat in iustis, ut etiam habitaret in peccatoribus. Istam charitatem eius rumina, et videbis dulcissimam consolationem eius.«

64 So Christian MÖLLER: Wie geht es in der Seelsorge weiter?: Erwägungen zum gegenwärtigen und zukünftigen Weg der Seelsorge. ThLZ 113 (1988), 416f.

65 Hier und im Folgenden Möller: Wie geht es in der Seelsorge weiter?, 417.

V Die Hochschätzung der Freiheit des Gewissens

Luthers Spiritualität ist geprägt von der Hochschätzung der Freiheit des Gewissens und des individuellen Glaubens; gleichzeitig gibt es für ihn kein Christsein ohne Kirche.

Klassischer Beleg für Luthers Hochschätzung der Freiheit des Gewissens und des individuellen Glaubens ist der Schluß seiner Rede vor dem Wormser Reichstag am 18. April 1518:

> »Weil Eure geheiligte Majestät und Eure Herrschaften es verlangen, will ich eine schlichte Anwort geben, die weder Hörner noch Zähne hat: Wenn ich nicht durch das Zeugnis der Heiligen Schrift oder vernünftige Gründe überwunden werde (nisi convictus fuero testimoniis scripturarum aut ratione evidente) – denn weder dem Papst, noch den Konzilien allein vermag ich zu glauben, da es feststeht, daß sie wiederholt geirrt und sich selbst widersprochen haben –, so halte ich mich überwunden durch die Schriften, die ich angeführt habe, und mein Gewissen ist durch Gottes Worte gefangen (capta conscientia in verbis dei). Und darum kann und will ich nichts widerrufen, weil gegen das Gewissen zu handeln weder sicher noch lauter ist.
>
> Ich kann nicht anders, hier stehe ich, Gott helfe mir. Amen.«[66]

Mit diesen Worten wagte ein einzelner Mönch unter Berufung auf die Freiheit seines Gewissens, eine mehr als 1000jährige Theologiegeschichte in die Schranken zu rufen. Die Unerhörtheit dieses Vorgangs hat Kaiser Karl V. in seinem Bekenntnis vom 19. April 1521 klar zum Ausdruck gebracht:

> »Denn es ist gewiss, daß ein einzelner (Ordens)bruder irrt mit seiner Meinung, die gegen die ganze Christenheit steht, sowohl während der vergangenen tausend und mehr Jahre als auch in der Gegenwart; andernfalls wäre die ganze genannte Christenheit immer im Irrtum gewesen und würde es (noch heute) sein.«[67]

Zur Spiritualität Luthers gehört grundlegend die Gewissensfreiheit des Einzelnen. Allerdings handelt es sich dabei um eine in besonderer Weise qualifizierte Freiheit.[68] Luther gewann sein neues Verständnis des Evangeliums durch das Studium der Schrift. Darum bildet die Bibel für

---

66 WA 7, 838, 2-8; zitiert nach Kirchen- und Theologiegeschichte in Quellen 3, 65 f (21 a).
67 Deutsche Reichstagsakten: unter Kaiser Karl V. Bd. 2/ bearb. von Adolf Wrede. 2. Aufl. [Photomech. Nachdruck der Ausgabe Gotha 1896]. GÖ 1962, 595, 7 - 596, 1, bes. 595, 20-23 (82); zitiert nach Kirchen- und Theologiegeschichte in Quellen 3, 66 (21 b).
68 So auch Bayer: Vita passiva – ..., 99-103.

ihn den unaufgebbaren Ermöglichungsgrund für die Freiheit des Gewissens. Die Freiheit des Gewissens bleibt, wie Luthers Bekenntnis erkennen läßt, rückgebunden an Gottes Wort: »durch Gottes Worte gefangen«. Umgekehrt schloß Luther aus der Neuentdeckung des Evangeliums durch die Schrift, daß die Bibel – unter Verzicht auf die kirchliche Tradition – genügt, um zu wissen, was Gott dem Menschen geben will und was er von ihm fordert (sola scriptura). Jeder Mensch ist in der Lage, selbstständig aus der Bibel den Willen Gottes zu erfahren. Die Konsequenz ist die Emanzipation des Glaubens von kirchlichen Vermittlungsinstanzen. Damit diese reformatorische Erkenntnis keine bloße Theorie blieb, übersetzte Luther die Bibel in die deutsche Sprache.

Aus der persönlichen Gewissensbindung an die Schrift folgt die Zuspitzung von Luthers Spiritualität auf den individuellen Glauben (sola fide). Die Bedeutung des persönlichen Glaubens wird in seiner Auslegung der drei Artikel des Glaubensbekenntnisses im Kleinen und Großen Katechismus deutlich. Aus den mächtigen Granitblöcken der objektiven Aussagen des Apostolikums wird durch Luther das *subjektive*, mich persönlich betreffende, ja bedrängende *Bekenntnis*:

> »[...] mein HERR, der mich verlornen und verdammpten Menschen erlöset hat, [...], auf daß ich sein eigen sei [...]« »[...] der heilige Geist hat mich durchs Evangelion berufen, mit seinen Gaben erleuchtet, im rechten Glauben geheiliget [...]«[69]

Darum auch Luthers Forderung, daß die objektiv im Werk Jesu Christi geschehene Versöhnung jedem Menschen *subjektiv* zugeeignet, »in den Busen« gesenkt werden muß.[70] Der Glaubensbegriff des Reformators zeichnet sich durch eine vorher nicht gekannte Intensität aus: dazu führt neben der starken Subjektivierung ein hoher Gewißheitsgrad und das Bewußtsein der Nähe Gottes: Immer und überall habe ich es mit Gott zu tun. Damit hat der Glaube jene Intensivform des Christentums an sich gezogen, die bis dahin der mystischen Erfahrung vorbehalten blieb.[71]

69 BSLK, 511, 26-28. 33; 512, 2-4 ≙ WA 30 I, 249, 10-12. 17 f; 250, 5-8 (Der kleine Katechismus).

70 WA 30 I, 188, 8 f ≙ BSLK, 654, 27 (Der große Katechismus, 1529).

71 Mit Karlmann BEYSCHLAG: Was heißt mystische Erfahrung?: entwickelt an den Beispielen Euagrios Pontikos und Symeon, dem Neuen Theologen. In: Herausforderung: religiöse Erfahrung, 194.

Luthers Bekenntnis vor Kaiser und Reich hat tief die Wirkungsgeschichte seiner Spiritualität geprägt. Er wurde in der Folgezeit häufig ausschließlich als Vorkämpfer für die Freiheit des individuellen Gewissens betrachtet. Verstärkt gilt das für ein von der Aufklärung beeinflußtes Christentumsverständnis.[72] Die Konsequenz war, daß Luthers Spiritualität primär mit einer abstrakt verstandenen Freiheit des Individuums gegenüber kirchlichen und staatlichen Autoritäten konnotiert wurde. Bis heute scheint diese Interpretation seiner Spiritualität im Bewußtsein der meisten evangelischen Kirchenmitglieder vorherrschend zu sein.[73] Dabei wird jedoch zweierlei übersehen. *Zum einen* betont Luther zwar tatsächlich die Freiheit des Individuums. Dessen Freiheit kommt für ihn aber erst in der Liebe zum Nächsten zur Erfüllung. Klassisch hat Luther diesen Sachverhalt in den beiden Leitsätzen seiner Schrift »Von der Freiheit eines Christenmenschen« zum Ausdruck gebracht:

>»Eyn Christen mensch ist eyn freyer herr über alle ding
>und niemandt unterthan.
>Eyn Christen mensch ist eyn dienstpar knecht aller ding
>und yderman unterthan.«[74]

Keine abstrakt verstandene Freiheit, sondern die Liebe zum Nächsten ist das Ziel von Luthers Spiritualität! Das belegt besonders deutlich das Ende der Freiheitsschrift:

>»Aus dem allenn folget der beschluß, das eyn Christen mensch lebt nit ynn yhm [sich] selb, sondern ynn Christo und seynem nehsten, ynn Christo durch den glauben, ym nehsten durch die liebe: durch den glauben feret er uber sich yn gott, auß gott feret er wider unter sich durch die liebe, und bleybt doch ymmer ynn

---

72 Vgl. Bernhard LOHSE: Martin Luther: eine Einführung in sein Leben und Werk. 3., vollständig überarb. Aufl. M 1997, 190 (Literaturangaben 253-255).

73 Das konnte man zuletzt 2003 beim Kinobesuch anläßlich des Lutherfilms mit Joseph Fiennes beobachten: Die Spannung unter den Zuschauern war am größten, als es darum ging, ob Luthers vor dem Reichstag in Worms seine Schriften widerrufen würde. Auch das neueste Impulspapier des Rates der EKD stellt die Freiheit ins Zentrum protestantischen Christseins; KIRCHE DER FREIHEIT: Perspektiven für die evangelische Kirche im 21. Jahrhundert; ein Impulspapier des Rates der EKD/ hrsg. vom Kirchenamt der Evangelischen Kirche in Deutschland. Hannover 2006, bes. 32-35.

74 WA 7, 21, 1-4.

gott und gottlicher liebe, [...] Sihe, das ist die rechte, geystliche, Christliche freyheyt, die das hertz frey macht von allen sundenn, gesetzen und gepotten, wilch alle andere freyheyt ubirtrifft, wie der hymell die erdenn, [...]«[75]

Zum anderen wollte Luther zwar den Glauben des Einzelnen von klerikaler Bevormundung befreien, intendierte jedoch nie eine Spiritualität unabhängig von der christlichen Gemeinde. Die kirchliche Orientierung von Luthers Spiritualität ergibt sich dabei notwendig aus dem Gedanken, daß die Gemeinde das Wirkungsfeld der Liebe darstellt. Die Auslegung des 3. Glaubensartikels im Kleinen Katechismus ist ein klassischer Beleg dafür, daß sich in seiner Spiritualität der Einzelne und die Gemeinde komplementär zueinander verhalten[76]:

> »*Ich* glaube, daß *ich* nicht aus eigener Vernunft noch Kraft an Jesus Christus, *meinen* Herrn, glauben oder zu ihm kommen kann; sondern der Heilige Geist hat *mich* durch das Evangelium berufen, mit seinen Gaben erleuchtet, im rechten Glauben geheiligt und erhalten; **gleichwie** er die **ganze Christenheit** auf Erden beruft, sammelt, erleuchtet, heiligt und bei Jesus Christus erhält im rechten einigen Glauben; **in welcher Christenheit** er *mir* und **allen Gläubigen** täglich alle Sünden reichlich vergibt und am Jüngsten Tage *mich* und **alle Toten** auferwecken wird und *mir* samt **allen Gläubigen** in Christus ein ewiges Leben geben wird.«[77]

Im landeskirchlichen Protestantismus herrscht bis zum heutigen Tag ein Frömmigkeitstypus vor, der weitgehend von Individualismus, Subjektivismus und Innerlichkeit geprägt ist. Die Konsequenz der Ausblendung der christlichen Gemeinde aus dem Frömmigkeitsvollzug der überwiegenden Mehrzahl der evangelischen Kirchenmitglieder ist eine entscheidungs- und profillose protestantische Spiritualität. Die neuzeitliche Denkfigur von Gott und der Einzelseele stellt jedoch eine Abstraktion dar. Dringend nötig ist ein neues Bewußtsein, daß es evangelische Spiritualität nicht unabhängig von der Kirche gibt, sondern nur eingebunden in die »Gemeinschaft der Heiligen« – wie es im Apostolischen Glaubensbekenntnis heißt –, umgeben von einer »Wolke von Zeugen« (H 12, 1).

75 WA 7, 38, 6-14.
76 Gegen Paul Schütz: Zur Kritik der reformatorischen Grundlagen: Entwurf einer Denkschrift. (1951). In: Ders.: Gesammelte Werke. Bd. 3: Freiheit – Hoffnung – Prophetie: von der Gegenwärtigkeit des Zukünftigen/ hrsg. von H. F. Bürki. Moers 1986, 11-24.
77 Evangelisches Gesangbuch, Nr. 806.2.

VI Die Weltoffenheit

Luthers Spiritualität öffnet die Kirche zur Welt hin; gleichzeitig bleibt seine Frömmigkeit orientiert an der Ewigkeit.

Indem Martin Luther reformatorischer Spiritualität Familie, Beruf, Parochie und Gesellschaft als Verwirklichungsfelder zuwies, öffnete er die Kirche zur Welt hin. Er verlegte damit das Zentrum der christlichen Frömmigkeit vom abgegrenzten Bereich des Klosters in die Welt. Ein erster Brennpunkt der Spiritualität stellte die Familie dar. Luther schuf auf diese Weise die Hauskirche.[78] Das Haus bildete, noch vor der Parochie, das primäre Einübungs- und Verwirklichungsfeld des allgemeinen Priestertums. Zum zweiten Brennpunkt wurden der weltliche Beruf und die Gesellschaft. Luther machte auch sie zu Bewährungsfeldern des Glaubens. Dadurch erhielt die weltliche Arbeit religiöse Orientierung.

Gegenüber der mittelalterlichen Frömmigkeit stellte Luthers Spiritualität in doppelter Hinsicht einen Fortschritt dar. Indem sie die Grenzen zwischen heilig und profan relativierte, wurde sie alltagsverträglich. Auf diese Weise wurden in der Folgezeit ungeahnte schöpferische Kräfte im Menschen freigesetzt, die an der Entstehung des modernen Europa maßgeblichen Anteil hatten. Dazu kam die Demokratisierung der Spiritualität, d. h. ihre Befreiung aus der Usurpation durch religiöse Eliten. Luthers Spiritualität war eine Spiritualität für jedermann. Nicht mehr bloß Mönche und Nonnen hatten fortan einen »Beruf«, d. h. eine Berufung. Vielmehr war jeder Christ dazu befreit, in seinem weltlichen »Beruf« zur Ehre Gottes und zum Wohl der Mitmenschen zu wirken. Die Freiheitsgeschichte des modernen Europa ist ohne diesen Vorgang nicht denkbar.

Es liegt auf der Hand, daß in einer demokratischen, von politischer Partizipation der Bürgerinnen und Bürger geprägten Leistungsgesellschaft wie der Bundesrepublik Deutschland die Demokratisierung und Alltagsorientierung der Spiritualität Luthers sympathisch anmutet. Die mit seiner Spiritualität für jedermann verbundene Weltbejahung und Welt-

---

78 Vgl. dazu Eugen ROSENSTOCK: Luthers Volkstum und die Volksbildung. In: Rosenstock, Eugen; Wittig, Joseph: Das Alter der Kirche. Nachddruck der Ausgabe B [1927/28]. Bd. 2/ hrsg. von Fritz Herrenbrück; Michael Gormann-Thelen. MS 1998, 113-161.

verantwortung mit der Tendenz zum Überschreiten des binnenkirchlichen Raumes in Richtung auf Familie, Beruf und Gesellschaft, die als Felder gottesdienstlicher Lebensführung neu entdeckt wurden, sollten tatsächlich auf keinen Fall aufgegeben werden. Das um so weniger, als der Trend modernen Lebens mit seinem zunehmenden Spezialistentum konsequenterweise auch religiöse Spezialisten verlangt. Ein derartiges religiöses Spezialistentum würde jedoch den Rückfall in ein vorreformatorisches Zwei-Stufen-Christsein bedeuten. Dennoch bedarf die Öffnung des Christseins zur Welt hin dringend eines Gegengewichts, wenn der christliche Glaube nicht zu einer Weltverbesserungsideologie verwässern soll.

Dieses Gegengewicht stellt die eschatologische Orientierung von Luthers Spiritualität im Sinne der Erwartung des Jüngsten Tages mit der Wiederkunft Jesu Christi dar. Dabei gilt: »Seine Gedanken über die Letzten Dinge sind nicht ein konventioneller Anhang, sondern ein im Ganzen seiner Theologie wesenhaft begründetes, unentbehrliches, ja entscheidendes Stück.«[79] Luther verstand es, jung und alt Lust auf den Himmel zu vermitteln. Davon legt besonders eindrücklich ein Brief Zeugnis ab, den er von der Coburg an seinen Sohn »Hänsichen Luther« in Wittenberg geschrieben hat. Darin heißt es:

> »Ich weis ein hubschen, schonen lustigen Garten. Da gehen viel Kinder innen, haben guldene Rocklin an vnd lesen schone Öpffel vnter den Beumen vnd Birnen, Kirsschen, spilling [gelbe Pflaumen] und pflaumen, singen, springen vnd sind frohlich. Haben auch schone kleine Pferdlin mit gulden zeumen vnd silbern Settlen. Da fragt ich den Man, des der Garten ist, Wes die Kinder weren? Da sprach er: Es sind die Kinder, die gern beten, lernen und fromm sein. Da sprach ich: Lieber Man, Jch hab auch einen Son, heisst Hensichen Luther, Mocht er nicht auch in den Garten komen, das er auch solche schone Opffel vnd Birne essen mochte vnd solche feine Pferdlin reiten vnd mit diesen Kindern spielen? Da sprach der Man: Wenn Er gerne bettet, lernet vnd from ist, So soll er auch in den Garten komen. Lippus und Jost auch. Vnd wenn sie allzusammen komen, so werden sie auch pfeiffen, Paucken, lauten vnd allerley andere Seitespiel haben, auch tantzen vnd mit kleinen Armbrüsten schießen.«[80]

---

79 Althaus: Die Theologie Martin Luthers, 339; dort auch eine Fülle von Belegen: 339-354.

80 WA Br 5, 377, 5 - 378, 18 (1595); Martin Luther an Johannes Luther am [19. Juni 1530 von der Coburg].

So real ist für Luther das Leben bei Gott im Himmel, daß von dort aus stärkste Kräfte der Hoffnung und des Trostes in seine eigene Spiritualität fließen. Er schreibt z. B. an seinen todkranken Vater:

> »Denn unser Glaube ist gewiß, und wir zweifeln nicht, daß wir uns bei Christo wiederumb sehen werden in kurzem, sintemal der Abschied von diesem Leben für Gott viel geringer ist, denn ob ich von Mansfeld hieher von Euch, oder Jhr von Wittemberg gen Mansfeld von mir zöget. Das ist gewißlich wahr, es ist umb ein Stündlin Schlafs zu tun, so wird's anders werden.«[81]

Dabei läßt die lebendige Ausrichtung auf den Himmel Luther das Leben auf der Erde nicht vergessen. Nirgends bekommt man den Eindruck, daß er das Natürliche überspringen würde. Im bereits zitierten Brief an den Vater teilt Luther diesem mit, daß er einen Neffen nach Mansfeld geschickt hat, um zu prüfen, ob die alten Eltern noch reisefähig sind, um nach Wittenberg gebracht werden zu können:

> »Aber große Freud sollt mir's sein, wo es möglich wär, daß Ihr Euch ließet sampt der Mutter hieherführen zu uns, welchs mein Kät mit Tränen auch begehrt, und wir alle. Ich hoffet, wir wollten Euer aufs best warten.«[82]

Daß Luther das irdische Leben ernst nimmt, zeigt sich auch in seiner Aufforderung, ruhig über den Verlust von Angehörigen zu trauern:

> »Gott will, daß wir unsere Kinder lieb haben, und daß wir trauren, wann sie von uns genommen werden hinweg, doch soll die Traurigkeit mäßig und nicht zu heftig seyn, sondern der Glaube der ewigen Seligkeit soll Trost in uns wirken.«[83]

Mit der Orientierung an der Ewigkeit befindet Luther sich in radikalem Gegensatz zum main-stream evangelischer Spiritualität nach der Aufklärung. Eberhard Jüngel hat den Transzendenzverlust des nachaufklärerischen protestantischen Christentums schon vor Jahren in folgenden provozierenden Sätzen auf den Begriff gebracht:

> »Als Kinder der Aufklärung haben wir inzwischen das Diesseits so sehr lieben gelernt, daß wir im Gefolge Ludwig Feuerbachs aus diesseitsblinden ›Kandidaten

81 WA Br 5, 241, 82-87 (1529), Martin Luther an Hans Luther am 15. Februar 1530 aus Wittenberg.
82 WA Br 5, 239, 13-16 (1529).
83 WA Br 10, 699, 17-20 (4049), Luther an Georg Hösel am 13. Dezember 1544 aus Wittenberg.

des Jenseits‹ zu jenseitsvergessenen ›Studenten des Diesseits‹ geworden sind. Die christliche Hoffnung auf ein Leben in Gottes kommendem Reich hat sich zum bloßen Interesse an einem Leben vor dem Tod ermäßigt.«[84]

Mit dem Transzendenzverlust der westlichen Kultur geht ein öffentlicher Realitätsverlust einher. Der postmoderne Mensch hat kaum Zugang zu den Dimensionen von Geist und Seele, die doch unverzichtbar zum Menschsein gehören und dieses erst zur Erfüllung bringen.

> »Die Lebenswelt des postmodernen Menschen ist weit gespannt, wenn man sie am Verbrauch von Raum, Zeit und materiellen Gütern misst. Aber sie ist eine enge Welt, misst man sie an den Bedürfnissen von Geist und Seele.«[85]

Der durchgängige Transzendenzbezug von Luthers Spiritualität macht es vielen Zeitgenossen schwer, zu ihr einen Zugang zu bekommen. Bemerkenswert ist aber, daß sich seit einigen Jahren etwa in Kinofilmen eine Kommerzialisierung der Transzendenz ereignet. Dazu kommt, daß sich quer zum Prozeß der Auslagerung von Sterben und Tod – und damit der Frage nach der Ewigkeit – aus dem Alltag[86] seit einiger Zeit eine gegenläufige Bewegung abzeichnet. Inzwischen erfolgt eine vertiefte fachliche Auseinandersetzung mit dem Thema »Sterben und Tod«.[87] Das gilt für die mediale Öffentlichkeit genauso wie für Fachkreise. Dazu beigetragen haben die Berichte von Nahtoderfahrungen, die Fragen rund um das Thema »Sterbehilfe«, die Ausbreitung des Hospiz-Gedankens und der Palliativ-Bewegung. Inzwischen ist sogar die Thanatologie, eine neue interdisziplinäre Forschungsrichtung entstanden. Beide Beobachtungen lassen den Schluß zu, daß auch der westliche Mensch wieder bereit ist, nach dem Woher, Wozu und Wohin seines Lebens zu fragen. Hier könnte ihm die Beschäftigung mit Luthers Spiritualität neue Erfahrungsräume aufschließen.

---

84 Eberhard Jüngel: Leben nach dem Tod?: gegen das theologische Schweigen vom ewigen Leben. EvK 22 (1989) Heft 6, 31 f.

85 Hansjörg Hemminger, unveröffentlichtes Vortragsmanuskript.

86 In Leiden und Sterben begleiten: kleine Geschichten; ethische Impulse/ hrsg. von Ulrich Knellwolf; Heinz Rüegger. ZH 2004, 67 f.

87 Kerstin Lammer: Den Tod begreifen: neue Wege in der Trauerbegleitung. NK 2004; Handbuch integrierte Sterbebegleitung/ hrsg. von Ulrich Lilie; Eduard Zwierlein. GÜ 2004; Monika Renz: Grenzerfahrung Gott: spirituelle Erfahrungen in Leid und Krankheit. FR 2003.

Die Überlieferung von Thomas Müntzers Gefangenschaftsaussagen

Von Siegfried Bräuer

Helmar Junghans und Bernd Moeller zum 75. Geburtstag

Müntzers Gefangenschaft nach der Schlacht von Frankenhausen am 15. Mai 1525 ist insbesondere in zahlreichen literarischen Darstellungen ausführlich von Autoren mit recht unterschiedlichen Überzeugungen aufgegriffen worden. Vor allem bei der Schilderung der Folter wurden die historischen Quellen teilweise frei genutzt. In dem Müntzerdrama des Achtundvierzigers Hermann Rollett (1819-1904) – eines der wenigen von Bedeutung – wird der besiegte Revolutionär noch auf dem Schlachtfeld hinter seinem eigenen Zelt auf Anordnung des Landgrafen Philipp von Hessen gefoltert.[1] Im ersten Müntzerroman von literarischem Gewicht verlegt Theodor Mundt (1808-1861) eine erste Folterung am 16. Mai 1525 in das Schloß Frankenhausen, eine weitere nach Heldrungen.[2] Nach dem

AGBM   Akten zur Geschichte des Bauernkriegs in Mitteldeutschland.
           Bd 1 I/ hrsg. von Otto Merx. Neudruck der Ausgabe L 1923. Aalen 1964.
           Bd. 2/ unter Mitarb. von Günther Franz hrsg. von Walther Peter Fuchs.
           Neudruck der Ausgabe Jena 1942. Aalen 1964.
HStAM   Hessisches Staatsarchiv Marburg
THStAW Thüringisches Hauptstaatsarchiv Weimar
LGB[2]   Lexikon des gesamten Buchwesens. 2., völlig neu bearb. Aufl. Bd. 1 ff. S 1987 ff.
MSB   Thomas Müntzer: Schriften und Briefe; kritische Gesamtausgabe/ unter Mitarb.
           von Paul Kirn hrsg. von Günther Franz. GÜ 1968.
SHStAD   Sächsisches Hauptstaatsarchiv Dresden
ThMA   Thomas-Müntzer-Ausgabe/ hrsg. von Helmar Junghans. Bd. 3: Quellen zu Thomas Müntzer/ bearb. von Wieland Held (†) und Siegfried Hoyer. L 2004.
VD16   Verzeichnis der im deutschen Sprachbereich erschienenen Drucke des XVI.
           Jahrhunderts: VD 16. Bd. 1-24. S 1983-1997.

1 Hermann ROLLETT: Thomas Münzer: Volksdrama in vier Aufzügen. L 1851. In: 1525: Dramen zum deutschen Bauernkrieg. B; Weimar 1975, 99-148, bes. 146 f.
2 Theodor MUNDT: Thomas Müntzer: ein deutscher Roman. 2. Aufl. Bd. 3. Altona 1843, 181-185.

schmaleren Müntzerbuch des Sozialisten Max Dortu – Pseudonym für Karl Neumann (1878-1935) – von 1922 ist Müntzer erst am 31. Mai 1525 in Mühlhausen gefoltert worden.[3] Extensive Folterszenen finden sich in den Romanen von Paul Schreckenbach (1866-1923) von 1926 und Hans Pfeiffer (1925-1998) von 1975, ebenso in dem um 1969 erschienenen Schauspiel des Wiener Dramatikers Helmut Schwarz (* 1928).[4]

Näher bei den Quellenzeugnissen bleiben die Darstellungen der letzten Lebensphase Müntzers in den neueren Biographien auf wissenschaftlicher Grundlage, obgleich sie in den Details keineswegs übereinstimmen.[5] Erst nach deren Erscheinen wurden von Eike Wolgast und Siegfried Hoyer neue Untersuchungen zu Müntzers Gefangenschaftsaussagen vorgelegt.[6] Inzwischen ist auch die überwiegende Mehrzahl der Quellen neu ediert worden.[7] Unter der Bearbeitung der letzten Briefe für die neue kritische Ausgabe haben sich einige neue Aspekte – vor allem zur Frage der Überlieferung – ergeben, die es nahelegen, die Problematik von Müntzers Gefangenschaftsaussagen noch einmal aufzugreifen und der Überlieferung aller handschriftlichen Zeugnisse und den zeitgenössischen Drucken von Müntzers Bekenntnis erneut nachzuspüren. Deutlicher als das bisher häufig geschehen ist, soll auch zwischen den Informationen über Müntzers letzte Lebensphase in der Korrespondenz von Vertretern

3 Max Dortu: Thomas Münzer. L 1922, 100 f.

4 Paul Schreckenbach: Die Mühlhäuser Schwarmgeister: ein Roman aus den Nottagen der alten freien Reichsstadt/ mit einem Nachwort von Paul Burg. L 1924, 263-278; Hans Pfeiffer: Thomas Müntzer: ein biographischer Roman. 5. Aufl. B 1985, 556-561; Helmut Schwarz: Thomas Münzer: Darstellung und Scheitern einer Idee. Schauspiel. M; W; BL [um 1969], 86 f.

5 Walter Elliger: Thomas Müntzer: Leben und Werk. 1.-3. Aufl. GÖ 1975/76, 787-822; Eike Wolgast: Thomas Müntzer: ein Verstörer der Ungläubigen. B 1988, 75-79; Hans-Jürgen Goertz: Thomas Müntzer: Mystiker – Apokalyptiker – Revolutionär. M 1989, 155-159; Günter Vogler: Thomas Müntzer. B 1989, 263-270.

6 Eike Wolgast: Beobachtungen und Fragen zu Thomas Müntzers Gefangenschaftsaussagen 1525. LuJ 56 (1989), 26-50; Siegfried Hoyer: Bemerkungen zu den letzten Schriften Thomas Müntzers. In: Mühlhausen, der Bauernkrieg und Thomas Müntzer: Realitäten – Visionen – Illusionen; Protokollband zum wissenschaftlichen Kolloquium am 27. Mai 2000 im Bauernkriegsmuseum Kornmarktkirche in Mühlhausen/ Thüringen. Mühlhausen 2000, 91-101.

7 ThMA 3, 249-274 (139-176).

der Siegerseite und den fast gleichzeitig einsetzenden publizistischen Darstellungen der Ereignisse unterschieden werden. Eine vollständige Trennung beider Überlieferungsformen ist jedoch nicht zu erwarten, weil »der Müntzer der Gefangenschaft [...] zum Teil schon in den Anfang der Müntzer-Legende« gehört.[8]

I Müntzers Gefangenschaft in der Korrespondenz der Zeitgenossen

»[...] man wirdet auch gedachtenn Muntzer beichten laßen vnd rechtlich vorhoren, wie sichs geburt, zuuorsichtig, er solle allerley pfeiffen«, teilte bald nach der Schlacht von Frankenhausen der Befehlshaber des Truppenkontingents von Erzbischof Albrecht von Mainz, Wolf von Schönburg (1482-1529), seinem Dienstherrn mit.[9] Das Schreiben aus dem Magdeburger Staatsarchiv, das auf den Montag nach Kantate 1525 datiert ist, wurde bereits von Wilhelm Falckenheiner (* 1858) veröffentlicht.[10] Walther Peter Fuchs (1905-1997) hat diesen Satz ausgelassen und den Brief auf Dienstag, den 17. Mai datiert, da von Schönburg auf seine neue Zeitung über die Schlacht von »gistern datum« Bezug nimmt.[11] Der Irrtum in der Datierung durch den Schreiber ist nicht zu bezweifeln. Es ist in diesem Zusammenhang zu beachten, daß sich konkrete Angaben in den Quellen über die Schlacht von Frankenhausen und ihre Folgen mehrfach als widersprüchlich erweisen. So geben beispielsweise zwei Teilnehmer aus dem erzbischöflichen Aufgebot, Gevert von Jagow und Philipp von Meißenbach, den Schlachtbeginn »umb zehn hora vormittag« an. Graf Philipp von Solms (1468, 1477-1544) berichtet dagegen seinem Sohn, sie hätten »biß gegen zwolf horen gehalten«.[12]

---

8 Wolgast: Thomas Müntzer, 75 f.
9 Manfred KOBUCH; Ernst MÜLLER: Der deutsche Bauernkrieg in Dokumenten: aus staatlichen Archiven der Deutschen Demokratischen Republik. Weimar 1975, 99 (41: Abbildung der Ausfertigung).
10 Wilhelm FALCKENHEINER: Philipp der Grossmütige im Bauernkriege. Marburg 1887, 131-134, bes. 132.
11 AGBM 2, 319 (1487). Falckenheiner hält eine Datierung auf dem 18. Mai für wahrscheinlicher; Falckenheiner: Philipp der Großmütige ..., 132, Anm. 1.
12 AGBM 2, 293. 309 (1454. 1474).

Durch die beiden erwähnten Adligen wissen wir, daß Müntzer noch am 15. Mai Graf Ernst von Mansfeld (1479, 1484-1531) übergeben und nach Heldrungen gebracht wurde. Wie von Schönburg erwarteten sie, daß sie von ihm zweifellos »allerlei sachen erfahren« werden.[13] Was zwischen der Gefangennahme und der Überführung nach Schloß Heldrungen mit Müntzer geschah, übermittelt erst ein Brief, den der Rat Graf Albrechts von Mansfeld, Johann Rühel (um 1490 - nach 1541), am 26. Mai aus Eisleben an Martin Luther schrieb. Nach der Entdeckung in einem Haus nahe am Tor sei Müntzer zu Herzog Georg von Sachsen (1471, 1500-1539) gebracht und auf eine Bank gesetzt worden. Der Herzog habe sich daneben gesetzt und ihn nach dem Grund für die Hinrichtung der Gefolgsleute von Graf Ernst am 13. Mai gefragt. Müntzer habe auf das göttliche Recht verwiesen und den Herzog dabei als Bruder angeredet. Dagegen habe sich Herzog Heinrich d. J. von Braunschweig-Wolfenbüttel (1489, 1514-1568) verwahrt und von Müntzer Auskunft verlangt, wieso er einem Fürst nur acht und einem Grafen nur vier Pferde zugestehen wolle. Müntzers Antwort bleibt Rühel schuldig. Er gibt nur an, er wisse »eigentlich nicht zu schreiben«, was »nun allenthalben alda mit ihm gehandelt« worden sei. Er »höre aber, daß sich der Landgraff des Evangelions nicht geschämet, sich mit Müntzer in einen hefftigen streit damit begeben« habe. Müntzer habe aus dem Alten Testament zitiert, der Landgraf dagegen aus dem Neuen Testament, das er »auch bey sich gehabt und daraus die sprüche wieder Münzern gelesen« habe. Er hoffe, »allenthalben den grund alles gesprächs« zu erfahren.[14]

In einem kontroversen Briefwechsel Herzog Georgs mit seinem Schwiegersohn Landgraf Philipp von Hessen (1504, 1518-1567) wird ein Gespräch beider mit Müntzer bestätigt. Im Mittelpunkt dieser Information steht aber nicht Müntzer, sondern die unterschiedliche Position beider Fürsten zur Reformation. Auf Müntzers Absicht, Fürsten und Adel nur stark begrenzte Repräsentationsmöglichkeiten zuzugestehen, die sonst erst aus dem Verhörsbekenntnis bekannt sind, wird nicht eingegangen.[15] Kopien von Müntzers Verhörsbekenntnis und des Abschiedsbriefes an die

13 AGBM 2, 293 (1454).
14 WA Br 3, 510, 36 - 511, 61 (875) ≙ ThMA 3, 258, 11 - 259, 6 (167).
15 ThMA 3, 254 (164).

44

Mühlhäuser hat Rühel seinem Brief vom 26. Mai beigelegt. Er bemerkt dazu, im Gegensatz zu anderen, die den Brief an die Mühlhäuser »alß eine Wiederruffsschrifft« deuten, könne er sie nur als »eine stärckung seines furhabens« verstehen.[16] Die Nachricht, Müntzer habe im Gefängnis alle seine Irrtümer widerrufen, sich das Sakrament in einer Gestalt reichen lassen und sich nun gegen Ende seines Lebens wieder »ganz Papistisch [...] erzeiget«, hat Rühel bereits am 21. Mai Luther mitgeteilt. Nach seiner Meinung habe Müntzer »ohne Zweifel den Gottlosen Tyrannen damit [...] heucheln« wollen. Offenbar entnahm Rühel damals die Auffassung vom Gesinnungswandel Müntzers dem sogenannten schriftlichen Widerruf vom 17. Mai, den er als erstes Zeugnis der Gefangenschaftsaussagen in die Hand bekam und sofort mit seinem Brief an Luther weiterleitete.[17] Was Luther dazu meinte, erfahren wir nur indirekt aus seinem Antwortbrief vom 23. Mai, in dem er um weiteren Aufschluß über Müntzers Gefangennahme bittet und auch darüber, »wie er sich gestellet hat, denn es nutzlich ist, zu wissen, wie der hohmütige geyst sich habe gehallten«.[18]

Möglicherweise sind Luthers Worte auch als Anspielung auf das Verhör Müntzers zu verstehen, bei dem nach damaliger Auffassung damit gerechnet werden mußte, daß die Folter zur Anwendung kam.[19] Im Schriftwechsel der Siegerseite wird mit keinem Wort darauf Bezug genommen. Sicher ist das auch als Indiz zu deuten, wie selbstverständlich diese Verfahrensweise mit Gefangenen war, die sich todeswürdiger Verbrechen wie Aufruhr schuldig gemacht hatten. Eine Anspielung darauf kann allenfalls der Mitteilung Graf Philipps von Solms an seinen Sohn Reinhard (1491, 1548-1562) vom 16. Mai entnommen werden, die Fürsten hätten Müntzer »grave Ernsten, seins gefallens mit ieme zu handeln uberliffert«.[20] Als Freibrief für Racheakte oder beliebige Quälereien ist dieser Satz nicht

---

16 WA Br 3, 510, 7-10 (875) ≙ ThMA 3, 257, 4-7 (167).
17 WA Br 3, 505, 9-14 (873) ≙ ThMA 3, 251, 7-12 (161).
18 WA Br 3, 507, 5-7 (874).
19 Bei Heinrich Pfeiffer ist vermutlich darauf verzichtet worden, weil er wohl mehr von lokaler Bedeutung eingeschätzt wurde und er außerdem im Verhör die Überzeugung vertrat, »man hab gesehen, was er geubt, darumb darf es keins leukens«; AGBM 2, 383 (1582).
20 AGBM 2, 309 (1474) ≙ ThMA 3, 249, 3 f (159).

zu interpretieren, obgleich sich nicht nur Autoren literarischer Darstellungen von dieser Vorstellung leiten ließen.[21] Wenn auch anstelle der traditionellen Anklage und Beweisaufnahme seit dem Spätmittelalter im Zuge des Inquisitionsverfahrens die Ermittlung im Prozeß selbst durch ein Geständnis, unter Umständen außerhalb der Öffentlichkeit durch Beauftragte unter Anwendung der Folter, in den Mittelpunkt gerückt war, galt auch dieses Vorverfahren als Bestandteil eines Strafprozesses. Wie der Prozeß insgesamt, der mit dem öffentlichen endlichen Rechtstag abgeschlossen wurde, war das nicht öffentliche Vorverfahren Regeln unterworfen.[22] Von einen förmlichen Prozeß gegen Müntzer ist aber im zeitgenössischen Schriftwechsel nirgends die Rede. Auf die Existenz von Prozeßakten gibt es ebenfalls keinen Hinweis. Wir haben nur Müntzers Gefangenschaftsaussagen, die in Dresden, Marburg, Augsburg und Nürnberg handschriftlich überliefert sind, sowie sechs Drucke des Verhörsbekenntnisses mit einem bzw. zwei Anhängen vom Sommer 1525.

II Die handschriftliche Überlieferung in Dresden

Frühzeitig wurden die für Herzog Georg bestimmten Abschriften von Müntzers Gefangenschaftsaussagen nicht mit dem archivierten Müntzernachlaß vereint. Sie wurden im Verband mit anderen Dokumenten im Fach 216 des Geheimen Archivs aufbewahrt, die 1574/79 den noch heute gültigen Aktentitel erhielten: »Wiederteuffer zu Erfurth, Sachsenburgk, Mulhaußen etc. – Der gefangenen aussag D. Johan Ecken schreiben, Thomas Müntzers bekentnuß, wiederruff etc.« Im 18. Jahrhundert wurde dieser Aktenverband umgelagert in das Fach 1590. Erst nach der Gründung des Sächsischen Hauptstaatsarchivs 1834 »wurde eine durchgehende Signierung des archivalischen Gesamtbestandes nach ›Lokaten‹ (Fächern) einge-

---

21 Vgl. z. B. Manfred BENSING: Thomas Müntzer. 4., überarb. Aufl. L 1989, 86: »Ernst von Mansfeld [...] pflegte nicht zu disputieren, sondern zu foltern.«

22 Eberhard SCHMIDT: Einführung in die Geschichte der deutschen Strafrechtspflege. 3. Aufl. Göttingen 1965, 86-107; Gerd KLEINHEYER: Zur Rolle des Geständnisses im Strafverfahren des späten Mittelalters und der frühen Neuzeit. In: Beiträge zur Rechtsgeschichte: Gedächtnisschrift für Hermann Conrad/ hrsg. von Gerd Kleinheyer; Paul Mikat. PD; M; W: ZH 1979, 367-384.

führt«.[23] Die endgültige Archivsignatur des Aktenfaszikels lautet: 10024 Loc. 10327/9 Wiedertäuffer zu Erfurth ... 1524-1527. Der Blick in die Geschichte des Dresdner Archivs legt eindeutig offen, daß aus der archivalischen Provenienz keine Erkenntnisse über die Chronologie oder die Echtheit der einzelnen Dokumente aus Müntzers Gefangenschaft abzuleiten sind, wie dies zuweilen geschehen ist. Die Akte von 131 Blatt enthält nur wenige Stücke, die Müntzer direkt betreffen:

7^v	Außenadresse von Müntzers Abschiedsbrief
8^r f	Müntzers Widerruf
9^v	Registraturvermerk zu Müntzers Abschiedsbrief und Widerruf
10^r f	Müntzers Abschiedsbrief
11^r-12^r	Müntzers Brief an Jeori
12^v	Registraturvermerk zum Brief an Jeori
13^r-16^r	Müntzers Verhörsbekenntnis
16^v	Außenvermerk zu Müntzers Verhörsbekenntnis
45^r	Bruchstück zu Müntzers Verhörsbekenntnis

Die Abfolge bestätigt, daß die Müntzerdokumente dieser Akte nicht im ursprünglichen Zusammenhang präsentiert werden. Zwischen die erste Einheit mit Abschiedsbrief und Widerruf und die zweite mit dem Verhörsbekenntnis ist der Brief an Jeori – der eventuell als Sendbrief an den Schneeberger Prediger Georg Amandus gerichtet und für den Druck vorgesehen war – wie ein Irrläufer dazwischen abgelegt worden.[24] Der Registraturvermerk »Ein schreiben Thomas Müntzers deß widerteuffers« mit der Archivsignatur »N° 216« stammt aus der Zeit der Verzeichnung der gesamten Altregistratur und archivalischen Neuordnung unter Leitung des Sekretärs für die Reichssachen Lorenz Ulmann und ist wahrscheinlich dem Kopisten Thomas Wolsecker zuzuordnen, der bis 1577 in dieser Funktion tätig war.[25] Ein ähnlicher Registriervermerk mit der Archivsignatur »N° 306« gilt Müntzers Abschiedsbrief und Widerruf: »Thomaßen Muntzers Schrieft an Rath

23 Manfred KOBUCH: Der beschwerliche Weg von Thomas Müntzers Briefwechsel aus Dresden nach Moskau. In: Archive und Gedächtnis: Festschrift für Botho Brachmann/ hrsg. von Friedrich Beck; Eckart Henning; Joachim-Felix Leonhard; Susanne Paulukat; Olaf B. Rader. Potsdam 2005, 615-622, bes. 616; DERS.: Thomas Müntzers Nachlaß. Teil 2. Archivmitteilungen 40 (1990), 9-17, bes. 10.
24 MSB, 424-426 (61) ≙ ThMA 2 (95).
25 Kobuch: Thomas Müntzers Nachlaß 2, 9; DERS.: Neue Studien zu Thomas Müntzer.

vnd gemeine zu Molhausen, sambt etzlichen artickeln, so er vngenottiget vnd wohlbedacht, bey seinem gewißen geredet, vnd gebeten ihnen dieselbe vor seinem ende noch zu erinnern, darmit er sie jedermenniglichen durch sein selbs munde ansagen vnd vorhalten konne. A° 1525«.[26]

Nicht erst die Dresdner Registratoren in der zweiten Hälfte des 16. Jahrhunderts behandelten Abschiedsbrief und Widerruf als eine Überlieferungseinheit. Der Schreiber der Kopie für Herzog Georg war ihnen darin bereits vorangegangen, wie die Verwendung eines Doppelblattes belegt. Bestätigt wird dieser Befund dadurch, daß eine genauerer Vergleich der Handschrift ergibt: beide Schriftstücke wurden von derselben Hand geschrieben. Sie kann mit einiger Sicherheit Christoph Weißenfels, dem Kanzler Graf Ernsts von Mansfeld, zugeordnet werden, der wahrscheinlich mit dem im Sommersemester 1508 an der Leipziger Universität inskribierten »Cristoferus Weissenfels de Querfurt« identisch ist. Dieser wurde im Wintersemester 1512/13 Bakkalaureus artium.[27] Im Jahrzehnt danach ist über ihn nichts bekannt. 1523 ist er als Kanzler Graf Ernsts von Mansfeld nachweisbar. Er schrieb in diesem Jahr das Erbbuch der Herrschaft Heldrungen, in dem er sich selbst als Kanzler bezeichnete.[28] Von der selben Hand stammen die Schreiben, die im Konflikt zwischen Graf Ernst und Müntzer 1523 von Heldrungen ausgingen.[29] Seine Handschrift findet sich ebenfalls 1525 während des Aufstandes bei zahlreichen Schreiben, die Herzog Georg aus Heldrungen erhielt.[30] Nach dem Tod

Dresden 1990 – Dresden, Technische Hochschule, phil. Diss., 1990 (Masch.) –, 175 (Abbildung).

26 SHStAD: Geh. Rat 10024, Loc. 10327/9: Wiedertäuffer zu Erfurth ..., 9ᵛ. Von der gleichen Hand stammt der Registriervermerk zu Müntzers Manuskript »Von der Menschwerdung Christi«; MSB, 520-522 (III 4 c); Kobuch: Neue Studien ..., 173 (Abb.).

27 DIE MATRIKEL DER UNIVERSITÄT LEIPZIG/ hrsg. von Georg Erler. Bd. 1: Die Immatrikulationen von 1409-1559. Nachdruck der Ausgabe L 1895. Nendeln/Liechtenstein 1976, 487, M 46; DASS. Bd. 2: Die Promotionen von 1409-1559. Nachdruck der Ausgabe L 1897. Nendeln/Liechtenstein 1976, 478, 8.

28 Landeshauptarchiv Sachsen-Anhalt, Standort Wernigerode: Rep. D Amt Heldrungen, A I Nr. 1: Erbbuch der Herrschaft Heldrungen, 1523, 19ᵛ.

29 THStAW: Reg. N 839, 1ʳ-5ʳ. 9ᵛ; ThMA 3, 124-128 (76-79); MSB, 393 f (44) ≙ ThMA 2 (63).

30 SHStAD: Geh. Rat 10024, Loc. 9135: Der Grafen von Mansfeld Schreiben, 6ᵛ. 7ʳ f. 16ʳ f. 20ʳ-20ᵛ. 21ʳ. 45ʳ-51ʳ. 55ʳ-56ʳ. 61ʳ-62ʳ.

Graf Ernsts 1531 stand er als Kanzler und Rat im Dienste von dessen Söhnen und ist vielfach in den Akten zum Mansfeldischen Saigerhandel nachweisbar.[31] Bei der ersten Visitation von Mansfeld-Vorderort wie 1556 bei der Visitation durch Erasmus Sarcerius (1501-1559) wird auf ein Register im Besitz von Weißenfels verwiesen.[32] Als der »alte Kanzler« war er für Mansfeld-Vorderort am 29. Mai 1559 an der Investition des Generalsuperintendenten Hieronymus Menzel beteiligt,[33] desgleichen bei der Erbhuldigung am 8. August 1560 in Eisleben. Als Rat ist Weißenfels zuletzt am 19. Januar 1567 nachweisbar.[34]

Weißenfels hat die Kopie für Herzog Georg zügig und nahezu ohne Verschreibungen angefertigt.[35] Er hat sie wie eine Ausfertigung mit einer Außenadresse versehen: »Ann dye Christlichen gemeyne vnd Rhath zw Molhausen meyne lieben Bruder«. Aus dem Inhalt geht hervor, daß nicht er die Ausfertigung für die Mühlhäuser geschrieben hat, sondern Christoph Lau. Dieser dürfe identisch sein mit »Christophorus Law de Isleben«, der am 5. Oktober 1517 in Wittenberg inskribiert wurde und 1542 als »Christoff Laue zu Heldrungen« neben anderen Bürgern und Adligen der Grafschaft Mansfeld als Zeuge zu der Schlichtungsverhandlung im Holzungskonflikt zwischen Graf Wolfgang von Stolberg-Wernigerode und den Fürsten zu Anhalt in Mansfeld geladen war.[36] Er könnte 1525 als Schreiber in der Kanzlei Graf Ernsts tätig gewesen sein. Seine Schreiberhand ist bislang nicht identifiziert worden.

31 URKUNDENBUCH ZUR GESCHICHTE DES MANSFELDISCHEN SAIGERHANDELS IM 16. JAHRHUNDERT/ hrsg. von Walter Möllenberg. Halle 1915, 254-256 (145). 289 (168). 593 (386). 637 (421). 713 (476). 726-728 (483). 432 f (490). 752 f (505).

32 Max KÖNNECKE: Die evangelischen Kirchenvisitationen des 16. Jahrhunderts in der Grafschaft Mansfeld. Mansfelder Blätter 11 (1897), 53-103, bes. 87. 89; 12 (1898), 54-116, bes. 104.

33 Cyriacus SPANGENBERG: Mansfeldische Chronica. Teil 4/ hrsg. von Rudolf Leers. Eisleben 1916-1924, 282; CHRONICON ISLEBIENSE: Eisleber Stadt-Chronik aus den Jahren 1520-1738/ hrsg. von Hermann Größler; Friedrich Sommer. Eisleben 1882, 27.

34 Urkundenbuch zur Geschichte des Mansfeldischen Saigerhandels ..., 807.

35 Nur »guther« ist korrigiert worden aus »guhter«.

36 ALBUM ACADEMIAE VITEBERGENSIS. Bd. 1: Ab a. Ch. MDII usque ad a. MDLX/ hrsg. von Carl Eduard Foerstemann. Nachdruck der Ausgabe L 1841. Aalen 1976, 68 a; Spangenberg: Mansfeldische Chronica 4, 76.

Müntzers Widerruf vom selben Tag ist in der Dresdner Akte dem Abschiedsbrief vorgeordnet. Seine Bitte, »das man seynen sendebriff letzlich geschriben den von Molhawsen zwschigken« soll, klärt aber die Reihenfolge der Entstehung. Der Begriff »Widerruf« wird in der Niederschrift nicht gebraucht. Die Selbstbezeichnung lautet »artigkel«, die sich Müntzer »vngenotiget vnd wolbedacht bey seynem eygen guten gewissen« in Gegenwart von sieben Vertretern der Obrigkeit habe hören lassen: Graf Philipp zu Solms, Graf Gebhard von Mansfeld-Mittelort (1478, 1486-1558), Ernst von Schönburg (1488-1534), Apel von Ebeleben († 1528), Simon von Greußen, Hans von Berlepsch (1469 - nach 1543) und Christoph Lau.[37] Weißenfels hat die drei Artikel in seiner klaren Handschrift und ohne sie mit einer Überschrift zu versehen für Herzog Georg abgeschrieben.[38]

Die Kopie des Verhörsbekenntnisses trägt auf dem letzten Blatt den Außenvermerk von der Hand des Abschreibers Weißenfels: »Thomas Muntzers bekentnus«. Sie hat die eingerückte Überschrift: »Bekendtnus Ern Thomas Muntzers ‖ etwa pfarner zw Alstedt vnd itzo ‖ in dem vffrurischen hawffen zw ‖ Frangkenhawsen befunden, gescheen ‖ in der gute dinstags nach Cantate ‖ 1525«. Es folgen 14 klar von einander abgesetzte Aussageeinheiten ohne Numerierung.[39] Unter der neuen Überschrift »Peynlich bekanth« werden – gleichfalls unnumeriert und deutlich gegliedert – weitere 14 Aussagen aufgeführt.[40] Während Weißenfels die Abschrift des Bekenntnisses in der Güte nahezu fehlerlos gelungen ist, mußte er sich bei dem Folterbekenntnis dreimal korrigieren.[41]

37 ThMA 3, 273, 1-6 mit Anm. 3-5. 8-11 (176). Der Wartburghauptmann Hans von Berlepsch kehrte am 20. Mai auf seinen Besitz Seebach bei Mühlhausen zurück und wurde noch am selben Tage von einem Mühlhäuser Aufgebot gefangengenommen. Gemeinsam mit Hans von Ebeleben wurde er in Mühlhausen inhaftiert, vgl. AGBM 2, 338 (1518).

38 SHStAD: Geh. Rat 10024, Loc. 10327/9, 8ʳ f. Korrigiert hat er nur: Am Rand »bey seynem eygen guten gewissen« nach »wolbedacht« (8ʳ); »Z« aus »I« verbessert bei »Zcum andern« (ebd).

39 SHStAD: Geh. Rat 10024, Loc. 10327/9, 13ʳ-14ᵛ.

40 SHStAD: Geh. Rat 10024, Loc. 10327/9, 15ʳ-16ʳ.

41 SHStAD: Geh. Rat 10024, Loc. 10327/9, 14ᵛ »artigkel« etwas verkleckst; 15ʳ zum Urteil über Matern von Gehofen: »habe das auß foch« (gestrichen); 15ʳ zu den beiden Prinzipalen in Mühlhausen: »bey S. blasius zu weymar« (»zu weymar« gestrichen); 15ᵛ zur Gütergemeinschaft: »welcher furst (danach am Rand ergänzt: graff oder herre)«.

Für das Bruchstück mit weiteren Aussagen Müntzers auf einem schmalen Doppelblatt in der Dresdner Akte ist – abgesehen davon, daß das verwendete Papier das gleiche Wasserzeichen wie die Doppelblätter mit dem Verhörsbekenntnis und dem Abschiedsbrief aufweist – kein Zusammenhang mit den der Gefangenschaftsaussagen erkennbar. Das haben offenbar bereits die frühen Registratoren so gesehen und die Niederschrift gesondert eingeordnet. Die Aussagen des Bruchstückes haben keine Überschrift und sind nicht numeriert. Nur aus dem Inhalt geht hervor, daß es sich bei dem anonymen Text um Aussagen Müntzers handelt. Eingelegt in das Doppelblatt mit den Müntzeraussagen ist ein weiteres Doppelblatt mit einem anderen Wasserzeichen (Askanierwappen), auf dem sich zwei andere Verhörsaussagen befinden.[42] Die Dresdner Überlieferung des Bruchstücks und der anderen Aussagen ist singulär.

III Die handschriftliche Überlieferung in Marburg

Als einfache Dublette zur Dresdner Überlieferung kann die im Marburger Archiv nicht bezeichnet werden. Darauf deutet bereits die unterschiedliche Archivgeschichte hin. Philipp von Hessen ist von den Siegerfürsten bekanntlich als Erster durch die Gefangennahme Müntzers in den Besitz von Schriftstücken aus Müntzers Nachlaß gekommen. Sie wurden mit weiteren den Aufstand betreffenden Papieren in die landesfürstliche Kanzlei nach Kassel überführt und dort als Überlieferungseinheit belassen. Daran änderte sich offenbar auch nichts bei der nach Landgraf Philipps Tod vorgenommenen Kanzleiregistratur. 1870 wurden die Bauernkriegsakten nach Marburg überführt und gehörten nun zur Abteilung »Historische Akten«. Seit der endgültigen Erschließung von 1900 sind sie Teilbestand der »Historischen Akten« des Politischen Archivs des Landgrafen Philipps für die Zeit von 1518 bis 1567. Der Müntzernachlaß hat die Signatur »Pol. Arch. 209« erhalten, Müntzers Gefangenschaftsaussagen die Signatur »Pol. Arch. 202«.[43]

---

42 SHStAD: Geh. Rat 10024, Loc. 10327/9, 45ʳ Aussagen Müntzers; 46ʳ f Urgicht Heinrich Pfeiffers; 46ᵛ f Urgicht Setlers aus Eisenach. Zu den Aussagen Müntzers vgl. ThMA 3, 272, 10-18 (175), zu den beiden anderen Urgichten AGBM 2, 383 (1582 f).

43 Politisches Archiv des Landgrafen Philipp des Grossmütigen von Hessen: In-

Das Verhörsbekenntnis steht in der Marburger Überlieferung mit einer sechszeiligen eingerückten Überschrift voran: »Bekentnus Thomas Montzers ‖ etwo pfarher zu Alstedt vnnd yetzo ‖ in dem aufrurischen hauffen ‖ zu franckenhawsen befundenn ‖ gescheen in der gute dinstags nach ‖ Cantate 1525«.[44] Wie in der Dresdner Abschrift sind die Aussageeinheiten nicht numeriert, aber voneinander abgesetzt. Die unter der Folter gewonnenen Aussagen sind angefügt, aber durch die Überschrift »Peinlich bekannth« kenntlich gemacht.[45] Dem Abschreiber, dessen klaren Schriftzügen keine Eile abzuspüren ist, sind einige Fehler unterlaufen, die er meist korrigiert hat. Unkorrigiert sind einige Lese- oder Schreibfehler bei Namen geblieben: Balthasar Steubener, Thile Bause, Appel von Ebslebenn, Clawß starcke, Altenstetischen. Diese Abweichungen sind großenteils im Apparat der Edition in ThMA 3 notiert worden.[46] Das gilt, neben orthographischen Unterschieden, auch für die drei textlichen Varianten im Vergleich zu der Dresdner Abschrift: »angeregt« statt »angeredt« in der siebenten gütlichen Aussage, »seiner principal daselbst einer gewest« statt »seyne principal doselbest seyn gewest« in der vierten peinlichen Aussage, »Ist der Artickel gewest« statt »Ist ir artigkel gewest« in der achten peinlichen Aussage.[47] Wie erwähnt, fehlt das Bruchstück mit weiteren Aussagen Müntzers.

Nach dem leer gebliebenen Blatt 40ᵛ folgt auf Blatt 41ʳ f bzw. auf Blatt 42ʳ f – Doppelblatt mit unbeschriebenem Blatt 43 – in zwei Abschriften der sogenannte Widerruf Müntzers. Beide Exemplare sind von der selben Hand

ventar der Bestände. Bd. 1/ hrsg. von Friedrich Küch. L 1904, 136 (202); Akten des Landgrafen Philipp 1525. Apr. Mai; ebd, 141 (209): Akten Thomas Münzers, der Bauern in Frankenhausen, der Stadt Mühlhausen und der Bauern vor Eisenach, 1525 Mai. Zur Archivgeschichte des Marburger Bestandes von Müntzers Nachlaß vgl. Manfred KOBUCH: Thomas Müntzers Nachlaß. Teil 1. Archivmitteilungen 39 (1989), 200-203.

44 HStAM: Pol. Arch. 202, 37ʳ-40ʳ, bes. 37ʳ.
45 HStAM: Pol. Arch. 202, 39ʳ.
46 So hat er in der zweiten Aussage bei »sacrament« wie in der ersten »eusserlich« hinzugefügt, aber sofort wieder gestrichen. Die umfangreichste Auslassung in der drittletzten peinlichen Aussage, »das landt vf zehen meil wegs vmb molhausen eingnommen haben vnd« hat er am Rand ergänzt; ThMA 3, 266, 3; 272, 3 f (175). Nicht notiert ist in ThMA 3, 266, 7 (175) eine Verbesserung bei »consecrirt«, 267, 5 die Streichung von »zween« vor »bundtgnossen«, 269, 13 die Verbesserung bei »forcht«.
47 ThMA 3, 267, 9ⁱⁱ; 270, 2ˣˣˣ, 271; 1ⁱⁱⁱⁱ (175).

und im gleichen Duktus geschrieben wie das Verhörsbekenntnis. Wie bei der Dresdner Abschrift fehlt eine Überschrift. In der ersten Marburger Abschrift sind die Zeilen etwas länger. Die beiden Exemplare weisen eine Vielzahl orthographischer Unterschiede auf, ohne daß dafür ein klares System erkennbar wäre. Die Verdoppelung von »n« beispielsweise kommt nahezu in gleicher Anzahl in beiden Exemplaren vor. Korrigierte Buchstaben weist nur das erste auf.[48] Aus der wohl verschriebenen Ortsangabe »Glamtha« bei Ernst von Schönburg ist im zweiten Exemplar »glautha« – anstelle von »Glauchau« – geworden.[49] Erweckt die zweite Abschrift zunächst den Eindruck, als habe der Schreiber mit größerer Sorgfalt gearbeitet, so widerspricht dem die Feststellung, daß gegen Ende ebenfalls Fehler vorkommen, z. B. »wieb« statt »weibe«.[50] Vor allem fehlen im zweiten Exemplar Ortsangabe und Datierung. Die Unterschiede demonstrieren eindrücklich, wie schwierig Handschriften dieser Zeit zu beurteilen sind, denn ohne Zweifel sind die beide Schriftstücke von der selben Hand und vermutlich in nicht allzu großem zeitlichen Abstand geschrieben worden.

Von der gleichen Hand geschrieben wird die Marburger Überlieferung von Müntzers Gefangenschaftsaussagen mit dem Abschiedsbrief abgeschlossen.[51] Statt der Außenadresse der Dresdner Abschrift hat die Marburger eine Überschrift: »Sendt briff an die von Molhausen«. Nur viermal hat sich der Schreiber korrigiert.[52] Die vielfachen Unterschiede zur Dresdner Überlieferung beschränken sich nicht nur auf Orthographie, Wortumstellungen und Ausfall einzelner Wörter. Der Marburger Text enthält im

48 HStAM: Pol. Arch. 202 im Eingangsabschnitt (41ʳ) »E« bei »Ebeleben«, das erste »f« bei »Cristoff«, das zweite »u« bei »furzutragen«; im ersten Artikel »r« bei »daraus« (ebd). Im zweiten Artikel ist »verschnet« für »versöhnet« unkorrigiert geblieben (41ᵛ).

49 HStAM: Pol. Arch. 202, 41ʳ bzw. 42ʳ.

50 HStAM: Pol. Arch. 202, 41ᵛ bzw. 42ᵛ. Statt »vnd in dem allem als ein whar eyngeleibt vnd widderumb verschnet (!) gleidtmaß« heißt es »vnnd in dem alles ein wahr eingeleibt versenet geleitmaß« (ebd).

51 HStAM, Pol. Arch. 202, 44ʳ-45ʳ (Doppelblatt; Wasserzeichen auf 44; Faltung, aber ohne Siegel).

52 HStAM, Pol. Arch. 202, 44ʳ Verbesserung von »w« in »werckenn«; 44ᵛ bei »schriebe« am Schluß »s« gestrichen; 44ᵛ zwischen »blut« und »vergiessen« gestrichen »vergessenn«; 44ᵛ »kommet vor mit der«, danach »warheit« gestrichen und dafür fortgesetzt »claren bestendigkeit«; 44ᵛ bei »es sie dan das man erkenne« ist »sie« (sei) über der Zeile ergänzt.

Vergleich zum Dresdner darüber hinaus eine Reihe von Abschreibfehlern, die teilweise das Verständnis beeinträchtigen. In einigen dieser Fälle entspricht die Dresdner Lesart eher dem Stil Müntzers als die Marburger, so z. B. wenn es heißt »Es ist euch hoch von Nothen, das ir solche schlappen auch nicht empfanget« und die Marburger Version lautet »es ist auch hoch von noithen, das ir solcher schlappen auch nicht empfanget«. Ähnlich ist in der Dresdner Version zu lesen »kometh vor mit der klaren bestendigen gottes gerechtigkeyt«. In der Marburger Version steht dafür »kommet vor mit der claren bestendigkeit gottes gerechtigkeit«.[53] Der Gruß am Briefanfang, »Heyl vnd ßeligkeyt durch angst, todt vnd helle zuuorn« wäre hier ebenfalls anzuführen. Die Marburger Variante der triadischen Formel »angst, noit vnd helle« wird kaum der Vorlage entsprochen haben, da sie die beabsichtigte Steigerung der Aussage auflöst.[54] Zu den eindeutigen Fehlern gehört auch der Verweis auf J 1 im Marburger Exemplar statt auf J 7[,24]. Vermutlich ist die arabische 7 in der Vorlage als 1 gelesen worden.[55] Der Namensaustausch bei Müntzers Verweis auf die »handschrifft durch Christoff Lawen« durch »Cristoff Weissenfelß« im Marburger Exemplar ist vielleicht darauf zurückzuführen, daß Kanzler Weißenfels Müntzers Gefangenschaftsaussagen dem Landgrafen zugänglich gemacht hat.[56]

Weißenfels selbst hat die Marburger Abschriften nicht angefertigt, obgleich das teilweise vermutet worden ist.[57] Seine Handschrift weist zwar mit der des Schreibers der Marburger Archivalien eine gewisse Ähnlichkeit auf, aber bei genauerem Vergleich sind die Unterschiede unübersehbar. Der Tatbestand, daß diese Schreiberhand auch sonst bei Schriftstücken aus dem Umkreis von Landgraf Philipp vorkommt, ist unbemerkt geblieben. So stammt z. B. das Marburger Exemplar der Instruk-

---

53 SHStAD: Geh. Rat 10024, Loc. 10327/9, 10ʳ ≙ HStAM, Pol. Arch. 202, 44ʳ f.

54 SHStAD: Geh. Rat 10024, Loc. 10327/9, 7ᵛ ≙ Pol. Arch. 202, 44ʳ.

55 SHStAD: Geh. Rat 10024, Loc. 10327/9, 10ʳ (»Johan am Sibenden«) ≙ HStAM: Pol. Arch. 202, 44ʳ (»Jo: 1«). Vgl. auch ebd, 10ᵛ »haltet euch freundtlich« mit 44ᵛ »hat euch freuntlich« und 10ᵛ »seynem geyst befholen« mit 44ᵛ »seinem geist empfolen« sowie 10ᵛ »Dan ich weyß« mit 45ʳ »das ich weis«.

56 SHStAD: Geh. Rat 10024, Loc. 10327/9, 10ᵛ ≙ Pol. Arch. 202, 44ᵛ.

57 Vgl. ThMA 3, 273, Anm. 2 (176).

tion für eine Beschwerde-Delegation des in Augsburg tagenden Schwäbischen Bundes an Erzherzog Ferdinand (1503-1564) auf dem Reichstag zu Speyer 1526 von ihr.[58] Die von den Marburger Archivaren Dr. Ulrich Hussong (Stadtarchiv) und Dr. Fritz Wolff (Staatsarchiv) erbetenen Autographenvergleiche von hessischen Beamten ergaben, daß die Instruktion wahrscheinlich dem hessischen Kammersekretär Eberhard Ruell zugewiesen werden kann.[59] Ruell ist kein Unbekannter. Er ist von 1520 an als Kanzleischreiber und von 1522 bis 1527 als Kammersekretär Landgraf Philipps nachweisbar. Er hat seinen Landesherrn zum Reichstag in Speyer 1526 begleitet und dort durch ein gedrucktes »gutherziges Bedenken« für die reformatorische Sache interveniert. Bereits 1529 starb er.[60] Im Schriftverkehr des hessischen Landesherrn ist er seit längerem mehrfach belegt.[61] Kaum beachtet wurde bislang, daß Ruell zum Gefolge des Landgrafen bei seinem Bauernkriegsfeldzug gehörte und an der Ausarbeitung des Sühnevertrages für Mühlhausen beteiligt war.[62] Es liegt auf der Hand, daß

58 HStAM: Bestand 3 Nr. 213 (Pol. Arch. 213), 110ʳ-118ʳ (undatiert); vgl. die paraphrasierende ausführliche Inhaltswiedergabe nach einer Memminger Vorlage in URKUNDEN ZUR GESCHICHTE DES SCHWÄBISCHEN BUNDES (1488-1533)/ hrsg. von K[arl] Klüpfel. Teil 2. S 1853, 303-305.

59 Mitteilung Dr. Ulrich Hussongs vom 16. September 2005. Für dieses wichtige Ergebnis sei auch an dieser Stelle beiden Herren gedankt.

60 Franz GUNDLACH: Die hessischen Zentralbehörden von 1247 bis 1604. Bd. 3: Dienerbuch. Marburg 1930, 219. Das Ende Juli 1526 in Speyer gedruckte »Bedenken« – das noch in selbem Jahr in Altenburg und Nürnberg zwei Nachdrucke erfuhr – siehe FLUGSCHRIFTEN VOM BAUERNKRIEG ZUM TÄUFERREICH (1525-1535)/ hrsg. von Adolf Laube … Bd. 1. B 1992, 405-411; Hans-Joachim KÖHLER: Bibliographie der Flugschriften des 16. Jahrhunderts. Teil 1. Bd. 3. TÜ 1996, 359 (3970 f). Die Verbreitung der Flugschrift Ruells bezeugt z. B. der Zwickauer Stadtschreiber Stephan Roth, der sie in seinem Verzeichnis der Bücher, die ihm verlorengegangen oder gestohlen worden waren, aufführt; vgl. Otto CLEMEN: Zur Geschichte der Zwickauer Ratsschulbibliothek. (1911). In: Ders.: Kleine Schriften zur Reformationsgeschichte (1897-1944)/ hrsg. von Ernst Koch. Bd. 3: (1907-1911). L 1983, 486.

61 Politisches Archiv des Landgrafen Philipp … 1, 101 (148). 128, Anm. 1 (188). 131 (193 wie oben Anm. 45); DASS. Bd. 2/ von Friedrich Küch. L 1910, 274, Anm. 1 (1590). 745 (2155). 760 (2173); DASS. Bd. 3/ bearb. von Walter Heinemeyer. Marburg 1954, 113 (2486). 329 (2687); WA Br 4, 112 (1035).

62 AGBM 1, 276 (361). 662 (1063).

er der zuständige hessische Beamte für die schriftlichen Zeugnisse der Ereignisse um Müntzer und deren Multiplikation war. Von ihm führt auch die Spur zur Überlieferung in Augsburg.

IV Die handschriftliche Überlieferung in Augsburg

Falckenheiner hat 1887 den Auszug eines Berichtes des Seyfrid von Kollonitsch († 1555) an den Trienter Bischof vom 7. Juni 1525 veröffentlicht, in dem auch Informationen enthalten sind, die Philipp von Hessen an den Schwäbischen Bund geschrieben hat. Es heißt dort u. a.: »Thoman Muntzer haben wir zu Huldringen in haft, der hat sein predig selbst widerruffung auch bekantnus gethan, di wol allen ufrurischen leuten zu wissen not wer«.[63] Diese Bemerkung ist weitgehend wörtlich dem Zettel entnommen, den der Landgraf seinem Schreiben an den Schwäbischen Bund aus Frankenhausen vom 18. Mai 1525 beigelegt hat. Fuchs hat Brief und Zettel in seinem Aktenband ediert. Der Zettel endet mit dem von Kollonitsch ausgelassenen Nebensatz: »davon wir euch hierin verwart copei zuschicken«. Eine kommentierende Anmerkung hierzu fehlt.[64] Durch diese Bemerkung veranlaßt, haben sich Eike Wolgast und Siegfried Hoyer Ende der achziger Jahre beim Augsburger Archiv nach einer Abschrift von Müntzers Verhörsbekenntnis erkundigt. Wolgast erhielt die Auskunft, die Kopie sei nicht mehr vorhanden.[65] Nach einer positiven Auskunft wurden Hoyer dagegen etwas später Fotokopien der beiden Augsburger Exemplare des Verhörsbekenntnisses zur Verfügung gestellt, die er in seinem Aufsatz vom Jahre 2000 und in ThMA 3 berücksichtigte.[66] Die Augsburger Abschriften des Widerrufs und des Abschiedsbriefes blieben ihm unbekannt. Die Frage nach dem Schreiber war außerdem noch nicht im Blick. Erst eine erneute Anfrage bestätigte meine Vermu-

---

63 Falckenheiner: Philipp der Großmütige ..., 136.
64 AGBM 2, 324-326, bes. 326 (1495). Fuchs hat als Quellenangabe »Augsburg StdtA, Ausf.«. Er gibt den Text des Zettels nicht ganz korrekt wieder (z. B. »euch auch« statt »auch euch«; Dorsalvermerk »praes. 6ª post Ascensionis Domini 25« statt »geanntwurt 6ᵗᵃ p⌊ost⌋ Ascension⌊em⌋ D⌊om⌋in⌊i⌋ A⌊nn⌋o 25«.
65 Wolgast: Beobachtungen ..., 30, Anm. 19.
66 Hoyer: Bemerkungen ..., 92; ThMA 3, 265, Anm. 2 (175).

56

tung, daß im Augsburger Stadtarchiv der Brief Philipp von Hessens mit allen drei Beilagen – Verhörsbekenntnis, Widerruf und Abschiedsbrief – jeweils zweifach in der Literaliensammlung vorhanden ist.[67] Ich erhielt auch Fotokopien aller einschlägigen Stücke. Auf meine Bitte hin unterzog der Augsburger Historiker Dr. Helmut Zäh die Augsburger Überlieferung einer genaueren Untersuchung. Es gelang ihm, die einzelnen Schriftstücke eindeutig zuzuordnen und den Zusammenhang insgesamt zu erhellen. Auf seine brieflich übermittelten Ergebnisse beruht die folgende Darstellung.

Unerkannt blieb bislang, daß Philipp von Hessens Brief aus Frankenhausen vom 18. Mai 1525, aber auch die drei Beilagen – Verhörsbekenntnis, Widerruf, Abschiedsbrief – von der Hand Ruells stammen. Er ist an die Reichsstände des Schwäbischen Bundes adressiert, die vom 6. Februar bis zum 5. August in Ulm einen Bundestag abhielten.[68] In der Ulmer Kanzlei des gewählten Bundeshauptmanns der Städte, des ehemaligen Augsburger Bürgermeisters Ulrich Artzt (um 1460-1527), wurde offenbar nicht nur der Schriftverkehr des Bundes mit den Städten erledigt. Da der Schwäbische Bund keine gemeinsame Registratur hatte, gelangten Akten der Bundeskanzlei des Anfang Oktober 1527 Verstorbenen mit dessen Schriftwechsel in das Augsburger Archiv.[69] Als Augsburger Bundesgesandter war Artzt verpflichtet, seine heimatliche Behörde über alle wichtigen Angelegenheiten auf dem Laufenden zu halten. So fügte er seinem Schreiben an den Augsburger Rat vom 26. Mai 1525 über strittige Hilfsanforderungen und Informationen zum Aufstandsverlauf gegen Ende die Mitteilung an: »So seind vff hewt dato vonn Lanndtgraffen vonn Hessenn, deßgleichen vom Hertzog vonn Luttringenn, wie ir ab hier inn ligennden

67 Auskunft des Stadtarchivs Augsburg (Simone Herde) 2004.

68 Stadtarchiv Augsburg: Reichsstadt, Rat, Literaliensammlung, 1525 – Mai – 18 (nicht foliiert): »Der Ernwirdigen Wolgepornnen Edlen Gestreng⌈en⌉ Wirdigen / Hochgelerten vnd Ersamen vnsern lieben Freunde/ Neuen vnd Besonndern / Romischer Kay⌈serlicher⌉ vnd Hispanischer Ko⌈niglicher⌉ Ma⌈iest⌉at / Churfursten Fursten Auch ander Stende des Bundts zu Schwaben Hawptlewthen Botschafft⌈en⌉ vnd Rethen/ Itzt zu vlm versamelt« (Außenadresse).

69 Vgl. Wilhelm VOGT: Die Correspondenz des schwäbischen Bundeshauptmann Ulrich Artzt von Augsburg a. d. J. 1524 und 1525. Zeitschrift des Historischen Vereins für Schwaben und Neuburg 6 (1879), 281-404; 7 (1880), 233-380; 9 (1882), 1-62; 10 (1883), 1-298; bes. 6 (1879), 281-290 (Einleitung).

Copeyenn zuuernemen habt«. Vermutlich hat er das in seinem typischen Anakoluth-Stil verfaßte Schreiben noch am selben Tag mit dem gerade anwesenden Augsburger Boten befördert.[70] Bereits am 28. Mai bestätigt Konrad Peutinger (1465-1547) den Eingang und fordert auf Grund der Zettelinformation auch Kopien der Beilagen an: »Lieber herr hawptman, wir haben Ewr frundtlich schreiben, vns an gesternn sambt etlichen abschriften zu komen, vernomen vnd Lassen vns gancz woll gefallen, das sich die sachen mit den pawren, in Turingen vnd am Elsas zu getragen, also mit hilf des almechtigen ergangen sein vnd dweill in des von hessen schreiben Lawt ains eingelegten zedels ferrer gemelt wirt/ das Thoman Munczer sein predig widerruft, auch bekandtnus gethon, die woll allen aufrurischen Lewten zu wissen not were, dauon sein f(urstliche) g(nade) gemeinen stenden des pundts ain Copien zuschicken, bitten wir frundtlich, ir wollen als vill moglich ist, nach der selben Copia auch trachten vnd vns die zuschicken«.[71] Bevor diese Aufforderung Artzt erreichte, hatte dieser von sich aus mit seinem nächsten Schreiben vom 28. Mai Kopien der Beilagen des Landgrafenbriefes nach Augsburg gesandt: »Ferrer Hab ich Ewch Iungst zugeschickt, was der Lanndtgraf vonn Hessenn gehanndellt, Er hat auch Ein pfaffenn gefanngenn, wie Ir Hieuor vernomenn hapt, den hat Er befragenn vnnd vrichtenn lassenn. Die ich Ewch hiemit verwart sein vrgicht vnnd wess Er wider Rufft hat zuschick.«[72]

Die Ausfertigung von Landgraf Philipps Schreiben an den Schwäbischen Bund vom 18. Mai weist Siegelspuren auf, Brief, Zettel und Beilagen außerdem Löcher, die von Verschickungsschnüren herrühren dürften.

70 Stadtarchiv Augsburg, Reichsstadt, Rat, Literaliensammlung, 1525 – Mai – 26. Dorsalvermerk von der Hand Peutingers (ebd): »1525 geantwort am sambstag vor Exaudi copien von hessen«. Zum Stil von Artzt vgl. Vogt: Die Correspondenz ..., 6 (1879), 287.
71 Stadtarchiv Augsburg, Reichsstadt, Rat, Literaliensammlung, 1525 – Mai – 28 (Mitteilung von Dr. Helmut Zäh, 22. März 2005); bei Vogt: Die Correspondenz ..., 9 (1882), 22 (teilweise). In der Abschrift für den Augsburger Rat ist Landgraf Philipps Nachtrag – auf einem Zettel, ohne Überschrift – auf einem neuen Blatt geschrieben und mit der Überschrift »Zedula« versehen. Entweder war das Blatt – wie üblich – in die Briefabschrift eingelegt worden oder »eingelegter Zettel« wurde zu dieser Zeit – ursprünglich nur für inoffizielle oder geheime Nachrichten in Gebrauch – als fester Begriff verwendet.
72 Vgl. oben Anm. 71 (Mitteilung von Dr. Zäh); Vogt: Die Correspondenz ..., 9 (1882), 21 f (dieser Briefteil fehlt).

Für den Brief ist Papier mit dem Wasserzeichen »Krone mit zweikonturigem Bügel mit Stern über Kreuz, ohne Beizeichen« verwendet. Die Beilagen sind auf Papier mit dem Wasserzeichen »Buchstabe P« geschrieben.[73] Der jetzigen Reihenfolge in der Augsburger Ablage – Brief, Zettel, Abschiedsbrief, Verhörsbekenntnis, Widerruf – ist nichts Gesichertes über die ursprüngliche Anordnung zu entnehmen. Im Zettel werden, wie erwähnt, Widerruf und Verhörsbekenntnis genannt, im zweiten Schreiben von Artzt Verhörsbekenntnis (Urgicht) und Widerruf. Der Abschiedsbrief findet in beiden Quellen keine Erwähnung, gehört jedoch ebenfalls zur Augsburger Überlieferung. Ein genauerer Blick auf die drei Briefbeilagen ergibt, daß wir uns ohne weiteres an die bisher verwendete Reihenfolge anschließen können.

Zum Verhörsbekenntnis hat bereits Hoyer darauf hingewiesen, daß es Müntzers Aussagen »in verkürzter Form« wiedergibt. Er hat die Kürzungen auch näher charakterisiert: Namensangaben zum Allstedter Bund, Müntzers Kontakt nach Sangerhausen, eine Polemik gegen das lutherische Glaubensverständnis, Müntzers Hinwendung nach Mühlhausen, seine Gegnerschaft zu Graf Ernst von Mansfeld, die Ablehnung von Müntzers Bund durch den Mühlhäuser Rat, die Begegnung der Zwickauer Propheten mit Luther, die regionale Zusammensetzung eines Fähnleins. Gekürzt wurden also vor allem »nebensächliche oder lokale Details der Tätigkeit Müntzers [...] Die Kürzung war folglich auf den Informationsempfänger, den Schwäbischen Bund, ausgerichtet«.[74] Dieser Beurteilung kann sicher zugestimmt werden, denn in Oberdeutschland konnte ein Interesse an Müntzers Beziehungen im einzelnen kaum vorausgesetzt werden. Vermutlich wußte selbst der Bundeshauptmann über den gefangenen Müntzer, den er nur anonym als einen Pfaffen erwähnt, nicht gut Bescheid. Wenngleich bei der Kürzung, die immerhin mehr als ein Drittel des Textes ausmacht, mehr formale Gesichtspunkte bestimmend gewesen sein mögen, so fällt darüber hinaus auf, daß Müntzers Polemik gegen die Klerus- und Mönchskritik der Lutherischen, seine Erwähnung von Luthers

---

73 Zum Brief vgl. Gerhard PICCARD: Die Kronen-Wasserzeichen. S 1961, 39 (Text). 98 (VII, 13: Abb.); zu den Beilagen vgl. DERS.: Wasserzeichen Buchstabe P. S 1977, Teil 1, 46 (Text); 2, 151 (VI, 49: Abb.). Vgl. oben Anm. 71 (Mitteilung Dr. Zäh).

74 Hoyer: Bemerkungen ..., 93; 92, Anm. 15.

Auseinandersetzung mit den Zwickauer Propheten und die Angabe, Herzog Georgs und Graf Ernsts von Mansfeld Verbot der Evangeliumspredigt seien die Ursache seiner Feindschaft gegen sie gewesen, fehlen. Diese Akzentsetzung dürfte auf Landgraf Philipp selbst und nicht nur auf seinen Kammersekretär Ruell zurückzuführen sein.

Da Landgraf Philipp in seinem Bericht an den Schwäbischen Bund die Ereignisse von Frankenhausen nur bis zur Eroberung der Stadt erwähnt und Müntzers Gefangennahme, Heldrunger Haft und Gefangenschaftsaussagen erst im Zettel nachträgt, ist wohl zurecht vermutet worden, daß ihm die neuen Schriftstücke als Kopien aus Heldrungen spätestens am Morgen des 18. Mai nach Frankenhausen übermittelt worden sind.[75] Die Ausfertigung der gekürzten Fassung des Verhörsbekenntnisses weist keine Anzeichen von Eile auf. Sie ist von der Hand Ruells ohne Verbesserungen und orthographisch weitgehend übereinstimmend mit dem Marburger Exemplar geschrieben. Die wenigen wichtigen Abweichungen sind: In der Überschrift hat Ruell vor der Jahreszahl »anno etc.« ergänzt, in der dritten Aussage ist »Hugopaldius« aus »Hugowaldus« geworden, in der fünften Aussage hat Ruell »ein« wiederholt und nicht korrigiert, in der Aussage über Mallerbach sind »ein« und »er« ausgelassen und in der darauffolgenden ist »Appel von Ebsleben« in »Apel von Ebesleben« verändert worden. Gegen Ende hat er bei »recht gangen nach seynem« eine Umstellung vorgenommen – »recht nach seynem [...] gangen«.[76] Diese Änderung gehört zu den Aussagen, die in der Marburger Überlieferung

75 Vgl. Hoyer: Bemerkungen ..., 92.
76 Schon im einleitenden Abschnitt fallen Verdoppelungen von »n« und »t«, aber auch »t« statt »dt« auf. Die Namen sind in der Mehrzahl korrekt wiedergegeben, aber dann ist aus »Symon von greussen« in der ersten Marburger Kopie »Simion von grussen« geworden. Für »Cristoff Law« ist »Cristoffen Law« geschrieben. Anstelle von »seinem eigen guthen gewissen« findet sich »seinem aignen gut[en] gwissen«. Die Schreibweise »ai« begegnet auch im ersten – »oberkait« bzw. »oberkaith«, »vntherdtenigkait« – und im zweiten – »hailig[en]« – Artikel. Der erste beginnt mit »Irstlich« und hat »freuenliche« sowie »von got geordent« statt wie in der ersten Marburger Kopie »Erstlich« und »freule« sowie »von got verordent«. Im zweiten Artikel ist in der ersten Marburger Kopie »mancherlej« und »eintrechtigkeit« zu lesen, in der Augsburger dafür »manicherley« und »eintrechtig«. Orthographische Änderungen u. a. »c« statt »k«, »y statt »i«, »au« statt »av«, »p« statt »b«, »ck« statt »gk«, »t« statt »dt«.

unter der Überschrift »Peinlich bekanth« stehen. Mit der ersten Aussage ist aber in der Augsburger Überlieferung auch diese Überschrift der Kürzung zum Opfer gefallen, so daß durch die Gesamtüberschrift der Eindruck erweckt wird, alle Aussagen Müntzers seien in Güte gemacht worden.

Müntzers sogenannter Widerruf ist als Beilage zum Brief des Landgrafen von einer Hand ohne Korrekturen auf einem Blatt geschrieben, die große Ähnlichkeit mit der Handschrift Ruells aufweist. Wie in der Marburger Überlieferung fehlt eine Überschrift. Beide Texte stimmen auch völlig überein. Die Zuweisung an denselben Schreiber wird jedoch durch etwas andere Schriftzüge bei einigen Buchstaben, vor allem aber durch Unterschiede in der Schreibweise mancher Wörter sowie weiterer kleiner orthographischer Abweichungen verunsichert. Da auch bei den beiden Marburger Exemplaren, die eindeutig von der selben Hand geschrieben wurden, unterschiedliche Schreibweisen zu beobachten waren, kann eine eindeutige Aussage über den Schreiber im Falle des Widerrufs als Beilage zum Brief des Landgrafen kaum getroffen werden.

Dieselben Probleme ergeben sich bei der Beurteilung der Augsburger Beilage im Falle von Müntzers Abschiedsbrief. Er stimmt in der Textgestaltung weitgehend mit der Marburger Überlieferung überein, sein Schriftbild gleicht aber dem des Widerrufs in Augsburg. Dasselbe gilt für die orthographische Schreibweise, insbesondere für den Gebrauch von »ai« statt »ei«. Allerdings ist zu beachten, daß schon im Marburger Exemplar von Ruell zweimal »ai« verwendet wird. Singulär gegenüber der Marburger Überlieferung ist, daß dem Schreiber der Beilage in Augsburg einmal »Derohalb« für »Derhalb« in die Feder geflossen ist. So muß auch in diesem Fall offenbleiben, ob Ruell selbst der Schreiber war.

Es ist bekannt, daß in der Ulmer Bundeskanzlei mehrere Schreiber tätig waren, Artzt aber seine Briefe nach Augsburg selbst schrieb.[77] So hielt er es, wie erwähnt, auch mit den Briefen, in denen er den Augsburger Rat über Landgraf Philipps Zusendung unterrichtete. Wenn nicht alles täuscht, bezog er die Abschrift von Müntzers Verhörsbekenntnis für den Augsburger Rat in diese Gepflogenheit mit ein, denn das Schriftbild hat Ähnlichkeit mit dem des Briefes von Artzt an den Augsburger Rat vom

---

77 Vgl. Vogt: Die Correspondenz …, 6 (1879), 285.

26. Mai 1525.[78] Von eigenen orthographischen Gewohnheiten abgesehen
– z. B. häufiger Gebrauch des oberdeutschen »ai« –, hält er sich an seine
Vorlage. Nur bei Allstedt variiert er, z. B. in der Überschrift »Alldstett«.
Dort hat er auch »Ehrn« in »Herrenn« verändert. Die Abschriften des
Landgrafenbriefes vom 18. Mai und der beiden anderen Beilagen hat Artzt
einem seiner Kanzleischreiber überlassen. Dieser folgte beim Widerruf in
der Schreibweise der Namen seiner Vorlage, z. B. »Simion von grussen«
und »hanns von Berlipschen«. Dreimal hat er die vorliegende Handschrift
erkennbar mißverstanden: »Gebhardt« hat er als »Gebhardo«, »Mansfelt«
als »Marsfeld« und »Glaucha« hat er als »Glautha« gelesen. Im Abschiedsbrief finden sich ebenfalls mehrere Schreibfehler, darunter drei Wortaus-
lassungen.[79] Dieser differenzierte Einblick in die handschriftliche Überlieferung in Augsburg ist ein ungewöhnlicher Glücksfall, der für andere
Archive kaum zu erwarten ist.

V Die handschriftliche Überlieferung in Nürnberg

Es war seit längerem bekannt, daß – unabhängig von Müntzers Aufenthalt in der fränkischen Reichsstadt – auch durch die engen montanwirtschaftlichen Beziehungen zur Grafschaft Mansfeld und nach Thüringen
Interesse an den Ereignissen um Müntzer in Nürnberg bestand. Gustav
Kawerau (1847-1918) hatte in seiner Edition des Jonasbriefwechsels eine

---

78 Vgl. oben Anm. 71 und Stadtarchiv Augsburg, Reichsstadt, Rat, Literaliensammlung,
  1525 – Mai – 17.
79 Stadtarchiv Augsburg, Reichsstadt, Rat, Literaliensammlung, 1525 – Mai – 17: Ausgelassen wurde »Gott« (»Nachdem es also wolgefelt«), »ir« (»damit nun dieselbig[en]
  vnschuldig[en]«, »kein« (»kainer emporunge weitter statt geben«). Weitere Fehler:
  »kennet vor« statt »kommet vor«, »gewarnen« statt »gewarnet«, »beuehe ich« statt
  »befele ich«, »in meinem Abschaiden« statt »in meinem abschaide«. Für »Derohalb«
  in der Vorlage verwendet der Abschreiber dagegen das übliche »Derhalb«. In seiner
  Abschrift des Briefes von Landgraf Philipp hat er z. B. »Heringen« als »Hiringen« und
  »Eschwege« als »Oschwagen« wiedergegeben. Von der Hand dieses Ulmer Kanzlei-
  schreibers stammt auch die Abschrift des Briefes Landgraf Philipps an den Schwäbischen Bund vom 31. Mai 1525 für den Augsburger Rat; vgl. ebd, Literaliensammlung,
  1525 – Mai – 31; Vogt: Die Correspondenz ..., 9 (18882), 30 (falsches Datum); AGBM 2,
  407 (1608).

undatierte Mitteilung an Hieronymus Baumgärtner (1498-1565) in Nürnberg gedruckt, nach der Müntzers Brief an Albrecht von Mansfeld Georg
Römer (1505-1557) zugesandt worden sei. Kawerau nahm Justus Jonas
(1493-1555) als Absender an.[80] Ulrich Bubenheimer ordnete dagegen den
Eintrag dem Mansfelder Montanunternehmer Philipp Glüenspieß (†1565)
zu, verbunden mit der recht freizügigen Interpretation, Glüenspieß habe
die Mahnbriefe Müntzers an die Grafen Albrecht und Ernst von Mansfeld
»vom 12. Mai 1525 sofort – noch vor der Schlacht von Frankenhausen (15.
Mai) – abschriftlich an seinen Verwandten, den aus Mansfeld stammen-
den Georg Römer [...] in Nürnberg« geschickt. »Vermutlich über ihn
[habe] Christoph Fürer Abschriften derselben Briefe« erhalten.[81]
    Als Bubenheimer in den achtziger Jahren im Nürnberger Familien-
archiv Scheurl unter der Signatur XII D 4 ein Faszikel »Wiedertäufer und
Bauernkrieg« mit Quellen aus den Jahren 1524-1538 entdeckte, zu denen
auch Abschriften von den beiden Briefen Müntzers an die Mansfelder
Grafen gehörten, sah er sich in der erwähnten Auffassung bestätigt.[82] Eine
weitere Einheit auf drei Bogen von einer Hand geschrieben, die nicht mit

---

80 Der Briefwechsel des Justus Jonas/ ges. und bearb. von Gustav Kawerau. 1 Hälfte.
   Neudruck der Ausgabe Halle 1884. Hildesheim 1964, 93 (89). Quelle ist Sächsische
   Landesbibliothek – Staats- und Universitätsbibliothek Dresden, Mscr. Dresd. C 109[d],
   21[r]: Johannes Oelhaffen: Excerpta ex epistolis ad Hieronymum Paumgärtner avum
   datis, 16. Jhdt. Diese Handschrift aus der zweiten Hälfte des 16. Jahrhunderts enthält
   laut nochmaliger Einsichtnahme durch Manfred Kobuch am 7. Januar 2004 verzeich-
   nete Briefe an Hieronymus Baumgartner sen. in Regestform zwischen 1520 und 1564.
   21[r] führt aus Sack A unter »I« als Absender untereinandergeschrieben auf: »Philippus
   Igniscuspulus, Justus Jonas D«. Unter »A₁« sind drei Einträge aufgeführt: zwischen
   einem zu 1524 (Lit. 1.) und einem zum 20. Januar 1535 (Lit. 3.) findet sich der von
   Kawerau auf »(1525)« angesetzte Eintrag (Lit. 2): »Classicu[m] canere ad vnu[m] o[mn]es
   agricolas duce Thoma Muntzero p[re]sertim in comitatu Mansfeldensi, l[itte]ras Munzeri
   ad Alb[er]tu[m] Com[item] ad Mansfelt misisse Georgio Römer«.
81 Ulrich Bubenheimer: Thomas Müntzer: Herkunft und Bildung. Leiden; NY; København;
   Köln 1989, 39.
82 Familienarchiv Scheurl Nürnberg: XII D 4a, 1[r]: Müntzer an Graf Albrecht von Mansfeld, 12. Mai 1525; 1[v] f Müntzer an Graf Ernst von Mansfeld, 12. Mai 1525 – beide auf
   einem Bogen von derselben Hand geschrieben –; 2[v] Dorsalvermerk von der Hand
   Fürers »prieff so thomas muncczer graff[en] ernst vnd graff[en] Albrecht[en] geschrieb[en]
   hat«.

der von den Briefen an die Grafen identisch ist, bildet in der Akte die Abschrift von Müntzers Gefangenschaftsaussagen, allerdings nur das Verhörsbekenntnis und der Abschiedsbrief.[83] Daran schließen sich als wichtigster Fund »Etzliche frag artickel« Christoph Fürers (1479-1537) mit den eigenhändig geschriebenen Antworten Müntzers über das schriftgemäße Glaubensverständnis – vermutlich aus dem Jahre 1524 – an.[84] In der Nürnberger Familienbibliothek Scheurl fand Bubenheimer außerdem eine weitere Abschrift von Müntzers Abschiedsbrief, deren Schreiberhand sich von denen der anderen Nürnberger Müntzerquellen unterscheidet.[85]

Ein Hinweis, wie sich Fürer die Müntzerquellen besorgt hat, ist den Abschriften nicht zu entnehmen. Das Interesse für den alternativen reformatorischen Theologen dürfte zunächst in der kritischen Offenheit des Vertreters der aufstrebenden neuen Nürnberger Geschlechter begründet gewesen sein. Der 1479 Geborene, der sich schon früh als erfolgreicher Kaufmann und Montanunternehmer bewährte, der 1508 am Italienfeldzug Kaiser Maximilians (1459, 1493-1519) und 1519 dem des Schwäbischen Bundes gegen Herzog Ulrich von Württemberg (1487, 1503-1519, 1534-1550) teilnahm, sich mit diplomatischen Missionen betrauen ließ, von 1513 an dem Rat angehörte, beteiligte sich auch an dem humanistisch und frömmigkeitstheologisch orientierten Kreis um Johannes von Staupitz (um 1465-1524).[86] Seine erwähnten an Müntzer gerichteten »Fragartikel« belegen seine Bedenken gegenüber der einseitigen Akzentuierung des Glaubens, die ihn gegen Ende seines Lebens zur Überzeugung führten: »ich kann in der schrift nit finden, daß der Glaub die Lieb gut macht, sondern daß die Lieb den Glauben recht und gut macht, wie Paulus zum Corinthern am 13 bezeugt«. Luther ist für ihn schließlich nur noch als

83 Familienarchiv Scheurl Nürnberg: XII D 4b, 1ʳ-4ʳ Verhörsbekenntnis Müntzer, 16. Mai 1525; 4ᵛ vacat; 5ʳ f Abschiedsbrief Müntzers, 15. Mai 1525; 6ʳ vacat; 6ᵛ Dorsalvermerk von der Hand Fürers »bekantnus thomas munczers im gefencknus zu helttringen«.

84 Ebd, 7ʳ Fragartikel Fürers und Antworten Müntzers; 7ᵛ Dorsalvermerk Fürers, ediert Bubenheimer: Thomas Müntzer, 272-276 (1.10).

85 Familienbibliothek Scheurl Nürnberg: Cod. M II, 92ᵛ f.

86 Vgl. Gerhard SEIBOLD: Christoph Fürer (1479-1537). In: Fränkische Lebensbilder. Bd. 10/ hrsg. von Alfred Wendehorst; Gerhard Pfeiffer. Neustadt/Aisch 1982, 62-96; Theodor AIGN: Die Ketzel: ein Nürnberger Handelsherren- und Jerusalempilgergeschlecht. Neustadt/Aisch 1961, 104. 106.

Strafe Gottes zu verstehen.[87] Es ist darüber hinaus nicht auszuschließen, daß ihm Müntzer von früher her bekannt war. Bereits als junger Mann wurde er mit der Leitung des väterlichen Saigerhandels in Gräfenthal und Arnstadt betraut. Er lebte eine Zeit lang in Eisleben. Bereits damals hatte er »viel kuntschaft mit dem grafen und ihren edelleuten«.[88] Die engen geschäftlichen und persönlichen Kontakte zur Grafschaft Mansfeld, insbesondere zu Graf Albrecht und seinen Beamten, hatten lebenslang Bestand, obgleich im Gegensatz zu den Feldzugserinnerungen in seinen Familienaufzeichnungen kaum davon die Rede ist.[89] Sie scheinen gerade in der Zeit des Thüringer Aufstandes von 1525 eng gewesen zu sein. Geschäftsmitteilungen wurden mit »neuen Zeitungen« über die Situation verbunden, wie es im Schreiben Fürers an Graf Albrecht vom 20. April 1525 geschah, in dem u. a. die Eroberung von Weinsberg und die Hinrichtung des Grafen Ludwig von Helfenstein († 1525) zu Ostern berichtet wird.[90] Obgleich die schriftliche Überlieferung der Kontakte Fürers nach Mansfeld eine größere Lücke aufweist, ist anzunehmen, daß sie schon

87 Georg Wolfgang Karl LOCHNER: Aus dem Leben Christoff Fürers des Älteren. In: Ders.: Geschichtliche Studien. Nürnberg 1836, 68-92, bes. 89. 76. Bei aller Gegnerschaft scheint Müntzers Diktion nicht ohne Wirkung auf Fürer geblieben zu sein, als er 1526 schrieb: »[...] die Lutherischen, die gehen mit einem nerrischen erdichten glauben vmb, vnd wolen allein jhr sind mit glauben sunder werk hinlegen, wiewol sie sagen, man soll gute werk thun, sagen aber nit, daß man die thun muß, [...] suchen also einen süßen eigennützigen glauben« (78).

88 Johann KAMANN: Der Nürnberger Patrizier Christoph Fürer der Ältere und seine Denkwürdigkeiten 1479-1537. Mitteilungen des Vereins für Geschichte der Stadt Nürnberg 28 (1928), 209-311, bes. 283 (Fürerisches Geschlechterbuch).

89 Vgl. Urs Martin ZANDER: Einige Bemerkungen zu spätmittelalterlichen Familienbüchern aus Nürnberg und Bern. In: Nürnberg und Bern: zwei Reichsstädte und ihre Landgebiete; neun Beiträge/ hrsg. von Rudolf Endres. Erlangen 1990, 7-37, bes. 30 (Verweis auf die zeittypische »Tendenz zu einer Selbststilisierung zum Kriegsmann, der es den Adligen gleichtut«).

90 Urkundenbuch zur Geschichte des Mansfeldischen Saigerhandels ..., 73. Mit der Ausführung der Beschlüsse des Nürnberger Rats gegen den Druck von Müntzers »Hochverursachte(r) Schutzrede« im Herbst 1524 war auch Christoph Fürers Bruder Sigmund (vor 1479-1547) beteiligt; vgl. QUELLEN ZUR NÜRNBERGER REFORMATIONSGESCHICHTE: von der Duldung liturgischer Änderungen bis zur Ausübung des Kirchenregiments durch den Rat (Juni 1524 - Juni 1525)/ bearb. von Gerhard Pfeiffer. Nürnberg 1968, 26 f (RV 198. 2. XI. 1524). Er selbst gehörte im Frühjahr 1525 zu den

wegen der engen Beziehungen im Saigerhandel nicht abgerissen sind. Es ist durchaus vorstellbar, daß die gräfliche Kanzlei in Eisleben Fürer mit Abschriften von Müntzers Gefangenschaftsaussagen versorgt hat.

Das Verhörsbekenntnis ist in einer gut lesbaren Handschrift ohne Korrekturen geschrieben worden. Überschrift wie Aussageeinheiten sind deutlich voneinander abgesetzt. Die unter der Folter gemachten Aussagen werden gleich angeschlossen, sind aber durch die Überschrift »Peinlich« klar von den vorangehenden unterschieden. Eine Wortwiederholung in der ersten gütlichen Aussage – »das man das man« – ist stehengeblieben. Als einzige Handschrift bringt sie als vierte Aussage den sogenannten Schlösserartikel: »Sagt das die schlosser gantz beschwerlich sein vnd vberladen mit diennsten vnd annder beschwerung gegen den vntterthanen«. Bei der Aussage über Jakob Strauß (1480/85 - um 1533) hat die Nürnberger Abschrift wie die Dresdner das Verb »angeredt« und nicht wie die Marburger »angeregt«, dennoch können weder die Dresdner noch die Marburger Version als Vorlage gedient haben. Die Abweichungen von ihnen sind zu gravierend. Einige Wortumstellungen fallen noch nicht ins Gewicht, dagegen aber die zahlreichen Kürzungen und die Verwendungen anderer Begriffe bzw. Ergänzungen. Häufig werden nur einzelne Wörter ausgelassen, zuerst »Ern / Ehrn« in der Überschrift. Zunehmend erstrekken sich die Kürzungen auch auf präzisierende Angaben. Im Falle der dritten peinlichen Aussage über die Hinrichtung der Gefolgsleute Graf Ernsts von Mansfeld am 13. Mai 1525 wurde die Kürzung mit einer Ergänzung verbunden, so daß nun zu lesen ist: »Hat das vrtheil vber Mathern von Ghehofen gesprochen aus dem Mund der gemain vnd hat darein gewilliget / hab sich gefurcht vor grafen Ernsten vnd der gemein«.[91] Unter den Wortänderungen gegenüber den Dresdner und Marburger Versionen sind der Beginn der zweiten gütlichen Aussage mit »Bekennt« statt »Sagt« und die Angabe des Bundesartikels im peinlichen

Ratsherren, die sich um die Ausführung der Beschlüsse zum Aufstand zu kümmern hatten; ebd, 22 (RV 523. 21. IV 1525). 75 (RV 351. 26. IV 1525). 76 (RV 359. 27. IV. 1525).
91 Vgl. die Dresdner Version (wie die Marburger): »Habe das vrtel vber Matern von Gehofen vnd dye andern g[raf] Ernsts dyner gesprochen, aus dem munde der gemeyne vnd habe dareyn gewilliget vnd habe das auß forcht gethan«; SHStAD: Geh. Rat 10024, Loc. 10327/9, 15ʳ.

Verhör mit »Ist ir artickel gewest omnia simul comunia« statt »Ist ir artigkel gewest vnd habens vff dye wege richten wollen Omnia sunt Comunia«. In der Aussage über die Begegnung mit Strauß in Weimar ist dem Schreiber der Nürnberger Version ein grober Fehler unterlaufen, als er »wans dj Lutterischen nicht annderß außrichten wolltten, dann das sie munich vnnd pfaffen verpietten« schrieb, statt »woe dye luderschen nichts anders ausrichten wolt⌊en⌋ dan das sye dye leuthe vexirt[en], monche vnd pfaff⌊en⌋«. Eine ausgesprochen unglückliche Hand hat der Kopist bei der Wiedergabe von Namen gehabt: »Hugefellders, Kompe, Panst, Starck, Ganglof, Schule, Salbergk« statt »Hugowaldus, Krumpe, Panse, Storck, Gangolf, Schute, Stolbergk«. Diese verbalhornten Eigennamen widersprechen der Annahme, daß die Nürnberger Abschrift des Verhörsbekenntnisses direkt aus der Kanzlei in Eisleben stammen könnte. Es muß eine Zwischenstation gegeben haben.

Mit dem gleichen sauberen Schriftbild liegt die Kopie des Abschiedsbriefes in diesem Faszikel vor. Nur bei »Darumb solt ir euch auch meins tods nit ergern« ist »euch« über der Zeile ergänzt worden. Die Adresse befindet sich unter dem Brieftext. An den erwähnten drei Stellen schließt sich das Nürnberger Exemplar mit »todt«, »Johannis 7«, »befolhen« und »Cristoffel Lawben« der durch die Dresdner Kopie bezeugten Überlieferung an. Sonst weist es die gleichen Merkmale wie das des Verhörsbekenntnisses auf. Es kommt nur eine Wortumstellung vor. Die Kürzungen wie die alternativen Formulierungen sind meist auf einzelne Wörter beschränkt. Eine Sinnveränderung tritt ein, wenn Müntzers Bitte, »ir wollet meynem weybe dye guther ßo ich gehapth volgen lassen«, verändert wird in »ir wollet meinem weyb dj gutter so si hat volgen lassen«. Vorausgreifend soll hier bereits darauf aufmerksam gemacht werden, daß diese und weitere kleine Änderungen auch bei den Leipziger und Erfurter Drucken der Gefangenschaftsaussagen begegnen. Die in der Familienbibliothek Scheurl vorhandene zweite Nürnberger Kopie des Abschiedsbriefes entspricht der im Familienarchiv. Die Adresse ist jedoch über den Brieftext gesetzt. Außerdem kommen zahlreiche orthographische Unterschiede vor. Die beiden einzigen Abweichungen im Text – »nembt die sachenn eben war« statt »nembt der sachen eben war«; »des vatters vnnd des sons vnnd« statt »des vatters des Sons vnnd« – konnten beim Abschreiben unterlaufen sein. Möglicherweise war das Exemplar im Familienarchiv die Vorlage für das in der Familienbibliothek.[92] Wie es zu der in der gesamten Überlieferung singuläre Datierung der Nürnberger Kopien auf »montags nach Cantate« bzw. »Montag nach Cantate« gekommen ist, läßt sich nicht klären. Im Zusammenhang mit weiteren bereits genannten Fehlern – z. B. Namen – gesehen, ist Bubenheimers Interpretation kaum zutreffend: Müntzer habe den Abschiedsbrief noch am Schlachttag im Heldrunger Gefängnis eigenhändig geschrieben. Er sollte durch einen Boten überbracht werden. Den Drucken des Verhörsbekenntnisses sei er »in einer abgeänderten und auf den 17. Mai umdatierten Fassung« beigegeben worden.[93] Wahrscheinlich wird in der Nürnberger Überlieferung von Müntzers Gefangenschaftsaussagen eine eigenständige Version greifbar, die Ähnlichkeit mit der aufweist, die durch die Leipziger und Erfurter Drucke dokumentiert wird.

VI Die Leipziger Drucke

Für Heinrich Boehmer (1869-1927) stand fest, daß Herzog Georg »Anfang Juni 1525 bei Wolfgang Stöckel [um 1473-1540/41] in Dresden zwei Zeitungen drucken« ließ, um die Öffentlichkeit über den wahren Charakter Müntzers aufzuklären, das »Bekentnus Thomas Muntzers« und »Ein

---

92 In den Drucken heißt es ebenfalls »der sach«.

93 Ulrich BUBENHEIMER: Thomas Müntzer: Prediger – Prophet – Heerführer. In: Thomas Müntzer (vor 1491-1525): Prediger – Prophet – Bauernkriegsführer/ hrsg. von Günter Scholz. Böblingen 1990, 19-49, bes. 49; 71 (Abbildung des Exemplars aus dem Familienarchiv Scheurl und Textwiedergabe). Die Behauptung der eigenhändigen Niederschrift Müntzers entnimmt Bubenheimer einer »Notiz« des Halberstädter Vikars Andreas Gronewald in dem Druck der Goslaer Marktkirchenbibliothek 316 (16), a 4ʳ. Diese »Notiz« entpuppt sich als der undatierte handschriftliche Eintrag Gronewalds »Muntzers Eygen hantschrifft« in seinem Exemplar des Druckes von Müntzers Bekenntnis aus der Leipziger Offizin Wolfgang Stöckels und zwar am Schluß, rechts unter dem Datum von Müntzers Abschiedsbrief (vgl. unten Anm. 101). Gronewalds Eintrag ist nicht als Quelle für weitreichende Folgerungen geeignet. Zu Gronewald vgl. Ulrich BUBENHEIMER: Die Bücher und Bucheinzeichnungen des Klerikers Andreas Gronewald aus Halberstadt. Jahrbuch der Gesellschaft für Niedersächsische Kirchengeschichte 94 (1996), 57-74.

gloubwirdig vnd warhafftig vnderricht ‖ wie die Dhoringischen Pawern ‖ vor Franckenhawßen vmb yhr ‖ mißhandlu[n]g gestrafft vnd bey ‖ de Stett Franckenhawßen vnd ‖ Molhawßen erobert worden«.[94] Der Leipziger Bibliothekar Otto Günther (1861-1922) hatte jedoch bereits nachgewiesen, daß die zweite Schrift aus der sogenannten Emserpresse in Dresden stammte, die inzwischen mit Valentin Schumann († 1542) in Verbindung gebracht wird.[95] Stöckel übersiedelte auch erst 1526 nach Dresden. Boehmers Auffassung, der Druck von Müntzers Bekenntnis gehöre zur »antimüntzerische[n] Publizistik des katholischen Lagers«, ist dennoch lange unumstritten gewesen.[96] Erst Siegfried Hoyer hat dagegen Bedenken erhoben. Er verwies auf die wirtschaftliche Situation des Leipziger Druckers in den Jahren 1522-1525, die diesen nötigten, »sich aktuellen, begehrten Themen« zuzuwenden, »mit denen rasch Geld zu verdienen war«. Luthers »Widder die Mord= ‖ ischen vnd Reu= ‖ bischen Rotten der Bawren«, »Ein schrecklich geschich= ‖ te vnd gericht Gottes ‖ vber Thomas Mŭntzer« und das Bekenntnis Müntzers zählt er dazu.[97] Hoyers Hinweis hat viel für sich, zumal durch keine Quelle Herzog Georgs Interesse am Druck des Verhörsbekenntnisses in der vorliegenden Fassung belegt wird. Der Verweis auf die Streichung des »für die Grafen von Stolberg peinliche[n] Schlußsatz[es] über die den Aufständischen geliehene halbe Feldschlange« ist nicht stichhaltig.[98] Denn in »Ein gloubwirdig vnd warhafftig vnderricht …« wird die Anwesenheit Wolfs von Stolberg im Lager der Aufständischen nicht übergangen und der Konflikt Herzog Georgs mit den Harzgrafen wegen ihrer Mitgliedschaft in Müntzers Bündnis wurde erst am 7. Juli 1525 durch eine Vergleichsverhandlung in Leipzig beigelegt.[99] Vermutlich ist der Druck des

94 Heinrich BOEHMER: Studien zu Thomas Müntzer. L 1922, 2.

95 Otto GÜNTHER: Der älteste Dresdner Buchdruck. Zeitschrift für Bücherfreunde NF 8 (1916/17), 174-180, bes. 177; Helmut CLAUS: Das Leipziger Druckschaffen der Jahre 1518-1539: Kurztitelverzeichnis. Gotha 1987, 11; Frank AURICH: Die Anfänge des Buchdrucks in Dresden: die Emserpresse 1524-1526. Dresden 2000, 117 f.

96 Max STEINMETZ: Das Müntzerbild von Martin Luther bis Friedrich Engels. L 1971, 89. 96-101.

97 Hoyer: Bemerkungen …, 95 f. Zu Stöckel allgemein vgl. S[everin] CORSTENS: Wolfgang Stöckel. LGB² 7 (2005), 261.

98 Gegen Boehmer: Studien, 18, Anm. 7.

99 FLUGSCHRIFTEN DER BAUERNKRIEGSZEIT/ unter Leitung von Adolf Laube; Hans Werner

Verhörsbekenntnisses sachgemäß weder unter die unterstützenden Schriften zum Aufstand noch unter die Gegenschriften, sondern eher unter die Neuigkeitsberichte einzuordnen.[100] Das Fehlen jeglicher kommentierenden Bemerkungen, die Kürzungen und die Sorglosigkeit im Umgang mit Namen unterstützen diese Zuordnung.

Viele der bei der Darstellung der Nürnberger Überlieferung erwähnten Kürzungen, Wortumstellungen und Einzeländerungen hat Stöckels Druck ebenfalls. Sie finden sich aber auch in den meisten Fällen in den Leipziger und Erfurter Drucken insgesamt. Stöckel hat demnach eine Druckvorlage erhalten, die der Nürnberger Überlieferung sehr ähnlich war, doch die Aussage über das Stolberger Geschütz nicht enthielt. Die Schreibweise »Mollerbach« im Nürnberger Exemplar entspricht dem korrekten »Mallerbach«, während Stöckel wie die anderen Drucke – Leipzig und Erfurt – den Ortsnamen als »Vellerbach« wiedergeben. Die Übereinstimmungen sind weit in der Überzahl, z. B. »Bekennt« statt »Sagt« bereits in der zweiten Aussage. Zu nennen wäre auch die Ergänzung des Herzogtitels bei [Erz-]Bischof Ernst von Magdeburg (1464, 1479-1513) oder die Ortsangabe Frankenhausen zum Siechenprediger Gangolf sowie die schon angeführte erweiterte Begründung für das Todesurteil über die Gefolgsleute Graf Ernsts von Mansfeld. Ins Auge fallen vor allem eine Reihe von Kürzungen mehrerer Wörter, die in der Nürnberger Überlieferung und den Leipziger sowie Erfurter Drucken des Bekenntnisses identisch sind, z. B. die Aussage über Mühlhausen als feste Stadt. Im Abschiedsbrief verhält es sich nicht anders. Hier sind ebenfalls immer wieder Übereinstimmungen zwischen der Nürnberger Überlieferung und den Drucken aus Leipzig und Erfurt zu bemerken, z. B. bei »hell« statt »helle« oder der Verwendung des Plural bei »Fra[n]gkenheusischen sachen«. Insgesamt ist festzustellen, daß die Texte der Leipziger und Erfurter Drucke weitgehend übereinstimmen. Stöckels Druck weist allerdings ein paar Abweichungen auf, die es fraglich erscheinen lassen, daß er Druck-

Seiffert bearb. von Christel Laufer … 2., durchges. Aufl. B 1978, 514, 4 f; AKTEN UND BRIEFE ZUR KIRCHENPOLITIK HERZOG GEORGS VON SACHSEN. Bd. 2: 1525-1527/ hrsg. von Felician Gess. Neudruck der Ausgabe L; B 1917. Köln; W 1985, 334-340 (1075).
100 Vgl. Helmut CLAUS: Der deutsche Bauernkrieg im Druckschaffen der Jahre 1524-1526. Gotha 1975, 40-43 (72-84).

vorlage für die anderen Offizinen gewesen ist. Während der Name »Ebeleben« in den vier anderen Drucken mit »Ellenwetz« wiedergegeben wird, hat Stöckel dafür »Ellenwentz«. Im Abschiedsbrief hat er statt Christoph Lau »Lamblen« gedruckt, die anderen Drucke dagegen »Lemblen«. Am auffälligsten ist, daß er als Einziger auf dem Titelblatt den Hinweis auf den Abschiedsbrief zur Adresse »an die zu Mülhausen« ausgeformt hat.[101] Wenn Stöckel der Erstdrucker gewesen wäre, weshalb sollte schon Michael Blum die vollständige Adresse beim Abschiedsbrief gekürzt haben? Der Nachweis, daß der Druck bereits am 11. Juni in der Hand Caspar Borners (um 1492-1547) – des Rektors der Leipziger Thomasschule – war, ist kein Gegenbeweis.[102]

Während sich der seit 1495 als Drucker in Leipzig nachweisbare Wolfgang Stöckel 1525 in einer Krise befand, eröffnete der aus Straßburg stammende Michael Blum († 1550), der 1514 Leipziger Bürger geworden war, in diesem Jahr seine Presse. Er hatte 1524 eine Bittschrift von 105 Bürgern an den Leipziger Rat um Anstellung eines reformatorischen Predigers mit unterschrieben.[103] Wie kein anderer der Leipziger Drucker wendete er sich 1525 den reformatorischen Schriften zu. Unter seinen sechs Lutherdrucken sind die »Ermanunge zum ‖ fride«, zwei Ausgaben der frühen Version »wyder die rew ‖ bischen vnd mordisch ‖ en rotten der an= ‖ deren baw= ‖ ren« und die Abrechnung mit Müntzer, »Ein Schreck ‖ lich geschicht vn͞d gericht Gotes vber Tho ‖ mas Muntzer«.[104] Der Druck

101 Bekentnus Tho= ‖ mas Muntzers et= ‖ wa Pfarner zw Alstedt vn͞d ytze ‖ in dem Auffrurischen hauffen ‖ zu Franckenhausen befunden/ ‖ Gescheen in der guthe dinstags ‖ nach Cantate Anno ‖ 1525 ‖ Ein Sendbrieff Thomas ‖ Müntzers an die zu ‖ Mülhausen. [Leipzig: Wolfgang Stöckel, 1525], a 1-4 (a 1ᵛ und a 4ᵛ vacat). Exemplare: Goslar, Marktkirchenbibliothek: Nr. 316; Berlin Staatsbibliothek: Cu 4689 R; vgl. VD16 1 (1983), 232 (B 1553) ≙ Claus: Der deutsche Bauernkrieg …, 32 (39) ≙ ders.: Das Leipziger Druckschaffen …, 91 (Wolfgang Stöckel 170).

102 Vgl. Boehmer: Studien …, 18, Anm. 7.

103 Akten und Briefe zur Kirchenpolitik Herzog Georgs von Sachsen. Bd. 1: 1517-1524/ hrsg. von Felician Gess. Neudruck der Ausgabe L; B 1905. Köln; W 1985, 633, 6 (630).

104 Claus: Das Leipziger Druckschaffen …, 170 f (Michael Blum 7-12). Im Gegensatz zu Blum druckte Stöckel die spätere Version »Widder die Mordischen vnd Reubischen Rotten der Bawren«; ebd, 91 (Wolfgang Stöckel 168).

»Vonn dem ‖ grewel der still ‖ messe« brachte ihm im Herbst 1525 eine dreiwöchentliche Haft ein.[105] Danach bat er seinen Vermittler neuer Manuskripte, Stephan Roth (1492-1546) in Wittenberg: »So ist myn flysige bitt ihr wolt mir eynn gutt exemplar schickenn das mir nicht schedlich nach nachteyl bryngt.«[106] Blums Kontakte sind zwar erst im Frühjahr 1526 belegt, scheinen jedoch schon vorher bestanden zu haben. Es ist somit nicht auszuschließen, daß eine Abschrift von Müntzers Verhörsbekenntnis durch Roths Vermittlung nach Leipzig gelangt ist.

Wenn Blum in einem Brief vom 16. März 1526 gegenüber Roth betonte, er »hab der buchlynn keynn vorstandt«, dann meinte er keineswegs, er verstehe vom Inhalt seiner Druckerzeugnisse überhaupt nichts und betreibe nur das Geschäft eines Handwerkers. Aus dem Zusammenhang wird deutlich, daß es ihm um Roths fachmännisches Urteil über das mögliche Konfliktrisiko bei theologischen oder frömmigkeitspraktischen Fragen in den Manuskripten ging.[107] In eine derartige Gefahr begab er sich mit dem Druck von Müntzers Verhörsbekenntnis sicher nicht. Das wäre eher bei seinen Nachdrucken der Memminger Bundesordnung vom 7. März 1525 und der Frankfurter Artikel vom 22. April 1525 zu befürchten gewesen.[108] Sein Druck von Müntzers Verhörsbekenntnis und Abschiedsbrief entspricht mit seinen Kürzungen, Umstellungen und der Orthographie weitgehend dem Druck von Stöckel und den Erfurter Drucken.[109]

105 Claus: Das Leipziger Druckschaffen …, 170 (Michael Blum 9); Felician GESS: Bittschreiben Michel Blum's in Leipzig an Herzog Georg vom 25. November 1525. Archiv für Geschichte des Deutschen Buchhandels 15 (1892), 310-312 (Bitte, die Ausweisung durch den Leipziger Rat aufzuheben). Zu Blum vgl. D[ietmar] DEBES: Michael Blum. LGB²1 (1987), 471 f.

106 Georg BUCHWALD: Stadtschreiber M. Stephan Roth in Zwickau in seiner literarisch-buchhändlerischen Bedeutung für die Reformationszeit. Archiv für Geschichte des Deutschen Buchhandels 16 (1893), 6-246, bes. 48 (86), 26. Mai 1526; vgl. ebd, 47-49 (82-89).

107 Buchwald: Stadtschreiber M. Stephan Roth …, 47 (82).

108 Claus: Der deutsche Bauernkrieg …, 31 (36). 36 (54); Flugschriften der Bauernkriegszeit, 32-34. 567 f; 59-64. 572 f.

109 Bekentnus ‖ Thomas Muntzers etwa ‖ Pfarner zu Alstedt / vnnd ‖ ytze in dem auffrurischen ‖ hauffen zu Franckenhaw= ‖ sen befunden / geschehen in ‖ der guthe dinstags nach ‖ Cantate. ‖ 1525. ‖ Ein Sendbrieff Tho ‖ mas Muntzers. [Leipzig: Michael Blum, 1525]. A 1-4 (4ᵛ vacat). Exemplar: Zwickau, Ratsschulbibliothek: 16. 11. 15 (51);

Wie sie gibt er z. B. Mallerbach als »Vellerbach« wieder und wie bei ihnen erscheint Tilmann Banse einmal als »Thilo Ganße« und einmal als »Thilo Panse«. Wie erwähnt, heißt bei ihm »Ebeleben« wie bei den Erfurtern »Ellenwetz«, während Stöckel »Ellenwentz« druckt. Dieselbe Gemeinsamkeit mit den Erfurter Drucken liegt bei »Bischoff zu Welffenrodt« (Bischof aus Wolferode) vor, den Stöckel »Bischoff zu Welffenroed« nennt. Ob mit der Formulierung von Müntzers Bitte für seine Frau im Abschiedsbrief »Vnd sie nichts (vmb Gottes willen) lassen gelten« bei Blum, aber auch Melchior Sachse und Matthes Maler († 1536), eine besondere Verbindung Blums zu den Erfurter Offizinen angedeutet wird, ist auf Grund der wenigen identischen Schreibweisen noch nicht zu entscheiden.[110] Stöckel und Johannes Loersfeld († 1528?) stimmen an dieser Stelle mit der Lesart der Handschriften – »entgelten« – überein. Insgesamt sprechen die kleinen Varianten in den beiden Leipziger Drucken des Verhörsbekenntnisses nicht dafür, daß Stöckel die Priorität zuzuerkennen ist. Sollte Blums Druck Vorlage für andere Nachdrucke gewesen sein, sind zumindest seine beiden Satz- bzw. Druckfehler im Abschiedsbrief – »untergaug« statt »untergang«; »fordernug« statt »forderung« –, wie üblich, stillschweigend korrigiert worden.

VII Die Erfurter Drucke

Wie Blum begann Melchior Sachse d. Ä. († 1551) seine Tätigkeit 1525. Er beteiligte sich sofort am Nachdruck reformatorischer Schriften, schaltete sich mit dem Erstdruck von Johannes Culsamers († 1525) »Wider Bruder Bar ‖ tholomei Vsingen ar ‖ tickel ... anzeygung« in den örtlichen Meinungsstreit um die Reformation ein und konnte weitere reformatorische Manuskripte für einen Erstdruck gewinnen.[111] Über seine Frühzeit ist,

vgl. VD16 1 (1983), 232 (B 1552) ≙ Claus: Der deutsche Bauernkrieg ..., 32 f (40) ≙ ders. Das Leipziger Druckschaffen ..., 171 (Michael Blum 13).

110 Bei der Aussage über die Allstedter Mitglieder von Müntzers Bund bleibt »verpintnus« in der zweiten Erwähnung in Stöckels und Malers Druck unverändert. Blum und Sachse ändern in »verpintnis«; »dareyn« (sc. in das Register geschrieben) ist nur bei Stöckel zu lesen, Blum, Sachse, Maler und Loersfeld haben »daryn / darin«.

111 Vgl. Martin von HASE: Bibliographie der Erfurter Drucke von 1501-1550. 3., erw. Aufl.

abgesehen von den Erzeugnissen seiner Offizin, wenig bekannt, z. B. ab wann man ihn »mit Recht als ›Druckherrn‹ bezeichnen kann«, der auch als Buchhändler erfolgreich tätig war.[112] Der Kanon seiner Drucke zum Bauernkrieg stimmt zum guten Teil mit dem Blums überein. Es fehlen die Memminger Bundesordnung, die Schrift von Urbanus Rhegius (1489-1541) über die Leibeigenschaft und Luthers »Unterrichtung« (Predigt vom 27. August 1525). Dafür hat Sachse den Nachdruck der Nürnberger Artikel, Luthers Sendbrief von dem harten Büchlein und die bereits erwähnte Neuausgabe der Rhegiusschrift gegen Karlstadt durch Johann Lang (1486/88-1548) im Juni 1525 unter dem Titel »Widder den newen ‖ irsall Thomas Mŭntzers ‖ D. Andreas Karlstadt ‖ vn͜dᵢ anderer schwŭrmer ‖ des Sacraments halben / war ‖ nung«.[113] Seine Texteinrichtung im Druck von Müntzers Verhörsbekenntnis gleicht der des Blum-Drucks nur bei der in größerem Schriftgrad wiedergegebenen ersten Zeile und der ebenfalls größer gedruckten ersten Zeile der Überschrift zum Abschiedsbrief.[114] In der Textwiedergabe – Kürzungen, Umstellungen, Schreibweise der Namen – stimmt sein Druck mit dem von Blum weitgehend überein. Unterschiede sind, von vier Druckfehlern abgesehen, allerdings erwar-

Nieuwkoop 1968, 112 (775 – Culsamer). (776 – Wolfgang Kisswetter: Daß man das lauter, rein Evangelium ohne menschliche Zusatzung predigen soll, fürstlicher Befehl zu Weimar geschehen); 114 (793 – Justus Menius: In was glauben vnd meynung die kyndlein zur heyligen Tauff zu fordern seyen); 115 (797 – Johann Langs Neuausgabe der Schrift von Urban Rhegius gegen Karlstadts Abendmalslehre).

112 von Hase: Bibliographie ..., 217; vgl. auch Josef BENZING: Die Buchdrucker des 16. und 17. Jahrhunderts im deutschen Sprachgebiet. 2., verb. und erg. Aufl. Wiesbaden 1982, 110; I[rmgard] Bezzel: Melchior Sachse d. Ä. LGB² 6 (2003), 446.

113 Claus: Der deutsche Bauernkrieg ..., 99.103.

114 Bekentnus Thomas ‖ Muntzers etwan Pfarner ‖ zu Alstedt / vn͜dᵢ ytze in dem ‖ auffrurischen hauffen ‖ zu Franckenhaw=‖ sen befunden / geschehen ‖ in der gŭthe dinstags ‖ nach Cantate. ‖ M.D.XXV. ‖ Eyn Sendbrieff Tho=‖ mas Mŭntzers. [Erfurt: Melchior Sachse d. Ä., 1525]. A 1-4 (A 4v vacat). Exemplar: Erfurt, Bibliothek des Evangelischen Ministeriums: Tu VII. 142; fehlt VD16; Claus: Der deutsche Bauernkrieg ..., 33 f (44) ≙ von Hase: Bibliographie ..., 229 (794). Stöckel, Blum und Sachse haben das gleiche »H« in Antiqua als Initiale beim Abschiedsbrief verwendet, Stöckel als schwarzgedrucktes »H« ohne Hintergrund, Blum als weißes »H« auf schwarzem Hintergrund mit Blumen, Sachse weißes »H« auf schwarzem Hintergrund mit anderen Ornamenten.

tungsgemäß in der Orthographie zu verzeichnen.[115] Dazu zählt auch »etwan« statt »etwa« im Titel der Flugschrift. Nur der Druck von Matthes Maler verwendet an dieser Stelle die gleiche Wortform.

Von den Druckern des Verhörsbekenntnisses gehören Maler und Loersfeld zu denen, die noch zu Lebzeiten Müntzers einen liturgischen Text von ihm herausbrachten. Müntzers Übersetzung des Tedeums erschien 1524 in einer Separatausgabe bei Loersfeld und wurde kurz darauf von Maler nachgedruckt. Beide waren wahrscheinlich für die gottesdienstliche Praxis bestimmt. Von persönlichen Kontakten zu Müntzer ist nichts bekannt.[116] Von 1511 bis zu seinem Tod 1536 sind von Maler fast 300 Drucke – ab 1521 vorwiegend reformatorische Literatur – bekannt.[117] Ab 1518 ist seine Offizin mehrfach von den ernestinischen Landesfürsten für Amtsdrucke – Getränkesteuer, Bergwerksverordnung für Schneeberg, Aufgebot des Adels 1525, falsche Münze, Visitation 1528 – in Anspruch genommen worden.[118] An den Drucken zum Bauernkrieg war er in geringerem Umfang beteiligt. Neben Luthers »Wider die sturme[n] ‖ den Bawren«

---

115 In der Aussage über die Begegnung mit Strauß in Weimar druckt Sachse »verirten« statt »vexirten«, in der über Mallerbach »ausgebraut« statt »ausgebrant«. Aus »Sehofen« (Gehofen) ist »Schofen« und im Abschiedsbrief aus »kommet vereynt« ist »kommen vereynt« geworden.

116 Vgl. Siegfried BRÄUER: Thomas Müntzers Tedeum in den Erfurter Drucken von 1524/ 1525 und die Umgestaltung des Gottesdienstes. In: Flugschriften der Reformationszeit: Colloquium im Erfurter Augustinerkloster 1999/ hrsg. von Ulman Weiß. TÜ 2001, 173-200. Dem Hinweis der Erfurter Lokalgeschichtsschreibung, die Familie Maler habe zu Beginn des 16. Jahrhunderts »in der Stollberg'schen Beamtenwelt eine feste Stellung« besessen, wurde bislang nicht nachgegangen; vgl. DER STADTSCHREIBER JOHANNES ZIMMERMANN. Mitteilungen des Vereins für Geschichte und Altertumskunde von Erfurt 5 (1871), 181-185, bes. 185.

117 von Hase: Bibliographie ..., 51-88 (331-597). 214 f. 225-228 (338a-596b); Helmut CLAUS: Erfurter Drucke in der ersten Hälfte des 16. Jahrhunderts. In: Erfurt 742-1992: Stadtgeschichte – Universitätsgeschichte/ hrsg. von Ulman Weiß. Weimar 1992, 295-314, bes. 307-309; Benzing: Die Buchdrucker ..., 109; D[ietmar] DEBES: Matthes Maler. LGB² 5 (1999), 40.

118 von Hase: Bibliographie ..., 58 (379). 60 (391 f). 74 (499). 75 (499 a). 81 (545 ab). 83 (563). 84 f (572 a) ≙ Claus: Erfurter Drucke ..., 7 (14 f. 18). 308 (31-33). 309 (35 f). Herzog Georg beauftragte mit dem Druck seiner Ausschreiben die Offizin von Melchior Lotter d. Ä. in Leipzig und die Emserpresse in Dresden.

in der Frühfassung druckte er auch eine der vier Erfurter Ausgaben der Zwölf Artikel.[119] Darüber hinaus ist nur noch Müntzers Verhörsbekenntnis zu nennen.[120] Malers Druck stimmt weitgehend mit den Leipziger und anderen Erfurter Drucken bei den Kürzungen, Umstellungen, Schreibweisen der Namen u. ä. überein. Die üblichen Unterschiede in der Orthographie sind auch bei ihm zu finden.[121] Als Merkmale seiner Eigenprägung sind zu nennen: Für die beiden ersten Textseiten verwendet er einen etwas kleineren Schriftgrad, die letzte Zeile auf Blatt A 3^r in der Aussage über das Jugendbündnis in Aschersleben und Halle – »darinne sein« – ist ausgefallen. Damit dürfte feststehen, daß Malers Druck den anderen Offizinen nicht als Vorlage gedient haben kann. Das wird auch auf den Konkurrenten vor Ort, für Loersfeld, zutreffen.

Als Loersfeld 1523 in Erfurt seine Offizin mit der Produktion reformatorischer Schriften eröffete, hatte er bereits berufliche Erfahrungen in Paris und Halberstadt hinter sich. Mit der Selbstbezeichnung »des Euangelions liebhaber« in der Vorrede des »Teutsch kir ∥ chen Ampt« vom 21. April 1525, einem ergänzten Neudruck von Müntzers Allstedter Kirchenamt, hat er in ungewöhnlich deutlicher Weise seine Position in den kirchlichen Kontroversen der Zeit öffentlich markiert.[122] Zur Bauernkriegsthematik brachte er fünf Lutherschriften heraus: »Eyn brieff an die

---

119 von Hase: Bibliographie …, 81 f (549. 545) ≙ Claus: Der Bauernkrieg …, 102.

120 Bekentnus ∥ Thomas Mu[n]czers ∥ etwan Pfarner zu Allstedt / vnnd ∥ ytze in dem auffrurischen hauffen ∥ zcu Franckenhawßen befunden / ∥ geschehen in der gutthe dinstags ∥ nach Cantate ∥ 1525. ∥ Ein Sendbrieff Tho ∥ mas Muntzers. [Erfurt: Matthes Maler, 1525]. A 1-4 (A 4^v vacat). Exemplar: Berlin Staatsbibliothek: Cu 4691 R; vgl. VD16 2 (1984), 232 (B 1551) ≙ Claus: Der Bauernkrieg …, 33 (42) ≙ von Hase: Bibliographie …, 82 (550).

121 Auf die gemeinsame Schreibweise mit Blum beim Titelblatt wurde schon hingewiesen. Es kommt hinzu im Abschiedsbrief: »Johan. vij«, »han«, »yha«. Als singuläre Formen hat Maler »Rôder«, »gerichtigkeit«, »abwenden«.

122 Das einzige bekannte Exemplar – Berlin, Staatsbibliothek Dr 9198 R – zählt zu den Kriegsverlusten. Martin von Hase hat die Vorrede jedoch vor dem Krieg abgeschrieben und in seiner Bibliographie vollständig gedruckt; vgl. von Hase: Bibliographie …, 216 f. 94-112 (637-773a). 228 f (654a-723a) ≙ Claus: Erfurter Drucke …, 509 f. Zu Loersfeld vgl. auch Benzing: Die Buchdrucker …, 11; F. J. MOSHER: Johannes Loersfeld. LGB^2 4 (1995), 593.

Für ‖ sten zu Sachsen ‖ von dem ‖ auffrurischen geyst«, »Ermanunge zum fri= ‖ de auff die zwelff ‖ Artikel d[er] Bawr= ‖ schafft ynn ‖ Schwa= ‖ ben«, »Widder die sturmen= ‖ den Bawren« in der frühen Fassung, » Eyn Schrecklich ‖ geschicht vnd gericht Got ‖ tes ...« und die Predigt über das Gesetz Moses vom 27. August 1525, dazu von Johannes Brenz (1499-1570) »Von milternng [!] der fursten« und einen weiteren Erfurter Druck der Zwölf Artikel.[123] Sein Nachdruck von Müntzers Verhörsbekenntnis präsentiert sich als eine leicht überarbeitete Fassung.[124] Er stimmt zwar im wesentlichen in der Darbietung des Textes – Kürzungen, Umstellungen, Schreibweisen – mit den Leipziger und den anderen beiden Erfurter Drucken überein, weist aber einige Besonderheiten auf. Wie bei Stöckels Druck ist die erste Textzeile in normaler Schriftgröße gesetzt, aber mit der Initiale »E« in Antiqua. Die erste Zeile der Überschrift zum Abschiedsbrief ist in Versalien gehalten. Frei von orthographischer Eigenprägung und Druckfehlern ist auch sein Druck nicht.[125] Wortumstellungen finden sich häufiger, z. B. in der peinlichen Aussage über das geplante Herrschaftsgebiet – »nach seinem sinne gangen« statt »gangen nach seynem synne« – oder im Abschiedsbrief – »folgen lassen« statt »lassen folgen«. Größer ist die Anzahl alternativer Wörter, im Verhörsbekenntnis z. B. »keyn empörung«, »secklein«, »daselbst«, »nicht verhindern noch irren lassen« statt »empörung nicht«, »sack«, »selbst da«, »nicht verhindern oder irren lassen«. Im Abschiedsbrief kommen noch einige hinzu – u. a. »gefüget«, »nach der warheit«, »beschehen« statt »verfüget«, »in warheit«, »geschehen«. Loersfeld hat auch kleine Ergänzungen vorgenommen. Bei der Begegnung der »Zwickauer Propheten« mit Luther hat er »D. Martinum« hinzugefügt. Die Begründung der Zustimmung Müntzers zur Hinrich-

123 Claus: Der deutsche Bauernkrieg ..., 101 f.
124 Bekentnusz. ‖ Thomas Mu[n]tzers etwa ‖ Pfarner zu Alsted / vnd ‖ ytzt yn dem auffrürische[n] ‖ hauffen zu Francke[n]hau ‖ sen befunden / geschehe[n] ‖ yn der güte Dinstags ‖ nach Cantate. ‖ 1525. ‖ Eyn sendbrieff Thomas ‖ Müntzers. [Erfurt: Johannes Loersfeld, 1525]. 1-4 (4v vacat). Exemplar: Berlin Staatsbibliothek: Cu 4690 R; vgl. VD16 2 (1984), 232 (B 1550) ≙ Claus: Der deutsche Bauernkrieg ..., 33 (41) ≙ von Hase: Bibliographie ..., 107 (739).
125 Druckfehler: »dar« statt »das« zu Beginn der Aussage über die Feindschaft gegen Graf Ernst; »Astett« in der Aussage über Mallerbach.

tung von Graf Ernsts Gefolgsleuten – »geforcht« – hat er durch »aber« verstärkt. Am deutlichsten griff er in den Text ein, als er im Abschiedsbrief die Aufforderung »kommet voreynt der klarn Gottes gerechtigkeit« – Blum mit den anderen Drucken – umformulierte zu »darumb liebet die klare[n] Gottes gerechtickeit«. Mit diesen Varianten kann Loersfelds Druck anderen Druckern nicht als Vorlage gedient haben. Selbst wenn er im Abschiedsbrief bei zwei Abweichungen mit der Marburger Version übereinstimmt – »auch hoch« statt »euch hoch«, »Heldrungen« statt »Heldrung« –, wird diese bei der Bearbeitung kaum vorgelegen haben. Die Frage nach der Druckvorlage muß für Loersfeld genauso offenbleiben wie für die anderen Erfurter Drucker. Nur für den bisher am wenigsten beachteten Regensburger Druck lassen sich in dieser Hinsicht klare Aussagen machen.

VIII Der Regensburger Druck

Bereits 1912 und 1920 noch einmal hat Karl Schottenloher (1878-1954) einen weiteren unfirmierten Druck des Verhörsbekenntnisses zweifelsfrei dem Regensburger Drucker Paul Kohl († nach 1543) zugewiesen.[126] In seiner Rezension der Edition des Müntzerbriefwechsels hat Otto Clemen (1871-1946) kritisiert, daß weder Kohls noch die anderen bekannten Drucke von Müntzers Bekenntnis verglichen wurden.[127] Dieser Mangel ist auch in der Folgezeit nicht behoben worden. Kohls Drucke haben nach Schottenlohers Arbeiten nur das Interesse der Lutherforschung, insbesondere für die bibliographische Erschließung, auf sich ziehen können, denn unter den ersten Schriften der Offizin ab 1522 sind auch einige von Luther.[128] Von Luthers Bauernkriegsschriften hat er die »Ermanu[n]ge

---

126 Karl Schottenloher: Der Buchdrucker Paul Kohl (1522-1531). Zentralblatt für Bibliothekswesen 29 (1912), 406-425, bes. 417 (26); ders.: Das Regensburger Buchgewerbe im 15. und 16. Jahrhundert: mit Akten und Druckverzeichnis. MZ 1920, 185 (31). Zu Kohl vgl. auch Benzing: Die Buchdrucker ..., 387; I[rmgard] Bezzel: Paul Kohl. LGB² 4 (1995), 278.

127 Besprechungen: Otto Clemen: Thomas Müntzers Briefwechsel/ hrsg. von Heinrich Böhmer; Paul Kirn. L; B 1931; Annemarie Lohmann: Zur geistigen Entwicklung Thomas Müntzers. L; B 1931. Deutsche Literaturzeitung 54 (1933), 966-969, bes. 968.

128 Josef Benzing: Lutherbibliographie. Baden-Baden 1966, 155 (1324). 158 (1348). 160 (1366). 161 (1373). 164 (1406). 166 (1418). 169 (1443). 170 (1454). 175 (1492); Martin

zum fride«, »Wider die mor ‖ dischen vnd ‖ reubischen ‖ Rotten ‖ der Pawren« in der Spätfassung und »Ein Schre ‖ cklich geschicht« nachgedruckt. Als einziger brachte er Kilian Leibs (1471-1553) Stellungnahme von römischer Seite, »Von der endschafft vnd̄ frucht der auffruer«, heraus. Zu seinem Beitrag zur Bauernkriegsthematik gehörten aber auch die Frankfurter Artikel, die Memminger Bundesordnung mit Angabe des Druckortes und zwei Ausgaben der Zwölf Artikel mit voller Firmierung.[129] Schottenloher hat sich gewundert, daß die Obrigkeit nicht »gegen den kühnen Drucker vorgegangen« ist, der »auch der Bewegung der Bauern gedient« habe.[130] Wie unangemessen diese Sicht ist, wird bestätigt durch den einzigen oberdeutschen Nachdruck von Müntzers Verhörsbekenntnis, der sich nahtlos in das plurale Programm einfügt.[131]

Der Titel fällt zunächst durch den groben Druckfehler »Pfyntztag« statt »dinstags« auf. Im Gegensatz zu allen anderen Drucken fehlt auch der Hinweis auf den Abschiedsbrief. Der Widerruf, den der Regensburger Druck als einziger im Anschluß an das Verhörsbekenntnis enthält, wird ebenfalls auf dem Titelblatt nicht genannt. Der Eindruck, daß Kohl nicht gerade sorgfältig gearbeitet hat, wird unterstrichen durch weitere Druckfehler. Von Gewicht sind vor allem die Verstümmelungen von Namen.[132]

BRECHT: Das gestohlene Manuskript von Luthers Fastenpostille. LuJ 59 (1992), 118-127; Helmar JUNGHANS: Martin Luthers Beziehungen zu Regensburg. In: Reformation und Stadt: protestantisches Leben in Regensburg/ hrsg. von Hans Schwarz. Regensburg 1994, 7-28, bes. 19-22. Textanalytische Untersuchungen haben ergeben, daß für die Nrr. 1366. 1418 und 1443 Kohl wahrscheinlich nicht der Erstdrucker war; vgl. Susanne BEI DER WIEDEN: Luthers Predigten des Jahres 1522: Untersuchungen zu ihrer Überlieferung. Köln; Weimar; W 1999, 213. 283. 307 f.

129 Claus: Der Bauernkrieg ..., 101.

130 Schottenloher: Das Regensburger Buchgewerbe ..., 15; ders.: Der Buchdrucker Paul Kohl ..., 416.

131 Bekạṇtnus Thomas ‖ Mṹntzers etwa Pfarrer zu ‖ Altstat / vnd yetzo jn dem ‖ Auffrurischen hauffen ‖ zu Franckeṇhausen ‖ befunden / ge ‖ schehenn ‖ jn der gůete Pfyntz ‖ tag nach Can ‖ tate. Anno ‖ 1525. [Regensburg: Paul Kohl, 1525]. A 1- 4 (A 1v. A 4v vacat). Exemplar: Berlin Staatsbibliothek: Cu 4592 R; vgl. VD16 2 (1984), 232 (B 1554) ≙ Claus: Der Bauernkrieg ..., 33 (43).

132 Im Verhörsbekenntnis: In der ersten Aussage »er stee« statt »es stee«; in der Aussage über Matern von Gehofen »Gabe das vrtel« statt »Habe ...«; in der Aussage über die Gütergemeinschaft »hab ers« statt »haben es«, »ernstlich« statt »erstlich«; in der

Da außerdem die in allen anderen Drucken vorhandenen übereinstimmenden Kürzungen und Umstellungen im Verhörsbekenntnis fehlen, steht fest, daß Kohl einer anderen Druckvorlage gefolgt ist. Diese läßt sich leicht erkunden, denn ein Vergleich mit Ruells Kurzfassung des Verhörsbekenntnisses als Beilage zum Schreiben Philipps von Hessen an den Schwäbischen Bund vom 18. Mai 1525 ergibt, daß beide Texte identisch sind. Kohl hat eine weitere Kopie von Ruells Abschrift der Gefangenschaftsaussagen Müntzers vorgelegen, die insgesamt der Textgestalt entspricht, die von Artzt dem Augsburger Rat übermittelt worden ist.[133] Da andere Quellen fehlen, ist nicht zu ermitteln, wie Kohl in den Besitz der drei Texte gelangt ist, und ob ihre chronologische Reihenfolge vom Drucker selbst vorgenommen worden ist. Selbst die Möglichkeit, daß es sich um einen Auftragsdruck auf Grund der Anregung im Zettel zum Brief des Landgrafen handelt, ist nicht auszuschließen.

Im Verhörsbekenntnis gibt es keine Abweichung von der Fassung Ruells. Wie bei dieser ist die Zwischenüberschrift »Peinlich bekannth« weggefallen, wodurch ebenfalls der Eindruck erweckt wird, alle Aussagen seien »jn der guete« geschehen. Als einziger unter den Druckern beginnt Kohl mit einem Innentitel in der Grundschrift, der auch den Druckfehler wiederholt. Die Aussagen setzen mit einer Initiale ein, sind zwar durch Absätze und Einrückungen klar markiert, aber ohne Durchschuß gesetzt, so daß das ganze Verhörsbekenntnis nur zwei Seiten Platz beansprucht. Ähnlich platzsparend ist der Erfurter Drucker Sachse verfahren. Für den

Aussage über das Bündnis in Halle »ain stainthore« statt »am ...«. Im Abschiedsbrief: »raichen« statt »rathen«; »ansichen« statt »ansuchen«. Im Widerruf: »Salms« statt »Solms«; »Ernstz« statt »Ernsts«; »Glonntha« statt »Glautha« in der Vorlage (Glauchau); »Geussen« statt »grussen« in der Vorlage (Greußen); »zuuerinnern« statt »zuerinnern«; »zuuorhör« statt »zuhorer«; »forme« statt »wane«; »yrßschal« statt »irrsall«; die Auslassung »freueliche empörunge« statt »freuenliche mutwillige emporunge« könnte auch schon in der Druckvorlage vorhanden gewesen sein.

133 Verhörsbekenntnis: »Herren / Herr« statt »Ehrn / Ehr«; »nicht daruber« statt »daruber nicht«; »Hans Kuele« statt »Hans Kule«; »menigklichen« statt »gemeiniglichen«; »gelichen« statt »geliehen«. Übereinstimmungen mit Ruells Text – z. B. »kommet vor« und »gewarnet« statt in der Abschrift »kennet vor« und »gewarnen« – sowie eigene Wortformen – z. B. »erkennen« statt »erkennet« und »habt« statt »halt« – im Abschiedsbrief können bereits in der Druckvorlage vorhanden gewesen sein.

NACh geschribene Artickel hat sich Thomas Müntzer jn
gegenwirt / der Edeln wolgebornen Herren Philips Graffen zu
Salms ꝛc Herrn Geßhardo / Graffen vñ Herrn zu Mäßfeldt ꝛc
Herren Ernst von Schönberg / Herrn zu Glonitha / vnnd Wal-
denperg / der gestrengen vösten vñ fürsichtigen Herrn Apeln von
Ebeleßen / Ritters / Simeon von Geussen / Hanns Berlipschen /
vnnd Christoffen Law / vngenöttigt vnd wolgedacht bey seinen
aigen gutten gewissen hören lassen vnnd gebetten jnne der
selben zuuerinnern / ob sy jm villeicht empfallen möch-
ten damit er sy yeder menigklichen vor seinem ende vörzutragen / vnnd durch seyn selbst
munt anzusagen habe.

Erstlich das er von der Oberkhait wie man der gehorsam sein
vnnd schuldige pflicht thun sölle / das gegentail vnd gar zu milde
gepredigt habe / darauß erfolget / das jnen zuuörher vñ vndertha-
nigkhait auch zu milde vernomen / vnd er mit jnen / jn sölche freueliche empörunge aufrur vnd vngehorsame sich begeben / mit bit /
durch Gotz willen / sich dar jnn nicht zu ergern. Besunder der selben
Oberkhait / wie sy von Gott verordnet / vnd eingesetzt gehorsam-
lich zugeleben vnd jme das zuuergebenn.

Zum Andern wie ehr mancherlay Opinion forme vnnd
yrßschal / vom hochwirdigen Sacrament / des heyligen franleich
nams Christi / Auch wider ordnung gmainer Christenlicher kirch-
en Auffrurisch vñ verfürisch gepredigt wil er wie die selbige Christ-
enliche kirch in alweg gehalten hat / vnd yetzo hölte / auch aintrech-
tig vnd fridlich alles halten / vnd in dem allem / Als ein war einge-
leybt / vnnd widerumb versönet / Glidmaß der selben versterben-
vmb Gottes willen pitten / solchs vor Gott / vnd der welt / jm zu-
bezeugen Gott für jnen zu biten vnd jn brüderlich zuuerzeyhen.

Entlich thut er bitten / das man seinen sendbrieff / letzlich geschriben / den von Mülhausen zuschicken vnd seinem weyb vnd kin-
de Alle seine haß well folgen lassen.

Geschehen zu Heldringen Mittwochen
nach Cantate. Anno ꝛc. M D x x v.

A iij

Beka[n]tnus Thomas ‖ Mũntzers etwa Pfarrer zu ‖ Altstat / vnd jetzo jn dem ‖
Auffrurischen hauffen ‖ zu Francke[n]hausen ‖ befunden / ge ‖ schehenn ‖ jn der
gũete Pfyntz ‖ tag nach Can ‖ tate. Anno 1525. [Regensburg: Paul Kohl], 1525, A iijʳ.

Widerruf benötigt Kohl eine Seite (A 3ʳ). Die Einleitung in Grundschrift –
die erste Silbe in Versalien – ist als Überschrift gestaltet und mittels
Durchschuß abgehoben. Für die drei »Artickel« und die Datierung ist das
gleiche Verfahren wie beim Verhörsbekenntnis angewandt worden. Während beide Handschriften als Ortsangabe »Heldrungen« haben, steht im
Druck hier und beim Abschiedsbrief »Heldringen«.[134] Letzterer bringt die
Überschrift in Grundschrift und wie die Marburger Version sowie beide
Augsburger Handschriften in Kurzform. Der Brieftext setzt mit einer Initiale
ein und ist außerdem mittels Durchschuß von der Überschrift abgesetzt.
Als einziger Drucker gliedert Kohl den Brief vor der wiederholten Anrede –
»lieben brûder« – mit Hilfe eines Durchschusses und einer Einrückung.
Die Vielfalt der Überlieferung wird hierdurch noch einmal demonstriert.

IX Zusammenfassende Beobachtungen

Von einem ordnungsgemäßen Prozeß gegen Müntzer ist, wie erwähnt,
nichts bekannt. Vom Vorverfahren, dem Verhör, kennen wir ebenfalls
kaum Einzelheiten: Zeitpunkt, Teilnehmer, Vorbereitung (Interrogatori-
um), Ablauf. Protokollarische Aufzeichnungen waren vorhanden, archi-
valische Nachweise hiervon existieren aber nicht. Die einzige Spur führt
über das handschriftlich und gedruckt überlieferte Verhörsbekenntnis.
Gelegentlich ist darauf hingewiesen worden, daß es in der vorliegenden
Gestalt nicht dem originalen Protokoll entsprochen haben kann. Aus
dem Inquisitionsverfahren hatte sich das Artikelverhör als übliche Form
entwickelt. Der Delinquent wurde auf Grund von vorbereiteten Frage-
artikeln verhört. Diese waren keineswegs durchgehend sachlogisch geordnet, wenngleich Schwerpunktkomplexe in der Regel wohl angestrebt
wurden. Verhöre von Bauernkriegsteilnehmern sind bislang von Historikern ausschließlich unter inhaltlichen Gesichtspunkten beachtet worden. Nur eine germanistische Untersuchung hat sich mit weiteren Aspek-
ten – Form und Sprache – beschäftigt.[135] Im Zuge der aufkommenden

134 Ruell hat im Zettel zum Brief des Landgrafen »hilderung⟨en⟩« geschrieben, woraus der
    Abschreiber »hinderung« macht, siehe oben Anm. 71.
135 Vgl. Roswitha PEILICKE: Zur Literatursprache von Mühlhäuser Verhörsprotokollen

Hexenforschung hat sich die Germanistik verstärkt den Verhörsprotokollen zugewandt und sich auf spezifische Merkmale der Textsorte konzentriert. Es wird darauf aufmerksam gemacht, daß der Gerichtsschreiber beim Verhörsprotokoll eine »Schleusenwärterfunktion« wahrnahm, deren Niederschlag bereits in der Sprachgestaltung erkennbar ist.[136] Er vereinheitlichte und glättete die Syntax schon bei der Mitschrift, dann noch einmal bei der Reinschrift und schließlich eventuell bei den notwendigen Abschriften oder Extrakten. Diese normale Abfolge ist auch bei Müntzers Verhör vorauszusetzen. Die Eigenheiten mündlicher Aussagen und die Gepflogenheiten von Gerichtsprotokollanten, z. B. Einleitung mit »sagt« oder »bekennt«, Verwendung des Personalpronomen der dritten Person – »er« –, des präsentischen Indikativs oder Konjunktivs, sind zumindest rudimentär auch bis in die Drucke von Müntzers Verhörsbekenntnis erhalten geblieben.[137]

Erkennbar ist ebenfalls das letzte Glied in der Kette der Protokollformen, der Extrakt. Er wurde für gewöhnlich anderen Instanzen zugestellt. Im Falle Müntzers war er vermutlich zunächst für die siegreichen Landesfürsten bestimmt. Dabei kam es sicher zu einer ersten Verdichtung des Textes. Auf die Wiedergabe der Fragen wurde verzichtet, aber die Unterscheidung der Verhörsarten – gütlich und peinlich – und die Artikelstruktur der Antworten beibehalten. Die Konzentration auf die politi-

---

aus der Zeit des großen deutschen Bauernkriegs: syntaktisch/stilistische Untersuchungen. In: Syntaktisch-stilistische und lexikalische Untersuchungen an Texten aus der Zeit des großen Deutschen Bauernkriegs/ hrsg. von Joachim Schildt. B 1980, 1-37; vgl. ebd, 2, den Hinweis, daß der Text in AGBM 2 wegen Zusammenziehung von Protokollteilen für eine Untersuchung dieser Textsorte ungeeignet ist.

136 Arend MIHM: Die Textsorte Gerichtsprotokoll im Spätmittelalter und ihr Zeugniswert für die Geschichte der gesprochenen Sprache. In: Historische Soziolinguistik des Deutschen II: Sprachgebrauch in soziofunktionalen Gruppen und Textsorten; Internationale Fachtagung Frankfurt/O. 12.-14. 9. 1994/ hrsg. von Gisela Brandt. S 1995, 21-57, bes. 53.

137 Vgl. Elvira TOPALOVIC: Sprachwahl – Textsorte – Dialogstruktur: zu Verhörsprotokollen aus Hexenprozessen des 17. Jahrhunderts. Trier 2003, 138-142. Ein von der Autorin beobachteter Tempuswechsel bei Abschriften vom Präsens zum Präteritum ist in der Überlieferung von Müntzers Verhörsaussagen nicht festzustellen; Peilicke: Zur Literatursprache ..., 7 f.

schen Anklagepunkte – Bund und Mitgliedschaft, Ziele, Kontakte zu Aufruhrzentren und verdächtigen Personen, Verwicklung in spektakuläre Vorgänge –, von der Sakramentfrage abgesehen, dürfte im wesentlichen aus den vorausgehenden Protokollformen übernommen worden sein. Vielleicht gehört das nur in Dresden überlieferte Bruchstück mit vier weiteren Aussagen Müntzers ebenfalls zu diesen Formen und wurde im Extrakt nicht berücksichtigt. Ob der sogenannte Schlösserartikel in der Mit- und Reinschrift enthalten war, ist nicht sicher, denn er fehlt auch in den Augsburger Handschriften. Es könnten jedoch noch andere Extrakt-abschriften, beispielsweise für den beteiligten Adel, existiert haben, die den Schlösserartikel enthielten. Wahrscheinlich war schon bei der Anfertigung der ersten Extrakte ein Adressatenkreis über die Siegerfürsten hinaus mit im Blick. Darauf deutet die Überschrift des Verhörsbekenntnisses genauso hin wie die mit ihm verbundene Überlieferung des Widerrufs – zwei Abschriften in Marburg – und des Abschiedsbriefs.

Am besten ist die frühe weitere Verdichtungsstufe der Überlieferung des Verhörsbekenntnisses durch die Beilagen zu Philipp von Hessens Schreiben an die Kanzlei des Schwäbischen Bundes in Ulm dokumentiert. Auf die Funktion der vorgenommenen Reduktionen wurde bereits hingewiesen: Konzentration auf Schwerpunkte von überregionalem Interesse, Verzicht auf lokale Einzelheiten, auf Verhörsbedingungen und Beschuldigung der Evangeliumsfeindschaft Herzog Georgs sowie des Grafen Ernst von Mansfeld. Der Landgraf hat auch über seine Pflicht zur Information als Bundesmitglied hinaus die Notwendigkeit hervorgehoben, Müntzers Gefangenschaftsaussagen zur Warnung und Befriedung aufständiger oder aufstandswilliger Untertanen zu verwenden. Kohls Druck könnte neben der Absicht, Neuigkeiten zu bieten und geschäftliche Chancen zu nutzen, auch dieser Funktion mit gedient haben. Obgleich er wahrscheinlich schon in der ersten Junihälfte von 1525 vorlag, hat er in den oberdeutschen Druckzentren Augsburg, Nürnberg oder Straßburg keine Nachahmer gefunden.

Nürnberg begnügte sich mit der Information durch Handschriften, die eine weitere Stufe der Textverdichtung repräsentieren. Sie enthielten zwar den Abschiedsbrief mit verändertem Datum, nicht aber den Widerruf. Das Verhörsbekenntnis boten sie in einer ebenfalls – wenn auch nicht so weitgehend – reduzierten Form wie die Augsburger Überlieferung. Sie enthielt aber auch den Schlösserartikel. Die engen montanwirtschaftlichen Beziehungen zur Grafschaft Mansfeld legen die Erwägung nahe, die Nürnberger Handschriften könnten durch Kontakte zu den gräflichen Beamten vermittelt worden sein. Auf die Notwendigkeit, eine Zwischenstufe anzunehmen, wurde bereits hingewiesen.[138] Die Leipziger und Erfurter Drucke stehen hinsichtlich der Verdichtungsstufe – Textreduzierung und -umstellung – in naher Verwandtschaft zur Nürnberger handschriftlichen Überlieferung. Eventuell deutet das auf eine ähnliche handschriftliche Überlieferung aus der Grafschaft Mansfeld oder Wittenberg hin.

Ein klares Abhängigkeitsverhältnis läßt sich bei den Drucken ohne weitere Quellen nicht feststellen. Es legt sich nur nahe, Stöckel und Loersfeld wegen der oben angeführten Abweichungen nicht als Erstdrucker zu bezeichnen. Blums Druck bietet sich hierfür eher an. Auf der Basis des traditionellen textimmanenten Druckvergleiches allein ist aber letztlich keine verläßliche Aussage zu treffen. Er wäre zumindest durch die neuere Methode der textexternen Druckfolgebestimmung, d. h. durch eingehende textanalytische Untersuchung der einzelnen Drucke zu ergänzen.[139] Dieser Arbeitsschritt steht für die Drucke von Müntzers Verhörsbekenntnis noch aus. Einige Aspekte sind oben bei den Ausführungen zu den Drucken ansatzweise berücksichtigt worden. Zu ergänzen wäre, daß keiner der Drucke mit einem der anderen als satzidentisch bezeichnet werden kann. Als satzanalog erweisen sich aber die beiden Drucke von Blum und Maler, denn sie stimmen nahezu vollständig im Zeilenumbruch überein. Die anderen Drucke sind nur satzverwandt. Da Maler die beiden ersten Seiten mit einer kleineren Type gedruckt hat und erst danach zur größeren überging, ist nach textanalytischen Kriterien anzunehmen, daß er nicht nach einem vorliegenden Druck, sondern nach einer nicht sicher umfangmäßig eingeschätzten handschriftlichen Vorlage gedruckt hat. Demnach wäre er als Erstdrucker anzusprechen, wenn diesem Ergebnis nicht entgegenstünde, daß er – wie oben erwähnt – auf

---

138 Zu den Fehlern der Nürnberger Abschrift: »Kompe« statt »Krumpe« ist eindeutig ein Abschreibfehler – bei der Wiederholung korrekt geschrieben –, wahrscheinlich auch »Salbergk« statt »Stolberg« und »verpietten« statt »vexierten«.

139 Zur textanalytischen Untersuchung vgl. bei der Wieden: Luthers Predigten …, 73-89.

Blatt A 3ʳ die letzte eingerückte Zeile »Darynne sein« ausgelassen hätte. Festzuhalten ist vorerst nur die nahe Verwandtschaft der beiden Drucke von Blum und Maler. Weitergehende Aussagen zur Überlieferung der Drucke bedürfen einer neuen umfassenden Untersuchung.[140]

Ähnlich schwierig stellte sich eine eindeutige Zuordnung der handschriftlichen Überlieferung dar, wenn sie sich nicht durch weitere Zeugnisse stützen läßt. Das ist nun für die Dresdner, Marburger und Augsburger Überlieferung möglich. Erst jetzt erweist sich aber auch, mit welcher Bandbreite orthographischer Varianten, teilweise sogar bei derselben Person, für diese Zeit zu rechnen ist. Die Überlieferungsvielfalt eines so überschaubaren Textkorpus wie Müntzers Gefangenschaftsaussagen könnte der Philologie des Frühneuchochdeutschen eine lohnende Aufgabe stellen. Für die Müntzerforschung gilt es, die bisherigen inhaltlichen Ergebnisse der Untersuchung der letzten Zeugnisse von und über Müntzer noch einmal im Lichte der jetzigen Einsichten zur Überlieferung zu prüfen. Bereits jetzt hat sie jedoch zur Kenntnis zu nehmen:

1. Müntzers Widerruf hat nicht bis zu seiner Wiederentdeckung durch Johann Seidemann (1807-1879) in den Archiven geschlummert.

2. Herzog Georg ist nicht als Initiator des Druckes von Müntzers Verhörsbekenntnis anzusehen.

3. Wolfgang Stöckel war nicht der Erstdrucker.

4. Müntzers Verhörsbekenntnis ist aus der beginnenden konfessionellen Polemik auszuscheiden.

5. Die breite und dauerhafte Kenntnisnahme von Müntzers Gefangenschaftsaussagen beginnt nicht mit der Überlieferung von 1525, sondern erst 1551 mit dem Neudruck im 2. Band der 2. Auflage der Wittenberger Lutherausgabe, wo die Überschrift für Stöckels Druck als Vorlage spricht.[141]

---

140 Beziehungen zwischen den Leipziger und Erfurter Druckern sind bisher nur punktuell beachtet worden; vgl. z. B. ERGÄNZUNGEN ZUR BIBLIOGRAPHIE DER ZEITGENÖSSISCHEN LUTHERDRUCKE/ im Anschluß an die Lutherbibliographie Josef Benzings bearb. von Helmut Claus; Michael A. Pegg. Gotha 1982, 154 f (3542): Enchiridion geistliker ‖ gesenge ... Erffurt: Johannes Loersfeld, 1527, Lohndruck Valentin Schumanns in Leipzig für Loersfeld.

141 Eike WOLGAST: Die Wittenberger Luther-Ausgabe: zur Überlieferungsgeschichte der Werke Luthers im 16. Jahrhundert. Nieuwkoop 1971, 133; Wi deutsch 2 (1551), 479ᵛ-481ʳ.

Friedensgedanken des Erasmus in der Frühen Neuzeit

Patientia Dei et tolerantia hominum

Von Angelika Dörfler-Dierken

Im Reformationszeitalter brechen sich Entwicklungen Bahn, die für die Neuzeit von Bedeutung werden sollten: In wenigen Jahren entsteht eine zuvor unbekannte Vielfalt religiöser Optionen: Täufer, Lutheraner, Zwinglianer, Spiritualisten und Altgläubige ringen miteinander um Wahrheit, Recht und Macht. Die Angehörigen dieser religiösen Überzeugungen leben vorerst – teilweise auch noch in späteren Jahrzehnten des Reformationsjahrhunderts – Tür an Tür. Faktisch besteht an vielen Orten religiös-konfessionelle Pluriformität. Trotz der Visitationen, Predigten, Katechisationen, Unterweisungen im Beichtstuhl und pfarrherrlicher Ermahnungen hält in lutherischen Orten mancher Altgläubige hartnäckig an seiner römischen Auffassung fest und ebenso finden sich Anhänger in anderer Weise von den Lehren des obrigkeitlich eingesetzten Predigers abweichender Lehren. So leben in den vierziger und fünfziger Jahren des 16. Jahrhunderts in lutherischen Reichsstädten und Territorien viele Abweichler. Zwar will Luther den am alten Glauben festhaltenden Einwohnern gegenüber keine »ewige tollerantz«[1] walten lassen, weil die evangelische Wahr-

---

1 WA Br 9, 441, 56-68 (3629 b), Luther an die Fürsten Johann und Georg von Anhalt am 11./12. Juni 1541: »Ich kan auch nit bedengken, Das einiche vrsach vorhanden sey, die gegen got die tollerantz mochte entschuldigen, Dieweill kein schwacheit der Obrigkeiten nach der Jhenigen halben, die sich der kirchen Ambt vnd Ministerien uff dem andern theill annehmen, vorhanden ist, Sondern Lautere vorsetzliche Tyranney, die wurden auch nymmermehr starck werden vnd In ewiger Tollerantz wollen verharren, vnd solche Artigkel vor Recht verdeidigen. [...] Diese wurden auch solcher tollerantz also misbrauchen, das sie Ir volck [das evangelisch glaubt], [...], In solche Artigkell alwegen wollen gefangen vnd vorbunden behalten, [...].«

Toleranz gilt als Leitmotiv der europäischen Geschichte. Ihre Geburtsstunde wird häufig mit der Entstehung religiös-kirchlicher Pluriformität im Reformationszeitalter identifiziert. Auch wenn das sicher zu einseitig ist und ältere in dieselbe Richtung

heit exklusiv sei; vorerst wird konfessionelle Pluriformität jedoch geduldet.[2] Einige Beispiele, zufällig zusammengestellt, mögen diese Tatsache
veranschaulichen:

In Lübeck starb die letzte Altgläubige im Jahre 1575. Sie konnte bis
etwa 1570 im Dom die Messe besuchen.[3] Obwohl die Agitation der Täufer
seit dem Speyerer Reichstag von 1529 streng verboten und täuferische
Lehren dann auch in der »Confessio Augustana« verdammt worden waren, überlebte Menno Simons (1496-1561) von 1554 bis 1561 auf dem Gut
Fresenburg bei Oldesloe und konnte dort sogar eine eigene Druckerei
betreiben, nur etwa 20 km südlich von Lübeck.[4] In Wismar hielten sich
Anhänger des durch Kaspar von Schwenckfeld (1489-1561) beeindruckten
lokalen Reformator Heinrich Never († 1553) bis 1562.[5] Die Altonaer

weisende Gedanken zu wenig berücksichtigt (vgl. unten Anm. 16), ist doch deutlich,
daß der Reformationszeit eine besondere Bedeutung für die Verbreitung des Toleranzgedankens zukommt. Schließlich war die Kirchenspaltung, war die Frage des Umgangs mit Abweichlern in beiden großen Lagern mit solcher Dringlichkeit gestellt,
daß niemand sich dem Thema entziehen konnte. Vgl. unter der neueren Literatur
WEGE ZUR TOLERANZ: Geschichte einer europäischen Idee in Quellen/ hrsg. von
Heinrich Schiedinger. DA 2002; Eckehart STÖVE: Toleranz. TRE 33 (2002), 646-663;
Christoph SCHWÖBEL: Pluralismus II. Systematisch-theologisch. TRE 26 (1996), 724-
739; grundlegend zur Begriffsgeschichte Klaus SCHREINER: Toleranz. GESCHICHTLICHE
GRUNDBEGRIFFE: historisches Lexikon zur politisch-sozialen Sprache in Deutschland.
Bd. 6. S 1990, 445-605.

2 Berndt HAMM: Die reformatorische Krise der sozialen Werte – drei Lösungsperspektiven
zwischen Wahrheitseifer und Toleranz in den Jahren 1525 bis 1530. In: Die deutsche
Reformation zwischen Spätmittelalter und Früher Neuzeit/ hrsg. von Thomas A.
Brady; Elisabeth Müller-Luckner. M 2001, 91-122. Nicht nur im 16., sondern auch
noch im konfessionell strukturierten 17. Jahrhundert findet sich neuesten Untersuchungen zufolge konfessionelle Pluriformität: INTERKONFESSIONALITÄT – TRANSKON
FESSIONALITÄT – BINNENKONFESSIONELLE PLURALITÄT: neue Forschungen zur Konfessionalisierungsthese/ hrsg. von Kaspar von Greyerz; Manfred Jakubowski-Tiessen; Thomas Kaufmann; Hartmut Lehmann. GÜ 2003.

3 Wolf-Dieter HAUSCHILD: Kirchengeschichte Lübecks: Christentum und Bürgertum in
neun Jahrhunderten. Lübeck 1981, 201. 226f. 256.

4 Hanspeter JECKER: Menno Simons: Reformator im Untergrund. In: Theologen des 16.
Jahrhunderts: Humanismus – Reformation – Katholische Erneuerung/ hrsg. von Martin H. Jung; Peter Walter. DA 2002, 209-226; Hans-Jürgen GOERTZ: Menno Simons
1496-1561: eine biographische Skizze. HH 1995 (Privatdruck), 10.

Jesuiten bewirkten bis 1611 zwischen sechs und acht Konversionen jähr-lich; zu ihnen kamen auch Hamburger.[6] Engländer feierten in dieser Hansestadt ab 1567 anglikanische Gottesdienste, Niederländer ab 1605 reformierte.[7] In den paritätischen Reichsstädten Augsburg, Biberach, Ra-vensburg und Dinkelsbühl lebten Altgläubige und Lutheraner für viele Jahrzehnte recht friedlich nebeneinander;[8] ähnlich war es auch in Reichs-stadt Regensburg.[9]

5 Werner TROSSBACH: Unterschiede und Gemeinsamkeiten bei der Durchsetzung der Reformation in den Hansestädten Wismar, Rostock und Stralsund. ARG 88 (1997), 118-165, hier 157. Zur Wirkung des Wiedertäufermandats im Reich vgl. Hans-Jürgen GOERTZ: Ketzer, Aufrührer, Märtyrer: der Zweite Speyerer Reichstag und die Täufer. In: Gewissensfreiheit als Bedingung der Neuzeit/ hrsg. von Rainer Wohlfeil; Hans-Jürgen Goertz. GÖ 1980, 25-49, hier 35-41 zu den »Wirkungen des Wiedertäufer-mandats im Reich«; Ernst KOCH: »Zwinglianer« zwischen Ostsee und Harz in den Anfangsjahren der Reformation (1525-1532). Zw 16 (1983-1985), 517-545.

6 Joachim WHALEY: Religiöse Toleranz und sozialer Wandel in Hamburg: 1529-1819. HH 1992, 69-84, bes. 62 f.

7 Bernhard LOHSE: Hamburg. TRE 14 (1985), 404-414.

8 Paul WARMBRUNN: Zwei Konfessionen in einer Stadt: das Zusammenleben von Katho-liken und Protestanten in den paritätischen Reichsstädten Augsburg, Biberach, Ra-vensburg und Dinkelsbühl von 1548 bis 1648. Wiesbaden 1983. Besonders hingewie-sen sei auf die Zusammenfassung des Ergebnisses zum Thema »Mischehen«, einem wichtigen Indikator für die Akzeptanz des Andersgläubigen, ebd, 358: »In den ersten Jahrzehnten der Bikonfessionalität bis etwa 1580 blieben sowohl die Eheschließungen mit andersgläubigen Partnern als auch die Über- und Rücktritte zur anderen Konfessi-on häufig [...]. Nach 1580 gingen sowohl die Konversionen als auch die Eheschließun-gen über Konfessionsgrenzen hinweg stark zurück, weil sich die Bekenntnisse jetzt auch in den äußeren Formen, etwa in der Liturgie, mehr voneinander abgrenzten. [...] Jedenfalls waren die Grenzen zwischen den Konfessionen in keiner Phase des Untersuchungszeitraums so starr, wie sie dem Willen der Verfasser des Augsburger Religionsfriedens nach eigentlich hätten sein sollen.« Auch Marc LIENHARD: Religiö-se Toleranz in Straßburg im 16. Jahrhundert. S 1991, 39 f, betont die Schwierigkeiten, wenn ein Straßburger altgläubig bleiben wollte, informiert aber auch darüber, daß es neben den Klöstern und ihren Insassen bis zum Ende des Jahrhunderts altgläubige Familien gab. Bekanntermaßen war die Nachsichtigkeit des Straßburger Rates den evangelischen Dissidenten gegenüber besonders groß.

9 Karl HAUSBERGER: Zum Verhältnis der Konfessionen in der Reichsstadt Regensburg. In: Reformation und Reichsstadt: protestantisches Leben in Regensburg/ hrsg. von Hans Schwarz. Regensburg 1994, 134-146.

Die Beispiele dafür, daß die religiösen Überzeugungen der Nachbarn ausgehalten wurden, auch wenn sie dem eigenen Glauben entgegengesetzt waren und der von der Obrigkeit vorgegebenen Konfession widersprachen, lassen sich vermehren. Sie belegen, daß am Beginn des konfessionellen Zeitalters eine große Zahl von religiösen Optionen möglich war. Zwischen denen bestand freilich keine wirkliche Wahlfreiheit für jeden einzelnen Gläubigen; beachtlich ist jedoch die Tatsache, daß es derart viele Abweichler von der obrigkeitlich geförderten religiösen Lehre gab, daß eine beachtlich große Zahl von Menschen sich entsprechend ihrer religiösen Überzeugung verhielten, dafür öffentlich eintraten und gegebenenfalls die Ausweisung aus ihrem Heimatort um ihres Glaubens willen auf sich nahmen. Diese Pluriformität christlicher Überzeugungen und Lebensweisen konnte auch unter den Bedingungen der Konfessionalisierung nicht völlig ausgemerzt oder auch nur wirksam unterdrückt werden. Da die Obrigkeiten regional je unterschiedlich auf die »Sonderlehren« reagierten, hatten mehr individuelle religiöse Optionen Überlebenschancen als die Konfessionalisierungsthese[10] vermuten läßt.

In den Jahrzehnten zwischen der Einführung der Reformation und der Aufgabe der Vorstellung, Eintracht (concordia) im Glauben könne erreicht werden – das war um 1600 der Fall –, findet sich also eine Vielzahl unterschiedlicher religiöser Vorstellungen, manchmal auf engstem geographischen Raum nebeneinander. Selbst Eingaben lutherischer Prediger an ihre lutherischen Obrigkeiten, für größere konfessionelle Homogenität zu sorgen, wurden nicht immer im Sinne der Prediger und der lutherischen Lehre entschieden. Um des bürgerlichen Friedens willen schützten die Obrigkeiten mancherorts »Sondermeinungen«.[11]

---

10 DIE LUTHERISCHE KONFESSIONALISIERUNG IN DEUTSCHLAND: wissenschaftliches Symposion des Vereins für Reformationsgeschichte 1988/ hrsg. von Hans-Christoph Rublack. GÜ 1992; KIRCHENZUCHT UND SOZIALDISZIPLINIERUNG IM FRÜHNEUZEITLICHEN EUROPA/ hrsg. von Heinz Schilling. Hannover 1992; DIE KATHOLISCHE KONFESSIONALISIERUNG: wissenschaftliches Symposion der Gesellschaft zur Herausgabe des Corpus Catholicorum und des Vereins für Reformationsgeschichte, 1993/ hrsg. von Wolfgang Reinhard; Heinz Schilling. MS 1995; vgl. auch Interkonfessionalität – Transkonfessionalität – binnenkonfessionelle Pluralität: ...

11 Vgl. zu den Verhältnissen im Einflußbereich der Hansestadt Lübeck Angelika DÖRFLER-

Das ist deshalb bemerkenswert, weil es gegen die im Reformationszeitalter allgemein anerkannte und verbreitete Theorie verstößt, bürgerliche Eintracht werde nur durch die Herstellung religiös-kirchlicher Gleichförmigkeit gewährleistet. Offenbar konnte solche nicht hergestellt werden. Trotz der »Confessio Augustana« und der »Formula concordiae« hielten
sich auf Dauer Calvinisten[12] und trotz der Katastrophe von Münster sogar
Täufer.[13]

Mit diesen einleitenden Bemerkungen soll nicht das Leid der Ausgren-
zung, Ausweisung oder Ermordung Unzähliger nivelliert werden. Die Klagen der Zeitgenossen treffen zu:

> »Es wil das wurgen und verjagen umb des glaubens willen kein end nemen.
> Die lutherischen oberkait wollen der widertauffer und sakramentierer nit leyden.
> Die zwinglianischen oberkait wollen der widertauffer auch nit haben. So farn die
> bapstischen zu, brennen, wurgen und verjagen euangelisch, lutherisch, zwinglisch,
> widertaufferisch und was nit irs glaubens ist.«[14]

Aber nur deshalb, weil nicht wenige Zeitgenossen wie der hier zitierte
Nürnberger die Zustände beklagten, konnten Gedanken der Duldung
unterschiedlicher Glaubensüberzeugungen und die Forderung nach Er-
laubnis deren öffentlicher Äußerung überhaupt aufkommen.

Dazu tritt eine zweite Ebene, auf der faktisch vorhandene religiöse
Pluriformität beobachtet werden kann: zahlreiche Streitigkeiten innerhalb der Gruppe der Religionsverwandten der »Confessio Augustana« machen sie sichtbar. Selbst in gnesiolutherischen Städten und Territorien
gelingt es trotz aller Predigt, Katechese und intensiven Unterweisung der
einzelnen Gläubigen im Beichtstuhl nicht, Einmütigkeit in Fragen der

DIERKEN: Die Möllner Kommunikantentafeln: lutherische Abendmahlspraxis im Wandel der Zeit. Neumünster 2003, 103-106. 116-122. 123-130.

12 Vgl. Hans Helmut ESSER: Reformierte Kirchen. TRE 28 (1997), 404-419.

13 Vgl. James M. STAYER: Täuferische Gemeinschaften I. Täufer. TRE 32 (2001), 597-617.

14 Unbekannter Nürnberger, wahrscheinlich der Ratsschreiber Georg Fröhlich, ein
Zwinglianer – Information von Prof. Dr. Gottfried Seebaß über neueste Forschungs-
ergebnisse von Prof. Dr. Berndt Hamm –, in seinem Gutachten für den Nürnberger Rat:
OB EIN WELTLICH OBERKAIT RECHT HABE, IN DES GLAUBENS SACHEN MIT DEM SCHWERT
ZU HANDELN; siehe Johannes BRENZ: Frühschriften. Teil 2/ hrsg. von Martin Brecht;
Gerhard Schäfer; Frieda Wolf. TÜ 1974, 517-526, hier 517, 3-8; vgl. auch die Einlei-
tung ebd, 506-512, bes. 507 f.

Religion herzustellen. Immer wieder äußern sich Abweichler öffentlich, solche aus den Kreisen der Pfarrer wie auch und vor allem aus denen der Laien. Lieber lassen viele sich ausweisen, als daß sie sich den Mund verbieten lassen.[15]

Die Menschen erkannten: Recht verbürgt nicht Wahrheit. Wahrheit wird der Macht geopfert. Die offensichtliche Dissoziation von Macht, Wahrheit und Recht ist demnach das entscheidende Ergebnis der Reformation. Anders ausgedrückt: Die seit 1555 rechtlich abgesicherte Bikonfessionalität war nicht die einzige Folge der Reformation; die faktisch entstandene Pluriformität christlicher Überzeugungen ist für die weitere geschichtliche Entwicklung von entscheidenderer Bedeutung.

Obwohl die Spaltung des abendländischen Christentums in mehrere Konfessionen für die Zeitgenossen im 16. Jahrhundert eine höchst anstößige Erfahrung blieb, mußten sie damit umgehen, daß Häresie zum Massenphänomen geworden war. Der Ketzer war der eigene Nachbar, der sich gegebenenfalls lieber bestrafen ließ, als von seiner Überzeugung abzustehen. Damit stellt sich die Frage, wie sich das Nachdenken über zwischenmenschliches Zusammenleben entwickelte angesichts der Notwendigkeit, einen rechten Umgang mit Andersgläubigen, üblicherweise Häretiker genannt, zu finden. Ich frage im folgenden also nach der Entwicklung des Toleranzgedankens im Reformationszeitalter.[16] Toleranz verstehe ich da-

---

15 Zahlen und Daten zu Glaubensflüchtlingen im Reformationszeitalter liegen nicht vor. Knappe Hinweise finden sich bei Martin SCHMIDT: Auswanderung. TRE 4 (1979), 768-771; Joachim MEHLHAUSEN: Auswanderung. Die Religion in Geschichte und Gegenwart. 4. Aufl. Bd. 1. TÜ 1998, 1008 f.

16 Lotte BLASCHKE: Der Toleranzgedanke bei Sebastian Franck. (1928). In: Zur Geschichte der Toleranz und Religionsfreiheit/ hrsg. von Heinrich Lutz. DA 1977, 42-63, hier 45 f, faßt den früheren Forschungsstand dahingehend zusammen, daß die auf religiöser Basis beruhenden Toleranzgedanken »fast alle« auf Martin Luther in seiner Frühzeit zurückgehen. Dagegen haben neuere Veröffentlichungen Toleranz schon im Mittelalter grundgelegt gesehen: Alexander PATSCHOVSKY: Toleranz im Mittelalter: Idee und Wirklichkeit. In: Toleranz im Mittelalter/ hrsg. von Alexander Patschovsky; Harald Zimmermann. Sigmaringen 1998, 391-402, hier 302: »[D]ass das moderne Toleranzkonzept spätestens seit dem 12. Jahrhundert wirksam war, scheint mir keine Frage. [... F]ür den pluralistischen Toleranzbegriff der Moderne ist das Mittelalter gewiß erst die Zeit der initiatio – die aber ist sie! Die Toleranzvorstellung der Moderne ist in ihren Grundelementen mittelalterlich!« In bestimmten Regionen Europas lebten im

bei nicht in erster Linie als Rechtsbegriff, sondern als zusammenfassende Bezeichnung für eine friedliche Haltung gegenüber einem Andersgläubigen.[17] Exemplarisch für die unterschiedlichen Strömungen wurden protestantische Theologen aus verschiedenen theologischen »Lagern« ausgewählt. An ihnen kann verdeutlicht werden, welche Optionen innerhalb des noch jungen Protestantismus vertreten wurden.

Die Auswahl der befragten Theologen richtet sich nach Ernst Troeltsch (1865-1923), weil dieser in seiner religionssoziologischen Theorie die These vertreten hat, der Grad der Toleranz, den ein theologisches Denken und System zuläßt, entspreche der ekklesiologisch-soziologischen Verfaßtheit des jeweiligen Denkers. Troeltsch unterschied drei Sozialgestalten des protestantischen Christentums: Kirche, Sekte und Mystik.[18] Diese drei Typen religiöser Organisation stehen jeweils angeblich für eine bestimmte Haltung hinsichtlich des Umgangs mit Ketzern, für einen bestimmten Grad an Toleranz. Der sich institutionalisierende Protestantismus belebe das mittelalterliche »Ideal der kirchlichen Zwangskultur«

13. Jahrhundert sogar Muslime und Christen in spannungsvoller und doch friedlicher Eintracht; Robert I. Burns: Muslims and Christians in the Crusader kingdom of Valencia: societies in symbiosis. Cambridge 1984.

17 Zu dieser Begriffsverwendung vgl. Hans Rudolf Guggisberg: Wandel der Argumente für religiöse Toleranz und Glaubensfreiheit im 16. und 17. Jahrhundert. In: Zur Geschichte der Toleranz und Religionsfreiheit/ hrsg. von Heinrich Lutz. DA 1977, 455-481, hier 459: »Toleranz ist grundsätzlich als eine menschliche Haltung oder Disposition zu verstehen. Ein Mensch übt Toleranz, wenn er einen anderen Menschen duldet, der sich in seinen Meinungen und Anschauungen und vielleicht auch in seinem Handeln von ihm unterscheidet. Eine Obrigkeit praktiziert Toleranz, wenn sie religiöse Minderheiten, die sich von der offiziellen Kultausübung distanzieren, in ihrem Staatswesen leben läßt. [...] Religionsfreiheit hingegen bedeutet ein gewährtes Recht und dadurch einen Zustand, den die Bürger eines Gemeinwesens genießen, und zwar als Konsequenz der von der Regierung praktizierten Toleranz. Anders gesagt: Toleranz ermöglicht, gewährt und schafft Religionsfreiheit, Religionsfreiheit ihrerseits erlaubt die Entstehung eines religiösen Pluralismus innerhalb der staatlich-politischen Gemeinschaft.« Dieser Aufsatz wurde auch veröffentlicht in DERS.: Zusammenhänge in historischer Vielfalt: Humanismus, Spanien, Nordamerika: eine Aufsatzsammlung/ hrsg. unter Mitarb. von Christian Windler. BL; F 1994, 135-158.

18 Ernst Troeltsch: Die Soziallehren der christlichen Kirchen und Gruppen. (1911). In: Ders.: Gesammelte Schriften. Bd. 1. 3. Neudruck der Ausgabe Tübingen 1922. Aalen 1977, 967 u. ö.

neu.[19] Dem Sektentypus des Protestantismus, dem Täufertum, bescheinigte Troeltsch, »auf Gewalt und Konformität bei Vorbehaltung der eigenen Alleinwahrheit« zu verzichten.[20] Die Spiritualisten seien dagegen Theoretiker des Relativismus gewesen. Troeltsch stellt sie dem religiösen Absolutismus protestantischer Kirchentümer und dem Alleinwahrheitsanspruch des Täufertums gegenüber, weil sie »wirklich jeden bei seinem Glauben bel[assen] und relativistisch empfinde[n].«[21]

Troeltschs Toleranzbegriff verbindet die drei Dimensionen Macht, Recht und Wahrheit. Die Lutheraner gewinnen Macht und können die von ihnen angenommene Wahrheit mit dem Recht durchsetzen. Die Täufer bleiben ohnmächtig und müssen deshalb für die Duldung des von ihnen für wahr Gehaltenen werben. Die Spiritualisten haben weder Anteil an der Macht, noch wollen sie ihre Überzeugung für andere verbindlich machen, obwohl auch sie natürlich meinen, daß gerade ihre Einsicht »wahr« ist. Troeltsch schätzt die Spiritualisten unter den drei Sozialgestalten des Protestantismus am höchsten und hält ihren Beitrag für die Entstehung der Moderne für entscheidend. Hier finde sich erstmals die modern-aufgeklärte Freisetzung religiöser Subjektivität in Fragen der Religion: Ein jeder solle die Freiheit haben zu glauben, was ihm einleuchtet.

Noch heute unterscheidet die reformationsgeschichtliche Forschung zwischen kirchlichen Reformatoren, Täufern und Spiritualisten.[22] Sie kann aber Troeltschs Charakterisierung der drei Typen auf seiner »Toleranz-Skala« nicht nachvollziehen. Schon bei einem flüchtigen Blick in die Reformationsgeschichte fällt nämlich auf, daß es in einer jeden dieser drei Sozialgestalten protestantischer Theologie einzelne Theologen gibt, die als Vordenker moderner Toleranz gewürdigt werden. Exemplarisch seien drei ausgewählt – ein Lutheraner, ein Täufer und ein Spiritualist – Johannes Brenz, Balthasar Hubmaier und Sebastian Franck, alle in Süddeutschland ansässig. Sie werden sowohl von Autoren ihrer Zeit wie von

19 Ernst TROELTSCH: Die Bedeutung des Protestantismus für die Entstehung der modernen Welt. (1902). 4. Aufl. M; B 1925, 44.
20 Troeltsch: Die Soziallehren ..., 872.
21 Troeltsch: Die Soziallehren ..., 872.
22 Vgl. den forschungsgeschichtlichen Überblick von Gottfried SEEBASS: Reformation. TRE 28 (1997), 386-404.

solchen späterer Jahrhunderte wegen ihrer Toleranz gerühmt.[23] Miteinander verglichen hinsichtlich ihres Toleranzverständnisses wurden die drei noch nicht.[24]

Politisch und theologisch ist der Untersuchungszeitraum durch zwei Ereignisse geprägt: Herausbildung der Reformation in Auseinandersetzung mit Altgläubigen und Sicherung der Reformation gegen täuferische und schwärmerische Gruppierungen innerhalb des protestantischen Lagers. Zu erwarten steht also, daß diese drei Theologen Antworten vorschlagen auf folgende Fragen: Was ist Ketzerei nach evangelischem Verständnis? Welche Aufgabe kommt der Obrigkeit bei deren Verfolgung und Bestrafung zu? Sollen religiöse Abweichler als Ketzer mit dem Tod bestraft werden?

Im folgenden gehe ich von der Hypothese aus, daß die Urteile über Brenz, Hubmaier und Franck, in irgendeinem Sinne Wegbereiter des modernen Toleranzgedankens zu sein, grundsätzlich berechtigt sind. Das würde aber bedeuten, daß keine Beziehung zwischen der institutionellen Gestalt einer christlichen Denomination und ihrer Toleranzfähigkeit besteht. Wenn es nun aber wahr wäre, daß die jeweilige soziologische Verfaßtheit einer religiösen Gruppierung nicht entscheidend für das Maß an Toleranz ist, welches die drei Theologen Dissidenten gewähren wollten – wenn also Troeltsch mit seiner These Unrecht hätte –, dann ist zu

23 Unter dem Titel »Toleranz und Reformation« hat Manfred HOFFMANN (GÜ 1979) Quellenauszüge von diesen sowie einigen anderen Theologen geboten. Die Würdigung gerade dieser drei Theologen als Vertreter einer angeblich »toleranten« Haltung Abweichenden gegenüber findet sich auch in zahlreichen anderen Zusammenhängen. Hubmaier wird beipielsweise schon im Titel eines Aufsatzes entsprechend gerühmt; Hans SCHWARZ: Balthasar Hubmaier – Toleranz in einer intoleranten Zeit. In: Reformation und Reichsstadt: protestantisches Leben in Regensburg/ hrsg. von Hans Schwarz. Regensburg 1994, 89-99. Das Urteil über Hubmaier muß bei der Quelleninterpretation freilich relativiert werden, vgl. schon ebd, 91-95.

24 Ihre Werke liegen in kritischen Editionen oder im Reprint vor. Meine Quellen: Thesenreihen, Traktate, Predigten, Pamphlete, Briefe und Gutachten, aus denen die Positionen der drei Theologen rekonstruiert werden, stammen aus den Jahren 1524 bis 1536. Die Beschränkung auf Aussagen des frühen Brenz ist um der Vergleichbarkeit mit dem 1528 hingerichteten Hubmaier und dem 1542 verstorbenen Franck willen sinnvoll. Zudem war die theologische Entwicklung des Erstgenannten in der Frage der Duldung Andersgläubiger in den dreißiger Jahren zu einem gewissen Abschluß gekommen.

fragen, wo deren Toleranzgedanken jeweils ihren Grund haben können. Meine Beobachtungen fasse ich in der These zusammen, daß jeweils dasjenige, was an Toleranzdenken bei ihnen beobachtet werden kann, sich von ihrer Rezeption der Friedensgedanken des Humanisten Desiderius Erasmus von Rotterdam her erklärt. Es wird sich also erweisen, daß die vorreformatorische Konzeption des Erasmus innovativ für das Toleranzdenken evangelisch gesinnter Theologen war. Ich stelle deshalb zuerst die Position des Erasmus vor, vergleiche diese mit der Position Luthers und wende mich dann den drei protestantischen Theologen aus den unterschiedlichen theologischen beziehungsweise religionssoziologischen Lagern zu.

I Desiderius Erasmus von Rotterdam (1466/69-1536)
Die überragende Bedeutung der Friedensliebe

Erasmus[25] hat sich mit seinen gelehrten philologischen Untersuchungen im Jahre 1529 auch um diejenige Schriftstelle verdient gemacht, die im Reformationsjahrhundert immer wieder zur Rechtfertigung des Umgangs mit Ketzern herangezogen wurde: Das Unkraut solle zusammen mit dem Weizen bis zur Ernte wachsen, forderte Jesus in einer Gleichnisrede (Mt 13,29). Die Worte des Herrn seien dunkel, gesteht der gebildete Philologe; die Kirchenväter legten das Gleichnis geradezu gegensätzlich aus; nur der Herr selbst könnte es richtig deuten. Abschließend spricht er sich unter Rekurs auf die Lehre von den unterschiedlichen Ämtern der Fürsten und der Priester für eine Deutung in der geistigen Linie des jungen Luther aus:

> »Man kann dieses Gleichnis auch so verstehen, daß es sich nur auf die Nachfolger der Apostel bezieht, deren Pflicht es ist, mit dem Schwert des Geistes, mit Bitten, Tränen, einem untadeligen Leben und dem eigenen Blut die Braut Christi zu schützen und nicht mit den Schwertern des Mordens. Diesem Sinn bin auch ich gefolgt, da ich keine andere Lösung sah.«[26] Desweiteren erinnert Erasmus daran, »daß Gott uns die unruhestiftenden Sekten, die Zwietracht der Fürsten, die Pest und die Teuerung in seinem Zorn herabgesandt hat, wie er einst auf die Ägypter Frösche, Ameisen und Heuschrecken herabgesandt hat. Und deshalb

25 Unter der Vielzahl der Untersuchungen und populären Darstellungen sei vor allem die klassisch zu nennende Biographie von Cornelis Augustijn: Erasmus von Rotterdam: Leben, Werk, Wirkung. M 1986, hervorgehoben.

müssen wir zuallererst in seiner Barmherzigkeit Zuflucht suchen, und jeder einzelne muß sein Leben bessern. Dann erst wird Gott seine strafende Hand von uns nehmen und zur Friedensliebe die Herzen der Fürsten neigen [...].«[27]

Die Schrift ist demnach nicht klar, sie gibt keine Handlungsanweisung vor. Die Spaltungen, die verschiedenen Meinungen, die Unfriedlichkeit der Zeit sind Plagen, die Gott auf die Welt zur Strafe sendet. Sie sollen erinnern an die zentrale Aufgabe des Menschen: sich zu bessern. Auch Ketzerei ist eine solche Mahnung und Strafe Gottes. Die Geistlichen sollen deshalb sich nicht für die Ausrottung der Ketzer aussprechen, sondern statt dessen mit dem Schwert des Geistes, also durch die Predigt, und durch ein heiligmäßiges Leben die Ketzer zu gewinnen suchen.

Bemerkenswert an dieser Auslegung ist, daß die Heilige Schrift nach Meinung des Erasmus uneindeutig ist und daß Gott eben das so will. Die Bibel erlaubt unterschiedliche Auslegungen mit den daraus folgenden Spaltungen zwischen den Menschen. Ihre Uneindeutigkeit fordert vom Theologen das Eingeständnis, den Willen Gottes nicht zu kennen und also auch keine Handlunganweisung für den Umgang mit Ketzern sicher aus der Schrift ableiten zu können. Indem die Mehrdeutigkeit der Gleichnis-rede in den strafenden Willen Gottes verlegt – also nicht auf die Boshaftig-keit oder Halsstarrigkeit des einzelnen Ketzers bezogen – wird, wird Ketzerei dem Bereich menschlichen Eingreifens tendenziell entzogen. Der Christ und der Geistliche haben eine ethische Aufgabe, nämlich an ihrer Selbstverbesserung zu arbeiten; dann wird Gott für die Einmütig-keit in der Schriftauslegung schon selbst sorgen.

Von besonderer Bedeutung ist in dem angeführten Zitat das Einge-ständnis einer humanistisch begründeten Skepsis, der »ars dubitandi«. Erasmus verwirft das reformatorisch-handlungsleitende Postulat einer »claritas scripturae«.[28] Er anerkennt Mehrdeutigkeit und rechtfertigt sie

26 ERASMUS VON ROTTERDAM: Verteidigung gegen die Artikel, die von einigen Mönchen in Spanien veröffentlicht worden sind (Apologia adversus articulos aliquot per monachos quosdam in Hispaniis exhibitos ⟨dt.⟩), Abschnitt 4: Gegen die heilige Ketzerinquisition; zitiert nach RELIGIÖSE TOLERANZ: Dokumente zur Geschichte einer Forderung/ eingel., komm. und hrsg. von Hans R[udolf] Guggisberg. S-Bad Cannstatt 1984, 75.

27 Erasmus: Verteidigung gegen die Artikel, ..., 76.

28 Erika RUMMEL: The confessionalization of humanism in Reformation Germany. Oxford 2000, 50-74 (Kap. 3: No room for sceptics).

als Strafe Gottes. Damit ist nicht die Mehrdeutigkeit an sich gerechtfertigt, damit ist nicht gesagt, daß es mehrere Wahrheiten gibt; gesagt wird aber, daß die Menschen wegen ihrer Sünde unterschiedliche, ja sogar gegensätzliche Auslegungen der Heiligen Schrift für wahr halten können. Deshalb darf keine menschliche Auslegung mit dem Schwert durchgesetzt werden.

Die Frage der Toleranz gegenüber Andersgläubigen ist für Erasmus eng mit der Frage des Friedens verbunden – auch das zeigt sich an dem angeführten Zitat. Dieses Thema »Frieden« ist dem humanistischen Theologen keineswegs erst durch die Erfahrung des Auseinanderbrechens der Kirche infolge Luthers Thesenanschlag nahegebracht worden; es beschäftigte ihn vielmehr von seiner frühesten Zeit im Kloster an. Mir geht es im folgenden nicht darum, einen umfassenden Überblick über die Friedensgedanken des Erasmus zu geben, die je nach literarischer Gattung und Adressatenkreis seiner Schriften natürlich unterschiedlich akzentuiert sind,[29] sondern vielmehr darum, aufzuzeigen, in welchen Zusammenhängen seine theologische Zentralkategorie »Frieden« Bedeutung gewann. An einigen der besonders berühmten und breit rezipierten Schriften des Erasmus, Grundtexten der abendländischen Bildungsgeschichte, will ich seine Gedanken exemplarisch vorstellen. Dabei wende ich mich im folgenden gerade solchen Texten zu, die vor dem Beginn der Auseinandersetzung mit Luther entstanden sind.[30]

29 Zu den mittelalterlichen Vorläufern der Ideen des Erasmus sowie zu dessen Friedensvisionen vgl. Hanna-Barbara GERL-FALKOVITZ: Pax Christiana: Friedensvisionen und Toleranz bei Cusanus, Pico, Erasmus. In: Dies.: Die zweite Schöpfung der Welt: Sprache, Erkenntnis, Anthropologie in der Renaissance. MZ 1994, 199-213; Léon-Ernest HALKIN: Èrasme, la guerre et la paix. In: KRIEG UND FRIEDEN IM HORIZONT DES RENAISSANCEHUMANISMUS/ hrsg. von Franz-Josef Worstbrock. Weinheim 1986, 13-44; vgl. auch Gary REMER: Erasmus: the paradigm of the humanist defense. In: Ders.: Humanism and the rhetoric of toleration. University Park, PA 1996, 43-102; Peter WALTER: Theologie aus dem Geist der Rhetorik: zur Schriftauslegung des Erasmus von Rotterdam. MZ 1991, 256-259.

30 Bisher sind vor allem Stellungnahmen des Erasmus zu Luther und zum Protestantismus, also seine späteren Schriften, unter Toleranzgesichtspunkten analysiert worden. So ist Joseph LECLER: Geschichte der Religionsfreiheit im Zeitalter der Reformation (Histoire de la tolérance au siècle de la réforme, 1955 ⟨dt.⟩)/ übers. von Elisabeth Schneider. Bd. 1. S 1965, 213, zu folgendem Schluß gekommen: Erasmus hat »als

Mein erstes Beispiel für die Position des Erasmus: Ein Kartäuser und ein Soldat sprechen miteinander über das Heil des Lebens. Der Soldat wirft dem Mönch vor, sein »Vertrauen auf Kleidung, Speise, Gebetlein und die übrigen religiösen Gebräuche« zu setzen.[31] Der Kartäuser hält dagegen, daß ihm diese Gebräuche nur deshalb wichtig seien,

> »[u]m mit [s]einen Brüdern Frieden zu haben und niemandem auch nur das geringste Ärgernis zu geben. Ich will wegen derartiger Geringfügigkeiten, die mühelos zu beachten sind, bei niemandem Anstoß erregen. Wir sind Menschen, gleichgültig welches Gewand wir tragen, aber die Gleichheit oder Ungleichheit auch der kleinsten Dinge erzeugt Eintracht oder zerstört sie.«[32]

Frieden wird hier bestimmt als »concordia«, welche hergestellt wird durch die bewußte Vermeidung von jeder Form von Eigenwilligkeit im Verhältnis zur Tradition.

Weil der Mönch in Frieden mit seinen Brüdern Gott dienen will, paßt er sich den mittelalterlich-traditionellen Lebensregeln und Kleidervorschriften an. Der dadurch aufrecht erhaltene Friede ist aber kein Selbst-

erster – zumindest als vorübergehende Lösung – die Idee einer Ziviltoleranz gegenüber dem protestantischen Kult vorgelegt. Diese Tatsache müssen wir herausstellen, weil sie zu jener Zeit fast einmalig ist. Jedoch darf man nicht vergessen, daß für Erasmus und die Humanisten die Kultfreiheit nie ein Ideal gewesen ist. In ihren Augen konnte sie nur eine Etappe sein, eine Form der christlichen Geduld und Liebe vor der Rückkehr zur Einheit.« Zu entsprechenden Gedanken vor Erasmus vgl. oben Anm. 16 f. 28. Gewürdigt wird Erasmus wiederholt als Anführer einer dritten, irenischen Partei zwischen den Fronten der verfeindeten Religionsparteien; vgl. Eugène HONÉE: Erasmus und die Religionsverhandlungen der deutschen Reichsstände (1524-1530). In: Erasmianism: idea and reality; proceedings of the Colloquium, Amsterdam 19.-21. September 1996/ hrsg. von Marianne E. H. N. Mout; Heribert Smolinsky; Johannes Trapman. Amsterdam 1997, 65-76; Otto HERDING: Erasmus – Frieden und Krieg. In: Erasmus und Europa: Vorträge/ hrsg. von August Buck. Wiesbaden 1988, 13-32.
31 ERASMUS VON ROTTERDAM: Colloquia familiaria. Vertraute Gespräche/ übers., eingel. und mit Anm. vers. von Werner Welzig. DA 1995, 188-191. (Ders.: Ausgewählte Schriften. Ausgabe in acht Bänden/ hrsg. von Werner Welzig. Sonderausgabe; 6), Miles et Carthusiani / Der Soldat und der Kartäuser. Vgl. zur Werkgeschichte und zur Aufnahme dieses Colloquiums in die Sammlung Preserved SMITH: A key to the Colloquies of Erasmus. Cambridge 1927; vgl. auch Aloys BÖMER: Die lateinischen Schülergespräche der Humanisten. Teil 2. B 1899.
32 Erasmus von Rotterdam: Colloquia familiaria, 190 / 191.

zweck. Er dient vielmehr der Aufrechterhaltung der Einheit. Würde diese Einheit zerbrochen, begännen Auseinandersetzungen im Kloster. Das Ausscheren von einzelnen aus der altehrwürdigen Ordnung führt zu Mönchsgezänk, sozusagen zu Krieg im Kloster. Der hier zitierte Dialog zwischen dem Kartäuser und dem Soldaten findet sich in den »Colloquia«. Als sie 1518 als Stilübungen des Erasmus für Lateinschüler erstmals ohne sein Wollen und Zutun veröffentlicht wurden, war ihr Verfasser schon längst berühmt. Er hatte sich festgelegt in seiner Position, was die überragende Bedeutung von Frieden für Leben und Denken eines jeden Christen anbelangt. »Pax« war für ihn zur theologischen Zentralkategorie par excellance geworden. In den Wirrungen der Reformationsjahrzehnte hielt er an dieser Position fest. Eben das führte dazu, daß ihn weder die altgläubigen noch die evangelischen Theologen als einen der Ihren zählen konnten.

Verfolgt man den Friedensgedanken des Erasmus in das Jahrzehnt vor Luthers Thesenanschlag, so wird man die »Laus stultitiae«, das »Lob der Torheit«, nicht übergehen dürfen. Dieses »Moriae encomium« entstand nach der im August 1509 erfolgten Rückkehr des Humanisten aus Italien nach England und wurde erstmals 1511 gedruckt. Die Torheit lobt hier ihre Anhänger. Aus der übertrieben-satirischen Darstellung des Törichten erhellt antithetisch jeweils das Erwünschte. So lobt beispielsweise die Torheit die christlichen Bischöfe und Päpste, die um Land und Geld Krieg führen.[33] An einer anderen Stelle erzählt die Torheit von einer theologischen Disputation:

> »Fragte da einer, wo sich denn in der Schrift die maßgebende Stelle finde, die einen Ketzer durch den Scheiterhaufen statt durch ein Wechselgespräch bekehren heiße. Da fuhr ihn ein finsterer Alter entrüstet an – schon seine hochmütigen Brauen verrieten den Theologen –: ›Der Apostel Paulus hat das geboten, denn er sagt: Haereticum hominem post unam et alteram correptionem devita! Niemand begriff; denn das heißt: ›Einen ketzerischen Menschen meide, nachdem du ihn einmal und noch einmal zurechtgewiesen hast.‹ Der Alte schmetterte indessen diesen Satz mit Donnerstimme immer wieder heraus, so daß man sich schon

---

33 ERASMUS VON ROTTERDAM: ΜΩΡΙΑΣ ΕΓΚΩΜΙΟΝ sive laus stultitiae [Lob der Torheit]/ übers. von Alfred Hartmann; eingel. und mit Anm. versehen von Wendelin Schmidt-Engler. DA 1995, 170 f. (Ders.: Ausgewählte Schriften. Ausgabe in acht Bänden/ hrsg. von Werner Welzig. Sonderausgabe; 2)

fragte, ob dem Manne etwas zugestoßen sei, bis endlich das Rätsel sich löste: ›devita‹ – zu deutsch ›meide‹ – hatte sich der findige Kopf in zwei Wörter zerlegt, was dann freilich ›aus der Welt‹ heißt, und flugs hatte er ergänzt, ›muß man ihn schaffen‹. Nun lachten einige; aber andern schien die Erschleichung gut theologisch, und als trotzdem der Widerspruch noch nicht verstummte, sprang dem Ausleger ein zweiter Salomo bei, eine unanfechtbare Autorität. ›Hier der Beweis‹, sprach er: ›Es steht geschrieben: Laß den Übeltäter nicht leben. Jeder Ketzer ist ein Übeltäter, also –.‹ Diesen Geistesblitz bewunderten alle, alle traten dieser Ansicht bei, in polternden Magisterstiefeln. Keinem kam in den Sinn, daß jenes Gebot den Wahrsagern, Zauberern und Traumdeutern gilt, [...].«[34]

Was hier wie die Kritik an einer falschen Auslegung der Heiligen Schrift aufgrund mangelnder Sprachkenntnis daherkommt, ist eine fulminante Kritik am üblichen Umgang mit Ketzern. Der Autor läßt die Torheit »wahr« lehren, die Weisen – die anerkannten Lehrer der Wahrheit – offenbaren sich als ungelehrte Toren, ja, fast schlimmer noch: als intrigante Schriftverdreher.

Und wenn ich noch einmal ein Jahrzehnt im Werk des Erasmus zurückblättere und einen Blick in das hochberühmte »Enchiridion militis christianae«, das »Handbüchlein« oder »Handschwert eines christlichen Streiters« – verfaßt 1501, erstmals gedruckt 1503 – werfe, dann zeigt sich, daß der Christ vor allem ein Dulder sein soll. Er weiß um die Begrenztheit seiner eigenen Erkenntnis: »Niemand öffnet die Geheimnisse des Vaters, die keiner kennt als der Sohn und der, dem der Sohn sie enthüllen will.«[35] Der christliche Streiter lebt deshalb in Frieden mit Gott und der Welt, weil Christus ihm seinen Frieden gibt. Um diesen Frieden zu erlangen, hat der Streiter gegen seine Laster zu kämpfen. Weil er um seine Unvollkommenheit dabei weiß, muß er seinen Nächsten »ertragen«:

»Verzeihe du dem Nächsten die geringe Schuld (denn alles, was der Mensch gegen den Menschen sündigt ist geringfügig), damit Christus dir tausend Vergehen nachsehe.«[36]

---

34 Erasmus von Rotterdam: ΜΩΡΙΑΣ ΕΓΚΩΜΙΟΝ ..., 190-193.
35 ERASMUS VON ROTTERDAM: Epistola ad Paulum Volzium. Brief an Paul Volz. Enchiridion militis Christiani. Handbüchlein eines christlichen Streiters/ übers., eingel. und mit Anm. vers. von Werner Welzig. DA 1995, 92 f. (Ders.: Ausgewählte Schriften. Ausgabe in acht Bänden/ hrsg. von Werner Welzig. Sonderausgabe; 1)
36 Erasmus von Rotterdam: ... Enchiridion militis Christiani, 364 f.

Schließlich erträgt Gott täglich in seiner unermeßlichen Sanftmut die Sünden der Christen.[37] »Qua lenitate cotidie te tolerat veteres iterantem noxias? / Mit welcher Duldsamkeit erträgt er [Gott] dich täglich, wenn du die alten Vergehen wiederholst?«[38] Das Reizwort unserer Tage, »Toleranz«, taucht hier als Verb auf. »Tolerare« ist zudem – und das markiert einen entscheidenden Unterschied zum modernen Toleranzbegriff – kein Tun des Menschen, sondern ein Tun Gottes, dem Menschen eben deshalb, weil Christus für sie gestorben ist, nacheifern sollen. Wer ein Glied Christi sein will, muß dem Friedefürsten friedlich nachfolgen. Der Friede spricht:

> »Wer immer Christus verkündet, verkündet den Frieden. Wer immer den Krieg verkündet, verkündet den Widersacher Christi. Wohlan, was lockte den Sohn Gottes auf die Erde, wenn nicht, daß er die Welt mit dem Vater versöhne, daß er die Menschen untereinander verbinde durch gegenseitige und unlösbare Liebe, und schließlich, daß er den Menschen selbst zu seinem Freund mache? Um meinetwillen also ward er gesandt, meine Anliegen nahm er auf.«[39]

Christus hat nach Erasmus den Frieden als Ziel aller irdischen Verhältnisse gebracht; der mit Gott versöhnte Mensch kann dadurch selbst zum Friedensstifter auf Erden werden. Dabei weiß dieser, daß sein Leben und damit auch seine Querelen ein Ende haben werden. Der letzte Grund erasmischer Friedenstheologie lautet deshalb: Das wahre Leben der Christen ist dasjenige nach dem Tod.

> »Wie lächerlich und wie vergänglich ist doch das, um dessentwillen Streit zwischen euch entsteht! Der Tod bedroht alle, die Könige nicht minder als das gemeine Volk. Welche Unruhen wird ein Geschöpfchen hervorrufen, das bald wie ein Rauch vergehen wird? An der Tür steht die Ewigkeit. Kommt es da darauf an, sich für Schatten abzumühen, als ob dieses Leben unsterblich wäre?«[40]

Die Toleranzgedanken des Erasmus sind theologisch auf zwei einander ergänzende Argumente gegründet: ein christologisches und ein eschatologisches. Aus der Befriedung des Menschen mit Gott ergibt sich mit

---

37 Erasmus von Rotterdam: ... Enchiridion militis Christiani, 324 f.

38 Erasmus von Rotterdam: ... Enchiridion militis Christiani, 364.

39 ERASMUS VON ROTTERDAM: Dialogus, Iulius exclusus e coelis. Julius vor der verschlossenen Himmelstür: ein Dialog. [...] Querela Pacis. Die Klage des Friedens/ übers., eingel. und mit Anm. vers. von Gertraud Christian. DA 1995, 382 f.

40 Erasmus von Rotterdam, Querela Pacis, 444 f.

zwingender Notwendigkeit, daß die Christen ihrerseits Frieden mit anderen Menschen schließen beziehungsweise aus dem Gottesfrieden heraus friedlich leben. Die eschatologische Relativierung des irdischen Getriebes macht Menschen geduldig beziehungsweise »tolerant«.

Daß Erasmus seinem eigenen Anspruch, Sondermeinungen geduldig auszuhalten, nicht Genüge tun konnte, erkennt man daran, daß er den später noch genauer vorzustellenden Sebastian Franck bei den Straßburger Stadtvätern denunzierte,[41] und Zeit seines Lebens einen auffälligen Judenhaß an den Tag legte.[42]

Gegen die Forderung, daß die Menschen einander ertragen – einschließlich ihrer Unterschiedlichkeit in religiösen Angelegenheiten –, weil Gott selbst ihre Sünden erträgt, gibt es einen entscheidenden Einwand: Wer Unrecht erträgt, der könnte den Bösen in seinem Tun bestätigen. Erasmus beantwortet diesen Einwand eines fiktiven Gesprächspartners: Wenn du Handlungsmöglichkeiten hast, so handele, auf daß das Gute sich durchsetze in der Welt. »Wenn aber nicht, so gehe jener [andere, der Ketzer] lieber allein zugrunde als mit dir.«[43]

Erasmus setzt also nicht beim Begriff des Ketzers an, wenn er über religiös abweichendes Verhalten nachdenkt. Er hält den Ketzer für eine Strafe Gottes wegen der Unsittlichkeit der Menschen. Die abweichenden Menschen sind ihren Nächsten ein Ärgernis. Und genau deshalb sind sie um Gottes willen zu ertragen. Deshalb denkt Erasmus über Gott nach, wenn er von religiösen Abweichungen spricht. Entscheidend für seine Position ist nicht die Philologie, die gelegentlich – nämlich immer dann, wenn keine claritas scripturae besteht – zur skeptischen Selbstrelativierung auffordert. Entscheidend ist vielmehr die Liebe zum Nächsten, die sich im friedlichen Zusammenleben realisiert – auch und gerade im Verhältnis zu solchen, die aus der concordia ausscheren.

41 Zusammenfassung der Ereignisse bei Klaus DEPPERMANN: Sebastian Francks Straßburger Aufenthalt. In: Sebastian Franck, 1499-1542/ hrsg. von Jan-Dirk Müller. Wiesbaden 1993, 103-118, hier 112 f.
42 Hilmar M. PABEL: Erasmus of Rotterdam and Judaism: a reexamination in the light of new evidence. ARG 87 (1996), 9-37; vgl. auch Guido KISCH: Erasmus' Stellung zu Juden und Judentum. TÜ 1969.
43 Erasmus von Rotterdam: ... Enchiridion militis Christiani, 366 f.

Erst kürzlich ist »Friede« als Mittelpunkt der Theologie des Humanisten wieder in Erinnerung gerufen worden.[44] Friede ist – das zeigten schon die Beispiele – nicht zu beschränken auf den Bereich von Militär und Krieg, obwohl die Friedensgedanken des Wahlbaslers in seinem unruhigen Zeitalter auch an die Kriegserfahrungen seiner Zeit anknüpfen;[45] Friede ist vor allem ein Verhältnis zwischen Gott und Mensch. Während das Selbstverhältnis des Menschen unfriedlich ist – schließlich muß er gegen seine Laster kämpfen –, ist Gott als Friedefürst Mensch geworden. Er setzt den Christen in ein friedliches Verhältnis zum Irdischen, zu sich selbst wie zu anderen Menschen, indem er ihn in ein friedliches Verhältnis zum Göttlichen setzt. Frieden mit Gott kann der Christ nur dadurch finden, daß Gott ihn in seiner Unfriedlichkeit annimmt, ihn erträgt, duldet, anders gesagt: ihn toleriert.

Wenn Gott der letzte Grund zwischenmenschlicher und individueller Befriedung ist, wenn Gott der letzte Grund zwischenmenschlicher Toleranz ist, dann verlieren die Kategorien »Recht«, »Macht« und »Wahrheit« ihre überragende Bedeutung. Es geht vielmehr – theologisch gesprochen – um die Bestimmung des Verhältnisses von Wahrheit und Liebe. Zu dieser Überlegung tritt der Skeptizismus des Erasmus: Wer theologische Wahrheitsansprüche verabsolutieren würde, hätte die beschränkte Einsichtsfähigkeit der Menschen überschätzt. Er würde die Menschen letztlich in einen Religionskrieg stürzen, – das ist die große Furcht des Erasmus. Gegen Wahrheit setzt er Liebe, die sich zeigen soll in persönlich integrer Frömmigkeit im je individuellen Lebenszusammenhang. Entsprechend kann er dem Senat von Basel den Rat geben, die Bekenntnisse der Lutheraner ebenso wie der Altgläubigen öffentlich koexistieren zu lassen. Um der Unverfügbarkeit der Wahrheit willen relativiert Erasmus rigoristische Wahrheitsansprüche mit Hinweis auf die friedensstiftende Liebe, die der Friedefürst den Seinen anbefohlen habe.

44 Hans-Rüdiger SCHWAB: Bekenntnisse eines Unpolitischen?: zum Friedensdiskurs des Erasmus von Rotterdam. In: SUCHE NACH FRIEDEN: politische Ethik in der Frühen Neuzeit. Bd. 2/ hrsg. von Norbert Brieskorn; Markus Riedenauer. S 2002, 71-104.

45 Albrecht P. LUTTENBERGER: Friedensgedanke und Glaubensspaltung: Aspekte kaiserlicher und ständischer Reichspolitik 1521-1555. In: Suche nach Frieden, 201-250.

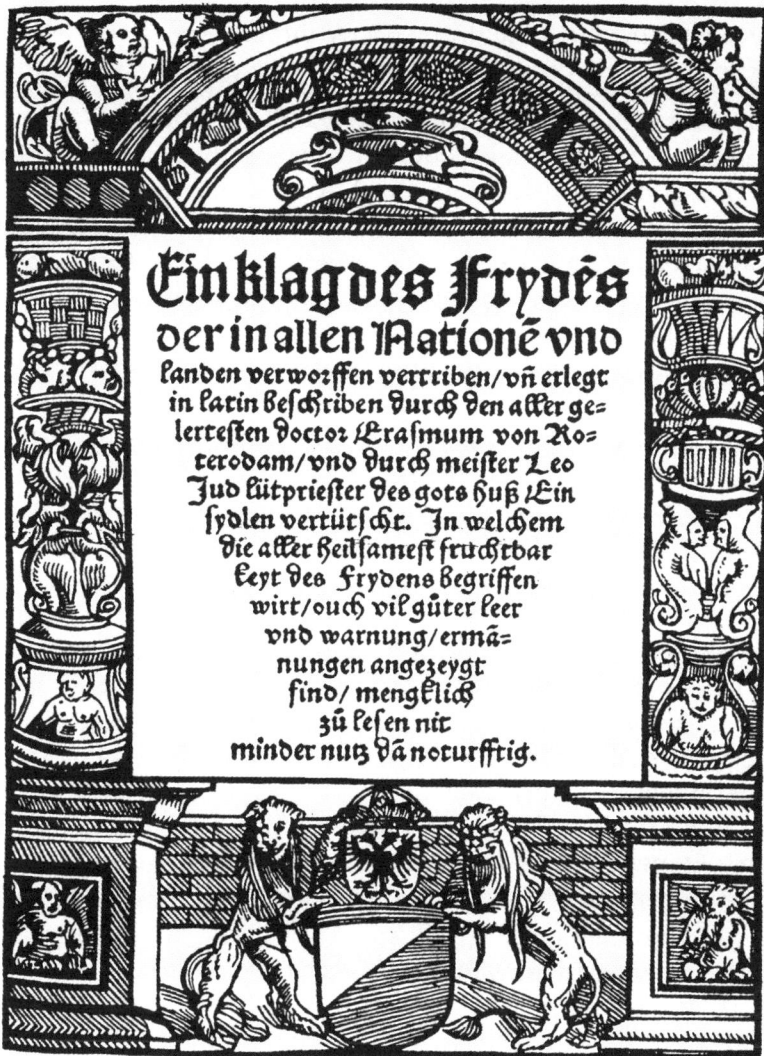

Ein klag des Frydes

der in allen Natione vnd
landen verworffen vertriben/vñ erlegt
in latin beschriben durch den aller ge=
lerteften Doctor Erasmum von Ro=
terodam/vnd durch meister Leo
Jud lütpriester des gots huß Ein
fydlen vertütschr. In welchem
die aller heilfameft fruchtbar
keyt des Frydens begriffen
wirt/ouch vil güter leer
vnd warnung/ermā=
nungen angezeygt
find/ mengklich
zů lefen nit
minder nutz dā noturfftig.

Erasmus von Rotterdam: Ein klag des Fryde[n]s ‖ der in allen Natione[n] vnd ‖ landen verworffen vertriben / vn[d] erlegt (Querela pacis undique gentium eiectae profligataeque ⟨dt.⟩)/ übers. von Leo Jud. Zürich: Christoph Froschauer, 1521; VD16 6 (1986), 321 (E 3509).

II Martin Luther (1483-1546)
Die überragende Bedeutung der Wahrheit

Zwar wird niemand behaupten wollen, daß »Friede« für Luther keine
bedeutsame theologische Kategorie ist, aber beim Blick auf seine literarische Hinterlassenschaft fällt doch auf, daß sein Friedensbegriff nicht
ähnlich umfassend wie derjenige des Erasmus angelegt ist.[46] Für Luther
ist Frieden vor allem ein innerweltlicher Zustand, der um der Wahrheit
willen auch zerbrechen kann – oder sogar manchmal zerbrechen muß.
Der zeitliche Frieden ist eine Gottesgabe. Zeitlicher Friede ist aber keineswegs der Normalfall auf Erden: »Christus reich nympt durch trübsal zu
und nimpt ab durch friede und gut gemach, […].«[47] Normal für ein Gott
gefälliges irdisches Leben ist die Abwesenheit von Frieden. Wenn irdi-
scher Friede erfahren wird, dann ist das ein Werk Christi auf Erden: »Alßo
feret denn Christus yn yhnen, das ist, er wirckt yn yhnen seyne werck, die
seyn lieb, freud, frid, guttickeyt, sanfftmutigkeyt, keuscheyt, Gal. 5 […]«.[48]
Deutlich ist hier, daß der Friede, den Christus in einem Jünger wirkt,
nicht sofort ausgezogen wird in das Verhältnis zum Nächsten. Von Toleranz, also geduldigem Ertragen des Andersgläubigen, spricht Luther nicht.[49]
Selbst wenn innerweltliche concordia ein hohes Gut ist – Luther rechnet
damit, daß sie zerbricht, daß sie zerbrechen muß um des Evangeliums
willen: »Denkt nicht, ich sei gekommen, um Frieden auf die Erde zu
bringen, sondern das Schwert« (Mt 10, 34; vgl. auch L 12, 51-53) lautet ein
für Luther wichtiges Wort Jesu.

Symptomatisch für Luthers Haltung ist eine briefliche Äußerung
gegenüber Brenz. Luther weilt auf der Coburg, läßt sich durch die Freunde
und Geistesgenossen informieren über den Verlauf des Reichstages und

---

46 Vgl. Lateinisches Sachregister WA 67, 204-209 (pax); Deutsches Sachregister 70, 188-
193 (Friede bis Friedsamkeit); zum spätmittelalterlichen Begriff des Friedens als
Rechtszustand Wilhelm JANSSEN: Friede II. 4: Der politische Friedensbegriff des ausge-
henden Mittelalters. III. 1. »Pax civilis« als Zustand staatlich garantierter Ruhe und
Sicherheit. Geschichtliche Grundbegriffe. Bd. 2. S 1975, 553-562.

47 WA 17 II, 109, 22 f.

48 WA 8, 6, 32 - 7, 1.

49 Vgl. WA 69, 586-588 (DULDEN); 70, 315-317 (GEDULD); 67, 424 (tolerantia).

erteilt brieflich seine Ratschläge. Er fürchtet, Brenz und Melanchthon könnten um des Erhalts des Friedens willen in theologischen Fragen Zugeständnisse machen: »Et ex tuis et Philippi aliorumque literis, mi Brenti, intelligo, te simul in illo conventu idolorum affligi. Sed Philippi exemplum te ita movet. Is enim sollicitus est pro publica pace et posterioritate, pie quidem, sed non secundum scientiam zelotypus.«[50] Das Beispiel des Melanchthon verführt demnach den armen Brenz, sich in die Versammlung der Abgötter zu begeben. Dagegen sei es zwar verlockend und überdies fromm, für den weltlichen Frieden und die Nachkommenschaft einzutreten, aber das sei nicht der angemessene Eifer für Gott. Die Wahrheit hat also im Zweifelsfall Vorrang vor der brüderlichen Liebe und dem Erhalt des Friedens mit Andersgläubigen. Das gilt zumindest für die Verhandlungen von Theologen und Reichsständen. Natürlich ist diese Äußerung Luthers beiden Zeitgenossen nicht allgemein bekannt gewesen, aber sie ist doch bezeichnend für seine geistige Ausrichtung.

Bis in die Mitte der zwanziger Jahre hinein forderte Luther für die eigene evangelische Bewegung Freiheit und obrigkeitliche Anerkennung. Nach der Erfahrung des Bauernkrieges wollte er jedoch lieber den Christen unter einer abgöttischen, altgläubigen Obrigkeit leiden sehen, als Anarchie zu riskieren. Seine Anhänger und Schüler beriefen sich freilich weiterhin auf den jungen Luther, den Gegner des römischen Ketzerrechts. Johannes Brenz und Sebastian Franck sind abhängig von ihm; Franck war überhaupt der erste, der die Forderungen aus den Anfangsjahren des reformatorischen Aufbruchs gegen die Äußerungen des späten Luther gewendet hat.

Entscheidender Maßstab für Luthers Denken ist in den Jahren nach dem Bauernkrieg die Aufrechterhaltung der Ordnung. Reformatorische Subjekte sind jetzt nicht mehr die einzelnen Christen im Untertanenstand, sondern die weltlichen Obrigkeiten, die allein die Verantwortung für die Einführung der Reformation oder deren Verhinderung tragen. So sollte nach Luthers Überzeugung kein lutherischer Prediger wider Willen und Gesetz eines römisch-katholischen Herrschers in dessen Territorium missionieren. Der »normale« Christ im Untertanenstand hat nicht die Pflicht, sich aktiv für das von ihm als wahr Erkannte einzusetzen, will

---

50 WA Br 5, 417, 1-4 (1614); vgl. zur Interpretation R 10, 2.

man seine Haltung des Erduldens von Verfolgung und Leid nicht als aktive Haltung beurteilen. Allenfalls passiver Widerstand für das Evangelium ist ihm geboten, wenn etwa die Obrigkeit ihm befehlen würde, die Heilige Schrift auszuliefern. Daß seine Kinder entsprechend der Landeskonfession, also möglicherweise römisch-katholisch, getauft würden, hätte er zu ertragen oder auszuwandern. Im Zusammenleben dieses haereticus quietus mit seinen Nachbarn hat der Normalchrist die Pflicht, dem nachbarlichen Frieden zu dienen – am besten dadurch, daß er Glaubensgespräche und vor allem jede Kritik an der obrigkeitlich verordneten Konfession vermeidet, weil ihm sonst der Vorwurf des Aufruhrs gemacht werden könnte.

Frieden zu bewahren oder wieder herzustellen ist die ureigenste Aufgabe der politia. Die Obrigkeit kann nach Luther zur Erreichung dieses Zweckes auch unfriedliche Mittel einsetzen. Zwar hatte auch Erasmus nie abgelehnt, daß weltliche Obrigkeiten diejenigen bestrafen, welche die publica tranquillitas stören, um so das Gemeinwesen zu schützen (ad tuendam Rempublicam). Mit Feuer, dem klassischen Mittel zum Ketzertod, soll nur dann gearbeitet werden, wenn Aufruhr (seditio) oder ein anderes crimen zur »falschen« Lehre dazukommt. Hier sind Luther und Erasmus noch durchaus einig. Uneinig sind sie jedoch in der Frage, welche Bedeutung »falscher« Lehre zukommt. Ist »Irrlehre« – eine von der obrigkeitlich genehmigten Konfession abweichende Lehre – ein ausreichender Grund für Bestrafung? Und, soll die Strafe bis zur Hinrichtung gehen können? Muß sein Leben verlieren, wer andere von der Notwendigkeit der Gläubigentaufe zu überzeugen versucht? Hier hat sich Luther unterschiedlich geäußert, je nachdem welchen Eindruck von der Hartnäckigkeit und Gefährlichkeit der Abweichler er jeweils hatte. Faktisch hat es zwar keine Hinrichtungen von Täufern in Kursachsen während seiner Lebzeit gegeben; darüber wie viele evangelische – vom Luthertum abweichende – und altgläubige Einwohner das Land verlassen haben, liegen keine Angaben vor. Aber in Anerkenntnis des Reichsrechts sprach Luther sich ab 1530 unter Melanchthons Einfluß für die Hinrichtung von Täufern aus.[51]

51 Karl-Heinz zur Mühlen: Luthers Tauflehre und seine Stellung zu den Täufern. In: Leben und Werk Martin Luthers von 1526 bis 1546: Festgabe zu seinem 500. Geburtstag/ im Auftrag des Theologischen Arbeitskreises für Reformationsgeschichtliche

Erasmus hielt die Differenz zu den Lutheranern nicht für unüberbrückbar. Deshalb betonte er die Möglichkeit zu concordia in ethischen und theologischen Grundfragen. Als Modell dafür standen ihm die hussitischen Böhmen vor Augen. Luther hielt die Differenz zu den Altgläubigen theologisch und ethisch für unüberbrückbar. Deshalb war die erasmische Lösung für ihn nicht nachvollziehbar. Er beugte sich allein der die Territorien kontrollierenden obrigkeitlichen Macht, im Vertrauen darauf, daß die göttliche Providenz die Verbreitung der evangelischen Wahrheit befördern werde. So wurden konkurrierende Wahrheitsansprüche ausgehalten, indem man sie territorial eingrenzte. Abgötterei – als solche galt Luther die römische Messe – wurde außerhalb des eigenen Einflußbereiches um der öffentlichen Ordnung willen akzeptiert, indem anerkannt wurde, daß Macht in Fragen der Religion Recht setzen darf. Dem wahrhaft Gläubigen bleibt unter der Herrschaft des Falschen die innere Emigration: seine Gedanken sind frei. Damit wird Wahrheit in die Innerlichkeit des Rechtgläubigen hinein aufgelöst. Nicht anerkannt wird damit das Recht unterschiedlicher Schriftauslegungen.

Theologische Zentralkategorie Luthers ist »Wahrheit«.[52] Gott hat sich nach Luther in der Heiligen Schrift eindeutig geäußert, also kann es nur richtige und falsche Auslegungen geben. Öffentliche Lehre, also eine jede Äußerung im Beisein anderer, die sich von der obrigkeitlich festgeschriebenen und kontrollierten Landeskonfession unterscheidet, ist für Luther Gotteslästerung und entsprechend dem Reichsrecht zu bestrafen.

> »Zum andern, wo etliche wolten leren widder einen offentlichen artickel des glaubens, [...] wie die Türken und die Widderteuffer halten, die sol man auch nicht leiden, sondern als die offentlichen lesterer straffen. Denn sie sind auch nicht schlecht [einfach] allein ketzer, sondern offentliche lesterer. Nu ist yhe die öberkeit schuldig, die offentlichen lesterer zu straffen, als man die strafft, so

Forschung hrsg. von Helmar Junghans. 2. Aufl. B 1985, 119-138. 765-770. Unter dem Einfluß der milden Täuferpolitik des Landgrafen Philipp von Hessen kehrt Luther um 1540 zu der milderen Haltung zurück, daß zwischen einfacher Häresie und aufrührerischer Häresie zu unterscheiden ist und nur die letztere die Todesstrafe fordert. Vgl. auch Amedeo MOLNÁR: Luthers Beziehungen zu den Böhmischen Brüdern. In: Leben und Werk Martin Luthers ... 2, 627-639. 950-954.

52 WA 68, 546-552 (veritas, verasco, verax, verifico, verisi milio, verus).

sonst fluchen, [...]. Denn hie mit wird niemand zum glauben gedrungen, denn er kan dennoch wol gleuben, was er wil, allein das leren und lestern wird yhm verboten, da mit er wil Gott und den Christen yhr lere und wort nemen, und wil solchs dennoch unter der selbigen eigen schutz und gemeinschafft aller welltlichen nutzung zu yhrem schaden thun. Er gehe dahin, da nicht Christen sind, und thu es da selbs. Denn wie ich mehr [schon oft] gesagt: Wer bey burgern sich neeren will, der sol das Stadrecht halten und das selb nicht schenden und schmehen odder sol sich trollen.«[53]

Türken und Täufer werden hier auf eine Stufe gesetzt; beide sind öffentliche Gotteslästerer und deshalb obrigkeitlich zu bestrafen. Glauben kann ein jeder Mensch, was er will – die Gedanken sind frei –, aber der eingeführte Bekenntnisstand ist in öffentlicher Rede von niemandem anzutasten. Bezeichnenderweise unterstellt Luther denen, die ihre Abweichungen vom obrigkeitlich eingeführten Glauben verbreiten, unlautere Motive. Stadtrecht wie Landrecht verbieten Gotteslästerung, laut geäußerte Abweichung von der Stadt- oder Landeskonfession ist Gotteslästerung. Entsprechend dieser Lehre ist nur derjenige Andersgläubige zu dulden, der seine »falsche« Auslegung nicht zum Thema öffentlicher Diskussion macht. Als »ruhiger Ketzer« (haereticus quietus) wird er von den Kirchenrechtlern des 17. Jahrhunderts bezeichnet. Nur dieser ist toleranzwürdig, weil zwischen dem inneren Glauben und dem öffentlichen Bekenntnis zu unterscheiden ist.

Das aufstrebende Luthertum beanspruchte Duldung, Glaubens- und Kultfreiheit für sich als eine Bewegung der Wahrheit, nicht für Altgläubige, täuferische und schwärmerische Gegner. Lutherische Obrigkeiten, welche die Messe abschafften, übten ihrer eigenen Meinung nach keinen Glaubenszwang aus, sondern beseitigten ein öffentliches Ärgernis.[54] Das konsolidierte Luthertum konnte sich nicht vorstellen, daß zwischen dem, was verschiedene Menschen für wahr halten und »der Wahrheit« ein

---

53 WA 31 I, 208, 11-37; vgl. zum Delikt »Gotteslästerung« in der frühen Neuzeit Francisca LOETZ: Mit Gott handeln: von den Zürcher Gotteslästerern der Frühen Neuzeit zu einer Kulturgeschichte des Religiösen. GÖ 2002.
54 Vgl. WA 15, (758) 764-774 (Ein Sermon von der höchsten Gotteslästerung, die die Papisten täglich brauchen, so sie lesen den antichristlichen Kanon in ihrer Messe, 1524).

garstiger Graben klafft, der zur öffentlichen Anerkenntnis unterschiedlicher Bekenntnisse auffordert. Deswegen haben die Lutheraner keine Selbstrelativierung eingeübt, sondern sich im Zweifelsfall auf den obrigkeitlich verordneten Kult zurückgezogen. Innere Emigration war die einzige Möglichkeit, die sie Andersgläubigen eröffneten. Die aus dem Evangelium mit Wahrheitsanspruch abgeleitete Deutung geht stärker einher mit den Gedanken von Recht und Macht als mit dem der Friedensliebe. Religiöse und kirchliche Pluriformität widerspricht dem Absolutheitsanspruch des Evangeliums. Unbelehrbare Altgläubige konnten kaum ertragen werden, sie sollten allenfalls heimlich die Messe feiern dürfen. Unbelehrbare Täufer und Spiritualisten wurden bestenfalls ausgewiesen.

Selbstverständlich war Luther kein Theoretiker des Religionskrieges – im Gegenteil: Er wollte lange Zeit noch nicht einmal ein militärisches Bündnis evangelisch gesinnter Fürsten zur Sicherung der Reformation errichtet sehen –, aber seine Betonung des absoluten Geltungsanspruchs der evangelischen Wahrheit verhinderte die Einsicht in das relative Recht der altgläubigen Auslegung ebenso wie in das der täuferischen oder der spiritualistischen. Seine frühen Ausführungen in »Von weltlicher Obrigkeit« (1523), daß die Verbrennung von Häretikern dem Heiligen Geist zuwider sei, scheint er angesichts des Drucks der Verhältnisse vergessen zu haben.

> »Ketzerey ist eyn geystlich ding, das kan man mitt keynem eyßen hawen, mit keynem fewr verbrennen, mitt keynem Wasser ertrencken. Es ist aber allein das Gottis wortt da, das thutts, [...].«[55]

Tatsächlich hat aber Luther diese Grundüberzeugung nicht fallengelassen, sondern vielmehr ihren Geltungsbereich auf diejenigen Ketzer beschränkt, die ihren »Falschglauben« nicht öffentlich machen. Wenn sie unter ihren Nachbarn missionieren und damit ein eigenes Predigtamt aufrichten, dann gelten sie als Störer der öffentlichen Ordnung. Ihr crimen ist dann Gotteslästerung oder seditio – und das muß nach Reichsrecht scharf bestraft werden, gegebenenfalls auch mit dem Tod.

---

55 WA 11, 268, 27-29. Vgl. zum Problemfeld Gunther WENZ: Sine vi, sed verbo?: Toleranz und Intoleranz im Umkreis der Wittenberger Reformation. In: Ders.: Lutherische Identität: Studien zum Erbe der Wittenberger Reformation. Hannover 2000, 233-258.

Wenn man sich fragt, ob und wo bei Luther Gedanken der Milde gegenüber religiösen Abweichlern auftauchen, dann wird man auf die Zeit kurz vor seinem Tod blicken müssen. Hier legt er das Gleichnis vom Unkraut unter dem Weizen in einer Weise aus, die wie ein Resümee seines Lebenswerkes gelesen werden kann:

> »Wo ich einen Christen weis, Da sol ich lieber ein gantz Land dulden, die nicht Christen sind, denn einen Christen mit den Unchristen ausrotten. Was ist aber, das der HErr hie saget: ›Lassets beides miteinander wachsen‹? Sol man das Unkraut gar nicht ausrotten? Das ist ein nötige Lere für uns prediger. Denn ich were auch gern der Knechte einer, der dazu hülffe, das man das Unkraut ausrottet. Aber es kan und sol nicht sein. Sol man denn nichts da zu thun Und das Unkraut ungehindert wachsen lassen? Da sind unsere Papisten ein mal klug worden, Halten uns diesen Text für und sprechen, Wir hie zu Wittemberg haben unrecht gethan, Das wir die Winckelmesse nidergelegt haben. Wir solten Messen und Klöster bleiben lassen. Aber sie sehen den Text nicht recht an. Denn der HErr spricht nicht, Man solle dem Unkraut nicht wehren, Sondern spricht, man solle es nicht ausrotten.«[56]

Deutlich wird hier, daß man niemanden um seines Glaubens willen hinrichten soll, daß aber gleichwohl falschem Kultus, falscher Lehre und falscher Lebensweise zu wehren ist. Damit wird die obige Interpretation bestätigt. Die öffentliche Duldung des römischen Kultus kann es nicht geben. Der »Fortschritt« dieser Position besteht im Verzicht auf die Ketzerverbrennung. Obrigkeitliche Duldung mehrerer Religionen ist für Luther ausgeschlossen. Nur der Satan kann, so führt er aus, alle anderen Religionen dulden; der haßt aber die eine wahre.[57]

Auch frühe Äußerungen zum Thema »Geduld mit dem Nächsten« lassen keine ins politische Leben zu übertragende Pointe erkennen:

> »[Wir] sollen auch nicht vergessen, wie uns Gott getragen und geduldet hat unsere schwacheit, ja unsern unglauben lange zeit, und also auch gedult tragen mit unserm Nehsten, ob er gleich nicht so balde uns könne nach folgen, ob er gleich noch zu zeiten strauchele und feile. Höre wie Gott in dem Propheten hin und wider ausschreien lest, Er trage sein Volk wie eine Mutter jr Kind tregt, […]«[58]

56 WA 52, 835, 1-12.
57 WA 40 II, 214, 11 f: »[…], qui omnes alias religiones tolerare potest, […].«
58 WA 10 III, 6, 22-27.

Verständnis für das relative Recht einer anderen Schriftauslegung läßt sich bei Luther ebenso wenig erkennen wie Zweifel an der eigenen Auslegung. Der Nächste, der von der lutherischen Lehre Abweichendes für wahr hält, soll in Nachahmung der mütterlichen Duldsamkeit Gottes wie ein Kind von den erwachsenen Christen geduldet werden – hier sind zarte Anklänge an Erasmus zu beobachten –, aber zu einer Anerkennung des anderen kommt es nicht. Der Abweichler ist und bleibt defizitär.

Mit der Verhärtung der Reformation im konfessionell strukturierten Territorium wurde Wahrheit regionalisiert. Bremsen ließ sich Luther in seinem Wahrheitspathos also von real existierenden Machtverhältnissen. Er sah ein, daß pragmatische Lösungen gefunden werden mußten, und trug dem Rechnung. Theologisch hielt er jedoch den unbedingten Wahrheitsanspruch der evangelischen Lehre aufrecht. Dieses haben manche seiner Schüler weniger getan. Sie erweisen sich damit als Schüler eines zweiten Lehrers neben Luther, als Schüler des Erasmus.

III Johannes Brenz (1499-1570)
Die Vorordnung der Milde vor die Wahrheit

Brenz[59] überzeugte Luther bei seiner Heidelberger Disputation im Jahre 1518 von der evangelischen Wahrheit. Nach Brenzens Meinung soll die von den Predigern recht belehrte Obrigkeit den christlichen – d. h. den evangelisch-

---

59 Vgl. GODLY MAGISTRATES AND CHURCH ORDER: Johannes Brenz and the establishment of the Lutheran territorial church in Germany, 1524-1559/ ausgew., übers. und hrsg. von James Martin Estes. Toronto 2001; zur Prägung durch den erasmischen Humanismus vgl. ebd, 12. Vgl. auch zu Brenzens Herkunft aus dem Heidelberger Humanistenzirkel James Martin ESTES: Christian magistrate and state church: the reforming career of Johannes Brenz. Toronto; Buffalo; LO 1982, 3. 33. 83. 144; PREDIGER – REFORMATOR – POLITIKER: Ausstellung in Hallisch-Fränkischen Museum, Schwäbisch-Hall/ hrsg. von Isabella Fehle. s. l. 1999; Gerhard KRAFT: Johannes Brenz und seine Zeit. S 1999; TÜBINGER EPICEDIEN ZUM TOD DES REFORMATORS JOHANNES BRENZ (1570)/ hrsg. von Wulf Segebrecht. F; B; Bern u. a. 1999, 16 f: Brenz arbeitete als Assistent von Johann Oekolampad (1482-1531) zeitweilig in Basel an der Hieronymus-Ausgabe des Erasmus mit; Martin BRECHT: Brenz, Johannes (1499-1570). TRE 7 (1981), 170-181, hier 171, 7-29, zur humanistischen Prägung, die sich u. a. in seinem »Interesse an einer humanen Strafrechtspflege« zeige. Überdies teile er »Friedensliebe« mit Melanchthon, ebd., 174, 36 f, und

lutherischen – Glauben in ihrem Land einführen und ihre Untertanen vor solchen Lehren schützen, welche sie im Glauben verwirren könnten. Brenz rät den Fürsten mit Blick auf die Altgläubigen zur obrigkeitlichen Einführung der Reformation. Er fordert, daß die Prediger wider den altgläubigen Gottesdienst und die mit ihm verbundene altgläubige Lebensweise predigen, und daß die Obrigkeiten beides abschaffen sollen. Altgläubiger Gottesdienst ist eine Quelle des Unfriedens, deshalb muß er eliminiert werden. Belohnt wird die Obrigkeit für ihre Tat mit einem größeren Maß von Frieden, der dann nicht nur innerweltlich dauerhaft sein soll, sondern die Gnade Gottes widerspiegelt. Ziel der Einführung der Reformation ist der Friede, der abhängig ist von der rechten Gottesverehrung.

Zum Zweck der Herstellung bürgerlichen Friedens müssen Obrigkeiten und Prediger zusammenarbeiten. Wie die Geistlichen dasjenige tun, was ihres Amtes ist, so sollen auch die weltlichen Obrigkeiten ihres Amtes walten:

>>Wie es aber eim prediger geburt nach der regel seins beruffs, das ist mit dem wort Gottes, also geburt es auch einer weltlichen oberkait nach der schnur irs ampts, ja einem igklichen ampt nach seiner gebure, sunst dorfft disem spruch nach die weltlich oberkait auch keinen rauber, morder oder gotslesterer straffen. Ist nit morderey ein unkraut? Ist nit gotslesterung des offenlichen fluchens ein unkraut? Ist nit eebrechen ein unkraut? So hor ich wol, ein oberkait must sie

habe >>an der Ablehnung der Todesstrafe für Täufer festgehalten<<, ebd., 177, 7-9. Vgl. auch Martin BRECHT: Die frühe Theologie des Johannes Brenz. TÜ 1966, 277. 302-308; DERS.: Johannes Brenz auf dem Augsburger Reichstag 1530. In: Vermittlungsversuche auf dem Augsburger Reichstag 1530: Melanchthon – Brenz – Vehus/ hrsg. von Rolf Decot. S 1989, 9-28; Hans-Martin MAURER; Kuno ULSHÖFER: Johannes Brenz und die Einführung der Reformation in Württemberg: eine Einführung. S; Aalen 1974, 18, zeichnet den jungen Brenz als glühenden Verehrer des Erasmus. Vgl. Ilse GÜNTHER: Johann Brenz. CONTEMPORARIES OF ERASMUS: a biographical register of the Renaissance and Reformation/ hrsg. von Peter G. Bietenholz; Thomas B. Deutscher. Bd. 1: A-E. Toronto; Buffalo; LO 1985, 193 f: Oekolampad erwähnt Brenz lobend gegenüber Erasmus als dessen Bewunderer; ERASMUS ROTERODAMUS: Opus epistolarum/ erneut durchges. und verm. von P[ercy] S[tafford] Allen; ... Bd. 2. Oxonii 1910, 523, 41-43 (563), 27. März 1517. Später bezieht Erasmus sich zustimmend auf Brenzens Schrift >>An magistratus iure possit occidere ... haereticos<<. Vgl. die Analyse dieser Schrift von Gottfried SEEBASS: An sint persequendi haeretici?: die Stellung des Johannes Brenz zur Verfolgung und Bestrafung der Täufer. BWKG 70 (1970), 44-99.

auch biß uff die eren wachsen lassen und dorft niemants darumb straffen. Demnach verbeut wol Cristus hie den aposteln, ampts halben nit mit gewalt zu fechten, laßt aber darneben einem igklichen ampt zu, beid, dem gaistlichen und weltlichen, nach der regel und schnur irs bevelhs zu handeln und das unkraut, sovil muglich, außzugetten.«[60]

Weltliche und geistliche Obrigkeiten bekämpfen das »Unkraut« auf je ihre eigene Weise: die einen mit weltlicher Gewalt, die anderen mit dem Schwert des Geistes. Als »Unkraut« bezeichnet Brenz aber nicht nur die religiöse Abweichung, sondern auch Mord, Ehebruch und Gotteslästerung. Gotteslästerung ist also ein crimen, das zu bestrafen der weltlichen Obrigkeit aufgegeben ist. Indem der Württemberger den Begriff »Unkraut« weit faßt, geht seine Auslegung des Gleichnisses vom Unkraut unter dem Weizen in eine andere Richtung als diejenige des Erasmus. Es gibt dieser Deutung nach sowohl »weltliches« wie »geistliches« Unkraut. Das eine ist von der weltlichen Obrigkeit mit deren Gewaltmitteln zu strafen, das andere mit dem Wort Gottes. Eine explizite Beziehung zwischen Ketzerverbrennung und »Unkraut« stellt Brenz nicht her. Implizit sagt er jedoch, daß das geistliche Amt wider die geistlichen Sünden – zu denen religiöse Abweichung zweifellos gehört – geistlich kämpft. Öffentliches Fluchen gilt Brenz als Gotteslästerung; Gotteslästerung ist nach dem Reichsrecht ein crimen und muß obrigkeitlich bestraft werden. Im folgenden ist festzustellen, ob Täufer und andere Abweichler von der reformatorischen Lehre nach Brenz als Gotteslästerer bestraft werden sollen.

Brenzens im Mai 1530 vorgetragene und eben auszugsweise zitierte Überzeugung ist von großem Optimismus hinsichtlich des Erfolgs obrigkeitlich angeordneter geistlicher Unterweisung der Irrenden getragen. Er hatte dieselbe Position schon zwei Jahre vorher vertreten, in dem am 7. Juli 1528 für den Nürnberger Rat angefertigten Gutachten »Ob ein weltliche oberkeyt, mit gotlichem und billichem rechten moege die widerteuffer durch fewr oder schwert vom leben zu dem tod richten lassen«. Hier

---

60 Johannes BRENZ: Antwort auff die Vertzeichnus, so auff diße Frag »Ob ein weltliche Oberkait recht habe, in des Glaubens Sachen mit dem Schwert zu handeln« recht gestelt ist. In: Ders.: Frühschriften 2, 528-541, hier 537, 6-18. Zur Bedeutung dieses Gutachtens und seiner Druckgeschichte vgl. die Einleitung zu dieser Schrift ebd, 506-512.

hatte er sich dafür ausgesprochen, die Biedermänner unter den Irrgläubigen zu belehren und sie bei Beharren auf ihrer Meinung entsprechend
Pauli Rat - Tt 3, 10f – zu meiden:

> »[...] die unglaubigen und ketzer, so sunst vor der welt ein bydermennisch und
> unklagbar leben furen, gehoren allein zur straff des euangelions und Gottis in
> yhener welt. Daher hat Christus seynen jungern befolhen, Matth. 13 [29], sie
> sollen das unkraut nit außyetten, sonder das unkraut und den weytzen miteinan-
> der lassen wachsen bis zu der ernd etc. Damit er yhn zu verstehn gibt, das die
> christen die unglaubigen und ketzer, welche hie das unkraut genant werden, nit
> mit dem leiblichen schwerdt sollen außtilgen, sonder darwider mit dem geistli-
> chen fechten bis zu der ernd, so werden sie wol yhr straf, wo sie sich nit bekert
> haben, finden.«[61]

Hier nimmt Brenz die auf die Ketzer bezogene Deutung des Gleichnisses vom Unkraut unter dem Weizen im erasmischen Sinne auf. Fechten
soll man wider diejenigen Ketzer, die nicht der seditio oder der Gottesla-
sterung bezichtigt werden können, nur mit dem geistlichen Schwert. Die
Wendung, »so sunst vor der welt ein bydermennisch und unklagbar leben
furen«, weist darauf, daß die Abweichung in Religionsdingen im Umfeld
dieser Ketzer bekannt ist. Das würde dann aber auch heißen, daß Gotteslästerei für Brenz nicht das laute Aussprechen von abweichenden Überzeugungen ist. Das kann nur heißen: Allseits bekannte »Ketzer« sollen
trotz ihrer irrigen Überzeugungen nicht von der weltlichen Obrigkeit zur
Rechenschaft gezogen werden. Hier zeigt sich eine Unterscheidung zwischen dem Ketzer als Bürger, der sich im bürgerlichen Sinne wohl verhält,
und dem Ketzer als religiösem Subjekt, das zwar abweichende Überzeugungen vertritt, dessen Abweichung aber keine Konsequenz für das Zusammenleben in Stadt und Land hat. Der Brenzsche Biedermann ist nicht
nur im Sinne Luthers derjenige, der alle abweichenden Gedanken in
seinem Herzen bewegt, sondern auch der, der sie bekannt macht – jedoch
ohne einen Konventikel einzurichten oder einen eigenen Prediger zu
bestellen. Der biedermännische Ketzer muß also nicht identisch sein mit

---

61 Johannes BRENZ: Ob ein weltliche oberkeyt, mit gotlichem und billichem rechten
moege die widerteuffer durch fewr oder schwert vom leben zu dem tod richten lassen.
In: Ders.: Frühschriften 2, 480-498, hier 483, 18-27. Die Einleitung zu dieser Schrift
ebd, 472-479.

dem haereticus quietus. Brenzens Unterscheidung zwischen dem weltlichen und dem geistlichen Menschen ist für die Zukunft wegweisend. Das Urteil über des Abweichlers Lehre wird am Ende der Zeit Gott selbst fällen. Deshalb muß auf seine weltliche Bestrafung in der Gegenwart verzichtet werden. Die Anklänge an die gedankliche Bewegung der eschatologischen Relativierung bei Erasmus sind offensichtlich. Damit anerkennt Brenz zwar nicht die Relativität aller menschlichen Erkenntnis der Wahrheit, weist aber einen Weg, der das Ertragen des Abweichlers möglich macht. Luther hat in diesem Fall mit dem inneren und dem äußeren Menschen argumentiert und über den inneren allein den die Herzen erkennenden Gott zum Richter bestimmt. Brenz rechnet mit einer gewissen Veräußerlichung des Inneren, weil er biedermännische Ketzer kennengelernt hatte und ihnen nicht zutraute, das bürgerliche Leben tatsächlich stören zu können.

Von besonderer Bedeutung für die rechte Interpretation dieser Ausführungen bei Brenz ist der Schluß der Auslegung des Gleichnisses, der das ultimative, letzte Argument wider die Hinrichtung der Biedermänner unter den Ketzern einführt. Es deckt sich mit einem Gedanken, den Luther in der Adelsschrift vorgetragen hat, der aber in seinem Kern schon in den 95 Thesen angelegt war. Bei Brenz heißt es:

> »[...] wo man einen gleich solt des unglaubens und ketzerey halben erwurgen, so neme man yhm darmit nit allein das leiblich leben, sonder auch die seel. Dann er möchte villeicht mit der zeit sich von dem unglauben und yrrung zu dem rechten glauben bekert haben, an welchem er durch tyranney des weltlichen schwerdts verhindert wirt.«[62]

Ungläubige und Ketzer sind nicht mit dem Tod zu bestrafen; zumindest dann nicht, wenn kein weiteres crimen zu ihrer Überzeugung hinzutritt. Hier wird erstmals zwischen Religion und bürgerlichem Leben unterschieden, und zwar in der Weise, daß der äußere Anstand, die zivile Unauffälligkeit zum Kriterium obrigkeitlicher Bestrafung wird. Uneinheitlichkeit in öffentlich geäußerten religiösen Überzeugungen soll ausgehalten werden. Zudem taucht in Brenzens Argumentation ein neuer und besonderer Gedanke auf: Niemand soll wegen seiner religiösen Über-

---

62 Brenz: Frühschriften 2, 483, 27-32.

zeugung getötet werden, weil er sich nämlich noch bekehren könnte zum rechten Glauben während seiner Restlebenszeit. Die Relativierung der Ansicht des anderen erfolgt also nicht deshalb, weil alle irdische Erkenntnis nur »Stückwerk« ist, sondern vielmehr aus dem Grund, daß jeder Mensch lern- und wandlungsfähig ist. Das Recht, den biedermännischen Ketzer um sein Leben zu bringen, hat allein Gott. Vorausgegangen mit dieser Argumentation, das ganze Leben eines Christenmenschen in der Buße bestehe, ist dem Württemberger der Wittenberger.

Brenz fordert in verschiedenen Gutachten von den Obrigkeiten, um des bürgerlichen Friedens willen in Lehrstreitigkeiten zwischen christlichen Predigern einzugreifen. Falscher öffentlicher Lehre, die mit »rottierung« verbunden ist, weil sie »ein new lereampt aufricht«,[63] soll gewehrt werden. Wie Brenz sich das Aufkommen neuer Gruppierungen innerhalb einer christlichen Gemeinde vorstellt und warum die Obrigkeit sie unterdrücken soll, beschreibt er sehr anschaulich:

> »Ist aber das nit ein eusserlicher frevel, wan ytz zehen oder zwentzig burger in einer stat (da sonst tausent oder zweytaussent wonen) sich fridlich mit der kirchen halten und lassen sich des predigers, so ordenlich von irer oberkait bestelt ist, begnugen. Aber darnach uber vier oder sechs wochen sondern sie sich ab und wollen ein eigin versamlung aufrichten, ja auch wider die ordnung irer oberkait ein new predingampt anfahen. Gefelt inen der prediger, so von der oberkait ordenlich beruffen ist, nicht, so mogen sie doch glauben, was sie wollen oder dahinziehen. Aber zu dem aigen erwelten glauben auch ein newe rotirung und predingampt in einem flecken, der inen zu regirn nit bevolhen, darin sie nichts offenlich zu schalten noch zu walten haben, antzurichten, das ist ein offenlicher frevel. Und wann sich ein oberkait darin schlecht, so kan man sie nit beschuldigen, das sie den glauben wol maistern. Es glaube und bekenn fur sich selbs ein igklicher, was er wol, das get freylich ein weltlichen magistrat nichts an, aber das get in an, wan man ein rotirung oder newe predigampt wider ir erlaubnus auffricht.«[64]

Hier argumentiert Brenz genau in der Linie Luthers: Neben den obrigkeitlich eingerichteten Kultus soll keine andere, keine von »der Basis« oder von Einzelpersonen im Widerstreit gegen die legitime Obrigkeit errichtete gottesdienstliche Veranstaltung treten dürfen. Entscheidendes Argu-

---

63 Brenz: Frühschriften 2, 540, 5; 529, 25 (Antwort auff die Vertzeichnus, ...).
64 Brenz: Frühschriften 2, 532, 10-26 (Antwort auff die Vertzeichnus, ...).

ment für diese Forderung ist die Einsicht in die Notwendigkeit einer öffentlichen Ordnung, die auch den Bereich des Religiösen umfaßt. Die Ordnung des Kirchenwesens liegt in der Hand der weltlichen Obrigkeit. Damit zog Brenz dieselbe Lehre aus der Auseinandersetzung mit den Altgläubigen und aus dem Bauernkrieg wie Luther: dem Entstehen von Spaltungen in der christlichen Gemeinde muß soweit möglich gewehrt werden. Das gelingt am besten durch die Einschränkung religiöser Organisationsmöglichkeiten.

Trotz aller Spaltungen vorbeugenden Maßnahmen treten Abweichler auf. Das lehrt die Erfahrung. Deshalb muß man genau differenzieren, welche Form des Fehlverhaltens geistliche und welche weltliche Bestrafung verdient. Kriterium für die obrigkeitliche Bestrafung von Fehlverhalten ist grundsätzlich, ob es sich dabei um Sünde wider Gott – also ein geistliches Vergehen – oder um ein weltliches Verbrechen handelt.

> »Under die geistlichen sund werden gezelet der unglaub, verzweyflung an Got, kleinmutigkeyt, mißverstand der heiligen geschrifft, bloß ketzerey, heimlich neyd und hass, begirde eines frembden guts oder eegemahels und alles, so vor Got sund und laster ist, und bringet doch darneben gemeinem burgerlichem und weltlichem friden kein nachteil. Under die weltliche sunde werden gezelet verretterey, mord, raub, diebstahl, eebruch und was dero bösen stuck seyen, so gemeinen friden zerutteln.«[65]

Zwischen geistlichem und weltlichem Fehlverhalten wird von Brenz eine scharfe Trennungslinie gezogen: Das Kriterium, ein bestimmtes Verhalten als Sünde oder Laster coram Deo zu beurteilen und allein dem geistlichen Schwert zur Bestrafung zu überlassen, ergibt sich aus dem weltlichen Bereich. Geistlich ist alles, was das Zusammenleben der Menschen in der bürgerlichen Gemeinschaft nicht stört, was »den gemeinen Frieden nicht zerrüttet«. Hier erscheint der Friede unter den Menschen als so hohes Gut, daß Abweichungen solange geduldet werden, wie sie nicht zu sozialen Problemen führen. Erasmischer Geist ist deutlich erkennbar. Überdies wird die bisherige Interpretation durch diese Darlegung gestützt: Brenz unterscheidet zwischen zwei Sorten der Ketzerei, der »bloßen Ketzerei« – also der Lehrabweichung ohne Folgen für das bürgerliche Leben – und der den öffentlichen Frieden störenden Ketzerei.

65 Brenz: Frühschriften 2, 481, 14-21 (Ob ein weltliche oberkeyt, …).

Die Bedeutung des Friedens im bürgerlichen Leben ist auch in anderen Zusammenhängen für Brenz ein gewichtiges Argument. Selbst Gotteslästerei soll um des bürgerlichen Friedens willen nur in einer diesen fördernden Form bestraft werden. In Kritik des Reichsrechts spricht Brenz sich wohl schon im Jahr 1525 dafür aus, daß Gotteslästerer nicht entsprechend der Größe ihrer Sünde – es gäbe gar keine größere als die ihre –, sondern nur um des abschreckenden Beispiels willen und mit dem Ziel, den bürgerlichen Frieden zu erhalten beziehungsweise wiederherzustellen, bestraft werden sollen.

> »So nu lesterung des fursten die straff des todts verdien (wiewol es nach
> gelegenhait der not gelengkt von einer oberkait mag werden), vil mer lesterung
> Gots, wiewol aber einmal die straf von der oberkait gelengt mag werden, sovil ir
> policeys gnugsam zum exempel und burgerlicher erberkait sein wurt.
>
> All straffe der oberkait sollen nit nach verdienst der sund geschehen, man
> must sunst die unglaubigen irs unglaubens halb (dieweyl unglaub die grost sund)
> am hertsten straffen, sonder sovil burgerlichen friden und exempel gnug ist.«[66]

Eine milde Bestrafung für religiös motivierte Störungen der öffentlichen Ordnung reicht demnach aus, weil die Obrigkeit nur den bürgerlichen Frieden schützen und erhalten soll.

Im Unterschied zu Luther[67] identifiziert Brenz auch später Täufer nicht mit Gotteslästerern. Zwischen Schülern und Lehrern sei genau zu unterscheiden, möglicherweise glaube oder lehre jemand nur aus »einfeltikait«[68]

---

66 Johannes Brenz: Von straff der gotzlesterung. In: Ders.: Frühschriften 2, 301 f, hier 302, 9-17.

67 Luther hat mehrere Wandlungen durchgemacht: von einem liberalen unter dem Einfluß von Melanchthon zu einem strikteren und dann wieder zu einem liberalerem Verständnis der Bestrafung von Täufern; vgl. zur Mühlen: Luthers Tauflehre und seine Stellung zu den Täufern, 119-138, bes. 134 f. Als Gotteslästerung wurde in Wittenberg die öffentliche Proklamation einer vom obrigkeitlichen Bekenntnis abweichenden Meinung verstanden. Das gebot dortigem Verständnis nach die Hinrichtung von Täufern. Dazu kommt, daß die Täufer von Luther auch als Aufrührer gesehen wurden, weil sie ein Predigt- beziehungweise Lehramt ohne obrigkeitliche Befugnis dazu aufrichten würden. Somit wurden die Täufer wie andere »Winkelprediger« beurteilt und behandelt. Später bestand Luther »nur« noch für Aufrührer auf der Todesstrafe, einfache Häretiker wollte er verbannt wissen.

68 Johannes Brenz: Vom underschid der widertauffer. In: Ders.: Frühschriften 2, 575 f, hier 576, 6.

falsch, und solche Menschen seien nicht zu bestrafen, sondern zu belehren. Schließlich sei ihr »mißverstand aus mangel der genad Gottis« entstanden und eine harte Strafe führe allenfalls zu ihrer Verhärtung.[69] Arm, einfältig, unverständig – so lauten die von Brenz zur Charakterisierung der Täufer herangezogenen Adjektive. Wenn sich in diese Gruppe Aufrührer eingeschlichen hätten, so seien diese eigens herauszugreifen und als Aufrührer zu strafen. Mit den Überzeugungen der Täufer, die Brenz solange dulden will, wie sie den Bürgerfrieden nicht stören, habe das Verhalten solcher Menschen nichts zu tun. Sie stören die Eintracht und werden deshalb als Aufrührer bestraft.

Die Position Brenzens ist also mit dem Stichwort »Milde« am besten zu kennzeichnen. Anerkannt wird, daß Menschen Unterschiedliches für wahr halten. Deshalb soll der Henker mit dem Schwert nach Möglichkeit nicht eingesetzt werden. Brenz versteigt sich sogar zu der Forderung, es sei weitaus besser, »es werde vier oder zehen mal ein unrechter glaub gedult, dann nur ein mal ein rechter glaub verfolgt«.[70] Unrechter Glaube soll obrigkeitlicherseits geduldet, toleriert, werden, damit nicht irrtümlich der rechte Glaube obrigkeitlicherseits bestraft wird.

Brenz setzt noch eins drauf: Obrigkeitliche Milde sei selbst gegenüber solchen angebracht, welche die göttliche Natur Christi oder die Lehre von der Allversöhnung öffentlich gelästert hätten, dann aber abschwören würden.[71] Diese Gotteslästereien sollen um der erfolgten Buße willen – also nach dem Abschwören – nicht mehr hart bestraft werden. Man solle nämlich in der obrigkeitlichen Behandlung der Gotteslästerer wie auch in der der Täufer spüren können, »das mer ir sel hail dan ires leibs tod gesucht werde«.[72] Brenz stützt sich auf eine Auslegung von Dt 13, 2-4. 6 f. 9-11, die zwischen dem jüdischen »leiblich todschlagen der feind« und dem christlichen »geistlichen« Umgang mit den »verfuerischen lerer[n]« unterscheidet.[73] Auch hier tritt wieder die Brenzsche Grundstimmung der Milde im Verhältnis zu anderen Menschen hervor.

69 Brenz: Frühschriften 2, 482, 24 f (Ob ein weltliche oberkeyt, …).
70 Brenz: Frühschriften 2, 488, 1-3 (Ob ein weltliche oberkeyt, …).
71 Brenz: Frühschriften 2, 576, 15 f (Vom underschidt der widertauffer).
72 Brenz: Frühschriften 2, 576, 22 f (Vom underschidt der widertauffer).
73 Brenz: Frühschriften 2, 486, 10. 15 (Ob ein weltliche oberkeyt, …).

Solche Milde gilt auch für Täufer. Solange sie niemanden zwingen, entsprechend ihrer Lehre zu leben, muß man sie ihrerseits leben lassen. Außerdem seien zumindest die Schüler der täuferischen Lehrer eher einfältig denn halsstarrig.[74] Brenz fragt süffisant:

> »Solte man dann allwege einen so bald ermorden, wenn er einen spruch oder zwen in der schrifft unrecht verstunde, wer wolte vor dem schwert sicher sein? Man findet vast in allen heiligen lerern unverstand ettlicher spruch, solte man sie gleich darumb ertödten, was wer das fur ein billigkeyt?«[75]

Andernorts heißt es in demselben Tenor, wenn man »eins irrsals halben einen umb das leibliche leben bringen [wolle], wen will man leben lassen?«[76] So würde »der hencker der gelertst doctor« der Heiligen Schrift sein.[77] Dieser Gedanke ist ebenso wie die eingängige Formulierung aus Luthers Schrift »An den christlichen Adel deutscher Nation ...« von 1520 übernommen.[78] Obwohl das Wortspiel bei beiden Reformatoren gleich ist – selbstverständlich hat Brenz die ein Dezennium alte Schrift gekannt und das prägnante Diktum übernommen –, unterscheidet sich der jeweilige Kontext und damit auch die Interpretation. Luther wendet sich gegen Ketzerverbrennung durch die Altgläubigen, bezogen auf einen Reformer des 15. Jahrhunderts, der trotz der Zusicherung freien Geleits hingerichtet wurde. Brenz bezieht das Diktum auf die Täufer seiner Tage und verallgemeinert die Irrtumsfähigkeit menschlicher Auslegung der Heiligen Schrift. Jeder kann irren, sei er Laie oder gebildeter Theologe. Deutlich ist dadurch, daß Brenz mit unterschiedlichen Interpretationen des Evangeliums rechnet. Daraus soll solange keinem Abweichler von der obrigkeitlich sanktionierten Lehre ein Problem erwachsen, wie er nicht

---

74 Der Unterschied zwischen Schülern und Lehrern wird am ausführlichsten im Gutachten »Vom underschid der widertauffer« vom 8. Februar 1531 entfaltet; Brenz: Frühschriften 2, 575 f.

75 Brenz: Frühschriften 2, 488, 24-28 (Ob ein weltliche oberkeyt, ...).

76 Brenz: Frühschriften 2, 491, 25 f (Ob ein weltliche oberkeyt, ...).

77 Brenz: Frühschriften 2, 485, 20 (Ob ein weltliche oberkeyt, ...).

78 WA 6, 455, 22-25, in Hinblick auf die hussitischen Böhmen und ihren ermordeten Führer Johannes Huß: »Wen es kunst were, mit fewr ketzer ubirwinden, szo weren die hencker die geleretisten doctores auf erdenn, durfftenn wir auch nit mehr studirenn, szondern wilcher den andern mit gewalt ubirwund, mocht yhn vorprennen.«

gegen das weltliche Gesetz verstößt. Weil Täufer keinen Untertaneneid leisten wollen, soll ihnen nur »burgerliche handtierung« verboten werden.[79] Im Verhältnis zu Luther fällt auf, daß nach Brenz der bürgerliche Friede zum Kriterium des Urteils über Ketzer wird. Statt daß dieser Indikator abweichenden Glauben einschränkt, gewährt er ihm Raum.

Es gab aber schon zu dieser Zeit weitergehende Positionen in evangelisch geprägten Kreisen. Ein unbekannter Nürnberger, wahrscheinlich der zwinglianische Ratschreiber Georg Fröhlich, forderte von der dortigen Obrigkeit die rechtliche Anerkennung von religiöser Pluriformität.[80] Mit der Heiligen Schrift selbst behauptete er, im Reich Christi müßten Spaltungen sein und deshalb solle die Obrigkeit sich in die geistlichen Belange überhaupt nicht einschalten:

> »Dieweyl nu im reich Cristi secten und spaltungen mussen sein und auß denselbigen, wiewol an in selbs boß, dannoch guts ervolgen solle, warumb wil dan ein oberkait sich anmassen, mit dem schwerdt ein ding auß dem reich Cristi zu treyben, das die schrift sagt, von not wegen darin sein muß? [...] Auch wer der historien seydher Cristi geburt kundig ist, halt ich, werd bekennen mussen, das gewonlich die kaiser und oberkaiten, die mit dem schwert in des glaubens sachen gehandelt, weyt mer aufrurs und unruwe gehapt weder die andern, die sich des nit angenomen und die lere des glaubens einem yden frey gelassen haben. Warumb solts dan nit noch heutigs tags auch also konnen sein und ein oberkait mogen frid erhalten, so sie sunst fleißig zusehen und wachen wolte?«[81]

Durch den Nürnberger Ratsschreiber Lazarus Spengler (1479-1534) gelangte das Gutachten an Brenz. Dieser nun beurteilt die von dem Nürnberger geforderte obrigkeitliche Anerkennung von christlicher Pluriformität ausschließlich negativ. Wenn der Unbekannte meine,

> »ein igkliche weltliche oberkait sey by irem gewissen schuldig, einer igklichen secten oder glaubens, sey recht oder falsch, offenlich versamlung in irm gebiet zu gedulden und sie darbey fridlich handtzuhaben«,[82]

dann unterscheide er nicht recht zwischen dem Glauben im Herzen und dem Bekenntnis, das eine Obrigkeit anerkannt und aufgerichtet hat.

---

79 Brenz: Frühschriften 2, 492, 6 (Ob ein weltliche oberkeyt, ...).
80 Vgl. zu seinem Gutachten oben Anm. 14.
81 Brenz: Frühschriften 2, 524, 26-30; 525, 41- 526, 5 (Gutachten).
82 Brenz: Frühschriften 2, 528, 31-34 (Antwort auff die vertzeichnus, ...).

»Aber wan es nit bym glauben im hertzen und personlich bekantnus des munds pleipt, sonder bricht so ferr herfur, das man sich zusamen, es sey offenlich oder heimlich, rodttirt und ein new lereampt aufricht und anfahet, da wils auch anfahen, der weltlichen oberkait zu geburn, sich in solch handlung zu slahen und solch versamlung und lereampt, so es nutzlich und fridlich erscheint, zu furdern oder, so es ergerlich und unfridlich auß grundtlichen ursachen erachtet, zu weren.«[83]

Falscher Glaube und auch dessen öffentliche Äußerung soll also nicht gestraft werden, aber die Einführung eines neuen Kultes kann obrigkeitlicherseits verboten werden. Kriterium ist auch hier wieder die Förderung oder Störung des Friedens. Die Obrigkeit entscheidet über die Einführung neuer Kulte nicht nach dem Kriterium von deren Wahrheit, sondern nach dem Kriterium ihres Nutzens. Das zeigt eine Relativierung des Wahrheitsbegriffs an, die für einen Lutheraner bemerkenswert ist. Zudem soll nach Brenz sogar ein von der Obrigkeit als Störenfried angesehener Irrlehrer nicht mit dem Tod bestraft werden, sondern nur mit Landesverweisung und auch das nur nach eingehender Vermahnung. Begründet wird das mit der Notwendigkeit, den Frieden unter den Christen zu erhalten.

»Es ist war, ein weltlich oberkait kan sich nit darin legen als richter der leren, sie sol sich aber darin legen als richter des unfridens und unainikait, dieweyl irm ampt geburt, ein geruwigs und stils leben by den underthonen zu erhalten.«[84]

Für sich selber möge ein jeder glauben, was er will – daraus darf aber keine Unfriedsamkeit im bürgerlichen Leben entstehen. Deshalb sollen auch keine Konventikel gehalten werden.[85] Eine schärfere Strafe als Landesverweisung hat Brenz nie in Erwägung gezogen. Selbst das kaiserliche Mandat vom 23. April 1530, das unter Zustimmung der lutherischen Reichsstände die Todesstrafe unterschiedslos für alle Täufer vorsah, hat er mit Raffinesse uminterpretiert: Die Forderung nach dem Tod des Wiedertäufers gehe nicht vom Kaiser, sondern in Wirklichkeit von altgläubigen Bischöfen aus und sei deshalb nicht umzusetzen.[86]

---

83 Brenz: Frühschriften 2, 529, 23-29 (Antwort auff die vertzeichnus, …).
84 Brenz: Frühschriften 2, 532, 2-6 (Antwort auff die vertzeichnus, …).
85 Brenz: Frühschriften 2, 548 f; vgl. auch 576, 5-13. 24-26.
86 Brenz: Frühschriften 2, 496, 26-30 (Ob ein weltlich oberkeyt, …); vgl. auch die Einleitung, 474.

Zusammenfassend wird man sagen können, daß Brenz den Frieden im bürgerlichen Gemeinwesen über die Durchsetzung konfessioneller Einheit gestellt hat. Er nimmt zwar nicht von dem Gedanken Abstand, daß bürgerliche Eintracht grundsätzlich nur bei religiöser Gleichförmigkeit dauerhaft stabil ist. Aber sein Begriff von Gleichförmigkeit ist weiter angelegt als derjenige Luthers. Dissens in öffentlich geäußerten Glaubensfragen kann geduldet werden, wenn nur klar ist, daß er keine Auswirkungen für den weltlichen Frieden innerhalb des Gemeinwesens hat. Entsprechend relativiert Brenz die Bedeutung theologischer Lehrunterschiede und spricht sich für die Unterscheidung verschiedener Sorten von Irrgläubigen und damit für einen engen Ketzerbegriff aus. Brennen sehen will er noch nicht einmal diejenigen Ketzer, welche den Frieden im Gemeinwesen stören. Selbst diesen gegenüber empfiehlt Brenz der Obrigkeit nicht Härte, sondern Milde: schlimmstenfalls Landesverweisung lautet sein Rat.

Damit begrenzt Brenz das Wahrheitspathos Luthers und die Bedeutung der rechten Lehre. Entsprechend bescheinigt Sebastian Franck in seiner Ketzerchronik Brenz, er habe »das würgen [...] beherziget / vnd fast alleyn darwider als ein eyniger bellender hund / zů souil vergoßnem blůt allenthalben gebollen [...].«[87] Brenz hat zwar nicht stringent toleranzfördernd im modernen Sinne argumentiert, aber doch, angeleitet von Erasmus und zugleich kritisch dessen Äußerungen gegenüber, gefordert, den Ketzer nur dann auszuweisen, wenn seine Reden nachweislich zur Störung des Bürgerfriedens führen. Das Reichsrecht soll dagegen nicht angewendet werden; niemand soll mit dem Tod bestraft werden.

Der Befund Brenzens geistiger Abhängigkeit von einem Theologen und Philosophen, den er seit dessen Streit mit Luther ablehnte, mag verwundern. Nur selten und ausschließlich exegetisch oder philologisch begründet, griff Brenz bewußt auf Erasmus zurück. Aber das Gedankengut des Heidelberger Humanistenkreises, in dem er theologisch sozialisiert worden war, blieb wohl jahrzehntelang präsent. Die frühe direkte Prägung durch Erasmus ist belegt: Briefe zeugen von der Hochschätzung, die der

---

87 Sebastian FRANCK: Chronica: Zeitbůch vnnd Geschichtbibell von anbegyn bisz in diss gegenwertig M. D. xxxvi iar verlengt [...]. Reprint der Ausgabe Ulm 1536. DA 1969, ccv^v (Chronica der Römischen Ketzer). Zur Wirkungsgeschichte von Brenzens Position vgl. Brenz: Frühschriften 2, 474 f.

aufstrebende Student der humaniora dem Humanistenfürsten entgegen-
brachte und ebenso von lobenden Äußerungen des Älteren über seinen
Schüler.[88] Die angenehme Fähigkeit zur Selbstrücknahme, zur Abwägung
von Mittel und Zweck, die Freude an der ironischen Formulierung – das
sind Charakteristika von Brenzens Schriften, die nicht nur sein persönli-
ches Profil, sondern auch erasmischen Einfluß widerspiegeln, auch wenn
angesichts des gegenwärtigen Forschungsstandes nicht festgestellt werden
kann, welche Schriften des Humanistenfürsten er besessen hat beziehungsweise ihm in Heidelberg während seines Studiums bekannt wurden.

Bestimmt wird Brenzens Denken von der Aufrechterhaltung des bürgerlichen Friedens her. Sein Überlegungen zeigen überdies eine hohe Achtung vor dem Irrenden, dem etwas wahr zu sein scheint, was der Württemberger Reformator seinerseits ganz anders sehen zu müssen meint. Freundlich soll darüber gesprochen werden. Vielleicht ist der Irrende im Unrecht,
vielleicht ist er nur scheinbar im Unrecht, vielleicht wird er zu einem
späteren Zeitpunkt seine Meinung geändert haben. Diese Relativierung
religiöser Behauptungen erinnert an des Erasmus eschatologischen Vorbe-
halt. Brenz läßt so eine Skepsis erkennen, die an die ars dubitandi erinnert.
Indem er zwischen der Wahrheit und ihrer Auslegung unterscheidet, anerkennt er das möglicherweise oder zumindest teilweise gegebene Recht
unterschiedlicher Wahrheiten. Die Relativierung der jeweiligen Wahrheitsansprüche erleichtert die schärfere Unterscheidung zwischen geistlichen
und weltlichen Vergehen und dient damit dem bürgerlichen Frieden.

Der bürgerliche Friede ist Brenz ein hohes Gut; Gedanken zu seiner
christologischen Überhöhung fehlen jedoch weitgehend. Nur selten finden sich Äußerungen, die an die Verhältnisbestimmung des Erasmus von
Gottesfrieden und Menschenfrieden erinnern:

> »Item, die euangelisch warhait ist, das wir werden durch sie zufriden gestelt
> gegen Got und dem menschen. Wie kan nu euangelisch warhait furgezogen
> werden, wo unfrid sich erhept. Der mit Got zufriden ist gestelt, kan leichtlich
> frid halten gegen seinem nechsten oder oberkait. Wer aber nit frid an der hand
> und that helt gegen menschen, wie wolt er frid haben des hertzens gegen Got?«[89]

88 Vgl. oben Anm. 50.
89 Johannes BRENZ: Ablainung: Wie das Euangelium Weltliche Oberkait nit zu boden
   stoß Sonder bestetig sie etc. In: Ders.: Frühschriften. Teil 1/ hrsg. von Martin Brecht;

Hier ist zwar der Friede mit Gott als Grund des weltlichen Friedens unter den Menschen dargestellt, aber weder wird gesagt, daß Gott die Menschen durch seinen Sohn, den Friedefürsten, in einem umfassenden und endgültigen Sinne befriedet hat, noch findet sich explizit der Gedanke, daß die Menschen einander ertragen sollen, weil Gott sie erträgt. Implizit sind diese Gedanken in Brenzens Hochschätzung des Friedens jedoch wirksam.

Um den Frieden aufrechtzuerhalten, bedarf es kluger Maßnahmen seitens der Obrigkeit. Deren Klugheit besteht vor allem im möglichst weitgehenden Verzicht auf Zwang und Gewalt (auch das ist ganz im Sinne des Humanismus gedacht) – nur abschreckend soll Strafe wirken; niemals soll sie Zweifel daran aufkommen lassen, daß die Obrigkeit ihre Untertanen zum Guten fördern will. Deshalb betont Brenz die pädagogische Wirkung einer »milden« Strafe. Im Unterschied zu Luther hält er nicht jeden »Irrlehrer« für einen Gotteslästerer und er will nicht einmal einem solchen Gotteslästerer gegenüber, dessen Tod das Reichsrecht fordert, eine andere Strafe als die Landesverweisung angeordnet wissen.

IV Balthasar Hubmaier (1480/85-1528)
Die Forderung der unbedingten Durchsetzung der Wahrheit

Balthasar Hubmaier[90] ließ sich an Ostern 1524 taufen; dann taufte er einen großen Teil der Einwohnerschaft und des Rates von Waldshut. Am Beginn seiner Karriere als evangelischer Prediger kritisierte er wie Luther

Gerhard Schäfer; Frieda Wolf. TÜ 1970, 33-43, hier 37, 22-27; vgl. auch Einleitung ebd, 32 f, sowie die wohl nicht später als 1529 gehaltene Predigt »Die Wort Christi Math. 10: Ir sollt nit wenen, daß ich kommen sey, Frid zu senden«; Brenz: Frühschriften 2, (146) 147-154.

90 Vgl. biographisch Christof WINDHORST: Hubmaier, Balthasar (1480/85 - 10. 3. 1528). TRE 15 (1986), 611-613; DERS.: Wort und Geist: zur Frage des Spiritualismus bei Balthasar Hubmaier im Vergleich zu Zwingli und Luther. Mennonitische Geschichtsblätter 31, NF 26 (1974), 7-25; Torsten BERGSTEN: Balthasar Hubmaier: seine Stellung zu Reformation und Täufertum. Kassel 1961. Hubmaiers Schriften sind veröffentlicht in Balthasar HUBMAIER: Schriften/ hrsg. von Gunnar Westin; Torsten Bergsten. GÜ 1962. Zum Verhältnis zu Erasmus vgl. Ilse GÜNTHER: Balthasar Hubmaier. Contemporaries of Erasmus. Bd. 2: F-M. Toronto; Buffalo; LO 1986, 210 f: Hubmaier besuchte Erasmus 1522 in Basel.

und Brenz[91] den römischen Ketzerbegriff und forderte, Altgläubige »sennft-
lich«[92] durch das Wort Gottes zu überwinden: Wer den evangeliumsgemä-
ßen Glauben nicht annehmen will, soll von den Christen gemieden werden; eine andere Form der Bestrafung soll es nicht geben. Wie der junge
Luther und Brenz fordert er, das obrigkeitliche Schwert nur gegen die »boß-
hafften« zu führen, nicht aber gegen die »gotloßen«.[93] So steht es in den 36
Thesen seiner Schrift »Von Ketzern und ihren Verbrennern«. Unter Hinweis auf das Gleichnis vom Unkraut unter dem Weizen fordert er ebenso
wie Erasmus, daß erst dann die Ketzer von den Gläubigen getrennt werden
sollen, wenn Christus wiederkommt.[94] Wer wie die Ketzermeister die
Scheidung vorher vollbringt, ist selbst ein Ketzer.[95] Sogenannte Ketzer sind
möglicherweise Gottesgelehrte, »die warhafften verkünder des worts gottes«, die »mit der warhait« verbrannt würden.[96] Die Wahrheit ist aber
»untödtlich«.[97] Dieser Gedanke findet sich dann auch bei Sebastian Franck.

Solche Einsicht hat bei Hubmaier nicht zur Duldung unterschiedlicher Wahrheitsansprüche geführt. Nachdem sich der Waldshuter Rat die
täuferische Position zu eigen gemacht hatte, mußten als erste neun der
ehedem zwölf römischen Priester die Stadt verlassen. Ausgewiesen wurden auch zwei Täufer, weil sie die Ansichten des Lokalreformators über das
Amt der Obrigkeit nicht teilten und sich nicht am Bauernaufstand beteili-
gen wollten.[98] Bald zogen zahlreiche Altgläubige und nicht-hubmaierisch

91 Hubmaier nimmt innerhalb der Täuferbewegung eine Sonderstellung ein, weil er im
   Unterschied zu demjenigen Teil des Täufertums, das sich im Schleitheimer Bekenntnis artikulierte, an der allgemein reformatorischen Position in der Obrigkeitslehre
   festhielt; vgl. Beatrice JENNY: Das Schleitheimer Täuferbekenntnis 1527. Schaffhau-
   ser Beiträge zur vaterländischen Geschichte 28 (1951), 5-81.
92 Uon ketzern vnd iren verbrennern, 1524. In: Hubmaier: Schriften, 96 (3. Art.) ≙
   RELIGIÖSE TOLERANZ: Dokumente zur Geschichte einer Forderung/ eingel., komm.
   und hrsg. von Hans Rudolf Guggisberg. S-Bad Cannstatt 1984, 78 (neuhochdeutsch).
93 Hubmaier: Schriften, 99 (24. Art.) ≙ Religiöse Toleranz, 79.
94 Hubmaier: Schriften, 97 (8. und 9. Art) ≙ Religiöse Toleranz, 78.
95 Hubmaier: Schriften, 98 (13. Art) ≙ Religiöse Toleranz, 78.
96 Hubmaier: Schriften, 99 (29. Art) ≙ Religiöse Toleranz, 79 f.
97 Hubmaier: Schriften, 100 (Schlußsatz) ≙ Religiöse Toleranz, 80.
98 Henry Albert NEWMAN: A history of anti-pedobaptism: from the rise of pedobaptism
   to A. D. 1609. Phil 1897, 96: Hubmaier hatte im Jahr 1522 persönlich ein Gespräch
   mit Erasmus geführt.

gesinnte Bürger aus Waldshut fort. Ihnen war das Sakrament nicht mehr gereicht worden; sie galten als nicht getauft. Die täuferisch-christliche Obrigkeit Waldshuts lehrte – so ist zu bilanzieren – zwar niemanden mit dem Henker den Glauben, erlaubte aber auch keine christliche Versammlung außer der eigenen. Ebenso wie in lutherischen Territorien oder in Schwäbisch Hall bestand in Waldshut das Ziel der Einführung der Reformation in der Herstellung von Identität zwischen der kirchlichen und der bürgerlichen Gemeinde. Aus der Skepsis geborene Gedanken der Milde und der Liebe waren Hubmaier fremd. Die Wahrheit wird sich unbedingt durchsetzen. Relativiert wird dieser Gedanke allein durch die Einsicht, daß Gott selbst über die Lüge richten wird; deshalb soll niemand zum Tode gebracht werden. Auszuhalten innerhalb des eigenen Gemeinwesens ist ein Abweichler mit seinen Sondermeinungen deshalb freilich nicht. Christus bringt nicht den Frieden, sondern das Schwert.

Obwohl Hubmaier unbestreitbar unter dem Einfluß des Erasmus die Wende vom altgläubigen Volksprediger zum Reformator vollzog, hat er die humanistischen Ansichten, die zur Relativierung des eigenen Wahrheitsanspruchs führen, nicht verinnerlicht. Als Täuferführer propagiert er die Scheidung der bürgerlichen von der christlichen Gemeinschaft statt eines umgreifenden Friedens. Nur wer geistlich zur täuferischen Gruppe gehört, hat auch Lebensmöglichkeit in deren bürgerlichem Gemeinwesen. Machtvolle Predigt geht einher mit dem Pakt mit den Mächtigen, die die Aufrichtung der wahrhaft göttlichem Willen entsprechenden Ordnung durchsetzen. Daß Hubmaier mit dieser Strategie keinen Erfolg hatte, weil die Mächtigen keinen Pakt mit ihm schlossen, wird an seinem unrühmlichen Ende anschaulich.

V Sebastian Franck (1499-1542)
Die unbedingte Vorordnung der Friedensliebe vor der Wahrheit

In scheinbarem Gegensatz zu Brenz und Hubmaier äußert sich der berühmteste Freidenker der Reformationszeit: Sebastian Franck.[99] Er galt Luther als »ein Enthusiast oder Gaister, dem nichts gefellet denn Gaist, Gaist,

---

99 Priscilla HAYDEN-ROY: The inner word and the outer world: a biography of Sebastian

Gaist«.[100] In Straßburg wurde er auf ein Schreiben des Erasmus hin – der berühmte Humanist fühlte sich durch seinen Verehrer geschmäht, weil der ihn mit dem Ehrentitel »Ketzer« belegt hatte – gefangengesetzt und dann ausgewiesen. Alle Exemplare seiner hier 1531 gedruckten Hauptschrift »Chronica: Zeitbůch vnnd Geschichtbibell ...«[101] wurden konfisziert. Der Spiritualist lehnte jede Institutionalisierung des reformatorischen Aufbruchs ab. Seiner Meinung nach kann eine obrigkeitlich durchgeführte Reformation die Frage nach der wahren Kirche nicht lösen, weil nur zufällig ein eloquenter reformatorischer Prediger und ein auf seine evangelische Verantwortung hin ansprechbarer Magistrat oder Fürst zusammentreffen. Um Wahrheit ginge es bei der Einführung der Reformation nur am Rande. Deshalb verspottet Franck die Reformation als Aufrichtung eines »Landgott[es]«.[102] Die Spaltungen innerhalb der Protestanten würden beweisen, daß die obrigkeitliche Durchsetzung der Reformation ein folgenschwerer Fehler war. Wer nämlich nach dem »todten Bůchstaben« fragt und nicht nach dem, den Gott »mit seinem finger lebendig in vnser hetz schreib[t]«, der macht die Schrift zum »abgott«.[103] Gott selbst hat die

---

Franck. NY 1994; SEBASTIAN FRANCK (1499-1542)/ hrsg. von Jan-Dirk Müller. Wiesbaden 1993; André SÉGUENNY: Franck, Sebastian (ca. 1500-1542). TRE 11 (1983), 308-312; Klaus KACZEROWSKY: Sebastian Franck Bibliographie: Verzeichnis von Francks Werken, der von ihm gedruckten Bücher sowie der Sekundär-Literatur; mit einem Anhang; Nachweise von Francks Briefwechsel und der Archivalien zu seinem Leben. Wiesbaden 1976.

100 WA 54, 173, 2 f; 171, 1-7: »Jch habe zwar auch bey leben Sebastiani Francken nichts wollen wider jn schreiben, Denn ich solchen bösen Menschen zu hoch veracht und alzeit gedacht, sein schreiben wůrde nichts gelten bey allen vernunfftigen, sonderlich bey Christen leuten, und von sich selbs in kurtz untergehen, wie ein Fluch eines zornigen bösen Menschen.«

101 Vgl. oben Anm. 87.

102 Begriff bei Alfred HEGLER: Geist und Schrift bei Sebastian Franck: eine Studie zur Geschichte des Spiritualismus in der Reformationszeit. FR 1892, 260; vgl. Horst WEIGELT: Sebastian Franck und die lutherische Reformation: die Reformation im Spiegel des Werkes Sebastian Francks. In: Sebastian Franck, 1499-1542, 39-54; DERS.: Sebastian Franck und die lutherische Reformation. GÜ 1972; vgl. zum Kontakt zu Erasmus Hans R. GUGGISBERG: Sebastian Franck. Contemporaries of Erasmus 2, 1986, 53 f mit Hinweisen auf Epp. 2441, 2587, 2590, 2615, 2622.

103 Franck: Chronica ..., lxxxiiij[v] (Chronica der Römischen Ketzer).

Widersprüche in den buchstäblichen Sinn der Schrift gelegt, um die Menschen den Unterschied zwischen seinem lebendigen Wort und dem äußerlichen Buchstaben zu lehren. Wer nur auf den äußerlichen, toten Buchstaben schaut, steht in Gefahr, ein neues Papsttum aufzurichten und damit dem Antichristen eine neue Wirkungsstätte zu eröffnen.[104] Franck strebt weder die Verbesserung eines bestehenden Kirchenwesens noch die Gründung eines neuen an. Sein Interesse zielt allein darauf, Christen der wahren Kirche zuzuführen. Das ist die ecclesia spiritualis, die keinesfalls veräußerlicht werden darf. Deshalb stellt er die Forderung auf, daß ein jeder für sich selbst »on sect [...] selber frum sein [und] auf niemand sehen« soll. Der Christ solle sich mit jedermann vertragen, jeden neben sich »frey glauben« lassen und niemanden in seinem Gewissen »gefange[n]« nehmen.[105]

Seinen Ratschlag an die, welche Christen sein wollen, formuliert er folgendermaßen:

> »In sachen, die den glauben belangen,
> Soll man an keinem menschen hangen [...].
> Allein in Gott soll man gloriern.
> Jedoch wer gloriern will,
> Der bitte Gott in der Still,
> Der khan allein den glauben geben,
> Die rechte khunst zum ewigen leben«[106]

Erst am Ende der Zeit wird Gott zu erkennen geben, wer wirklich sein Kind ist. Bis dahin gehen wir »alle auff dem eiß gar ein schlüpfferigen weg«.[107] Da jeder potentiell selbst ein Ketzer ist und es keinen Ketzer gibt,

104 Franck: Chronica ..., lxxxiiij^v (Chronica der Römischen Ketzer).
105 Franck: Chronica ..., Zusammenfassung von aiij^v-av^v (Vorred vnd einleytung In dise gantze Chronica).
106 Sebastian FRANCK: Das alte Sprichwort: die gelertenn, Das man sie heisset die verkerten. In: Johannes Bolte: Zwei satirische Gedichte von Sebastian Franck. In: Sitzungsberichte der Preußischen Akademie der Wissenschaften: Phil.-Hist. Klasse 90 (1925), 108-114, hier 114, 246-252; vgl. dazu Carlos GILLY: Über zwei Sebastian Franck zugeschriebene Reimdichtungen: stammen »Die Gelehrten, die Verkehrten« und »Vom Glaubenszwang« tatsächlich von Franck? In: Sebastian Franck, 1499-1542, 223-238. Gilly ist der Auffassung, dieses Gedicht sei nicht von Franck verfaßt worden; wenn ich es trotzdem als sein Werk zitiere, dann deshalb, weil es die Gedanken des Spiritualisten gut zusammenfaßt.
107 Franck: Chronica ..., clxxvj^r (Chronica der Römischen Ketzer).

den mit seinem Kritiker nicht das humanum verbände, soll jeder seinem Nächsten freundlich und geduldig, voller Achtung und Ehrerbietung entgegentreten:

> »[...] / es ist kein so arger ketzer, der nit [...] unser fleysch vnd blůt sey. Also bliben wir all demůtig / und vrteylet keiner so leichtlich den andern / vnd werff nit gleich ein yeder ein yeden umb ein yeden irrthumb also hin / so sicher als sey er gewiß / wie eim yeden sein weg gefelt und der best gedunckt / er gehe recht / und yederman soll jm nach.«[108]

Im Unterschied zu Luther, Brenz und Hubmaier hat die Obrigkeit nach dem Spiritualisten keinen Auftrag zur Verbreitung der Wahrheit. Sie hat vielmehr jeder Veräußerlichung des Christentums in einer Kirche – beziehungsweise wie Franck zu allen religiösen Gemeinschaften sagt: in einer »Sekte« –, zu wehren. Weil er davon überzeugt ist, daß Gott weltliches Reich und Regiment dem Antichristen übereignet haben kann, sieht er in der Obrigkeit nicht den Stellvertreter Gottes, sondern einen beliebigen Zwingherrn. Egal, was dieser den wahrhaft Glaubenden antun würde, sie fühlten sich noch nicht einmal einer Prüfung ausgesetzt, weil das Weltliche ihnen vollkommen gleichgültig ist.

Francks Grundgedanke, daß, wer bisher als Ketzer bezeichnet wurde, keiner gewesen sein muß, steht in einer Linie mit den anderen bisher untersuchten Theologen mit Ausnahme des Täufers.

> »Ich«, formuliert Franck in seiner Vorrede auf die »Chronica der Römischen Ketzer«, »habe [...] keine Zweifel, daß unter ihnen [den Ketzern] viele teure, gottgefällige Menschen sind, die mehr Geist in einem Finger haben als der Antichrist in allen seinen Gliedern [...]; sie wären es wohl wert, daß sie in des Papstes heiligem Kalender stehen, [...]«.[109]

Diese Wendung findet sich bei keinem seiner Kollegen und Vorgänger: Einen Ketzerkalender wollte von denen niemand schaffen, wie sie überhaupt den Ketzerbegriff nicht ebenso radikal auflösten und umdeuteten wie Franck.

Für einen solchen guten und vorbildlichen Christen hält Franck Erasmus von Rotterdam, obwohl der seinerseits nicht sehen wollte, wie stark Franck seine eigenen Gedanken aufgenommen und weitergeführt hatte.

---

108 Franck: Chronica ..., clxxvj^r (Chronica der Römischen Ketzer).
109 Zitiert nach Religiöse Toleranz, 82 ≙ Franck: Chronika ..., lxxxj^v.

Von Erasmus ist Franck besonders abhängig in seinem »Krieg Büchlin des Friedes«.[110] Hier kritisierte er im Rekurs auf den umfassenden christologischen Friedensbegriff des Erasmus – unter Einbeziehung auch der frühen Schriften Luthers – die entstehenden Reformationskirchen.[111]

> »Ein sollichen [äußerlichen] vnnseligen fried gibt Christus nit / sonder den / der so tieff in Got, der rechten schatz kamer begraben vnnd verschlossen ligt / dz keyn vnglück / not / tod / feind drüber mag / es mög dann jemand mit Gott kriegen vnnd stercker dann er jhm die seinen auß den henden reyssen.«[112]

Der Friede Gottes ist Voraussetzung und Fundament jeden christlichen Friedensdenkens. Im Reich Christi, das nach Franck schon in dieser Welt angebrochen ist, dürfen Andersgläubige nicht verfolgt werden. Glieder dieses friedlichen Reiches des Friedefürsten sind alle diejenigen, die von Gott innerlich ergriffen sind. Sie leben aktiv als Christen, also gewaltlos. Niemals würden sie sich der Obrigkeit als Amtspersonen zur Verfügung stellen. Mit Luthers Zweiregimentenlehre stimmt das nicht zusammen, und deshalb verwundert es nicht, daß der Wahlbasler gegen den Wittenberger einige Einwände vorbrachte, deren entscheidender lautet, post Christum natum gebe es keinen legitimen Grund mehr dafür, daß ein Frommer zu den Waffen greift.

110 Sebastian FRANCK: Krieg Büchlin des Friedes. Reprint der Ausg. Frankfurt a. M. 1550. Hildesheim; NY1975.
111 Francks geistige Nähe zu Erasmus ist bekannt und in verschiedener Hinsicht untersucht worden; vgl. Siegfried WOLLGAST: Erasmus von Rotterdam und Sebastian Franck. Daphnis 14 (1985), 497-516; Horst WEIGELT: Sebastian Francks Auseinandersetzung mit Luther in seinem Kriegbüchlein des Friedens. In: Luthers Wirkung: Festschrift für Martin Brecht zum 60. Geburtstag/ hrsg. von Wolf-Dieter Hausschild; Wilhelm H. Neuser; Christian Peters. S 1992, 83-95; Gerhard MÜLLER: Sebastian Francks »Kriegs-Büchlin des Friedes« und Friedensgedanke im Reformationszeitalter. s. l. 1954 – MS, Univ., Phil. Fak., Diss., 1954; Albrecht HAGENLOCHER: Sebastian Francks »Kriegbüchlin des Friedes«. In: Krieg und Frieden im Horizont des Renaissancehumanismus, 45-67; dagegen Sigrid LOOSS: Sebastian Francks Auffassungen zu Frieden und Krieg im historischen Kontext. In: Sebastian Franck, 1499-1542, 119-129. Bei Rudolf KOMMOSS: Sebastian Franck und Erasmus von Rotterdam. B 1934, 26-36, findet sich ein Verzeichnis derjenigen Schriften des Erasmus, aus denen Franck Gedanken entlehnt hat; ebd, 37-92, wird der Anteil erasmischen an Francks Gedankengut inhaltlich bestimmt.
112 Franck: Krieg Büchlin des Friedes, DIIj 27ʳ.

Franck denkt, das unterscheidet ihn von Luther und vor allem von Hubmaier, relational. Wahrheit ist immer nur dasjenige, was dem Menschen in der Beschränktheit und Vorläufigkeit seines Lebens als wahr erscheint. Der Irrtum ist als Möglichkeit des Denkens selbst anzusehen. Eben diesen Gedanken fanden wir bei Erasmus und – zumindest ein gutes Stück weit – auch bei Brenz.

Franck geht aber sogar noch ein Stück weiter als diese beiden: Gott läßt die Ketzerei nicht nur zu, sondern sie dient ihm zur »Erprobung und Stärkung der Wahrheit«, »weil jedes Gegenteil seinen Gegensatz hervorbringt und deutlich macht«.[113] Damit ist zum ersten Mal der Gedanke ausgesprochen worden, daß religiöse Differenzierung eine positive Bedeutung für die jeweils eigene Überzeugung hat. Sich hinterfragen lassen von Andersgläubigen wird damit zum Kennzeichen des wahren Christen.

VI Zu Kontinuität und Diskontinuität zwischen erasmischem Friedensdenken und reformatorischen Theologien

Gemeinsam ist den drei hier vorgestellten evangelischen Theologen und ihren Theologien, daß sie als Wegbereiter modernen Toleranzdenkens gewürdigt wurden, von ihren Zeitgenossen oder Nachfahren. Gemeinsam ist ihnen die Einsicht, daß das andere nicht ausgemerzt werden kann im Feuer. Sie sehen keine Notwendigkeit, den anderen um seiner Andersgläubigkeit willen um sein Leben zu bringen und anerkennen allein die Ausweisung als legitime Möglichkeit, sich seiner als Nachbarn zu entledigen. Einig sind sie also in der Ablehnung der Todesstrafe für Ketzer. Die süddeutschen Theologen verallgemeinern damit Überlegungen des jungen Luther und wenden sie auf ihre eigene Gegenwart an. Äußerungen des Wittenbergers von 1520/21 wurden bis 1530 zum Gemeingut bei ihnen. Brenz, Hubmaier und Franck – keiner von ihnen will Scheiterhaufen brennen sehen. Das verbindet sie aber nicht nur mit dem »jungen« Luther, sondern auch mit dem »alten« Erasmus. Sie geben alle den römischen Ketzerbegriff auf und ersetzen ihn durch eine eigene Definition:

---

113 Zitiert nach Religiöse Toleranz, 85 ≙ Franck: Chronica ..., LXXXiij^v (Chronica der Römischen Ketzer).

Brenz will den »anständigen« Ketzer obrigkeitlich als Nachbarn geduldet sehen; Hubmaier ist ein missionierender Ketzer und will sich seine Möglichkeiten nicht beschneiden lassen; Franck erklärt alle Anhänger obrigkeitlich gesetzter Konfession zu Ketzern.

Aber signifikant sind auch die Unterschiede zwischen ihnen: Hubmaier will alle sich nicht der Erwachsenentaufe unterziehenden Christen aus dem Gemeinwesen ausschließen; das verbindet seine mit Luthers Position zwischen 1530 und 1540: Die Annahme der einen und einzigen Wahrheit durch die Gläubigen muß sich in der Beteiligung am obrigkeitlich eingeführten Kultus realisieren. Brenz unterscheidet schon zehn Jahre vor Luther, der erst in seinen letzten Lebensjahren diese Position einnimmt, zwischen »einfachen« Ketzern und »aufrührerischen« Ketzern. Selbst die öffentliche Äußerung von religiöser Abweichung kann nach Brenz dann unbestraft bleiben, wenn sie nicht zu Aufruhr führt. Franck ist dagegen der Überzeugung, daß jeder in seiner Weise glauben soll, und daß die Obrigkeit gar keine Veräußerlichung dieser unterschiedlichen Glaubensüberzeugungen in einer Gemeinschaft dulden soll. Einheitlichkeit der religiösen Gemeinschaft mit der politischen fordern also Luther und Hubmaier. Begrenzte, öffentlich sichtbare Abweichung in religiösen Fragen gestatten Erasmus und Brenz. Unsichtbare Religion im öffentlichen Raum und Begrenzung religiösen Gemeinschaftslebens fordert Franck. Letztgenannter will gerade dadurch die Pluriformität der je individuell zu erfahrenden Wahrheit sichern. Damit ist er aber nicht weniger intolerant als Hubmaier und Luther.

Die Grenze des Verständnisses von Toleranz der vier Protestanten liegt darin, daß sie die obrigkeitliche Anerkennung verschiedener Konfessionen innerhalb der einzelnen Territorien und Städte theologisch nicht rechtfertigen können. Allenfalls begrenzte Duldung ist nach Brenz möglich, entsprungen aus der Großmütigkeit der Herrschenden und nur unter der Bedingung des bürgerlichen Wohlverhaltens der Abweichler. Nach übereinstimmender Meinung der vier Protestanten ist die religiöse Einheitlichkeit der Grund bürgerlicher Eintracht. Dieser Satz gilt auch für Franck, denn er will um des bürgerlichen Friedens willen jede kultische Veräußerlichung des individuellen Glaubens verboten wissen. So haben wir die Situation, daß Brenz ein lutherisches Staatswesen, Hubmaier ein täuferisches und Franck ein spiritualistisches proklamiert. »Aktive Toleranz«, eine bewußte und gewollte Anerkennung der anderen religiösen Überzeugung in der Organisationsform Gemeinde, ist Franck im Grunde ebenso fremd wie seinem lutherischen oder täuferischen Nachbarn. Er ist ungeduldig mit denjenigen, die ihren Glauben in religiösen Gemeinschaften veräußerlichen. Sie erscheinen ihm als Störenfriede. Daß aber Glauben um seiner selbst willen Gemeinschaft und somit auch eine äußere Gestalt braucht, will Franck nicht einsehen.

Wenn wir auf Troeltsch zurückblicken – der in seinem zweiten Gedanken Toleranz und Relativierung des Wahrheitsanspruchs zusammengebunden hatte –, dann ergibt sich als Ergebnis, daß der im römischen Katholizismus verbleibende Niederländer Erasmus stärker als seine Schüler dazu imstande war, »relativistisch zu empfinden«. Seine christologisch begründete Forderung nach Frieden, seine Gleichgültigkeit den Äußerlichkeiten religiösen Brauchtums gegenüber, seine eschatologische Relativierung von Wahrheitsansprüchen wirkt »moderner« als die der vorgestellten Protestanten. Auch wenn die Akzeptanz kirchlicher Unterschiedlichkeit nicht in des Erasmus Sinn gelegen hatte, lud sein Denken dazu ein, konfessionelle Unterschiede duldend auszuhalten. Vor dem Hintergrund erasmischer Friedensideen konnten religiöse Pluriformität, Pluralismus und Toleranz sich zu bedeutenden Leitbegriffen der Moderne entwickeln, – freilich nicht gradlinig, sondern durch zahlreiche Rückschläge hindurch.

Die Frage nach dem Einfluß des Erasmus auf die Diskussionen um die Duldung Andersgläubiger in der ersten Hälfte des 16. Jahrhunderts kann also mit aller gebotenen Vorsicht dahingehend beantwortet werden, daß tatsächlich Grundgedanken des Erasmus in den Schriften von Vertretern der drei Typen des Protestantismus wirksam wurden. Zwar wurde auf der politischen Ebene nirgends eine der an Frieden, Milde und Duldung orientierten Theorie entsprechende Praxis verwirklicht, aber die Affinität zu einem solchen »milden«, die eigene Position relativierenden Denken ist gerade bei einem Lutheraner wie Brenz sichtbar. Erasmus hat also nicht nur – wie manchmal behauptet wurde – auf den »radikalen Flügel« der Reformation eingewirkt, zu dem Sebastian Franck zweifellos zu rechnen ist, sondern auch und gerade auf den »landeskirchlichen«. Eine vergleichbare milde Offenheit findet sich bei Francks theologischen Lehrer

Luther nicht. Der trägt zwar nicht persönlich die Schuld an Hinrichtungen von Andersgläubigen, hat aber einem Denken Vorschub geleistet, das Wahrheit, Macht und Recht so aneinander bindet, daß Hinrichtungen möglich werden. Im Eifer für das als wahr Erkannte legitimiert er ordnende Machtstrukturen, die das Recht – und zwar auch das Reichsrecht von 1530, das die Verbrennung von Täufern fordert – durchsetzen. Niemals würde der Wittenberger Reformator um des lieben Friedens willen eine »milde« Haltung, ein relativistisches Empfinden theologisch gerechtfertigt haben.

Viel »ungeduldiger« als Brenz und auch als Luther mit den seiner Meinung nach Irrenden ist Hubmaier. Da er die Gemeinschaft der wahren Christen mit der bürgerlichen Gemeinde identifiziert, sind alle diejenigen, die nicht am Mahl der Wiedergetauften teilnehmen, aus ihr ausgeschlossen. Er steht gedanklich in der Tradition der mittelalterlichen Ketzermeister, deren Position er durch eine einfache Umwertung aufzulösen versucht: Wer ehedem Ketzer war, ist nun Zeuge der Wahrheit. Immerhin unterscheidet Hubmaier sich darin von den mittelalterlichen Ketzermeistern, daß er seinerseits niemanden mit dem Tode bedrohen läßt. Weil er zugleich aber davon überzeugt ist, daß ihm allein die Wahrheit bekannt ist und weil diese Wahrheit exkludierend verfaßt ist, haben Andersgläubige nicht die Möglichkeit, im Waldshuter bürgerlichen Leben geduldet zu werden.

Wenn beim Nachvollziehen der Toleranzgedanken des Reformationszeitalters nicht nach dem Maß der rechtlich erlaubten Duldung von Andersgläubigen gefragt wird, sondern das dahinterstehende Konzept von Frieden zwischen Gott und Mensch sowie zwischen Menschen untereinander thematisiert wird, dann wird deutlich, daß der Protestantismus dem erasmischen Humanismus die Fähigkeit zur Milde gegenüber Abweichlern von der obrigkeitlich vorgeschriebenen Konfession verdankt. Dazu tritt die aus der intensiven Philologie geborene Fähigkeit zur Relativierung eigener Wahrheitsansprüche.

Die Einsicht, daß das Christentum von Anbeginn an plural verfaßt war, daß die Pluralität von Wahrheiten gar konstitutiv für das Wesen des Christlichen ist, hat sich nur langsam in der Geschichte durchgesetzt. Der Konfessionsstaat der frühen Neuzeit gebot konfessionsgebundene Rechtgläubigkeit, weil er religiöse Gleichförmigkeit für ein unverzichtbares Fundament politisch-sozialer Integration hielt. Trotzdem wurde wegen der bleibenden Faktizität der Koexistenz verschiedener religiöser und konfessioneller Überzeugungen aus der tolerantia ad tempus – der Duldung von Andersgläubigen bis zu einem gemeinsamen Konzil – eine Rechtfertigung der tolerantia in perpetuum.

Die theologische Gedankenwelt des Erasmus setzt den frühneuzeitlichen Staat für die salus publica frei; er ist nicht mehr für die salus religiosa seiner Untertanen verantwortlich. Das gelingt, weil die Wahrheitsfrage eschatologisch aufgelöst und damit gedanklich der Frage nach dem bürgerlichen Frieden untergeordnet wird. Damit wird der Staat in einem modernen Sinne auf die Fragen des Rechts und der Macht beschränkt. Zwischen »der Wahrheit« und dem von Menschen »für wahr Gehaltenen« zu unterscheiden, fördert den Frieden zwischen den Menschen und damit ihre gegenseitige Verbundenheit.

Lutherrezeption in China*

Von Pilgrim W. K. LO

Es ist schwere, über die Rezeption Luthers in China einen kompendien-haften Überblick zu geben.[1] Obwohl das Christentum schon 635 während der Tang-Dynastie durch die Nestorianer in China eingeführt wurde, konnte die christliche Kirche erst am Anfang des 19. Jahrhunderts durch die protestantische Mission im Zusammenhang mit der Kolonialisierung langsam auf dem chinesischen Boden Fuß fassen. Durch politische Um-stände – Kriege, Bewegungen gegen imperialistische Mission, christen-feindliche Politik der kommunistischen Regierung usw. – wurde die Missionsarbeit wie auch die Entwicklung der Kirchen mehrmals unter-brochen. Vor allem durch die Kulturrevolution und Christenverfolgung ist viel Quellenmaterial vernichtet worden, das für unsere Forschung wertvoll wäre. Ohne diese Materialien ist es kaum möglich, eine umfas-sende Geschichte zu schreiben.

ThL   Theology & life (Hong Kong)

* In der chinesischen Sprache steht der Familienname vor dem Rufnamen. Um eine Verwechslung mit der deutschen Schreibweise zu vermeiden, sind alle chinesischen Familiennamen mit Versalien geschrieben. Wenn neben einem chinesischen Familien-name und chinesischen Rufname noch ein europäischer Vorname vorhanden ist, steht dieser ganz am Schluß. Ist außer dem chinesischen Familienname nur ein europäischer Vorname bekannt, steht der Familienname am Ende. Hat eine chinesische Veröffentli-chung einen offiziellen englischen Titel, wird dieser anstatt einer deutschen Überset-zung in der Klammer nach der chinesischen Umschrift des Titels angegeben.

1 Schriftliche Berichte über Lutherforschung in China wurden in den letzten Jahren folgende gegeben: Ein dreiseitiger Bericht mit dem Titel »Lutherstudien in China« von YU Ke erschien Lu 70 (1999), 42-44. Im November 2003 hat LI K. S. Peter in der kirchlichen Zeitung »Christian weekly« von The Hong Kong Chinese Christian Churches Union einen Bericht mit dem Titel »Qiǎntán huárénjiàohuì duì Lùdé de yánjiū (Darle-gung der Lutherforschung in der chinesischen Kirche)« in einer Reihe von fünf Wochen

Nach der Reformation in Deutschland kamen die Jesuiten aus Europa als die erste christliche Mission nach China: 1555 Melchior Nuñez Barreto (1520-1571), 1565 P. Francisco Pérez (* 1523), 1577 und 1581 die Augustinereremiten Martino de Herrada (1533-1578) und Jeromino Marino. Die Franziskaner haben in den Jahren 1579-1581 Pedro de Alfaro (* 1580) und Martino Egnatio nach China geschickt. Aber eine Systematisierung der römisch-katholischen Theologie begann erst mit dem Jesuiten Matteo Ricci (1542-1610),[2] dem wichtigsten Missionar für die römisch-katholische Kirche in China, der im Jahr 1582 in Macau ankam, 1583 in Zhaoqing von Guangdong. Bezüglich seiner theologischen Arbeit im Zusammenhang mit Luther haben wir nichts gefunden.[3] Bekannt ist aber, daß die Ausbildung römisch-katholischer Theologen in China bis ins späte 18. Jahrhundert allgemein erfolglos war.[4] Es besteht keinen Nachweis, daß Luther durch die römisch-katholische Mission in China bekannt geworden ist. Seit wann haben die Chinesen also Luther kennengelernt?

erscheinen lassen, die aber nur die Veröffentlichungen seit dem 20. Jahrhunderten behandelt hat. 2002 hat LEI Yutian zwei Refarate in »ThL 25 (2002)« veröffentlicht, nämlich »China's Luther research and the project of Chinese edition of Luther's works« (103-130) und »Prospect of Luther study in China« (147-151), die er mit NG W. M. Andrew im Vorwort der »Chinese edition of Luther's works« Bd. 2. Hong Kong: LDLChHKS, 2004, II-IX revidiert in Chinesisch wiederholte. Literarhistorisch gründlicher ist der Beitrag »Zhōngguó xuéjiè duì Mǎdīng Lùdé de yánjiu zōngshù« (Eine zusammenfassende Darstellung über Lutherstudien im chinesisch-akademischen Kreis) von LI Chang-lin, der in »Shìjiè zōngjiào yánjiū (Zeitschrift für Weltreligionsforschung/ hrsg. von Chinese Academy of Social Science) 4 (Beijing1995), 124-131« als frühste Arbeit über Lutherforschung in China erschien. Leider ist die Zeit nach 1938 nicht behandelt.

2 Vgl. TANG Lizhu: Cóng jīdūjiào de hànhaù shuō kāiqù (Start mit der Sinicization des Christentums). In: Preliminary studies on Chinese theology/ hrsg. von Daniel YEUNG. Hong Kong: Institute of Sino-Christian Studies, 2000, 399.

3 Vgl. Matteo RICCI: Lìmǎdòu zhōngwén zhùyìjí (Writings and translations in Chinese)/ hrsg. von ZHU Weizheng. Hong Kong: City University of Hong Kong, 2001. 913 S.

4 Vgl. C. Stanley SMITH: The development of Protestant theological education in China. Shanghai: Kelly and Walsh, 1941, 12. Nach Smiths Feststellung wurde eine reguläre theologische Ausbildung der chinesisch Eingeborenen sehr spät vorgenommen. Erst im November 1919 hat Papst Benedict XV. (1854, 1914-1922) in einer Enzyklika solches der Mission entsprechendes Bedürfnis erklärt. Latein war für eine lange Zeit die einzige erlaubte Sprache für Lernen und Leben im Seminar, Chinesisch und moderne Sprachen wurden nicht eher als 1926 ins Curriculum aufgenommen (13-17).

I Historische Entwicklung

1 Die Einführung Luthers durch die lutherische Mission

Es ist die Meinung mancher chinesischer Gelehrten, daß vor der Erscheinung des Buches »Yínghuá zhìlüè« im Jahr 1848, in dem der Verfasser XU Ji-She als gelehrter Gouverneur der Provinz Fujian Luther kurz erwähnte, niemand in China wußte, wer Martin Luther war.[5] Es ist schon möglich, daß die chinesischen Gelehrten erst durch XUs Buch von Luther und seiner Reformation zum ersten Mal hörten. Historisch zu bemerken ist aber, daß Karl F. A. Gützlaff (1803-1851), der als der erste lutherisch-deutsche Missionar nach Hong Kong, bzw. China kam, im Jahr 1843 die Übersetzung des Kleinen Katechismus Luthers (Tiānjiào gētiáo wèndá jiěmíng) wie auch die »Confessio Augustana (Huángchéng xìnshí)« vollendet hatte. Außerdem schrieb er ein Lehrbuch der Kirchengeschichte mit dem Titel »Shèngjiào zhī shǐ« in Chinesisch.[6] Obwohl XUs Buch in China mehr Leser in verschiedenen Kreisen hatte, bleibt unbestreitbar, daß zuerst Gützlaff den Chinesen Luther und seine Lehre durch seine Übersetzung vorgestellt hatte. Er unterrichtete die Angehörigen des 1844 von ihm in Hong Kong gegründeten »Chinesischen Vereins (Fú Hàn Huì)«[7] mit den oben genannten Schriften. Gützlaffs Übersetzung von Luthers Kleinem Katechismus ist sicherlich die erste Schrift Luthers im Chinesischen.[8]

---

5 XU Ji-Shje: Yínghuá zhìlüè (Abriß der Weltgeschichte und Geographie). Taipei: Jinghua, 1968, 495-521; vgl. YU Ke: Lutherstudien in China. Lu 70 (1999), 42; dazu auch LEI Yutian: Prospect of Luther study in China. ThL 25 (2002), 147.

6 Siehe Alexander WYLIE: Memorials of Protestant missionaries to the Chinese. Taipei: Ch'eng-Wen, 1967, 62. Die Originalausgabe erschien 1876 in Shanghai von der American Presbyterian Mission Press. Vgl. dazu auch Herman SCHLYTER: Karl Gützlaff als Missionar in China. Lund: Häkan Ohlssons, 1946, 212; PAN Shao-chi Scott: An appraisal of Karl (Charles) Gützlaff and his mission: the first Lutheran missionary to East-Asian countries and China. – St. Paul, MN, Luther Northwestern Theological Seminary, Magister (Betreuer: Paul V. Martinson), 1986, 180.

7 Fú Hàn Huì ist ein Verein für die Verbreitung des Evangeliums in China durch Chinesen. Der Name des Vereins bedeutet »den Chinesen die Seligkeit Gottes durch den Glauben wünschen«.

8 Die 2. chinesische Auflage von Luthers Kleinen Katechismus heißt »Shènghuì yòuxué wèndá«, die 1864 von Philip Winnes herausgegeben wurde, einem Missionar der Basler Missionsgesellschaft. Ob er selbst diese Schrift Luthers ins Chinesische über-

Zweifellos wurde die Person Luthers von den protestantischen Missionaren in China positiv dargestellt, so hat beispielweise der Schweizer Missionar Martin Schaub (* 1900) aus der Evangelischen Missionsgesellschaft in Basel – welcher der erste Rektor des Lutherisch-theologischen Seminars in Lilang war – über Luthers Familie, Luthers Schulzeit und Entdeckung des wahren Glaubens, wie auch seine Reformationstätigkeiten dreimal in den Jahren 1878 und 1879 in »Wan Kwoh Kung Pao = A review of the times« – der einflußreichsten interkonfessionell-chinesischen Zeitung – geschrieben und dabei Luthers Bibelübersetzung Lob erteilt.[9] Sogar außerhalb der Lutheraner hat Young John Allen (1836-1907) – ein Missionar von der Methodist Episcopal Church der USA – etwas zehn Jahre später (1899) in derselben Zeitung über Luthers Reformation mit dem Titel »Lùdé gǎijiào jìlüè (The life of Luther)« eingeführt und später diese Einführungsschrift als Buch mit 23 Kapiteln veröffentlicht.[10]

Auf der anderen Seite war die Darstellung Luthers durch Chinesen Ende der Qing-Dynastie (1644-1911/12) ziemlich negativ, besonders unter den Staatsbeamten. In »Yínghuá zhìlüè (Abriß der Weltgeschichte und

setzte, wissen wir heute nicht mehr. Nach Alexander Wylie (1815-187) sei diese Fassung eine leicht revidierte Übersetzung von Martin LUTHER: Tiānjiào gētiáo wèndá jiěmíng (Der kleine Katechismus … ⟨chines.⟩)/ übers. von Karl F. A. Gützlaff. Hong Kong: Fú Hàn Hui, 1843; vgl. Wylie: Memorials of Protestant missionaries to the Chinese, 216 f. Heute sind die beiden Versionen nicht mehr zu haben. Die älteste Publikation, die wir noch finden, ist 1903 mit dem chinesischen Titel »Jīdūtú yàoxué« in Shanghai gedruckt und veröffentlicht worden. Leider ist nicht nachweisbar, wer diese Übersetzung angefertigt hat, aber diese Fassung wurde die Grundlage der weiteren Auflagen für ein Jahrhundert lang.

9 Martin SCHAUB: Lùdé zhěng jiàohuì zhī shì (Luthers Reformationstätigkeit). Wan Kwoh Kung Pao (A review of the times) (Shanghai 1878) 20. Juli, 5226-5228; 7. September, 5398-5399; (Shanghai 1879), 9. November, 5650-5651. Vgl. dazu LI Changlin: Zhōngguó xuéjiè duì Mǎdīng Lùdé de yánjiū zōngshù, 125.

10 Young John Allen war zu der Zeit der Chef der Zeitschrift »Wan Kwoh Kung Pao«; vgl. Young John ALLEN: Lùdé gǎijiào jìlüè (The life of Luther). Wan Kwoh Kung Pao (A review of the times) (Shanghai: Christian Literature Society for China, 1899). 172 S.; 9. Aufl. Wan Kwoh Kung Pao (A review of the times) (Taipei: Christian Literature Society for China, 1937). 172 S.; auch XĪXUÉ YǓ BIÀNHFÀ: Wan Kwoh Kung Pao yánjiū (Westliche Wissenschaft und Reform: Untersuchung über Wan Kwoh Kung Pao)/ hrsg. von WANG Lin. Jinan: Qilu, 2004, 266.

Geographie)« von XU wird beispielsweise Luther als ein Revolutionär beschrieben, der die Kirchenspaltung mit grausamem gegenseitigen Blutvergießen unter den Völkern verursacht hätte. Der erste Botschafter Chinas (1867) GUO Song Tao (1818-1891), der während seines Diensts in Großbritannien und Frankreich von der Reformationsgeschichte erfahren hatte, bewertete in seinem Tagebuch am 19. November 1877 Luthers Reformation als Verderbnis der Kirche.[11]

2 Anschauung der chinesischen Intellektuellen in der Reformbewegung

Obwohl die Arbeit der protestantischen Mission in China ungeheure Schwierigkeiten traf – die mit den Kolonialmächten zusammenhing –, hatten die Chinesen dadurch mehr Gelegenheiten, westliche Sprachen zu lernen sowie europäische Geschichte, Kultur, wie auch Philosophie und Religion in Europa kennenzulernen. Die Reformer am Ende der Qing-Dynastie hatten andere Ansichten über Luther als die Staatsbeamten. Im allgemeinen waren sie von Luthers Reformation überzeugt. So sahen z. B. TAN Sitong (1865-1898) und LIANG Qichao (1873-1929) – die führenden Reformer – die Reformation Luthers, die zur Liberalisierung des Denkens und modernen Zivilisation Europas führte, als Vorbild für die Modernisierung Chinas gegen den Feudalismus.[12] So wurde Luther 1904 in einer von den Reformern gegründeten Zeitschrift »Jiāngsū« in das »Forum der Weltgrößen« aufgenommen.

Bemerkenswert ist die Lutherrezeption eines der berühmtesten Reformer, KANG Youwei (1858-1927). Er hatte Luther und seine Theologie zwar nicht studiert, war jedoch der erste chinesische Gelehrte, der die Lutherstätten besucht hatte. In seiner Gedichtsammlung findet man zwei Gedichte von 1906, die Luthers Flucht auf die Wartburg unter den Schutz von Friedrich dem Weise und seinen beherzten Wurf mit dem

11 Siehe GUO Song Tao: Lúndūn yǔ Bālí rìjì (Tagebuch in London und Paris)/ hrsg. von ZHONG Shuhe. Changsha: Yuelu, 1984, 409.
12 Siehe TAN Sitong: Rénxué (Lehre der Humanität). In: TAN Sitong: Quánjí (Gesamtschriften). Bd. 2/ hrsg. von CAI Shangsi. Beijing: Zhonghua, 1981, 338; LIANG Qichao: Xīnmínshuō: lùn Jìnqǔ màoxiǎn (Über Vorwärtsstreben und Risiko). In: LIANG Qichao: Yǐnbīngshì wénjí (Schriften). Teil 1. Taibei: Xinxing, 1966, 22.

Tintenfäßchen gegen den Satan beschrieben.[13] Schon im Jahr 1903 hat KANG Bilder von Luther und Lutherhaus in der von ihm herausgegebenen Zeitschrift »Bùrĕn (Unerträglich)« veröffentlicht. In seinem Reisebericht über Italien (1904) wie auch über Frankreich (1905) hat KANG Luther, seine Reformation und ihre Wirkung auf die europäischen Geschichte gelobt.[14] 1911 kam die Qing-Dynastie zum Ende. Trotz des Erfolgs der Revolutionären zur Gründung der Republik China schenkte KANG seinem Schüler XU Qin (1873-1948) eine Glocke, die Luther für seine evangelische Arbeit benutzt haben soll, mit dem Wunsch, daß XUs fleißige Arbeit einen guten Klang vergleichbar mit dem Werk Luthers gewinnen sollte.[15]

3 Publikationen über Luther im frühen 20. Jahrhundert

Es versteht sich, daß Schriften von und über Luther hauptsächlich von christlichen Verlagen publiziert wurden. Luthers Kleiner Katechismus war die wichtigste Glaubenslehre für die Lutheraner. Neben der Übersetzung von Gützlaff und der Version von Philip Winnes hatte die lutherische Kirche Luthers Kleinen Katechismus (Jīdūtú yàoxué) 1903 in Shanghai wieder veröffentlicht.[16] Nachfolgend wurden eine Reihe von Erläuterungen zum Kleinen Katechismus Luthers veröffentlicht: 1914 wurde die Schrift von H. U. Sverdrup »Fuller explanation of Luther's Catechism« ins Chinesische übersetzt und gedruckt. Die Evangelical Lutheran Mission (Missouri) hatte »A short explanation of Dr. Martin Luther's Small catechism« von Heinrich C. Schwan (1818/19-1905) im Jahr 1930 in chinesischer Übersetzung veröffentlicht. Gustav Österlin hatte im Jahr 1948 seine ins Chinesische übersetzte Schrift »Outline of Christian faith: interpretation of Luther's Small catechism« veröffentlicht. Ingvald Daehlins (* 1873) »Short explanation of Luther's Catechism« wurde seit 1951 in

---

13 Vgl. KĀNGNÁNHĂI XIĀNSHENG SHĪJÍ (KANG Youwei: Gesammelte Gedichte). Bd. 1 VII/ hrsg. von SHEN Yunlong. Taipei: Wenhai, 1974, 58.

14 Vgl. KANG Youwei: Ōuzhōu shíyī guó yóují èrzhŏng (Reise in elf europäischen Länder). Changsha: Yuelu, 1985, 47. 89. 93. 101.

15 Siehe KANG Youwei: Zhènglùnjí (Politische Abhandlungen)/ hrsg. von TANG Zhijun. Bd. 2. Beijing: Chunghwa, 1981, 795.

16 Martin LUTHER: Jīdūtú yàoxué. Shanghai, 1903. 26 S.

chinesischer Übersetzung gedruckt, die 1981 schon über 30 Auflagen erfahren hat.[17] Diese Schriften sind vielmals revidiert und verbessert worden und zum Teil noch erhältlich. Luthers Reformationsschrift »Von der Freiheit eines Christenmenschen« war 1932 zum erstmals in Chinesisch von The Lutheran Board of Publication in Hankow gedruckt worden.[18]

Für die chinesischen Intellektuellen und Theologen erschien 1904 als Leitfaden zur Geschichte aller Völker »Wànguó tōngshǐ« in sechs Teilen bei der Christian Literature Society in Shanghai, worin der Herausgeber John T. Rees aus Großbritannien Luthers Leben und Werk mit Bildern des Augustinereremitenklosters in Erfurt, der Stadtmitte Wittenbergs, vom Wormser Verhör und von der Wartburg darstellte.[19] Anläßlich des 400jährigen Reformationsfests hat der deutsche Lutherforscher Karl Fritz, Missionar in Lilang, 1917 das Buch »Luthers Leben: Festschrift zum 400jährigen Gedenktage der deutschen Reformation (Lùdé gǎijiàoshǐ« in Chinesisch publiziert, das aber ausnahmsweise vom Deutschen Hilfsbund für Evangelische Mission in China herausgegeben und in der Ghunghwa-Buchdruckerei in Shanghai gedruckt wurde. Es war ein 59seitiges Büchlein, immerhin sollte es die erste original chinesische Veröffentlichung über Luther und seine Reformation in Chinesisch in Buchform sein.[20] 1931 hatte Gustav Carlberg (* 1884) – ein lutherischer Theologe aus den USA –, der

17 H. U. SVERDRUP: Jīdūtú yàoxué jiěshi (Fuller explanation of Luther's Catechism ⟨chines.⟩/ übers. von Ingvald Daehlin. Hankow: Lutheran Board of Publication, 1914. 106 S; Heinrich C. SCHWAN: Mǎdīng Lùdé xiāowèndá lüèjiě (A short explanation of Dr. Martin Luther's Small catechism ⟨chines.⟩)/ übers. von Evangelical Lutheran Mission (Missouri). s. l., 1930. 244 S.; Gustav ÖSTERLIN: Jīdūjiòà zhī zǒnggāng (Outline of Christian faith: interpretation of Luther's Small catechism ⟨chines.⟩). Changsha: Lutheran Board of Publication, 1948. 52 S. – 3. Aufl. Hong Kong: Lutheran Missions Literature Society, 1955. 98 S.; Ingvald DAEHLIN: Jīdūtú wéndà (Short explanation of Luther's Catechism ⟨chines.⟩)/ übers. von IH Shao-Kang. Hong Kong: Lutheran Missions Literature Society, 1951. 55 S.

18 Martin LUTHER: Jīdūtú de Zìyóu (Christian liberty ⟨chines.⟩/ übers. von CHEN C. H. Hankow: Lutheran Board of Publication, 1932. 68 S.

19 Siehe WǍNGUÓ TŌNGSHǏ (Weltgeschichte). Bd. 3 II/ hrsg. von John T. Rees. Shanghai: Christian Literature Society for China, 1904, 41-45 (Kap. 12).

20 Karl FRITZ: Lùdé gǎijiàoshǐ (Luthers Leben: Festschrift zum 400jährigen Gedenktage der deutschen Reformation). Shanghai: Deutscher Hilfsbund für Evang. Mission in China, 1917. 59 S.

von 1928 bis 1952 als Professor für Dogmatik am Lutheran Theological Seminary in Hankow tätig war – darunter 16 Jahre als Rektor –, eine historisch-theologische Arbeit über den Bruch Luthers mit Rom unter dem Titel »Luther's break with Rome« ins Chinesische übersetzt, die von der Lutheran Church of China publiziert wurde. Sie kann als die erste theologische Arbeit gelten, die als theologische Literatur über Luther auf Chinesisch ein bestimmtes Thema behandelte. Die Schrift »The life of Martin Luther« von Hjalmar Fredrik Holmquist (1873-1945) war 1941 in chinesischer Übersetzung veröffentlicht worden. Die Schrift wurde mehrmals revidiert und gilt bis heute als eine beliebte Lutherdarstellung. Bücher mit dem Titel »Luthers Theologie« gab es nicht in Chinesisch. Man konnte die Theologie Luthers fragmentarisch in wenigen Büchern finden. In den »Christian symbolics« (1922) von Henrik Erland Sihvonen (* 1873), der aus Finnland als Professor für Kirchengeschichte am Lutheran Theological Seminary in Shekow Hupeh lehrte, wurde z. B. die lutherische Glaubenslehre auf 34 Seiten erklärt und dabei vor allem die Rechtfertigungslehre mit dem formalen und dem materialen Prinzip interpretiert. Auch das Buch »A summary of the Christian faith« von dem nordamerikanisch-lutherischen Theologe Henry Eyster Jacobs (1844-1932) wurde von Oscar R. Wold (1874-1928) aus den USA – dem ersten Rektor des Lutheran Theological Seminary in Hong Kong – ins Chinesische übersetzt und in Shekow Hupeh veröffentlicht.[21] Der Name Martin Luther wurde allgemein bekannt, so daß er auch in Wörterbüchern aufgenommen wurde.[22]

21 Gustav CARLBERG: Lùdé tuōlí Tiānzhǔjiào qiánhuò (Luther's break with Rome ⟨chines.⟩). Hankow: Lutheran Church of China, 1931. 101 S.; Hjalmar Fredrik HOLMQUIST: Mǎdīng Lùdé zhuàn (The life of Martin Luther ⟨chines.⟩)/ übers. von Ingvald Daehlin. Hankow: Lutheran Church of China, 1941. 219 S.; Henrik Erland SIHVONEN: Xìntiáoxué (Christian symbolics ⟨chines.⟩).Changsha: Lutheran Board of Publication, 1922. 34 S.; Henra Eyster JACOBS: Jiàoyì shénxué (A summary of the Christian faith ⟨chines.⟩/ übers. von Oscar R. Wold. 2 Bde. Shekow Hupeh: Lutheran Board of Publication, 1928, 1930. 314; 349 S.

22 Vgl. Charles Wilfrid ALLAN: A dictionary of religious terms/ übers. von KU Y. C. Shanghai: Christian Literature Society for China, 1938. 212 S.; dazu auch William R. LEETE: Dictionary of English proper names in Chinese Christian literature/ übers. von SHEN K. P. Shanghai: Christian Literature Society for China, 1938. 309 S.

146

Damals waren die Werke über Luther meistens von den Missionaren übersetzt oder verfaßt. Peter PENG ist wahrscheinlich der erste chinesische Theologe, der Luther im Bereich der Geschichte des christlichen Denkens bearbeitet hat. In seinem Lehrbuch »A history of Christian thought« von 1927 hat er die drei Reformationsschriften Luthers diskutiert, zugleich die 95 Thesen Luthers – »Lùdé zhī Jǐushíwǔtiáo xuānyán« – zum ersten Mal ins Chinesische übersetzt und zusammen mit der von ihm neu übersetzten Fassung der »Confessio Augustana« als Anhang veröffentlicht.[23] Außerdem hat er im selben Jahr in seiner »Exposition of Christian doctrine« Luthers Lehre von der Eucharistie dem chinesischen Lesern dargelegt.[24] In Lehrbüchern für Kirchengeschichte war Luther mit seiner Reformation als wesentlichen Bestandteil aufgenommen.[25]

Durch die Reformer gewann Luther die Aufmerksamkeit auch von seiten der Intellektuellen in China. Neben protestantischen Verlagen hat 1920 der chinesische Historiker TSIANG Fang Chen das Buch »Ōuzhōu wényìfùxīngshǐ (Geschichte der europäischen Renaissance)« veröffentlicht, in dem der Verfasser Luthers Reformation ausführlicher in zwei Kapiteln dargestellt hat, nämlich nicht nur die Daten und Tatsache der Geschichte, sondern auch den Geist der Reformation, z. B. sola fidei und sola scriptura. Außerdem hat er einen Vergleich von Luther mit Zwingli und Calvin vorgenommen.[26] 1925 hat GAO Yihan eine dreibändige »Ōuzhōu zhèngzhì sīxiǎngshǐ (Geschichte der politischen Gedanken Europas)« herausgegeben.[27] Im zweiten Band hat er Luthers Reformationstätig-

23 Vgl. Peter PENG: A history of Christian thought. Shanghai: Christian Literature Society, 1927 – 2. Aufl. 1934; 3. Aufl. 1936 –, 516-530 (95 Thesen). 530-546 (Confessio Augustana). (Cheloo Manual; 10).

24 Vgl. PENG Peter: Exposition of Christian doctrine. Shanghai: Christian Literature Society, 1927 – 2. Aufl. 1934 –, 292-308. (Cheloo Manual; 7).

25 Vgl. W. M. HAYES: Jiàohuì lìshǐ (Church history). Bd. 2. Shanghai: Christian Literature Society, 1916 – 8. Aufl. 1936 –, 1-15; F. S. DRAKE: Jiàohuì shǐ (History of the Christian church). Bd. 3. Shanghai: Christian Literature Society, 1946, 14-29. (Cheloo Manual; 13).

26 Vgl. TSIANG Fang Chen: Ōuzhōu wényìfùxīngshǐ (Geschichte der europäischen Renaissance). Shanghai: The Commercial Press, 1921 – 2. Aufl. 1927 –, 106-142 (Kap. 7 f).

27 Die neue Auflage, die heute noch erhältlich ist, siehe GAO Yihan: Ōuzhōu zhèngzhì

keiten nicht nur dargelegt, sondern auch kritisiert. Seiner Meinung nach sei Luthers Denken beschränkt durch eine Restaurierung der alten Zeit, das die Stellung des Untertans gegenüber den Fürsten bestätigt, obwohl seine Reformation einen großen und sehr positiven Einfluß auf die Geschichte der Kirche ausgeübt habe. Auch in »Xīyáng jiàoyù tōngshǐ (Geschichte der westlichen Bildung)« von 1935 hat der Verfasser LEI Tongqun die pädagogische Idee und Karriere Luthers dargestellt. Sein Kommentar lautet: »Luther ist nicht nur ein Religionslehrer, sondern auch ein ausgezeichneter Denker und Praktiker der Pädagogik.«[28]

4 Die Entwicklung außerhalb Festland Chinas während der politischen Unruhe

Nach der Gründung der VR China im Jahr 1949 durch die Kommunisten begann für die Kirche eine harte Zeit. Die neue Regierung übernahm schnell die Kontrolle über die Kirche. Kirchen, welche die Beziehung mit ihrer Missionsgesellschaft nicht unterbrechen wollten, mußten nach Taiwan und Hong Kong oder anderen asiatischen Ländern fliehen. Folglich wurde die Lutherforschung hauptsächlich in Hong Kong weitergeführt.

In dieser Zeit begann die Publikation über Luther pluralistischer zu werden, wodurch die Chinesen etwas mehr als nur Luthers Leben mit seiner Reformation und seine Lehre im Kleinen Katechismus erfahren konnten. Es erschien z. B. eine exegetische Arbeit Luthers – »A commentary on St. Paul's epistle to the Galatians« – erst 1966 aus dem Englischen übersetzt auf Chinesisch in Hong Kong.[29] Es handelte sich um eine gekürzte Übersetzung von Luthers Vorlesung über den Galaterbrief im Jahr 1531. Wissenschaftliche Arbeiten über Luthers Theologie wurde allmählich übersetzt veröffentlicht. Das Buch »Rechtfertigung und Heiligung: eine biblische, theologiegeschichtliche und systematische Untersu-

sīxiǎngshǐ (Geschichte der politischen Gedanken Europas). Bd. 2. Shanghai: The Commercial Press, 1925 – 2. Aufl. 1948 –, 32-54.

28 Siehe LEI Tongqun: Xīyáng jiàoyù tōngshǐ (Geschichte der westlichen Bildung). Bd. 3. Shanghai: The Commercial Press, 1934 – 2. Aufl. 1935 –, 136-146.

29 Martin LUTHER: Jiālātàishū zhùshì (A commentary on St. Paul's epistle to the Galatians ⟨chines.⟩)/ aus der verkürzten englischen Übers. von Theodore Graebner (1876-1950) übers. von CHEN C. Cromwell. Hong Kong: Taosheng, 1966. 267 S.

chung« von Adolf Köberle (1898-1990) ist aus dem Englischen 1951 mit dem Titel »Chéngyì yǔ chéngshèn« in Hong Kong veröffentlicht worden.[30] Über Luthers Tauflehre erschien 1953 »Luther's lara om dopet« (1953) von Ruben Josefson (1907-1972) in Chinesisch;[31] bezüglich Luthers Ethik wurde Karl Holls (1866-1926) »Der Neubau der Sittlichkeit« 1964 ins Chinesische übersetzt, sowie 1950 »Agape och eros«[32] und 1952 »Die Aufgabe des Luthertums in der heutigen Welt« von Anders Nygren (1890-1978).[33] Es ist interessant, daß in dieser Zeit Bücher über Luther auch vom Verlag der freien Kirchen veröffentlicht wurden.[34]

Die Entwicklung in dieser Zeit könnte als neue Epoche bezeichnet werden, weil die Hauptwerke Luthers systematisch übersetzt und veröffentlicht wurden. 1961 gab der lutherische Verlag Taosheng Publishing House »A compend of Luther's theology« – worin der Herausgeber Hugh Thomson Kerr (1909-1992) Luthers Werke als Glaubenslehre thematisch geordnet hatte – auf Chinesisch mit dem Titel »Lùdé shénxué lèibiān« heraus. Zu vermerken sind noch zwei Projekte:

---

30 Siehe Adolf Köberle: Chéngyì yǔ chéngshèn (The quest for holiness). MP: Augsburg, 1936 ⟨chines.⟩/ übers. von Christopher TANG. Hong Kong: Lutheran Missions Literature Society, 1951. 323 S.

31 Siehe Ruben Josefson: Lùdé de shèngxǐguān (Luther's lara om dopet ⟨chines.⟩)/ übers. von WANG H. Charles [= WANG Ke Ting]. Hong Kong: Lutheran Missions Literature Society, 1953. 145 S.

32 Siehe Karl Holl: Lùdé de lúnlǐguān (Der Neubau der Sittlichkeit ⟨chines.⟩)/ übers. von Joe DUNN. Hong Kong: Taosheng, 1964. 148 S.; Anders Nygren: Lìdài Jīdūjiào àiguān de yánjiū (Agape och eros ⟨chines.⟩)/ übers. von HSU Ching Yu. 2 Bde. Hong Kong: Lutheran Missions Literature Society, 1950. 255; 569 S.

33 Anders Nygren: Fúyīn yǔ xīnshídài (Die Aufgabe des Luthertums in der heutigen Welt)/ übers. von Daniel CHU. Hong Kong: Lutheran Missions Literature Society, 1952. 43 S.

34 Beispielsweise wurden veröffentlicht: Frances E. Williamson: Zhēnlǐ de zhànshì: Mǎdīng Lùdé xiǎoshǐ (Pilgrimage to truth: the life of Martin ⟨chines.⟩)/ übers. von CHOW T. W. Daniel. Hong Kong: Christian Witness, 1960. 64 S.; Hēiàn zhōng de liàngguāng: Mǎdīng Lùdé yīshēn yōuqùde shìjī (Light amid darkness as seen in the life of Martin Luther). 2. Aufl. Hong Kong: The Baptist Press, 1953. 140 S.; XU Wanli: Mǎdīng Lùdé wèihé yào zuò gǎijiàoyùndòng (Warum hat Martin Luther die Reformation durchgeführt?). Taipei: Fuhua, 1959. 77 S.

Die zweibändige Ausgabe »Selected works of Martin Luther« in der Reihe »Christian classics library« vom Chinese Christian Literature Council in Hong Kong wurde 1957 veröffentlicht.[35] Das Projekt entstand in Zusammenarbeit von westlichen und chinesischen Gelehrten unter der Leitung des methodistischen Missionars Francis P. Jones (1890-1975) als dem Redaktor mit der ökumenischen Stiftung The Board of Founders of Nanking Theological Seminary. Mit Hilfe von westlichen Gelehrten, z. B. Abdel Ross Wentz (1883-1976) als Beratungseditor, sollte es der erste Erfolg der Chinesen sein, denn nicht nur haben Chinesen die Schriften übersetzt – neben den Hauptübersetzern Christofer TANG (1911-1985) und HSU Ching Yu zählt man noch drei –, sondern es war auch Christofer TANG zugleich der Herausgeber dieser Bände, der als Professor für Kirchengeschichte am Lutheran Theological Seminary in Hong Kong lehrte. Obwohl der chinesische Text gemäß der amerikanischen Lutherausgabe (Am) übersetzt wurde, haben der Herausgabe und der Redaktor die Übersetzung durch einen Vergleich mit der Weimarer Ausgabe verbessert.

1973 begann das Taosheng Publishing House in Hong Kong das Projekt »Luther's series«, worin gemäß der ursprünglichen Idee Luthers Schriften in chronologischer Folge auf Chinesisch veröffentlichen werden sollen. Auf Wunsch der Kirche ist einige Sekundärliteratur bzw. Forschungsarbeit über Luther auch in die Reihe aufgenommen worden.[36] Bis heute sind insgesamt elf Bände fertiggestellt, darunter sind drei direkt aus dem deutschen Text übersetzt. Das ist ein weiterer Fortschritt.

Auf eines muß hier noch aufmerksam gemacht werden, nämlich daß das »Book of Concord« zum ersten Mal aus dem Englischen von einem amerikanischen Missionar Erhardt Riedel in Taiwan vollständig ins Chinesische übersetzt und im Jahr 1971 von der Evangelical Lutheran Mission (Missouri) veröffentlicht wurde.[37]

35 Siehe unten Seite 167, Anhang A.
36 Siehe unten Seite 167 f, Anhang B.
37 XIĒTŌNGSHŬ (Book of concord ⟨chines.⟩)/ übers. von Erhardt Riedel; hrsg. von Evangelical Lutheran Mission (Missouri). s. l., 1971. 643 S., enthält »Mǎdīng Lùdé bóshì xiāowèndá (Der kleine Katechismus ...)«; »Mǎdīng Lùdé bóshì dàwèndá (Deutsch [Großer] Katechismus)«; »Shīmǎjiādēng tiáokuǎn (Die Schmalkaldischen Artikel)«.

5 Der neue Anfang nach der Kulturrevolution von 1976

In der Zeit von der Gründung der VR China bis Ende der 70er Jahren war Luther einseitig aus der kommunistischen Perpektive interpretiert worden.[38] Unter dem Einfluß der Sowjetunion wurde Luther ausnahmslos als Verräter am deutschen Bauernkrieg betrachtet.[39] Mit dem Ende der Kulturrevolution begann China eine Reform: das Universitätsstudium wurde nach dem Abbruch für zehn Jahre während der Kulturrevolution im Jahre 1977 wieder aufgenommen. Es erlaubt den Intellektuellen mehr Freiheit, über Luther zu forschen. Wachsendes Interesse für Luther zeigt sich vor allem unter den Historikern. Diese Sachlage nennt man »Luther Renaissance«. Anläßlich des fünfhundertsten Geburtstages Luthers hielt die China Medieval World History Research Society in China ein Symposium »Luther und seine Reformation« ab, auf dem über 50 Teilnehmer von Hochschullehrern und Studierenden Referate gehalten oder neue Forschungsthemen angeregt haben.

Man muß zugeben, daß nach und nach mehr Leute in China Interesse für Luther haben und über ihn schreiben. Literatur über Luther, die übersetzt in China veröffentlicht wurde, findet man neben den aus dem Englischen Übersetzten auch aus anderen Sprachen, z. B. sind die Schriften »Martin Luther: Reformator und Rebell« von Wolfgang Landgraf (* 1948)[40] und »Martin Luther« von Hanns Lilje (1899-1977)[41] in den 80er Jahren aus dem Deutschen übersetzt worden. 1999 veröffentlichte das Xueling Publishing House in Shanghai die aus dem Französischen übersetzten Biographien über Luther »Reformatory Ljuter« (1938) und über Calvin »Kal'vin« (1939) von Dmitrij Sergejewitsch Mereschkowskij (1865-1941) in dem Band »Zōngjiào jīngshén: Lùdé yǔ Jiāěrwén«.[42] »Die Theologie

38 Die Kommunisten haben durch Veröffentlichung der Schriften von Friedrich Engels (1820-1895) und Karl Marx (1818-1883) auf Chinesisch deren Vorstellungen in China bekannt gemacht.

39 Vgl. YU Ke: Lutherstudien in China, 43; LEI Yutian: China's Luther research and the project of Chinese edition ..., 116 f.

40 Siehe Wolfgang LANDGRAF: Mǎdīng Lùdé (Martin Luther: Reformator und Rebell ⟨chines.⟩)/ übers. von ZHOU Zhengan. Beijing: Xinhua, 1988. 82 S.

41 Siehe Hanns LILJE: Lùdé zhuàn (Martin Luther ⟨chines.⟩)/ übers. von HUA Jun. Beijing: Commercial Press, 1989. 90 S.

42 Dmitrij Sergejewitsch MERESCHKOWSKIJ: Lùdé píngzhuàn (Reformatory Ljuter ⟨chines.⟩)/

Martin Luthers« von Paul Althaus (1888-1966) wurde wegen dem gestie-
genen Interesse für Luthers Theologie 1998 ins Chinesische aus dem
Englischen übersetzt.[43] Es versteht sich, daß sich in der kurzen Zeit der
Lutherforschungsgeschichte in China nicht viele Veröffentlichungen fin-
den. In dem Index »Bàokān zīliào suǒyǐn (Index der Zeitungen und Zeit-
schriften)« von 1996 bis 2004, der die Veröffentlichungen von über 3000
Zeitungen und Zeitschriften in der VR China auflistet, sind nur acht
Artikeln aufgenommen,[44] trotzdem erscheinen nach und nach zuneh-
mend Werke über Luther von Festland-Chinesen, die nicht in einem
Index aufgelistet sind. Zu erwähnen sind folgende[45]:

YU Ke (* 1930), der als Vorläufer eine Lutherbiographie[46] wie auch
Aufsätze zum politischen Denken Luthers und zu Fragen der Bewertung
Luthers aus Anlaß von dessen fünfhundertsten Geburtstag veröffentlichte.[47] XIAO Anping behandelte Religion und Leben in Luthers Denken
unter dem Thema »Gegenseitige Liebe ist nicht nur Freundschaft«.[48]

übers. von YANG Deyou; DERS.: Jiāěrwén píngzhuàn (Kalvin ⟨chines.⟩)/ übers. von
YANG Deyou In: Ders.: Zōngjiào jīngshén: Lùdé yǔ Jiāěrwén (Der Geist der Religion:
Luther und Calvin). Shanghai: Xueling, 1999. 1-278. 279-418.

43 Siehe Paul ALTHAUS: Mǎdīng Lùdé de shénxué (The theology of Martin Luther
⟨chines.⟩). Nanjing: Translation, 1998. 471 S.

44 Vgl. Bàokān zīliào suǒyǐn (Index der Zeitungen und Zeitschriften). Beijing: China
Renda Social Sciences Information Center of the Renmin University of China, 1996-
2004. Vgl. auch den Index des »China Journal Net (CJN)«, der Abhandlungen von über
6000 Zeitschriften abspeichert. Von 1994 bis 2003 ist leider überhaupt keine Arbeit
über Luther zu sehen; vgl. dazu im Internet die Webseite http://c87.cnki.net/cjfdzy/
mainframe.asp?encode=gb&display=chinese&navigate=.

45 Die erwähnten Werke hier sind nicht im »Bàokān zīliào suǒyǐn (Index der Zeitungen
und Zeitschriften)« eingetragen.

46 Die neueste chinesische Biographie Luthers ist ZHANG Qinghai: Mǎdīng Lùdé
qúanzhuàn (Biographie Luthers im Ganzen). Changchun: Changchun, 2002. 208 S.

47 Leider ist ein Exemplar der Lutherbiographie von YU nicht aufzufinden; vgl. dazu YU
Ke: Mǎdīng Lùdé shēngpíng (Biographie Martin Luthers). In: Chinese edition of
Luther's works. Bd. 1. Hong Kong: LDLCHKS, 2003, 9-65; DERS.: Mǎdīng Lùdé zǎoqī
zhéngzhì sīxiǎng chūtàn (A preliminary survey of Martin Luther's early political
thoughts). Studies in world religions 2 (Beijing 1983), 129-142.

48 XIAO Anping: Hùài bújìnshì yǒuyì: Mǎdīng Lùdé lùn zōngjiào yǔ rénshēn (Gegenseitige Liebe ist nicht nur Freundschaft: Religion und Leben in Luthers Denken). Hubei:
People's Publishing House, 2001. 159 S.

Obwohl die Arbeiten sich mehr im allgemeinen auf die Reformation Luthers konzentrierten, wurden auch Themen der Lutherforschung im Bereich der Religionswissenschaft aufgenommen. So hat JIE Qiyang einen Aufsatz mit einem Vergleich zwischen der Reformation des Buddhisten Weinengs und der Luthers erscheinen lassen. LIU Xinli hat einen Beitrag über den Wandel von Luthers Haltung zu den Juden geschrieben.[49] Bemerkenswert ist das Buch von LI Pingye (* 1949) »Rén de fāxiàn: Mǎdīng Lùdé yǔ zōngjiàogǎigé (Die Entdeckung eines Menschen: Martin Luther und seine Reformation)«, das überhaupt die erste Dissertation über Luther in der VR China war.[50] Außerdem hat sie noch weitere Abhandlungen über Luther geschrieben.[51]

In dieser Phase haben chinesische Gelehrten die Gelegenheit gefunden, Gedanken und Forschungsideen auf internationalen Konferenzen auszutauschen. So haben aus China YU Ke, Professor für Geschichte an der Nankai University, und LEI Yutian, Professor für Geschichte an der Guangzhou University, 1993 an dem Achten Internationalen Kongreß für Lutherforschung in St. Paul (USA), und 1997 an dem neunten in Heidelberg teilgenommen.[52] Wahrscheinlich war es das erste Mal, daß chinesi-

---

49 JIE Qiyang: Huìnéng de Fójiào géxīn yǔ Mǎdīng Lùdé de zōngjiàogǎigé zhī bǐjiào (Die Reformation des Buddhisten Weineng und die Luthers im Vergleich). Journal of the Buyang Normal University 1 (Buyang 1998); LIU Xinli: Shàndài yǔ qūzhú: Mǎdīng Lùdé de yóutàiguān (The changing of Martin Luther's attitude towards Jews). Journal of Jewish studies 2 (Hong Kong 2003), 71-96.

50 LI Pingye: Rén de fāxiàn: Mǎdīng Lùdé yǔ zōngjiàogǎigé (Die Entdeckung eines Menschen: Martin Luther und seine Reformation). Chengdu: Sichuan People's Publishing House, 1983. 209 S. Im Index »China doctoral / master's dissertation (CDMD)«, in dem seit 1999 über 80 000 akademische Arbeiten von 300 Hochschulen eingetragen sind, findet man keine einzige Arbeit über Luther; vgl. http://c82.cnki.net/cdmdzy/mainframe.asp?Encode=gb&Navigate=sjt.

51 LI Pingye: Mǎdīng Lùdé de yīnxìnchēngyì shuō yǔ zīchǎnjiējí gèrénzhǔyì (Martin Luther's doctrine of »Justification by faith« and bourgeois individualism). Studies in world religions 1 (Beijing 1983), 123-131; DERS.: Jìndài Jīdūjiào wénmíng fāren zhī móshì: shìlùn Lùdé yǔ Jiāěrwén zōngjiàogǎigé lǐlùn de qūbié« (Modell der christlichen Zivilisation in der Neuzeit: vom Unterschied der Reformationstheorien Luthers und Calvins). Christian culture review 1 (Guizhou 1990), 53-78; DERS.: Yīnxìnchēngyì yǔ jīnguīzé zhī suíxiǎng (Thoughts on Justification by faith and the Golden rule). ThL 25 (2002), 11-24.

52 Vgl. LEI Yutian: China's Luther research and the project of Chinese edition ..., 117.

sche Historiker an diesem wichtigsten Kongreß für Lutherforschung teil-
nahmen. Folglich wurde 1999 das China Luther Study Center in Beijing
unter der Leitung von LEI Yutian als dessen Direktor gegründet. Es muß
darauf aufmerksam gemacht werden, daß im März 1999 ein langfristiger
Vertrag über ein Übersetzungsprojekt der Werke Luthers abgeschlossen
wurde, welches das größte Übersetzungsprojekt sein sollte. Sukzessive
soll eine zwölf- bis dreizehnbändige chinesische Ausgabe von Werken
Luthers in zehn Jahren aus der amerikanischen Lutherausgabe (Am) übersetzt veröffentlicht werden.[53] Die ersten zwei Bände sind 2003 und 2004
erschienen.[54] Eine andere einbändige Ausgabe von Luthers Werken auf
Chinesisch erschien 2003 in Beijing mit dem Titel »The selected works of
Martin Luther«, für die Übersetzung dieser Ausgabe ist eine Arbeitsgruppe eingerichtet worden. Der Inhalt wie auch die Übersetzung sind aber
fast unverändert nachgedruckt aus »Luther's series« des Taosheng Publishing House in Hong Kong.[55]

6 Forschritt der Lutherforschung außerhalb Festlands China

Lutherstudien und entsprechende Erscheinungen in chinesischer Sprache
außerhalb Festland Chinas gehen ungehindert weiter. Ein beträchtlicher
Unterschied ist es, daß die Lutherforschung nicht von den Historikern
oder Sozialwissenschaftlern gemacht werden, wie es der Fall in der VR
China ist, sondern meistens von Theologen. Neben der Publikation über
Luthers Leben und seine Reformation,[56] gibt es mehrere neuere Arbeiten

---

53 Siehe LO W. K. Pilgrim: Die Bedeutung von Luthers Theologie für das 21. Jahrhundert.
   LuJ 71 (2004), 62. Vgl. LEI Yutian: China's Luther research and the project of Chinese
   edition ..., 120.
54 Siehe unten Seite 169, Anhang C.
55 MĂDĪNG LǙDÉ WÉNXUǍN (The selected works of Martin Luther)/ hrsg. von WU
   Xingping. Beijing: Chinese Academy of Social Science, 2003. 503 S. Aufgenommen
   sind Bd. 1: Christian liberty; Bd. 8: Our belief; Bd. 10: The Martin Luther Christmas
   book; Bd. 6: Day by day we magnify thee, und Auszüge aus Bd. 3 und 4.
56 Auch in Hong Kong und Taiwan ist die Biographie Luthers immer noch das beliebste
   Thema. Große und kleine, übersetzte oder auf Chinesisch verfaßte Schriften konnten
   anscheinend die Wünsche der Leser nicht befriedigen. Zu erwähnen sind hier die
   Lutherbiographie Roland H. BAINTON: Zhèshì wǒ de lìchǎng (Here I stand: a life of
   Martin Luther ⟨chines.⟩)/ übers. von LU Zhongshi; GU Leren. Nanjing: Yilin, 1987.

mit verschiedenen Schwerpunkten. So erschien 1984 in Hong Kong »Faith active in love« von George W. Forell (* 1919) auf Chinesisch; William J. Petersens »Martin Luther had a wife« erschien 1985 übersetzt in Hong Kong; eine frühere Schrift von Erik Erikson (1902-1994), »Young man Luther« ist 1989 in Taiwan übersetzt veröffentlicht worden; als neueste Arbeit brachte das Literature Department der Lutheran Church Hong Kong Synod 2004 die Schrift »The spirituality of the cross: the way of the first Evangelicals« von Gene Edward Veith (* 1951) auf Chinesisch heraus;[57] weiterhin erschien 1992 eine weitere einbändige Auswahl von Werken Luthers auf Chinesisch von IP Tai Cheong herausgegeben, der besonderes Interesse an Luthers Soziallehre und seine politische Gedanken hat.[58]

Hinsichtlich des Beitrags chinesischer Theologen hat 1996 YANG T. William (* 1945) in Taiwan seine Arbeit »The agongy and ecstasy of Martin Luther« erscheinen lassen.[59] Ein andere wertvolle Publikation war der Sammelband von 1997, der die Beiträge von Theologen aus Taiwan und Hong Kong der Symposien »The theologia crucis of Martin Luther« aufnahm.[60]

---

369 S.; kleinere Schriften wie George W. FORELL: Lùdé zhuànqí (The Luther legacy). Hong Kong: Taosheng, 1993, 82 S. und Michael MULLETS: Mǎdīng Lùdé (Martin Luther)/ übers. von WANG Huifen. Taipei: Ryefield, 1999. 147 S. Außerdem erschienen in Hong Kong auch Büchlein über Luther und seine Reformation von chinesischen Verfassern, z. B. JIANG Shoudao: Mǎdīng Lùdé xiāozhuàn (A brief biography of Martin Luther). Hong Kong: Tien Dao, 1998. 107 S. und LI K. S. Peter: Mǎdīng Lùdé, gǎigé yùndòng de Xiānfēng (Pioneer of Reformation: Martin Luther). Hong Kong: Chinese Christian Literature Council, 2003. 195 S.

57 George W. FORELL: Xìn yǔ ài (Faith active in love ⟨chines.⟩)/ übers. von TSU W. F. Hong Kong: Taosheng, 1984. 91 S.; William J. PETERSEN: Chénggōng rénwù bèihòu: shūlíng wěirén de hūnyīn (Martin Luther had a wife)/ übers. von HO B. Y. Rita. Hong Kong: Tien Dao, 1985. 6-30, 146 S.; Erik ERIKSON: Qīngnián Lùdé (Young man Luther ⟨chines.⟩/ übers. von KANG Lüdao. Taipei: Yuan-Liou, 1989. 334 S.; Gene Edward VEITH: Shízìjià de shénsuǐ (The spirituality of the cross: the way of the first Evangelicals). Hong Kong: Literature Department of Lutheran Church Hong Kong Synod, 2004. 134 S.

58 Siehe unten Seite 170, Anhang D.

59 YANG T. William: Mǎdīng Lùdé de tòngkǔ yǔ kuángxǐ (The agony and ecstasy of Martin Luther). Taipei: Yongwang Culture Publishing House, 1996. 108 S.

60 GUĀNKUĪ SHÍJIÀSHÉNXUÉ (Perspektiven zur Kreuzestheologie)/ hrsg. von YU C. P. Thomas. Xinzhu: China Lutheran Seminary, 1997. 210 S. Es waren zwei Symposien,

Theologen haben weitere Interessen für Luther. Es ergeben sich Vorträge, Seminare und Forschungsarbeiten über Luther mit verschiedenen Themen. Im Index der »Chinese Christian journals« von 1984 bis 2004 gibt es insgesamt 63 Einträge über Luther von über 200 christlichen Zeitschriften bzw. Zeitungen. Beliebt sind zwar immer noch die traditionellen Themen, beispielsweise die Biographie Luthers und seine Reformation, die Zweiregimentenlehre usw., aber die Veröffentlichungen gehen auch über solche Themen hinaus, z. B. Luther aus der Perspektive römisch-katholischer Christen, das Theologieverständnis Luthers, Luther und Musik in der Zeit der Reformation, Luthers Verständnis von Spiritualität, Luthers Stellung zu Pest, usw.[61]

Es besteht kein Zweifel, daß die Forschungsarbeit über Luther von großer Bedeutung unter den Lutheranern ist. Hier sollte darauf hingewiesen werden, daß das Lutheran Theological Seminary in Hong Kong (LTS) einen wesentlichen Beitrag dazu geleistet hat, besitzt es doch die einzige vollständige Weimarer Lutherausgabe in ihrer Bibliothek im chinesischen Sprachgebiet, bzw. in Südostasien. In ihrer jährlichen Zeitschrift »Theology and life« sind seit 1983 insgesamt zwölf Titel aus der Lutherforschung veröffentlicht worden.[62] 1999 hat LTS eine Schriftensammlung

die 1990 und 1992 vom China Lutheran Seminary in Taiwan veranstaltet wurden. Der Band enthält zehn Referate, die – mit Ausnahme von zwei Missionaren – von Chinesen gehalten wurden: Hintergrund und Entstehung der Kreuzestheologie; Kreuzestheologie im Alten Testament; Kreuzestheologie aus der Perspektive Luthers Prinzip der Bibelauslegung; Kreuzestheologie in 1 Korinther 1, 2; das Wesen der Kreuzestheologie Luthers; der verborgene Gott und der Gott der Offenbarung; der Heilige Geist in der Kreuzestheologie; die Kirche in der Kreuzestheologie; Kreuzestheologie und Seelsorge.

61 Vgl. http://fellowship.com.hk/. Darauf sollte aufmerksam gemacht werden, daß unter den 63 Einträgen nur 20 Schriften in wissenschaftlichen Zeitschriften erschienen sind.

62 Daniel CHOW: Píngshù Mǎdīng Lùdé duì shānshàngbǎoxùn zhī jiěshì: tèbié zhùzhòng shàngōng de wèntí (Critical comments on Luther's interpretation to the Sermon on the mount – with special reference to the problem of good works). ThL 6 (1983), 3-14; CHAU Wai-Shing: Lùdé zhī shèngzhíguān (Luther on ministry). ThL 13/14 (1990/91), 39-45; LO W. K. Pilgrim: Lùdé lùn shénxué (Luther on Theology). ThL 24 (2001), 187-203; LI Pingye: Yīnxìnchēngyì yǔ jīnguīzé zhīsuíxiǎng (Thoughts on Justification by faith and the Golden rule). ThL 25 (2002), 11-24; LO W. K. Pilgrim: Luther and the

mit dem Titel »Back to the root – Evangelical faith and the spirit of Reformation« durch Logos Publishers erscheinen lassen, in der Schriften mit verschiedenen Thema über Luther und seine Theologie nur von chinesischen Verfassern aufgenommen sind.[63] Im Grunde genommen ist das die erste Veröffentlichung in dieser Weise. Mit der Gründung des »Institute for Luther Studies in the Asian Context« (ILSAC) im Jahr 2001 nimmt das LTS eine bedeutende Aufgabe auf sich, Lutherforschung im Kontext Asiens zu betreiben. Seitdem hat das ILSAC Vorträge, Symposien und Forum mit den Themen »Luther in Asian context« (2001), »Luther's theological importance for the church's present moment« (2003), »Comfort in an apocalyptic age: lessons from Martin Luther's eschatology« (2003), »Luther the pastor« (2004) und »Luther's pneumatology« (2005) veranstaltet. Das ILSAC ist auch mit der Welt der Lutherforschung vernetzt, so hat ihr Leiter LO W. K. Pilgrim, der auch Mitglied der Luther-Gesellschaft ist, beim Zehnten Internationalen Kongreß für Lutherforschung (København, 2002) an der Podiumsdiskussion über die Bedeutung von Luther in verschiedenen Kontexten an der Schwelle des 21. Jahrhunderts teilgenommen, und beim Symposium »Justification today: its meaning and

post-denominational era of China. ThL 25 (2002), 25-42; LEI Yutian: China's Luther research and the project of Chinese edition of Luther's works. ThL 25 (2002), 103-130; LEI Yutian: Prospect of Luther study in China. ThL 25 (2002), 147-151; LI K. S. Peter: Luther on the church as communion of saints. ThL 25 (2002), 205-234; DERS.: Zìyóu yǔ bìxū: Lùdé lùn jiàohuì chóngbài (Free & must: Luther on worship). ThL28 (2005), 3-20; LIAO Y. W. William: Lùdé yǔ jiǎngdào (Solus Christus: Luther and preaching). ThL 28 (2005), 21-38; CHEN Kuan Shian: Cóng Confession concerning Christ's supper yīén tàntǎo Lùdé zhī shèngcānguān (The teaching of the Lord's supper in Luther's Confession concerning Christ's supper). ThL 28 (2005), 187-206; LO W. K. Pilgrim: Lùdé shènglingguān de dāngdài yìyì (The significance of Luther's pneumatology for our time). ThL 29 (145-166).

63 HUÍDÀO GĒNYUÁN QŪ: fúyīn xìnyǎng yǔ gǎijiào jīngshén (Back to the root: evangelical faith and the spirit of Reformation)/ hrsg. von TANG S. K. Andres. Hong Kong: Logos, 1999. 179 S. Das ist keine Arbeit über Luthers Leben und die Geschichte der Reformation, sondern eine Arbeit des Nachdenkens über Luthers Theologie. Behandelte Themen sind das Wesen des evangelischen Glaubens, die Botschaft der Reformation, Luthers Prinzip der Bibelauslegung, Luthers Gedanken zu Abendmahl, Taufe, Priestertum, Frömmigkeit und Freiheit, Spiritualität, Ikone, Kirche und Staat, auch theologia crucis usw.

implications« vom LWB (Iowa City, 2002) eine Rede über »The reception of the Joint declaration on the doctrine of justification« gehalten. Im Rahmen der theologische Ausbildung gibt es seit den 70er Jahren eine Vorlesung in Englisch über Luthers Theologie am LTS. Obwohl CHAU Wai Shing – der gerade nach seiner Promotion in den USA nach Hong Kong zurückgekehrt ist – schon im Jahr 1991 einen Kurs über Luthers Lehre von Gesetz und Evangelium geleitet hat, hörten aber erst 1998 die Studierenden zum ersten Mal die Vorlesung von einem chinesischen Theologe, von LO W. K. Pilgrim. Ein anderes Institut für Lutherforschung »Graduate School for Luther's Theology« wurde vor einigen Jahren vom China Lutheran Seminary in Taiwan unter der Leitung von Armin Buchholz aus Deutschland eingerichtet. An ihm kann man seit 2004 ein Magisterstudium mit Schwerpunkt für Lutherstudien machen.

In Taiwan ist die Vorlesung über Luthers Theologie am Taiwan Theological College & Seminary bereits 1993 von einem chinesischen Dozenten gehalten worden. 1997 hat der Dozent LIN Hong-Hsin (* 1955) sein Manuskript veröffentlicht. Es war eine Einführungsarbeit, welche die einzelnen Themen der Theologie Luthers referierte, jedoch sollte es das erste Buch sein, das mit »Luthers Theologie« im Titel von einem chinesischen Theologe geschrieben worden ist.[64] Das zweite Buch, das in seinem Titel die Wörter »Luthers Theologie« enthält, ist 2002 in Hong Kong von YEUNG Hing Kau veröffentlicht worden. Es ist im Grunde genommen eine Aufsatzsammlung, die einige theologische Gedanken Luthers vorstellt.[65] Eine ähnliche Publikation gab es schon im Jahr 1993 mit dem Titel »Sketches of Martin Luther«, in welcher der Verfasser über das

---

64 LIN Hong-Hsin: Xīngjuézhōng de zìyóu: Lùdé shénxué jīngyào (Die aufwachende Freiheit: Auslese aus Luthers Theologie). Taipei: Liji, 1997. 230 S. Das Buch ist in elf Kapiteln unterteilt mit Themen über Glaube und gute Werke, Rechtfertigungslehre, Kreuzestheologie, freien Wille, Abendmahlslehre, Gesetz und Evanglium und Zweiregimentenlehre.

65 YEUNG Hing Kau: Mǎdīng Lùdé shénxué yánjiū (The study of Martin Luther's theology). Hong Kong: Logos, 2002. 222 S. Insgesamt hat das Buch neun Kapitel: Biographie Luthers und Entwicklung seines Denkens, Rechtfertigungslehre, Heiligung, Leben und Dienst, Werk und Gesellschaft, Geschichtliche Bedeutung der Abendmahlslehre Luthers, Beteiligung an der Politik, Bedeutung der Christologie Luthers für die Gegenwart und Luthers Eschatologie.

Erfolgsgeheimnis der Reformation, das Prinzip der Bibelauslegung Luthers, die Predigtlehre Luthers, Luthers politische Gedanken und interessanterweise Luthers Vermächtnis referiert.[66] Zum Schluß sollte noch erwähnt werden, daß meines Wissens neben LI Pingje nur noch zwei Chinesen über Luther promoviert haben,[67] und dazu noch drei Chinesen in ihrer Dissertation substantiell sich auf die Theologie Luthers bezogen haben.[68] Magisterarbeiten über Luther gibt es mehrere, die meisten sind am LTS in Hong Kong geschrieben worden.[69]

66 Siehe CHOW T. W. Daniel: Lùdé diǎndī (Sketches of Martin Luther). Hong Kong: Taosheng, 1993. 121 S.

67 TSAI Lee Chen Anne, eine Frau aus Taiwan hat wahrscheinlich Ende der 80er Jahren ihre Doktorarbeit über die Exegese Luthers an der University of Aberdeen geschrieben. Eine andere Dissertation ist LI Kwong-Sang Peter: Luther's ecclesiology and its relevance for the contemporary Chinese context. – Chicago, Lutheran School of Theology at Chicago, IL (Betreuer: Kurt Hendel), 2000. 247, der nach seiner Promotion am LTS Kirchengeschichte lehrt. Die neueste Doktorarbeit ist IP Tai Cheong: Cóng Lùdé jí Pānhuòhuá de zhèngjiào shénxué tàntǎo xiānggǎng jiǔqīhòu zhī zhèngjiào guānxì (Die Beziehung zwischen Staat und Kirche: Hong Kong nach 1997 aus der Perspektive der Theologie »Staat und Kirche« von Luther und Bonhoeffer). – Hong Kong, LTS (Betreuer: LO W. K. Pilgrim), 2004 – 144 S. Inzwischen ist IP der Vizepräsident des Concordia Seminary in Hong Kong.

68 Die Dissertationen sind NG W. M. Andrew: Watchman Nee and the priesthood of all believers. – StL, Concordia Seminary, 1985 – 379 S.; CHAU Wai Shing: The letter and the spirit: a history of interpretation from Origen to Luther. – St. Paul, MN, Luther Northwestern Theological Seminary (Betreuer: James Arne Nestingen), 1990 – 305 S. ≙ CHAU Wai Shing: The letter and the spirit: a history of interpretation from Origen to Luther. NY u. a.: Peter Lang, 1995. 250 S. und LIAO Y. W. William: Watchman Nee's theology of victory: an examination and critique from a Lutheran perspective. – St. Paul, MN, Luther Seminary, 1997.

69 CHANG Hung Yue: Lùdé chēngyìguān duì Taiwan xìnyìzōngjiàohuì jiǎngtán de yìyì (Die Bedeutung der Rechtfertigungslehre Luthers für die Kanzel der lutherischen Kirch in Taiwan). – Hong Kong, LTS, Master of Divinity, 1990 – 190 S.; LAU On: Martin Luther: the preacher and his homiletics. – Hong Kong, LTS, Master of Divinity, 1990 – 128 S.; IP Tai Cheong: Luther and Trent on justification: a comparative study. – Hong Kong, LTS, Master of Theology, 1990 – 93 S.; YEUNG Siu Wing: Cóng Lùdé shénxué tànjiū xiānggǎng Lìxíanhuì de chóngbài yǔ shènyuè fāzhǎn (Eine Untersuchung über Gottesdienst und Entwicklung der geistlichen Musik in der Rheinischen Kirche aus der Perspektive der Theologie Luthers). – Hong Kong, LTS, Master of Divinity, 1991 – 128 S.; LIU Chung-Kui: A comparison between Martin Luther and Karl Barth on the

II Analyse und Kommentierung

Ein deutsches Sprichwort lautet »Guter Anfang ist halbe Arbeit«. Die Chinesen sagen ähnlich »Guter Anfang ist halber Erfolg«. Leider war dies bei der Lutherforschung in China nicht der Fall, obwohl es mit dem anderen deutschen Sprichwort »Böser Anfang, böses Ende« nicht stimmen sollte.

1 Historische Grundlage der Lutherforschung

Durch den Missionar Karl Gützlaff ist Luther in China vorgestellt worden. Er war pietistisch von den Frankeschen Schulen in Halle geprägt und interessierte sich für den Glauben im Sinne der Herrnhuter Frömmigkeit.[70] Für ihn war die Verbreitung von Schriften die Hauptaufgabe neben der Verkündigung, trotzdem bedienten die Schriften hauptsächlich seiner Missionsarbeit.[71] Er hat 61 Hauptschriften in Chinesisch übersetzt oder

law and gospel relationship. – Hong Kong, LTS, Master of Divinity, 1992 – 51 S.; TANG Sui Tung: Luther's understanding of scriptural authority. – Hong Kong, LTS, Master of Divinity, 1994 – 46 S.; LI Man Tung: A study of Christian social responsibility according to Martin Luther: a Hong Kong perspective. – Hong Kong, LTS, Master of Divinity, 2001 – 113 S.; WONG Yuk Ying: Mǎdīng Lùdé de yuánzuìguān yǔ Julian of Norwich de língchéng dǎogào duì jīnrì xìntú huǐgǎi yǔ chéngzhǎng de yìyì (Die Bedeutung von Luthers Lehre über Erbsünde und von der Gebetslehre Julians für Reue und Aufwachsen der Gläubigen in der Gegenwart. – Hong Kong, LTS, Master of Divinity, 2001 – 65 S.; CHEN Kuan Shian: Cóng Confession concerning Christ's supper yīwén tàntǎo Lùdé zhī shèngcānguān (The teaching of the Lord's supper in Luther's »Confession concerning Christ's supper«). – Hsinchu, Taiwan, China Lutheran Seminary, 2005 – 15 S.; LIN Ching-Pi: Súshì de quánlì yǔ Shàngdì de zhǔquán: Mǎdīng Lùdé de liǎnggèwángguólùn (Secular authority and God's sovereignty: a study of the political thought of the Two kingdoms of Martin Luther). – Chung Li, Taiwan, Chung Yuan Christian University, Magister, 2002 – 123 S.; HU Zong-mei: Mǎdīng Lùdé zhī zōngjiàogǎigé (Die Reformation Martin Luthers). – Hsinchuang, Taiwan, Fu Jen Catholic University, Magister, 1988 – 376 S.; HUANG Xiu-gin: Lùn Mǎdīng Lùdé de zōngjiàogǎigé yùndòng (Martin Luthers Reformation). – Taipei, Chinese Culture University, Magister, 1985; TANG Jie-ging: Cóng nóngmíng zhànzhēng kàn Mǎdīng Lùdé de zhèngzhì sīxiǎng (Martin Luthers politisches Denken infolge des Bauernkrieges). – Hsinchuang, Taiwan, FuJen Catholic University, Magister, 1986.

70 Vgl. Schlyter: Karl Gützlaff als Missionar in China, 8 f.

71 Schlyter: Karl Gützlaff als Missionar in China, 100.

geschrieben veröffentlicht, darunter sind aber nur drei mit Luther verknüpft.[72] Während eines halben Jahrhunderts haben die Missionsgesell-
schaften in ihrer Missionsarbeit keine Aufmerksamkeit auf theologische
Forschung verwendet. Erst Anfang des 20. Jahrhundert begann eine
Vereinigungsbewegung, folglich wurde die lutherische Lehre im lutherischen Seminar verstärkt.[73] Nach der Gründung des LTS 1913, das aus vier
lutherischen Missiongesellschaften mit dem originalen Namen »Central
China Union Lutheran Theological Seminary« entstanden ist, wurde die
theologische Ausbildung dem klassisch-lutherischen Typ nach langsam
formalisiert,[74] trotzdem war im Grunde genommen diese sehr grundle-
gende Ausbildung unter der Leitung der Missionaren auf eine Verbreitung
des Luthertums in China ausgerichtet. Dieser Zielsetzung zufolge wurde
keine eigene theologische Forschung vorgenommen.

2 Das Lutherbild der chinesischen Intellektuellen der Gegenwart
2.1 Luther als ein großer Mann in der Geschichte
In den vergangenen zwei Jahrzehnten gewann Luther ein breitere Aufmerksamkeit in der chinesischen Öffentlichkeit. In »Zōngjiào jīngjí xuǎnbiān (Klassik der Religionen in Auswahl)« hat der Herausgeber einen
Auszug aus Luthers »Von der Freiheit eines Christenmenschen« aufgenommen; ZHU Qianzhi (1899-1972) hat Luthers Stellung zu den Nestorianern
in seinem Buch »Zhōngguó Jǐngjiào (Die Nestorianer in China)« einge-

---

72 Vgl. Schlyter: Karl Gützlaff als Missionar in China, 212; dazu Wylie: Memorials of
   Protestant Missionaries to the Chinese, 54-63.
73 Vgl. Andrew HSIAO: A brief history of the Chinese Lutheran Church. Hong Kong:
   Taosheng 1999, 7-12.
74 Das Shéndào xuéxiào (Schule des Wortes Gottes) in Baoan, das von einem der ersten
   Missionaren der Rheinischen Mission im Jahr 1848 eingerichtet wurde, ist wahr-
   scheinlich das erste lutherische Seminar, dann 1864 wurde das lutherisch-theologi-
   sche Seminar in Lilang von der Evang. Missionsgesellschaft in Basel gegründet. Die
   Ausbildung war zu jener Zeit im allgemeinen ein Lehrer-Lehrling-System; vgl. LAW
   Jinban: Lǐxiánhuì zài huá chuánjiàoshǐ (Missionsgeschichte der Rheinischen Kirche
   in China. Hong Kong: Chinese Rhenish Church HK Synod, 1968, 85; dazu C. Stanley
   SMITH: The development of Protestant theological education in China, 51-56 und XU
   Yihua: Jiàohuì dàxué yǔ shénxué jiàoyù (Kirchliche Universitäten und theologische
   Ausbildung). Fuzhou: Fujian Education, 1999, 25. 37.

führt; »Luther« ist nicht nur im »Lexikon des Christentums« berücksichtigt, sondern auch in der »Zhōngguó dà bǎikēquánshū (Die große Enzyklopädie Chinas)«.[75] In der chinesischen Literatur wird Luther allgemein als ein großer Mann in der Geschichte eingeschätzt. Er ist nicht nur der Held und Gründer des deutschen Volks oder Symbol der Volkssolidarität, sondern mit seinen Reformationstätigkeiten schuf er eine neue Geschichte in Europa.[76] In der Betrachtung vieler chinesischen Intellektuellen ist Luther auch für die Modernisierung Chinas von großer Bedeutung.[77]

2.2 Die Erwartung der Luther-Renaissance in China

Im Unterschied zu der Lage in Hong Kong oder in Taiwan ist die Lutherforschung in Festland China vorwiegend von Historikern und Sozialwissenschaftlern an Hochschulen betrieben worden, welche die harte Zeit während der Kulturrevolution miterlebt hatten. Eine weitere politische Revolution wie die der radikalen Linken ist unerwünscht, doch sehen sie in Luthers Reformation ein Leitbild für die Reform Chinas. Für sie ist es ein Wunder, das ein Mönch die Feudalgesellschaft stürzen konnte, so daß eine bürgerliche Revolution siegte. Ihrer Ansicht nach ist Luther immer noch ein Revolutionär, der Menschen von kirchlicher Bedrohung durch Fegfeuer befreite und Freiheit für alle Menschen ermöglichte.[78] In dieser Hinsicht ist Luther nicht viel anderes zu sehen als am Ende des 19. Jahrhunderts.

75 Siehe ZŌNGJIÀO JĪNGJÍ XUǍNBIĀN (Klassik der Religionen in Auswahl)/ hrsg. von LUO Zhufeng. Shanghai: East China Normal University, 1992, 496-500; ZHU Qianzhi: Zhōngguó Jǐngjiào (Die Nestorianer in China). Beijing: People's Publishing House, 1993, 26 f; THE DICTIONARY OF CHRISTIANITY. Beijing: Beijing Language and Culture University, 1994. 799 S.; ZHŌNGGUÓ DÀ BǍIKĒQUÁNSHŪ (China encyclopedia). Teil: Zōngjiào (Religion)/ hrsg. von LUO Zhufeng. Beijing: Große Enzyklopädie Chinas, 1988. 642 S.

76 Vgl. YU Ke: Mǎdīng Lùdé shēngpíng (Biographie Martin Luthers). In: Lùdè wénjí (The Chinese edition of Luther's works)/ hrsg. von NG Wai Man Andrew. Bd. 1. Hong Kong: Literature Department of Lutheran Church HK Synod, 2003, 61-65, dazu XIAO Anping: Hùài bújínshì yǒuyì: Mǎdīng Lùdé lùn zōngjiào yǔ rénshēn, 2 f.

77 Vgl. HE Guanghu: Jīngshén rúhé yǐngxiǎng lìshì (Einfluß des Geistes auf die Geschichte). In: Lùdé wénjí (The selected works of Martin Luther)/ hrsg. von WU Xinping. Beijing: Chinese Academy of Social Science, 2003, 500 f.

78 Vgl. YU Ke: Mǎdīng Lùdé shēnpíng (Biographie Martin Luthers) 1, 53 f; dazu LI Pingye: Rén de fāxiàn: Mǎdīng Lùdé yǔ zōngjiàogǎigé (Die Entdeckung eines Menschen: Martin Luther und seine Reformation), 201.

Die Forschung seit der sogenannten Luther-Renaissance zeigt, daß Luthers Reformation nicht nur als die erste bürgerliche Revolution gegen die Diktatur und Korruption zu betrachten ist, sondern zugleich eine erfolgreiche Revolution der Ökonomie und der Ideologie darstellt, die für die Herrschaft der westlichen Bourgeoisie bis heute ein Fundament zur Politik, Ideologie und zum materiellen Leben gelegt hatte.[79] Luthers Taten nahmen einen bedeutenden Einfluß auf den Aufbau der neuen Lebensanschauung, der Wertvorstellung, Entwicklung der Gesellschaft und die Bildung usw.[80] Die chinesischen Intellektuellen fragen sich, was ist das Wesentliche, das Luther zum Reformator machte und eine mächtige Wirkung der Reformation auf die Geschichte ausübte? Einerseits wird anerkannt, daß aus sozial-politischer Perspektive der Beitrag Luthers zu Glaubensfreiheit und für die Rechte des Individuums die Macht der Völker verstärkte, womit die Säkularisierung der modernen Gesellschaft begann.[81] Andererseits verstärkt sich die Meinung nach und nach, daß »Rechtfertigung allein durch den Glauben«, »die höchste Autorität der Bibel« und »das Priestertum aller Gläubigen« das Wesentliche seien.[82] Außerdem vertreten manche chinesischen Forscher interessanterweise die Ansicht, daß die meisten Chinesen nur kärgliche Kenntnisse über Luther besitzen und noch dazu Luther falsch verstehen, wenn sie Luther und seine Reformation ohne Rücksicht auf seine Glaubenskämpfe mit der inneren Kraft interpretieren.[83] Von Anfang an war Luther nur von dem Wort Gottes überzeugt, welches das Werturteil aller Dinge ist. Luthers Reformation und ihre Wirkung auf der Geschichte ergibt sich allein aus Luthers Glauben an Gottes Wort. Mit einem Wort, Luther hat bei den Intellektuellen in China ein positives Bild hinterlassen.

---

79 Vgl. LI Pingye: Rén de fāxiàn, 2.

80 Vgl. XIAO Anping: Hùài bújìnshì yǒouyì, 3.

81 Vgl. The selected works of Martin Luther, 5.

82 Vgl. YU Ke: Gàilùn: Jīdūxīnjiào de lìshǐ hé xiànzhuàng«. In: Dāngdài jīdūxīnjiào Beijing: Dongfang Orient, 1993, 1 f; DERS.: Mǎdīng Lùdé shēngpíng (Biographie Martin Luthers) 1, 64 f.

83 Vgl. HE Guanghu: Jīngshén rúhé yingxiǎng líshǐ (Einfluß des Geistes auf die Geschichte), 500 f; dazu auch HUA Jun: Yìzhěxù (Vorwort des Übersetzers). In: Hanns Lilje: Lùdé zhuàn (Martin Luther ⟨chines.⟩), 4 f.

3 Die Perspektive der Lutherforschung in China
3.1 Die Veröffentlichungen und Themen der Forschungsarbeit

Wenn wir einen Blick auf die Literatur werfen, müssen wir einräumen, daß einige Hauptwerke Luthers in chinesischer Sprache erhältlich sind, z. B. die Reformationsschriften Luthers und die Schriften über seine Glaubenslehre. Auch manche wichtige theologische Gedanken sind durch Übersetzungen oder eigene Arbeit der chinesischen Gelehrter vorgestellt worden. Trotzdem ist es nicht vergleichbar mit der Lutherforschung in Deutschland oder in den USA. Literatur von oder über Luther sind meistens aus dem Englischen übersetzt. Es ist aber sehr bedauerlich, daß das größte Übersetzungsprojekt der Lutherausgabe nicht eine gute deutsche Ausgabe als Mustertext zugrunde legt, und im Grunde nicht von studierten Theologen durchgeführt wird. Bis zu einem gewissen Grad ist das ein Rückschritt, weil die früheren Ausgaben zum Teil direkt aus dem Deutschen übersetzt oder zum Vergleich mit dem Deutschen überprüft wurden. Außerdem waren Herausgeber wie auch Übersetzer gute Theologen.

Wie oben schon gezeigt, ist der größte Teil der Veröffentlichung seit der Ankunft der lutherischen Mission in China auf das Leben Luthers oder seiner Reformation beschränkt. Mit anderen Worten, es mangelt noch an vielen Forschungsideen und -themen. Trotz der Luther-Renaissance in China sind die meisten Arbeiten aus einer politischen oder soziologischen Perspektive geschrieben, die wenig mit Luthers Theologie zu tun hat. Außerdem fehlt es noch an der Übersetzung von bedeutenden Forschungsarbeit über Luther.

Offensichtlich haben die Theologen in Hong Kong oder in Taiwan größeres Interesse für Luthers Theologie. Ihre Publikationen weisen darauf hin, daß für sie Luthers Glaube und Theologie von größerer Bedeutung sind als die Wirkung seiner Reformation auf die Gesellschaft. In ihren Arbeiten haben sie nicht nur die Zweiregimentenlehre oder ähnliche politische Gedanken Luthers thematisiert, sondern vor allem die Rechtfertigungslehre, die theologia crucis, auch die Lehre vom Priestertum usw. Somit kann der unterschiedliche Schwerpunkt der Lutherforschung zwischen Festland China einerseits und Hong Kong bzw. in Taiwan andererseits in gewissem Umfang als sich gegenseitig ergänzend angesehen werden. Eine Bemerkung sollte aber noch gemacht werden:

trotz dieser gegenseitigen Ergänzung ist eine systematische wissenschaftliche Forschungsarbeit über Luther von Nöten, sind doch die veröffentlichten Arbeiten zum großen Teil aus Vorträgen erwachsen.

3.2 Mangel an theologisch gebildeten Forschern und Materialien

Es steht zu erwarten, daß für die Lutherforschung in China viele Schwierigkeiten zu überwinden sind. Wegen des Mangels an Vorkenntnissen und
Materialien wurde Luther von den frühen Gelehrten oft fehlerhaft dargestellt, z. B. schrieb SONG Shu (1862-1910) 1895, daß Luther die Bibel aus
dem Lateinischen ins Deutsche übersetzte;[84] LIANG Qichao (1873-1929))
hat Luthers 95 Thesen fälschlicherweise als 96 Thesen ausgegeben;[85] das
Lehrbuch »A history of Christian thought« von Peter PENG, in dem
Luthers Reformationsschriften vorgestellt wurden, erschien im Jahr 1927,
nicht 1939, wie LI Chang-lin und LEI Yutian behaupten.[86] Die »Confessio
Augustana« erschien in Chinesisch schon 1843 von Gützlaff, nicht erst
1939 in Peter PENGs »A history of Christian thought«, wie LEI Yutian
sagt.[87] Die chinesischen Intellektuellen haben ähnliche Fehler aus Mangel an gründlichen Kenntnissen der Kirchengeschichte gemacht, z. B.
behauptet YAO Xiyi, daß Luther das Luthertum im Jahr 1529 gegründet
hätte.[88] In der chinesichen Lutherausgabe steht, daß Bruder Henrico am
1. Juli 1529 verbrannt wurde, obwohl der Augustinereremit Heinrich

84 Siehe SONG Shu Jí (Schriften)/ hrsg. von HU Zhusheng. Bd. 1. Beijing: Zhonghua,
1993, 76.
85 Siehe LIANG Qichao: Lùn jìnqǔ yǔ màoxiǎn (Über Vorwärtsstreben und Risiko). In:
Ders.: Yǐnbīngshì wénjí (Schriften). Teil 1. Taipei: Xīnxīng, 1966, 22.
86 Siehe LI Chang-lin: Zhōngguó xuéjiè duì Mǎdīng Lùdé de yánjiū zōngshù (Eine
zusammenfassende Darstellung über Lutherstudien im chinesisch-akademischen
Kreis). Shìjiè zōngjiào yánjiū (Zeitschrift für Weltreligionsforschung) 4 (Beijing 1995),
129; LEI Yutian: China's Luther research and the project of Chinese edition ..., 114.
87 Siehe LEI Yutian: China's Luther research and the project of Chinese edition ..., 115.
88 Siehe YAO Xiyi: Dāngdài xīnjiào de zōngpài (Die Protestanten der Gegenwart). In:
Dāngdài jīdūxīnjiào/ hrsg. von YU Ke. Beijing: Dongfang Press, 1993, 92. Ähnlich
behauptet LEI Yutian: Píng wényìfùxīng shíqí Déguó liǎngwèi jīdūjiào wénhuà jùrén
(Contributions of Erasmus and Luther to the Renaissance in Europe). Christian
culture review 2 (Guizhou 1990), 140, daß Luther die römische Kirche verlassen und
eine neue lutherische Kirche gegründet hätte.

Voes bereits am 1. Juli 1523 in Brüssel verbrannt wurde und mit »Bruder Henrico« Heinrich von Zütphen gemeint ist, der am 11. Dezember 1524 in Meldorf im Ditmarschen verbrannt wurde;[89] nach LEI Yutian war Erasmus ein Deutscher.[90]

Es ist sicherlich besser, daß mehr Theologen die Lutherforschung betreiben. Leider interessieren sich nur wenige Theologiestudierende und -lehrer für Luthers Theologie in der »post-denominational« Epoche in China. Die Richtung der Lutherforschung unter den Hochschullehrern zielt unvermeidlich auf die Fortschritte der Kultur. Luthers Glaube, der untrennbar mit seinem politischen Gedanken und seiner Reformations-tätigkeit verbunden ist, wird nicht genügend berücksichtigt. YU Ke hat mit Recht gesagt, daß es in China mehr Gesamtdarstellung als Detail-forschung, mehr Arbeiten zur politischen als zur theologischen und kul-turellen Bedeutung Luthers und mehr Beiträge zum 16. Jahrhundert als zur Wirkungsgeschichte gibt.[91] Im Unterschied dazu beschäftigen sich mit dem Lutherstudium fast nur die Theologen in Hong Kong oder in Taiwan. Wir sollen aber keine zu großen Hoffnung hegen, denn es gibt in Hong Kong und Taiwan sehr wenige Theologen, die Deutsch und Latein beherrschen. Folglich kann das Lutherstudium hauptsächlich mittelbar anhand englischer Übersetzung gemacht werden.

3.3 Schlußbemerkung

Die Lutherforschung in Deutschland hat reiche Früchte getragen. Nach diesem Maßstab hat die Lutherforschung in China noch nicht richtig angefangen, obwohl sie im Vergleich zu anderen asiatischen Ländern einen kleinen Schritt vorwärts gemacht hat. Nicht nur in China, sondern auch in Hong Kong und Taiwan gibt es weder eine bedeutende Schule der Luther-forschung noch einen führenden Lutherforscher. Die oben dargestellte Zusammenfassung ist noch unvollständig. Es bedarf weitere Ergänzungen, Verbesserungen, sogar Korrekturen. Trotzdem sollte dieser Bericht ein anschauliches Bild von der Lutherforschung in China aufzeigen.

89 Siehe The Chinese edition of Luther's works 2, 306.
90 Siehe LEI Yutian: Píng wényìfùxīng shíqí Déguó liǎngwèi jīdūxīnjiào wénhàù jùrén, 139 f.
91 Vgl. YU Ke: Lutherstudien in China, 44.

Anhang A

Lùdé Xuǎnjí (Selected works of Martin Luther). 2 Bde./ hrsg. von Christofer TANG. Hong Kong: Chinese Christian Literature Council, 1957. 483; 458 S. (Christian classics library: Teil 2; 2).

Band 1
1   Disputatio contra scholasticam theologiam, 1517
2   Von den guten Werken, 1520
3   Von dem Papsttum zu Rom wider den hochberühmten Romanisten zu Leipzig, 1520
4   An den christlichen Adel deutscher Nation von des christlichen Standes Besserung, 1520
5   De captivitate Babylonica ecclesiae praeludium, 1520
6   Von der Freiheit eines Christenmenschen, 1520
7   Eine treue Vermahnung M. Luthers zu allen Christen, sich zu hüten vor Aufruhr und Empörung, 1522
8   Acht Sermone D. M. Luthers von ihm gepredigt zu Wittenberg in den Fasten, 1522
9   Von weltlicher Oberkeit, wie weit man ihr Gehorsam schuldig sei, 1523

Band 2
10   An die Ratherren aller Städte deutschen Lands, daß sie christliche Schulen aufrichten und halten sollen, 1524
11   Von Kaufshandlung und Wucher, 1524
12   Ein Sendbrief D. M. Luthers. Vom Dolmetschen und Fürbitte der Heiligen, 1530
13   Die Schmalkaldischen Artikel, 1537
14   Von den Konziliis und der Kirchen, 1539
15   Vorrede zum Alten Testament, 1523; Vorrede zum Psalter, 1528; Vorrede zum Neuen Testament, 1522; Vorrede zum Brief des Paulus an die Römer, 1522
16   Vorlesung über den Römerbrief, 1515/16 (Kurzfassung); Vorlesung über den Galaterbrief, 1535 nach Georg Rörer (Kurzfassung).
17   Tischreden (Auswahl)
18   Briefwechsel (Auswahl)

Anhang B

Lùdé wénxuǎn (Luther's series). Hong Kong: Taosheng Publishing House.

Band 1: Jīdūtú de zìyóu (Christian liberty ⟨chines.⟩)/ übers. von CHEN C. H. 3. Aufl., 1976. 91 S.
1   Von der Freiheit eines Christenmenschen, 1520.
2   Acht Sermone D. M. Luthers von ihm gepredigt zu Wittenberg in den Fasten, 1522.

Band 2: Jǐushíwǔtiáo: gǎijiào chūqì wénxiàn liù piān (The Ninety-five theses & Six works from the beginnings of the Reformation)/ übers. nach Cl 1 von Joe DUN, 1973. 88 S.

1 Disputatio contra scholasticam theologiam, 1517
2 Disputation pro declaratione virtutis indulgentiarum, 1517
3 Ein Sermon von der Betrachtung des heiligen Leidens Christi, 1519
4 Ein Sermon von dem Sakrament der Buße, 1519
5 Ein Sermon von dem heiligen hochwürdigen Sakrament der Taufe, 1519
6 Ein Sermon von dem hochwürdigen Sakrament des heiligen wahren Leichnams Christi und von den Bruderschaften, 1519 (Das Kapitel »Von den Bruderschaften« wurde nicht aufgenommen)

Band 3: Lùdé yùcuì (Compend of Luther's theology ⟨chines.⟩). Teil 1: Tischreden, Briefe und Predigten/ ausgew. und ins Engl. übers. von Hugh Thomson Kerr [Quellen unbekannt]; übers. von WANG H. Charles [WANG Ke Ting]. Rev. Aufl., 1974. 113 S.

Band 4: Lùdé yùcuì xùjí (Compend of Luther's theology ⟨chines.⟩). Teil 2: Tischreden, Briefe und Predigten/ ausgew. und ins Engl. übersetzt von Hugh Thomson Kerr [Quellen unbekannt]; übers. von WANG H. Charles [WANG Ke Ting]. Rev. Aufl. 1975. 126 S.

Band 5: Jīdūtú dàwèndá (Deutsch [Großer] Katechismus ⟨chines.⟩)/ übers. aus Cl 4 von Joe DUN, 1972. 123 S.

Band 6: Rìyòng língliáng (Day by day we magnify thee ⟨chines.⟩)/ hrsg. von Margarete Steiner; übers. von WANG H. Charles [WANG Ke Ting], 1977. 282 S.

Band 7: Ruben Josefson: Lùdé de shèngxǐguān (Luther on baptism – aus dem Schwed. übers. von Gustav Carlberg – ⟨chines.⟩)/ übers. von WANG H. Charles [WANG Ke Ting], 1978. 121 S.

Band 8: Wǒménde xìnyǎng (Our belief ⟨chines.⟩)/ übers. von CHEN C. H. 2. Aufl., 1979. 121 S.

1 Der kleine Katechismus ..., 1529
2 Confessio Augustana, 1530
3 Das Apostolische Glaubensbekenntnis
4 Das Nizänische Glaubensbekenntnis
5 Das Athanasianische Glaubensbekenntnis

Band 9: Karl Holl: Lùdé de lúnlǐguān (Der Neubau der Sittlichkeit ⟨chines.⟩)/ übers. von Joe DUN. 1964, 148 S.; 2. Aufl., 1980. 140 S.

Band 10: Shèngdàn zhī shū: Lùdé jiǎngtán xuǎn (The Martin Luther Christmas book – Predigten aus WA 22 ausgew. und übers. von Roland H. Bainton – ⟨chines.⟩)/ übers. von Joe DUN. 2. Aufl., 1981. 75 S.

Band 11: Kurt Aland: Jǐushíwǔtiáo jí yǒuguàn gǎijiào wénxiàn kǎo (Martin Luther's 95 theses with the pertinent documents from the history of the Reformation – Die 95

Thesen Martin Luthers und die Anfänge der Reformation ⟨engl.⟩ – ⟨chines.⟩/ übers. von
WANG Paul; CHENG Lusia, 1989. 88 S.

Anhang C

Lùdé wénjí (The Chinese edition of Luther's works). Hong Kong: Literature Department of
Lutheran Church Hong Kong Synod, 2003 ff

Band 1: Reformation writings/ hrsg. von NG Wai Man Andrew, 2003. 752 S.
1 Disputatio contra scholasticam theologiam, 1517
2 Disputatio pro declaratione virtutis indulgentiarum, 1517
3 Disputatio Heidelbergae habita, 1518
3 Vorrede zu Ein deutsch Theologia, 1518
4 Resolutiones disputationum de indulgentiarum virtute, 1518
5 Acta Augustana, 1518
6 Sermo de duplici iustitia, 1519
7 Disputatio et excusatio F. Martini Luther adversus criminationes D. Iohannis Eccii,
  1519
8 De captivitate Babylonica ecclesiae praeludium, 1520
9 Von der Freiheit eines Christenmenschen, 1520
10 Warum des Papstes und seiner Jünger Bücher von D. M. Luther verbrannt sind,
   1520
11 Von dem Papsttum zu Rom wider den hochberühmten Romanisten zu Leipzig,
   1520
12 Grund und Ursach aller Artikel D. M. Luthers, so durch römische Bulle unrechtlich
   verdammt sind, 1521
13 Verhandlung mit D. M. Luther auf dem Reichstage zu Worms, 1521

Band 2: Reformation writings II/ hrsg. von LEI Yutian, 2004. 680 S.
1 Wider den falsch genannten geistlichen Stand des Papsts und der Bischöfe, 1522
2 De instituendis ministris ecclesiae ad senatum Pragensem Bohemiae, 1523
3 Daß eine christliche Versammlung oder Gemeine Recht und Macht habe, alle Lehre
  zu urteilen und Lehrer zu berufen, ein- und abzusetzen, Grund und Ursache aus der
  Schrift, 1523
4 Ein Brief an die Fürsten zu Sachsen von dem aufrührerischen Geist, 1524
5 Ein Brief an die Christen zu Straßburg wider den Schwärmergeist, 1524
6 Wider die himmlischen Propheten, von den Bildern und Sakrament, 1525
7 Vom Bruder Henrico in Ditmar verbrannt, samt dem zehnten Psalmen ausgelegt,
  1525
8 De servo arbitrio, 1525

Anhang D

Lùdé wénjí (Luther's works: faith and society/ hrsg. von IP Tai Cheong. Hong Kong: Concordia Welfare and Education Society, 1992. 444 S.

1 Von dem Greuel der Stillmesser, so man den Kanon nennt, 1525
2 Wider die räuberischen und mörderischen Rotten der Bauern, 1525
3 Ein Sendbrief von dem harten Büchlein wider die Bauern, 1525
4 Vom Kriege wider die Türken, 1529
5 Ob Kriegsleute auch in seligem Stande sein können, 1526
6 Von Bruder Henrico samt dem zehnten Psalmen ausgelegt, 1525
7 Warnung an seine lieben Deutschen, 1531
8 Vom ehelichen Leben, 1522
9 Eine Predigt, daß man Kinder zur Schule halten solle, 1530
10 Der 82. Psalm ausgelegt, 1530
11 Der 101. Psalm durch D. M. Luther ausgelegt, 1534
12 Der 127. Psalm ausgelegt an die Christen zu Riga und Livland, 1524

Martin Luther – Protagonist moderner deutscher Literatur?

Von Martina Fuchs

I Einleitung

Martin Luther zählt ohne Zweifel zu den bekanntesten Persönlichkeiten der deutschen Geschichte; so wurde er in einem ZDF-Ranking nach Konrad Adenauer (1876-1967) zum prominentesten Deutschen gekürt.[1]

Selbstverständlich haben sich immer wieder Schriftsteller mit seiner Person, seinem Leben und seinem Wirken beschäftigt. Es gibt eine Unzahl von Romanen, Dramen, Epen und Gedichten, in denen der Reformator im Mittelpunkt steht.[2] Im Übrigen erlebte und erlebt Luther nicht nur eine beständige Rezeption in der Literatur, sondern auch in der Malerei, im Denkmal, im Film, in Reformations- und Lutherfeiern.[3] Der Reichstag zu Worms bzw. Luthers Auftritt vor Kaiser und Reich wird sogar zu den »Sternstunden der Geschichte« gezählt.[4]

---

1 Vgl. http://www.zdf.de/ZDFde/inhalt/31/0,1872,2051839,00.html (Zugriff 16. August 2005).

2 Im Rahmen eines größeren Projektes möchte die Verfasserin die deutsche historische Belletristik des 19. und 20. Jahrhunderts zu Martin Luther aufarbeiten; hier sollen einige Hinweise zu Werken mit dem Thema Luther – allerdings nur in grober Auswahl – geboten werden: Elisabeth FRENZEL: Stoffe der Weltliteratur: ein Lexikon dichtungsgeschichtlicher Längsschnitte. 9., überarb. und erw. Aufl. Stuttgart 1998, 479-482; E[rwin] HEINZEL: Lexikon historischer Ereignisse und Personen in Kunst, Literatur und Musik. Wien [1956], 451-455; Arthur LUTHER: Deutsche Geschichte in deutscher Erzählung: ein literarisches Lexikon. 2., verm. Aufl. Leipzig 1943, 91 f.

3 Zur ersten Einführung vgl. Volkmar JOESTEL; Jutta STREHLE: Luthers Bild und Lutherbilder: ein Rundgang durch die Wirkungsgeschichte. Wittenberg 2003. 102 S.: Ill.

4 Vgl. Alexander DEMANDT: Sternstunden der Geschichte. (2000). 2. Aufl. München 2003, 175-194. Der Althistoriker Demandt hat für sein Werk nur zwei Ereignisse aus der Frühen Neuzeit ausgewählt, nämlich die Entdeckung Amerikas und eben Luther

In bezug auf literarisches Schaffen sind wir mit einer ganz speziellen Gattung, nämlich der »Historischen Belletristik«, konfrontiert, die eigene Probleme aufweist und daher besondere Fragestellungen erfordert. In den meisten Fällen handelt es sich um epigonale Autoren, die der kanonischen Literaturgeschichtsschreibung nahezu unbekannt sind: Wir können also kaum Angaben über die Autoren eruieren, wissen nicht, wodurch sie zu ihren Arbeiten angeregt wurden,[5] woher sie ihr – fachlich oft unfundiertes – Wissen bezogen. Auch in bezug auf die Rezeption solcher Werke müssen aufgrund der unbefriedigenden Quellenlage Fragen offenbleiben: Wer hat diese Werke gelesen, wie oft wurde ein Drama aufgeführt, welche Meinung bildeten sich die Konsumenten? Obwohl wir also vieles unbeantwortet lassen müssen, lohnt sich die Beschäftigung mit dieser speziellen Gattung der Literatur dennoch: Wir können feststellen, wie Schriftsteller in bestimmten Epochen eine historische Persönlichkeit bzw. eine Epoche beurteilten. Je breiter die Quellenbasis, desto eher können wir Aussagen über die Beliebtheit eines bestimmten Stoffes wagen, können feststellen, welche Ereignisse aus dem Leben eines Protagonisten besonders oft herausgegriffen, ob Leben und Wirken verzerrt dargestellt, ob Person und Epoche zum Transporteur politischer Ideen gemacht wurden, ein Faktum, das man Historischer Belletristik immer wieder vorgeworfen hat.[6]

in Worms, wobei der Reformator, dargestellt auf einem Historienbild, das sich in der Staatsgalerie Stuttgart befindet, sogar das Cover zieren darf. Obwohl Blumenthal in seiner Anthologie eindeutig mehr Begebenheiten der Neuzeit auswählt, gibt es bei ihm keine reformationsgeschichtlichen Bezüge; P. J. BLUMENTHAL: Szenen, die Geschichte machten: Vergangenheit hautnah erleben. M 2003. 189 S.

5 In einigen Fällen könnten Historiengemälde und literarische Werke einander beeinflußt haben: ein Umstand, den wir allerdings nur vermuten und – aufgrund fehlender schriftlicher Aufzeichnungen der Künstler – nicht belegen können. Vgl. Martina FUCHS; Werner TELESKO: Kaiser Karl V. im Historienbild: zur Wechselwirkung von bildender Kunst und Belletristik. Wiener Zeitschrift zur Geschichte der Neuzeit 6 (2006) Heft 2, 49-68.

6 Vgl. zur Einführung in die Historische Belletristik, unter Nennung der relevanten Literatur Martina FUCHS: Karl V.: eine populäre Figur?; zur Rezeption des Kaisers in deutschsprachiger Belletristik. MS 2002, 29-41.

Mit der Rezeption Luthers in der Literatur hat man sich bisher gelegentlich, jedoch nie umfassend auseinandergesetzt: Kurt Aland (1915-1994) etwa hat die Werke und Werkvorhaben prominenter Autoren untersucht,[7] Walther Killy (1917-1995) im Jubiläumsjahr 1983 in zwei identischen Aufsätzen einige scheinbar wahllos herausgegriffene Romane v. a. des 19. Jahrhunderts analysiert;[8] ferner liegt ein einschlägiger Aufsatz zu Luther-Schauspiel und -Roman von Manfred Karnick (* 1934) vor. Außerdem kann auf einen Beitrag von Hartmut Laufhütte (* 1937) verwiesen werden: Anhand einiger ausgewählter Werke bietet dieser Beitrag den bisher besten Überblick zur Luther-Belletristik speziell des 19. und 20. Jahrhunderts, in welchem der Autor ferner die Einordnung des Phänomens „Luther-Literatur" in die allgemeine Geistesgeschichte versucht.[9]

In folgendem Beitrag soll untersucht werden, ob die Person des wortgewaltigen Reformators für moderne Autoren noch dieselbe Anziehungskraft besitzt wie für diejenigen der früheren Jahrhunderte. Es werden hier deshalb nur Werke, die ab dem intensiv gefeierten Lutherjahr 1983 erschienen sind,[10] vorgestellt, wobei kein Anspruch auf Vollständigkeit erhoben werden soll.[11] Es sei noch einmal betont, daß ausschließlich »Dichtungen« im

---

7 Kurt ALAND: Martin Luther in der modernen Literatur: ein kritischer Dokumentarbericht. Witten; B 1973. XV, 474 S.

8 Walther KILLY: Luther in der trivialen Erzählung. In: Luther in der Neuzeit: wissenschaftliches Symposion des Vereins für Reformationsgeschichte/ hrsg. von Bernd Moeller. GÜ 1983, 284-298, sowie DERS.: Luther in der trivialen Erzählung. In: Luther und die Folgen: Beiträge zur sozialgeschichtlichen Bedeutung der lutherischen Reformation/ hrsg. von Hartmut Löwe; Claus-Jürgen Roepke. M 1983, 201-219.

9 Manfred KARNICK: »Fructus germinis Lutheri« oder Ehe und Unordnung: über Themen der literarischen Lutherrezeption. In: Luther in der Neuzeit: wissenschaftliches Symposion des Vereins für Reformationsgeschichte/ hrsg. von Bernd Moeller. GÜ 1983, 265-283; Hartmut LAUFHÜTTE: Martin Luther in der deutschen Literatur des 19. und 20. Jahrhunderts. In: Luther-Bilder im 20. Jahrhundert: Symposion an der Freien Universität Amsterdam/ hrsg. von Ferdinand van Ingen und Gerd Labroisse. Amsterdam 1984, 27-57.

10 Für die extensive »Ausbeute« des Jahres 1983 vgl. Helmut NEUHAUS: Martin Luther in Geschichte und Gegenwart: Neuerscheinungen anläßlich des 500. Geburtstages des Reformators. Archiv für Kulturgeschichte 66 (1984), 425-479.

11 Die Romantrilogie Frank SCHÜTZ: Martin Luther. 3 Bde. Zützen 2005. 356 S., erschien erst nach Fertigstellung des Manuskriptes.

Sinn von »Belletristik« Aufnahme fanden; dagegen blieben populäre Biographien,[12] Filme,[13] Sagen bzw. moderne Legendensammlungen[14] und Kinderliteratur in Comicform[15] von der Darstellung ausgeschlossen.

Noch ein Wort zu Luthers Gemahlin: Es existieren einige neuere Bücher, in deren Mittelpunkt Katharina von Bora steht; ein Teil dieser Werke wurde von Marita Rödszus-Hecker in Aufsatzform vorgestellt.[16] Offensichtlich hat man sich im Zuge feministischer Fragestellungen auch verstärkt der Frau Martin Luthers zugewandt, was aber nicht bedeutet, daß Frau Käthe nicht auch schon früher das Interesse der Historiker und Schriftsteller erregt hätte.[17] Es ist allerdings auffällig, daß im letzten

12 Vgl. z. B. Arnulf ZITELMANN: »Widerrufen kann ich nicht«: die Lebensgeschichte des Martin Luther. (1983). 9. Aufl. Weinheim; BL 1996. 141 S.: Ill. Wie viele andere Biographien – wissenschaftliche und populäre – geht Zitelmann fast ausschließlich auf den »jungen Luther« ein, ebenso die ausführlichere Darstellung von Horst HERRMANN: Martin Luther: eine Biographie. (1983). 3. Aufl. B 2004. 567 S.

13 Für ältere Luther-Filme vgl. MARTIN LUTHER: zum Wandel des Luther-Bildes in der Geschichtsschreibung und im Film/ hrsg. von Johannes Horstmann. Schwerte 1983. 116 S. und MARTIN LUTHER: Reformator – Ketzer – Nationalheld?: Texte, Bilder, Dokumente in ARD und ZDF; Materialien zu Fernsehsendungen/ Redaktion: Wolfgang Hofmann; Th. Jäschke. M 1983. 304 S. Der von Guido Dieckmann auf Grundlage seines Drehbuches zum Film »Luther« (2003) verfaßte Roman wurde in die Auswertung miteinbezogen, vgl. unten Seite 194-196.

14 Vgl. z. B. Volkmar JOESTEL: Thesentür und Tintenfaß: Legenden um Martin Luther. B 1998. 31 S.: Ill.

15 Vgl. z. B. Manfred TEKLA: Martin Luther: sein Leben und Wirken. 2., überarb. Aufl. Friedrichswalde 2003. 32 S.: Ill.

16 Marita RÖDSZUS-HECKER: Ist es die da? Die da? Oder die da?: das Bild der Katharina von Bora in der Belletristik des 20. Jahrhunderts. In: Katharina von Bora: die Lutherin; Aufsätze anläßlich ihres 500. Geburtstages/ hrsg. von Martin Treu. Wittenberg 1999, 306-317. Diese Werkanalyse ist nun um folgendes Werk zu ergänzen: Anneliese PROBST: Mein Wintertagebuch. Querfurt 2001. 170 S. Zur Bora-Belletristik vgl. ferner Konstanze OUREDNIK: Katharina von Bora – alles andere als seine Rippe?: fiktionale Quellen zur möglichen Biographie und Charakteristik der Katharina Luther, geborene von Bora. Wien – geisteswiss. Diplomarbeit – 2004. 142 S. Einen Überblick über die neuere Literatur bietet Sabine KRAMER: Katharina von Bora – »Eine Frau mit deutlichem Profil und eigener Kraft und Würde«: Literatur anläßlich ihres 500. Geburtstages. HCh 24 (2000), 53-74.

17 Vgl. z. B. Armin STEIN [d. i. Hermann Nietschmann]: Katharina von Bora: Luthers Ehegemahl; ein Lebensbild. (1878). 5., durchges. Aufl. Halle 1924. XII, 267 S., Portr.

Dezennium des 20. Jahrhunderts in der Historischen Belletristik beinahe mehr Texte zu Katharina von Bora als zu Luther selbst verlegt wurden. Literarische Produkte, die sie zum Mittelpunkt ihrer Werke machten, bleiben in dieser Untersuchung ausgeschlossen, da sie einer eigenen, anders gelagerten Fragestellung bedürften.

Auf ein Werk, das eigentlich nicht als Roman bezeichnet werden kann, sei bereits am Ende dieser Einleitung verwiesen, da das Werk nicht eigentlich zur Luther-Belletristik gezählt werden kann; gemeint ist das Werk von Detlef Opitz, »Klio, ein Wirbel um L.«.[18] In dieser sogenannten Erzählung gibt es zwei Ebenen: Erstens eine historische, auf welcher sich kein Roman, sondern bestenfalls eine romanhafte populär-journalistische Reihe von Reflexionen über Geschichte und Vorgeschichte der Reformation entwickelt – ganz im Gegensatz zu dem, was auf den ersten Seiten angekündigt wird, zumal Luther keineswegs im Mittelpunkt steht. Die zweite Ebene thematisiert Dialoge zwischen dem Ich-Erzähler und dem Psychoanalytiker Leumull; diese Dialoge sind es auch, welche die erwähnten popularhistorischen Reflexionen gliedern. Auf den Seiten 159-213 erfolgt gewissermaßen eine Auseinandersetzung mit dem jungen Luther; allerdings muß nochmals betont werden, daß es sich hierbei keineswegs um einen Roman oder auch nur eine Erzählung handelt. Der junge Student Martin, heftig unter der Dominanz seines Vaters leidend, wird folgendermaßen charakterisiert: »Er hat mit sich selbst zu tun, ihn plagen Depressionen, die Anfechtungen des Jünglings, [...] der die Tyrannei des Vaters abschütteln muß und zugleich darauf aus ist, dem Vater zu gefallen, ihm einen fleißigen Studenten vorzuzeigen« (162). Ebenso plakativ und klischeebehaftet die Darstellung des gerade in den Orden eingetretenen Luther: »Martin verfällt einem asketischen Eifer, der zuweilen eine Heftigkeit annimmt, die seinen Oberen bald Sorgen bereitet. [...] Christophobie, die ihm die Messe zur Quelle ständiger Verzweiflung werden läßt, da er doch in den belanglosesten Versäumnissen Totsünden

---

18 Detlef OPITZ: Klio, ein Wirbel um L.: Roman. GÖ 1996. 444 S.: Ill. Zu dem 1956 geborenen Autor vgl. Roman BUCHELI: Opitz, Detlef. Deutsches Literatur-Lexikon: biographisch-bibliographisches Handbuch/ begr. von Wilhelm Kosch. Erg.-Bd. 6: Maag-Ryslavy. 3., völlig neu bearb. Aufl. Bern; M 1999, 325.

erblickt« (185). Die Ausführungen werden mit dem Wormser Reichstag abgeschlossen; ein weiteres Zitat soll belegen, welcher Sprache sich Opitz bediente: »Auch der Kaiser ist da. Erstmals seit der Krönungstage, daß Karle Plättkinn wieder im Lande weilet, ce bon enfant l'empereur, wie die Kurialen sagen. Ein Exot, wahrheftig, ein Spanier, der nix sprechen deudsch, aber begleitet wird von prächtigen Aedlen, stolzen señorrres – ist das nich fürs Volxfest Anlaß genug?« (198). Genug der Zitate – Opitz glaubt offensichtlich auf eine besonders witzige Weise sich mit den frühen Ereignissen der Reformation auseinandersetzen zu können und bemerkt dabei nicht, daß er toposhaft lang tradierte Klischees, die er zu persiflieren meint, wiedergibt. Wie die meiste Luther-Belletristik interessiert sich auch dieser Autor ausschließlich für den jungen Luther, und obwohl nur über wenige Jahre aus dem Leben des Reformators berichtet wird, ist es ihm nicht gelungen, eine eigenständige Schilderung zu geben.

II Werke[19]

1 Theodor Schübel: Martin Luther (1983)[20]

In diesem Fernsehspiel wird Luthers Lebensweg von den Zweifeln seines Gewissens, seinem Klostereintritt über seine Tätigkeit in Wittenberg bis hin zu seinem Lebensabend nacherzählt.

Luther sucht in seiner Zeit bei den Augustinereremiten verzweifelt einen »gnädigen« Gott und unterzieht sich einer zermürbenden Beichtpraxis; auch der Ablaßhandel und Luthers Stellungnahme dazu nehmen

19 Die hier analysierten Werke werden chronologisch nach dem Ersterscheinungsdatum präsentiert; die Angaben über die Autoren auf ein Minimum beschränkt. Gelegentliche Zitate aus den Texten sollen den Leser mit der speziellen Gattung der Historischen Belletristik vertraut machen.

20 Theodor SCHÜBEL: Martin Luther. M 1983. 153 S.: Ill. Der Autor wurde 1925 in Schwarzenbach/Saale geboren. Nach französischer Kriegsgefangenschaft durchlief er eine Ausbildung zum Industriekaufmann. Er war weiterhin als Dramaturg und Hausautor bei der Bavaria-Atelier-Gesellschaft in München tätig und lebt seit 1963 als freier Autor in der Pfalz. Vgl. Anna STÜSSI: Schübel, Theodor. Deutsches Literatur-Lexikon: biographisch-bibliographisches Handbuch/ begr. von Wilhelm Kosch. Bd. 16: Schobel-Schwaiger. 3., völlig neu bearb. Aufl Bern; M 1996, 438, weiteres siehe http://www.felix-bloch-erben.de/index.php5/nid/243/Action/showNews/fbe/101/ (Zugriff 26. Januar 2006).

breiten Raum ein: In einem Gespräch mit Kardinal Cajetan, das in Fuggers Haus in Augsburg stattfindet, beharrt Luther auf seinen Aussagen bzw. Schriften – er kann darin keine Irrtümer finden. Interessanterweise wird Luthers »triumphale« Reise zum Reichstag von Worms nicht geschildert: Schübel entführt uns direkt in den Verhandlungsaal – dort agiert ein recht selbstbewußter Luther: »Ich habe nur gefordert, daß Leben und Lehre der Kirche übereinstimmen. Ist das zuviel verlangt? [...] Doch davon will der Papst nichts hören. Er scheut das Wort Reform, als hätt's der Teufel erfunden« (63). Zum Widerruf aufgefordert, betont Luther, daß man dem Gewissen nicht befehlen könne.

Im Quartier des Kaisers verlangt ein Offizial, Luther nicht gehenzulassen, sondern diesen Unruhestifter zu beseitigen. Der Kaiser hält in der Folge seine berühmte Rechtfertigungsrede nicht vor dem Plenum, sondern nur vor dem Offizial und einem anwesenden Erzbischof – ein einzelner Mönch müsse irren, deshalb wird er als Ketzer geächtet, darf aber Worms verlassen (vgl. 65).[21]

Während seines Aufenthaltes auf der Wartburg erfährt Luther von einem Mitbruder, daß Karl V. in Brüssel zwei Anhänger seiner Lehre als »Ketzer« verbrennen ließ. Junker Jörg ist entsetzt: »Mein Gott! Mein Gott! Verbrannt ... Warum läßt Gott das zu? Warum duldet er, daß jene, die sein Wort verbreiten, umkommen?« (69). Die überall aufkeimenden Unruhen zwingen Luther dazu, sein Inkognito aufzugeben und nach Wittenberg zurückzukehren, wo er sogleich seine Tätigkeit wiederaufnimmt: »Ein bewaffneter Aufruhr ist nicht erlaubt. Auch dem nicht, der sich im Recht weiß. Denn Gott hat's verboten, zu Recht, denn niemand kann sein eigener Richter sein« (91). Luther ist entsetzt, wie die Fürsten seine Aufforderung, die Bauernunruhen zu beenden, umgesetzt haben (vgl. 109); im Anschluß daran wird die Hochzeit mit Katharina sowie ein Gespräch mit dem Landgrafen von Hessen, der sich scheiden lassen möchte, dargestellt. Das letzte Bild spielt in Luthers Wohnung im Schwarzen Kloster; Luther selbst ist »schwer und alt geworden« (119) als er einen Legaten empfängt, der ihn über den bevorstehenden Krieg informiert.

---

21 Zur Erklärung Karls V. gegen Luther vgl. QUELLEN ZUR GESCHICHTE KARLS V./ hrsg. von Alfred KOHLER. DA 1990, 74 f (14).

Obwohl in Schübels Stück im letzten Bild der alte Reformator vorgeführt wird, liegt das Hauptaugenmerk – wie in vergleichbaren Werken – eindeutig auf dem jungen Luther, genau auf der Zeit zwischen 1517 und 1525. Als Höhepunkt kann der Reichstag zu Worms bezeichnet werden. Schübels Luther ist ein selbstbewußter Mensch, der Zweifel nicht kennt und geradlinig seinen Weg geht.

2 *Helga Schütz: Martin Luther (1983)*[22]

Einleitend werden parallel Geburts- und Sterbestunde Luthers anschaulich beschrieben. Einerseits wird das Leben des Reformators in erzählender Form geschildert, andererseits diese erzählenden Passagen durch dialogische Szenen unterbrochen. Vielfach bedient sich die Autorin auch des Rückblickes, so daß man mit dem ganzen Leben des Protagonisten konfrontiert wird, wobei der Schwerpunkt eindeutig auf den Jahren bis 1525 liegt.

Schon bei der Geburt bestimmt Martins Vater, daß sein Sohn einmal Rechtsgelehrter werden solle – die Auseinandersetzung zwischen Vater und Sohn, unter der letztgenannter lange zu leiden hat, ist damit vorprogrammiert. Ebenso schwer leidet Luther unter dem Teufel, wie auch seine Schüler in Wittenberg feststellen müssen: »Ihr Lehrer hat's mit dem Teufel. Manchmal« (38).[23] Luther ist übrigens gar nicht davon begeistert, nach Wittenberg versetzt zu werden, denn diese Stadt ist ihm »ein Schindanger, ein Saustall. Die Säue laufen bunt auf dem Markt herum« (28 f).

---

22 Helga SCHÜTZ: Martin Luther: eine Erzählung für den Film. B; Weimar 1983. 147 S. Die Autorin wurde 1937 in Falkenhain (Sokolowka / Schlesien) geboren. Nach einer Gärtnerlehre studierte sie Dramaturgie an der Deutschen Hochschule für Filmkunst in Potsdam-Babelsberg und war als Szenaristin für populärwissenschaftliche Filme und Spielfilme der DEFA-Studios tätig. Die Erzählerin, Drehbuch- und Hörspielautorin, die mit zahlreichen Preisen ausgezeichnet wurde, lebt als freie Schriftstellerin in Potsdam. Vgl. Sibylle CRAMER: Schütz, Helga. Literaturlexikon: Autoren und Werke deutscher Sprache/ hrsg. von Walther Killy. Bd. 10. GÜ; M 1991, 418 f; Reinhard MÜLLER: Schütz, Helga. Deutsches Literatur-Lexikon: biographisch-bibliographisches Handbuch/ begr. von Wilhelm Kosch. 3., völlig neu bearb. Aufl. Bd. 16: Schobel-Schwaiger. Bern; M 1996, 485-487.
23 Besonders hart setzt der Teufel Junker Jörg auf der Wartburg zu, der sich folgendermaßen zu helfen weiß: »Ich aber befehle mich Gott, dreh ihm den Arsch zu und furz ihm ins Gesicht. Hart gegen hart. Gestank gegen Gestank« (82).

Rasch freundet er sich mit dem Maler Lucas Cranach an, in dessen Haus er immer wieder zu Gast ist – folglich läßt Schütz einige Szenen in der Werkstatt des Meisters spielen.

Ist Luther zunächst ein unsicherer Mönch, der sich nicht »berufen« (33) fühlt und sein Innerstes dem Generalvikar Johannes von Staupitz, der ihm ein väterlicher Freund ist, offenbart: »Ich weiß, daß ich vor Gott alle Zeit ein Sünder bin. Ich kann mir durch kein Gebet noch Übung die Genugtuung verschaffen, vor dem Herrn gerecht zu sein« (37), wandelt er sich bis zum Wormser Reichstag in einen selbstbewußten Mann, der vor Kaiser und Reich »stehend, mit geradem Blick« (71), auftritt. Allerdings macht sich nach dem verweigerten Widerruf Erleichterung breit: »Er [Luther] lehnt an der Wand, streckt die Arme hoch. Ich bin hindurch!« (72); schließlich hat es sich schon überall in Deutschland herumgesprochen, daß er der Held der Nation ist (vgl. 60).

Als er auf seiner einsamen Wartburg hört, was in der »Welt« vor sich geht, kehrt er nach Wittenberg zurück und predigt: »Haltet Frieden! Seid Untertanen der Obrigkeit!« (88).

Die folgenden Jahre werden nur lapidar erwähnt: »Von 1521 bis 1525 erlebte die Reformation ihren Frühling« (92). In bezug auf die Bauernkriege ist Luther entsetzt, daß die Angehörigen des Dritten Standes aufgrund seines Wortes zu den Waffen gegriffen haben: »Luther, was ist Luther?« – fragt er selbst – »Die Lehre ist nicht mein. Wie käme ich armer, stinkender Madensack dazu, daß man die Kinder Christi sollte mit meinem heillosen Namen nennen? Tilgt die parteiischen Namen« (104).

Parallel wird die Geschichte der aus Nimbschen entflohenen Nonnen erzählt: Katharina von Bora ist überzeugt, daß sie Martin Luther heiraten werde – so tritt es auch ein, und schon sehen wir den behäbig gewordenen Reformator von einer Kinderschar umgeben im trauten Familienkreis. Aus den späteren Lebensjahren wird noch über seinen Aufenthalt auf der Coburg 1530 berichtet und die Übergabe der »Confessio Augustana« auf dem gleichzeitig stattfindenden Reichstag in Augsburg ebenso beschrieben wie das vorher stattgehabte Marburger Gespräch, das durch Landgraf Philipp von Hessen zustande gekommen ist, und mit dessen Ergebnis Luther gar nicht zufrieden ist. Die »Confessio Augustana« wird von der Autorin übrigens als »göttliche Schrift« bezeichnet (118).

Gelegentlich findet man auch eine äußerliche Charakterisierung Luthers; zunächst des Mönches, der sich in der Werkstatt Cranachs einfindet: »Er [Luther] trägt den braunen Kapuzenkittel der Augustinermönche,[24] das Haarkränzlein schwarz gelockt. Der junge Mönch ist blaß und hager, zwei dunkle Augen stehen unter einer breiten Stirn, die Wangenknochen springen hervor, die Lippen sind schmal und wenig rot. Der junge Mann ist von mittlerem Wuchs« (28).

Später sind Luthers Studenten, die sein Bild an der Wand hängen haben, von ihrem Idol enttäuscht, als sie es zum ersten Mal leibhaftig sehen: »Das ist der Doktor Martin Luther? Der sieht aber gar nicht aus wie hier auf dem Bild. Student: Er nennt sich selber einen fetten Madensack. Er hat Nierensteine und so ein eitriges Ding am Bein. Er frißt und säuft zuviel« (124).

Luther durchläuft nur eine geringe Entwicklung: Als junger Mönch ist er unsicher und auf der Suche nach einem gnädigen Gott: Diesen vermeint er schon relativ bald gefunden zu haben und ist sich von nun an seiner Sache sehr sicher. Sein Glaubenskonzept wird so erklärt (Luther erläutert es an dieser Stelle einem Schüler): »Sola fide. Allein durch Glauben, der dir von Gott gegeben wird. Der Glaube ist ein göttliches Werk in uns, das uns wandelt und neu gebiert aus Gott und tötet den alten Adam, macht aus uns ganz andere Menschen von Herz, Mut, Sinn und allen Kräften« (41).

Im Anschluß an diese künstlerische Auseinandersetzung mit Luther schildert die Autorin einen Fußmarsch auf den Spuren des Reformators, der sie von Erfurt bis nach Wittenberg führte. Schütz hoffte, auf diesem Weg »einmal etwas anderes als eine Legende« (136) zu erfahren.

Zusammenfassend kann festgehalten werden, daß der Luther von Helga Schütz durchaus den über lange Zeit tradierten Konventionen entspricht: Luther ist der sprachgewaltiger Anführer der Reformation, ein rastloser Arbeiter, der aber auch das Familienleben zu genießen scheint.

Ungewöhnlich ist die Schwerpunktsetzung der Autorin: So streift sie den Thesenanschlag nur, geht aber vergleichsweise ausführlich auf die Konfrontation mit Cajetan (in Augsburg 1518 sowie auf die Leipziger Disputation 1519 ein.

---

24 Im Wittenberger Lutherhaus ist die dunkelbraune Kutte eines Augustinereremiten aus dem 16. Jahrhundert zu sehen, obgleich ihr Habit in der Regel schwarz war.

3 *Hans Christoph Buch: Der Burgwart der Wartburg (1994)*[25]

Ein ehemaliger, unsterblicher Mitarbeiter des Staatsicherheitsdienstes wird auf die Wartburg strafversetzt, soll daselbst einen gewissen Junker Jörg observieren und gleichzeitig die Ausbreitung der Reformation verhindern.[26]

In Rückgriffen werden kurz Kindheit und Jugend Martins geschildert – »sein« Spion im Auftrag der Heiligen Inquisition ist immer dabei, ob es sich um die Beichtpraxis von Bruder Martin oder die Romreise handelt. Einmal belauscht er Martin, der aufgrund von Völlerei Stunden auf dem Abort verbringen muß, wie er die bekannten Strophen aus Goethes Faust – »Habe nun ach! Philosophie [...]« (30 f) – rezitiert: Nun läßt der Spitzel auf dem Abort eine Explosion stattfinden, »um den Ketzer dorthin zu befördern, wo er sich am wohlsten fühlte, in die Scheiße« (31). Dieser Schuß ging aber nach hinten los: Nicht Luther, sondern der Ich-Erzähler wird von der Inquisition peinlich befragt: Von dieser Befragung »genesen«, wird er 1517 nach Wittenberg geschickt, wo er am Tag des Thesenanschlages eintrifft. Obwohl es sich die Kurie in Anbetracht der bevorstehenden Kaiserwahl mit dem Kurfürsten von Sachsen, »der an dem Ketzer einen Narren gefressen hatte« (34), nicht verderben wollte, wurde man in Rom nun endlich aktiv und entsandte Cajetan, um die »Ketzerbrut zu vernichten« (35). Dieser aber und Johann Eck können nichts gegen den Dickschädel ausrichten, und nach den berühmten Worten auf dem Wormser Reichstag »zollte ihm das gesamte Heilige Römische Reich Deutscher Nation Beifall« (36). Mit Hilfe eines Franziskaners erfährt der Erzähler,

---

25 Hans Christoph BUCH: Der Burgwart der Wartburg: eine deutsche Geschichte. Frankfurt/M. 1994. 149 S. Der Autor wurde 1944 in Wetzlar/Lahn geboren; als Sohn eines Botschafters wuchs er in Bonn, Marseille und Kopenhagen auf. Er studierte Germanistik und Slawistik, unternahm längere Reisen in die USA und Haiti. Er lebt als Verlagslektor und Schriftsteller in Berlin und bei Gorleben. Vgl. Anke HEES: Buch, Hans Christoph. Deutsches Literatur-Lexikon: das 20. Jahrhundert; biographisch-bibliographisches Handbuch/ begr. von Wilhelm Kosch; fortgeführt von Carl Ludwig Lang. Bd. 4: Braungart-Busta. ZH; M 2003, 485-487.

26 Davon handelt das erste Buch des Werkes; im zweiten wechselt der Kirchenspitzel in den Staatsdienst über, um Johann Wolfgang Goethes Ausführungen, die zum Untergang des Heiligen Römischen Reiches führen könnten, zu verhindern; im dritten Buch schließlich kehrt der Protagonist in die Gegenwart zurück und verrichtet seine Spitzeldienste in der DDR, wofür er sich in eine blutjunge Brigadistin verwandelt.

daß sich Luther auf der Wartburg aufhält, um die Bibel zu übersetzen: Nun muß besagter Erzähler unbedingt verhindern, daß »die schwarze Kunst des Buchdruckes das Lügenbrevier in alle deutschen Haushalte tragen [sollte]« (42). Zu diesem Zweck seilt er sich an der Wartburg zur Stube des Junker Jörg, der über seiner Arbeit eingeschlafen war, ab. Dieser – durch ein Geräusch geweckt – wirft das Tintenfaß in seine Richtung.

Endlich trägt auch die Arbeit des Erzählers, den man wohl als Teufel identifizieren kann, Früchte: Als Folge von Luthers Lehre ist ein Weltenbrand ausgebrochen; Martin selbst sorgt dafür, daß Gott und der Obrigkeit wieder Respekt entgegen gebracht wird. Abschließend werden die danach folgenden Station aus Luthers Leben referiert.

Im »Burgwart der Wartburg« sind wir mit einer sehr eigenwilligen, gerafften Erzählung über Martin Luther konfrontiert. Der Teufel, von der Inquisition als Spitzel eingesetzt, versucht einerseits durch verschiedene Anschläge, den »Ketzer« Luther zu vernichten, was immer wieder mißlingt, andererseits fördert er das Chaos in der Welt, wobei ihm die Reformation zu Hilfe kommt.

Luther selbst wird sehr plakativ charakterisiert: Er ist ein Sturschädel, der »soff wie ein Bayer und fraß wie ein Böhme« (30), der sich um Konventionen nicht schert und als sehr töpelhaft begegnet. In verknappter Form geht Buch auf wichtige Stationen des Lebens – v. a. des jungen – Luther ein, wobei dessen Biographie stets eng mit derjenigen des »Spitzels« verwoben wird.

4 *Karl Springob: Dr. Martin Luther und sein Franziskus (1996)*[27]

Zunächst bittet der Interviewer seinen Gesprächspartner Luther, dem aufgrund seines Gesundheitszustandes das Betreten der Stube seines Gastgebers Mühe bereitet, zu erklären, warum er ins Kloster eingetreten ist und warum er sich an sein bei Stotternheim geleistetes Gelübde gebunden fühlte. Springob gibt dem Reformator schließlich auch recht, was das

27 Karl Springob: Dr. Martin und sein Franziskus: Interview mit Dr. Martin Luther redivivus über sein Franziskusbild. St. Ingbert/Saar 1996. 30 S. Der Autor wurde 1914 in Attendorn/Wamge geborenen, hat Katholische Theologie, Geographie und Philosophie studiert und war v. a. als Lehrer und langjähriger Leiter des Johanneums in Hiltrup/Münster tätig. Der Pater der Herz-Jesu-Missionare ist 2003 verstorben. Vgl. http://www.johanneum-homburg.de/presse/sz_07_06_03.html (Zugriff 25. Juli 2005).

von Luther in seiner Übersetzung von R 3, 28 hinzugefügte Wörtchen »sola« in Bezug auf den gerechtmachenden Glauben betrifft. Mit Hilfe Luthers skizziert der Kapuziner ein wenig den Zeithintergrund, indem er etwa das Mendikantenwesen erläutert; Luther, bei dem sich schon früh in seinen Vorlesungen das Bedürfnis nach Kritik regte, fordert, »nicht Franziskus und Franziskaner in einen Topf [zu] werfen« (13). Ausführlicher gehen die beiden Gesprächspartner auf Luthers Schrift »De Votis« (1521) ein, in der Luther einen Schlußpunkt seines Exitus aus dem Kloster sieht, andererseits dem »Mönch« Franziskus ein positives Zeugnis ausstellt – wohl auch daher, weil Luther seinen und des Franziskus Weg als vergleichbar ansieht. Bereits ein halbes Jahr nach dem Erscheinen dieser Schrift jedoch verdammte Luther den Franziskus, weil er seiner Meinung nach »durch seine Ordensgründung das Armutsideal zu einem ›äußerlichen regiment‹ gemacht« (17) hatte. Auf Einspruch des Interviewers, der das Wort »äußerlich« als irreführend bezeichnet und lieber von »wörtlichem« Verständnis reden möchte, gibt Luther zu, daß er in »cholerischem Eifer […] ein wenig übertrieben habe« (17). Luther erinnert sich auch daran, bei Tisch gerne die neuesten Franziskanerwitze zum Besten gegeben zu haben; zwei »harmlose« Beispiele werden gebracht. Nicht nur seine groben Witze kann er posthum nicht gutheißen, sondern auch für seine Zornausbrüche »gegen die aufmüpfigen Bauern und gegen die Juden« (19) bittet er um Nachsicht. Im Anschluß erläutert der Reformator sein Verhältnis zu Erasmus von Rotterdam und sein »spätes« Franziskusbild, das ungleich negativer ausfällt. Luther betont abschließend, daß er keine »lutherische«, sondern eine »christliche« Kirche wollte (vgl. 25): »Den Namen ›Lutherische Kirche‹ muß ich tolerieren seit der Rede des Philipp Melanchthon beim Trauergottesdienst am 22. Februar 1546« (25-27), und er betont, daß sich in der evangelischen Kirche eine Renaissance des Franziskus-Bildes vollzogen habe, was ihn freue.

Mit diesem »Interview« sind wir sicherlich nicht mit einem traditionellen belletristischen Erzeugnis konfrontiert; allein die Form – eben das persönliche Gespräch des Geistlichen Springob mit Luther – rechtfertigt, daß dieses Bändchen in die vorliegende Untersuchung aufgenommen werden konnte. Der Leser, von dem doch ein wenig theologische Bildung oder wenigstens Kenntnis der Reformationsgeschichte erwartet wird, lernt einen Luther kennen, der sich für manches aus der ex-post Perspektive rechtfertigt und sein Denken und Handeln dem heutigen Menschen zu erklären versucht, wobei diese Vorgehensweise an wenigen Aussagen bzw. Schriften Luthers festgemacht wird – eben an seiner Auseinandersetzung mit Franz von Assisi.

5 Hans-Peter Gensichen: Anna: eine Luthernovelle (1997)[28]

Die Handlung dieser Novelle spielt auf zwei Zeitebenen: Zunächst begegnet ein junges Liebespaar aus Großbritannien: Anne ist Protestantin und ihr Freud Paul römisch-katholischer Ire. Diese beiden bereisen als Touristen Wittenberg und werden zum Besuch eines historischen Schauspiels im »Lutherhof« eingeladen; das Stück thematisiert zwei Tage im Dezember 1520. Am 9. Tag dieses Monats wird Luther darüber informiert, daß die Bannbulle eintreffen wird; am 10. erfolgt deren Verbrennung – oder auch nicht. Gensichen führt Studenten vor, die »katholische« Bücher ins Feuer werfen. Anna – wieder eine Parallele zur zeitgenössischen Schiene der Erzählung – drängt sich zu Luther und Johann Agricola, dessen Freundin sie ist, durch und will verhindern, daß die Bulle verbrannt wird. Der Menschenkreis schließt sich um die Protagonisten, und man kann nicht erkennen – erfährt es auch als Leser nicht –, was nun tatsächlich mit dem bewußten Schriftstück geschieht. Anna faßt die Quintessenz des Stückes bzw. der Novelle zusammen: »›Ich weiß nur von mir selbst, daß eine Gottessache nicht durch Gewalt gewinnen kann‹« (45).

Daß der Autor, der sich sehr für die an der Stelle der Verbrennung 1830 gepflanzte »Luther-Eiche« einsetzte – wie er im Vorspann des Werkes dokumentiert –, sich die historische Realität etwas zurechtrückte, um eine auf einen Höhepunkt zusteuernde Handlung konstruieren zu können, wird im Nachwort zum Buch deklariert (vgl. 59-64); hier legt er auch seine persönliche Sicht Luthers dar.

---

28 Hans Peter GENSICHEN: Anna: eine Luthernovelle. [Kropstädt] 1997. 64 S. Der 1943 in Pritzwalk geborene Autor ist evangelischer Theologe und zählte zu den bekanntesten Persönlichkeiten der unabhängigen kirchlichen Umweltbewegung der DDR. Von 1990 bis 1998 war er Gründungskurator der Deutschen Bundesstiftung Umwelt. Gensichen lebt in Wittenberg. Vgl. http://home.arcor.de/prignitzportal/citizen/ seite_gensichen_hanspeter.htm (Zugriff 26. Juli 2005).

In dieser Erzählung begegnet uns ein sehr unsicherer Luther, der die Auseinandersetzung mit Rom nicht durchstehen zu können meint: »›[...] es reicht nicht aus für mich, wenn wir in Wittenberg viel Papier beschreiben; ich brauche mehr: Glaube, Liebe, Hoffnung. Sonst übersteh ich diesen Angriff nicht‹« (19). Offensichtlich weiß er nicht, wie er auf die Bulle reagieren soll. Melanchthon und Agricola sind der Ansicht, daß die Verbrennung der Bulle sowie »katholischer« Schriften ein Akt der Freiheit wäre: eine Meinung, von der sie Luther nicht überzeugen können. Da Luther »perplex und ganz zerrissen und zu nichts in der Lage« (29) ist, übernehmen diese beiden die Regie für das geplante Ereignis. Auch Luthers Studenten raten ihm zu diesem Schritt und können seine Argumentation dagegen nicht begreifen: »›Wenn ich [Luther] also der Logik einer Irrlehre folge und eben diese Irrlehre verbrenne – dann bin ich selber ein Irrlehrer. Denn ich folge ja einer Irrlehre‹« (43). Dennoch kommt es am 10. Dezember zu dem bekannten Ereignis: Den Ausgang läßt der Autor aber bewußt offen.[29]

Gensichen zeichnet ein für die Darstellung Luthers sehr ungewöhnliches Bild: Ist man doch gewohnt, auf einen wortgewaltigen, selbstsicheren Reformator zu treffen, der sich vor dem Teufel wohl mehr fürchtet als vor dem Papst in Rom. Bei Gensichen dagegen agiert Luther ängstlich-menschlich und wird von Melanchthon folgendermaßen charakterisiert: »›Der große Luther ist ein großer Zögerer. Nie ist er sich der Sache sicher. Nie will er auf das Forum – immer in den Winkel‹« (31).

6 Ulrich Knellwolf: Doktor Luther trifft Miss Highsmith (2000)[30]
Die bekannte Krimiautorin und der Reformator kommen im Himmel an einem Tisch zu sitzen – beide bestellen beim diensthabenden Engel Bier, womit der Kontakt hergestellt wäre.

29 Das zeitgenössische Paar kann für sich eine Lehre aus dem Stück ziehen: »›Nicht zurückschlagen heißt wirklich frei sein‹« (57).
30 Ulrich KNELLWOLF: Doktor Luther trifft Miss Highsmith. (1998). In: Ders.: Doktor Luther trifft Miss Highsmith: makabre Geschichten. Frankfurt/M. 2000, 7-12. Der Autor wurde 1942 geboren und wuchs in Zürich und Olten auf; er studierte Evangelische Theologie in Basel, Bonn und Zürich. Seit 1969 ist er als Pfarrer tätig; zugleich zeichnet er als Verfasser mehrerer erfolgreicher Kriminalromane verantwortlich. Vgl. http://www.krimilexikon.de/knellwol.htm (Zugriff 25. Juli 2005).

Obwohl Highsmith wiederholt betont, daß sie Atheistin sei, sieht Luther seine Glaubenslehre in ihren Werken widergespiegelt: »Wer ermöglicht denn Ihrem Ripley [dem bekanntesten Helden in den Romanen von Highsmith] das Weiterleben in einem nächsten Roman, nachdem er die Gesetze des Lebens gebrochen hat? Wer, wenn nicht Gottes unerklärliche Langmut?« (10 f).

Aus dieser knappen Erzählung kann keine Charakterisierung Luthers abgeleitet werden: Interessant ist jedoch das Faktum, in welchem Zusammenhang sich moderne Literatur der Person des Reformators bedient.

7 *Guido Dieckmann: Luther (2003)*[31]

In der bewährten Manier historischer Biographik[32] erzählt Dieckmann auf der Grundlage des Drehbuches zum Film »Luther« (2003) den Lebensweg Luthers vom Gewittererlebnis in Stotternheim bis zu einem abrupten Ende nach dem Augsburger Reichstag 1530. Alle wichtigen Ereignisse dieser 25 Jahre werden beschrieben: der von Selbstzweifeln geplagte Luther, seine Beichtpraxis, sein verzweifeltes Ringen um einen gnädigen Gott, die Romreise – besonders plastisch schildert der Autor die Ablaßpraxis in der Ewigen Stadt –, seine »Berufung« nach Wittenberg, der Thesenanschlag, das Gespräch in Augsburg und der Reichstag von Worms, der erzwungene Aufenthalt auf der Wartburg, der Kampf mit dem Teufel (Tintenfaß), die Rückkehr nach Wittenberg, das Entsetzen darüber, welche Reaktionen »seine Lehre« hervorgerufen hat, die Brutalität des Bauernkrieges, seine Bekanntschaft und letztendlich Vermählung mit Katharina, deren Erleb-

---

31 Guido Dieckmann: Luther: Roman. (2003). 4. Aufl. B 2004. 375 S. Der Autor wurde 1969 in Heidelberg geboren; er studiert Geschichtswissenschaft und Anglistik. Von Dieckmann, der als freier Autor in der Pfalz lebt, liegen bereits mehrere historische Romane vor. – Vgl. http://www.guido-dieckmann.de/html/personliches.html (Zugriff 25. Juli 2005).

32 Diese Art von Literatur ist naturgemäß auf einen Helden oder eine Heldengruppe bezogen, so daß der Autor auf seinen Protagonisten besonders großen Einfluß nehmen kann. Indem ein Autor eine Lebensbeschreibung verfaßt, ergibt sich für ihn eine leichtere Zugangsweise, gibt doch der »Lebensfaden eines Helden« – Max Wehrli: Der historische Roman: Versuch einer Übersicht. Helicon 3 (1941), 89-109, hier 95 – das Grundgerüst der Erzählung vor. Bekannte Vertreter dieser Spezies sind beispielsweise Stefan Zweig (1881-1942) oder Emil Ludwig (1881-1948).

nisse parallel zum Lebenslauf Luthers in die Erzählung eingeflochten werden, schließlich der Augsburger Reichstag 1530, auf dem Melanchthon (!) dem Kaiser das Glaubensbekenntnis überreicht. Die letzte Szene zeigt Martin und Katharina in der Gegend der Coburg: Kaiserliche Reiter stürmen auf das Paar zu, die Verhaftung des Reformators scheint unmittelbar bevorzustehen. In Wirklichkeit überbringt Melanchthon die Mitteilung, daß die Stände dem Kaiser widerstanden hätten – sie hätten dem Kaiser zwar Treue geschworen, »ihm auch klargemacht, daß ihr Gewissen nur ihnen allein gehört« (371). Die Quintessenz bringt wiederum Melanchthon zum Ausdruck: »›Du hast der Welt einen barmherzigen Gott zurückgegeben, mein Freund. Eines Tages ... werden sie dies verstehen‹« (371). Luther selbst hat endlich seinen »gnädigen« Gott gefunden.

Dieckmann, der ja auch »gelernter« Historiker ist, hat sich in seinem Roman bemüht, möglichst nahe an den historischen Fakten zu bleiben; seine Interpretation Luthers ist aber die eines Schriftstellers: Der Protagonist muß vieles erleiden, bis er – zusammen mit Katharina – wirkliches Glück erleben darf. Besonders menschlich ist sein Luther dann, wenn er mit Personen, die Dieckmann frei erfunden hat, in Kontakt tritt: Das ist zum einen Bruder Ulrich, Gefährte und Freund aus dem Schwarzen Kloster in Wittenberg, der letztendlich in Brüssel als Ketzer verbrannt wird, zum anderen eine Reisigverkäuferin, die ihr behindertes Kind durchzubringen versucht. Immer wieder fällt auf, daß sich Martin um das einfache Volk bemüht, dessen Sorgen er versteht und dessen Ängste er zu mildern sucht.

Als großer Gegenspieler Luthers in diesem Roman figuriert der päpstliche Legat Aleander: Zunächst hat es den Anschein, als ob der »ungestüme« (186) Luther dem diplomatisch geschulten Aleander unterliegen würde. Da aber Luther die Unterstützung des Volkes hat, erhebt er sich letztendlich über den als arroganten Römling gezeichneten Widersacher.

Dieser Martin begegnet als Mensch aus Fleisch und Blut; dem Leser wird es leicht, sich mit dem Protagonisten zu identifizieren, etwa wenn Luther zum Wormser Reichstag kommt: »Eingeschüchtert setzte Martin seinen Weg fort. Sein Herz begann vor Aufregung wie wild zu schlagen, als er an einem Spalier grimmig dreinblickender Wachsoldaten vorbeikam, die aufgrund ihrer sonnenverbrannten Haut und der dunklen Augen unschwer als Spanier zu erkennen waren. [...] der Kaiser [...] liebte [...] es, sich mit spanischen Rittern und Wachsoldaten zu umgeben« (272).[33]

Abschließend können wir festhalten, daß wir angesichts Dieckmanns »Luther« mit einer traditionellen historischen Biographie in Romanform konfrontiert sind, die sich von älteren Vorbildern dadurch unterscheidet, daß der Autor sorgfältiger mit gesichertem historischen Wissen umgegangen ist.[34]

8 Guido Dieckman: Die Magistra (2003)[35]

Auf dieses Werk des uns schon bekannten Autors soll knapp eingegangen werden, obwohl Luther nicht den eigentlichen Protagonisten dieses historischen Romans darstellt – aber dieses Werk zeigt uns den älteren, für belletristische Werke offensichtlich weniger interessanten Reformator.[36]

Die Handlung ist Mitte der Dreißiger Jahre des 16. Jahrhunderts angesiedelt; den politisch-religiösen Hintergrund stellen die »Schmalkaldischen Artikel« dar.

In diesem Roman »verfolgt der Autor den entbehrungsreichen Weg der klugen Philippa von Bora, einer der angeheirateten Nichten Martin Luthers. Es verschlägt sie in das Schwarze Kloster des Onkels in Wittenberg,

---

33 Interessant ist, daß auch zu Beginn des 3. Jahrtausends, die alten nationalen Klischees immer noch Verwendung finden. Weiterhin betont der Autor an dieser Stelle, daß Karl V. zwar ein geborener Niederländer sei, seine Liebe und sein Vertrauen allerdings den Spaniern schenke (vgl. 272). Kaiser Karl V. wird übrigens äußerst traditionell geschildert: als ein hochmütiger, spanischer Herrscher, der aber auch aufbrausend reagieren kann – eine Darstellungsform, wie wir sie bereits in historischer Belletristik des 19. Jahrhunderts finden; vgl. Fuchs: Karl V., passim.

34 Der Autor beteuert, sich auf die Themen seiner Romane akribisch vorzubereiten, indem er einschlägige Literatur konsultiere und Originalschauplätze aufsuche; während dieser Recherchen entstehe dann das Konzept einer Geschichte, für die es wichtig sei, einen Helden zu haben, mit dem das Lesepublikum mitfiebern könne. Vgl. eine E-Mail von Guido Dieckmann an die Verf. vom 29. Juli 2005; ich darf Herrn Dieckmann an dieser Stelle herzlich dafür danken, daß er mir über seine Arbeitsweise bereitwillig Auskunft erteilt hat.

35 Guido DIECKMANN: Die Magistra. Roman. (2003). 2. Aufl. B 2003. 400 S.

36 Ein Umstand der auch bei wissenschaftlichen Biographien beobachtet werden kann.

wo sie mit Mut und Intelligenz ein mörderisches Komplott gegen den berühmten Oheim aufdeckt.«[37] Philippa selbst muß sich in einer von Männern dominierten Welt behaupten.

Wie schon angedeutet, spielt Luther in diesem historischen Kriminalroman eine untergeordnete Rolle. Philippa charakterisiert ihn anfänglich als »Rebellen gegen Kaiser und Papst« (55) und empfindet ihn als »streng« (182). Der Reformator wird in erster Linie durch seine Krankheiten gekennzeichnet, ferner dadurch, daß er wenig Wert auf Äußerlichkeiten legt: »Der Schimmer eines Lächelns huscht über sein [Luthers] Gesicht. Er zog sein knielanges Gewand über dem breiten Ledergürtel gerade und fuhr sich durch das wirre Haar. Als Mönch hatte er sich niemals Sorgen um sein Aussehen machen müssen, weiß Gott, vielleicht war die grobe Kutte das einzige in seinem Leben, was er wirklich vermißte. Doch immerhin hatte der Herr ihm eine tüchtige Hausfrau an seine Seite gestellt, die ihn mit ihrer Fürsorge beinahe erdrückte« (98).

Wenn Luther sich von seiner Frau auch fast »erdrückt« fühlt, scheint das Ehepaar doch ein eingespieltes Team zu sein; die beiden sind einander aufrichtig zugetan: »[…] rief Luther und schenkte seiner Frau einen liebevollen Blick« (143). Die Familie Luther pflegt im Schwarzen Kloster einen durchaus gediegenen Stil, wie etwa die Schilderung eines Banketts beweist (vgl. 157-172). Luthers direkte Art kann als ein weiteres typisches Wesensmerkmal bezeichnet werden: »Schimpfend lief Luther durch die Wohnstube und machte seiner Erbitterung Luft« (140).

»Die Magistra« stellt ein phantasievolles Konstrukt dar, daß sich nur in wenigen äußeren Daten an das tatsächliche Geschehen hält – die eigentliche Handlung ist frei erfunden. Wir begegnen hier dem älteren Luther, der in typischer Weise charakterisiert wird: Er stellt einen behäbigen, Einfluß gebietenden Mann dar, der an zahlreichen Unpäßlichkeiten leidet. Nach außen hin wohl situiert, steht der Lebensmittelpunkt der Familie Luther – das Schwarze Kloster – unter strenger Leitung der Katharina von Bora.[38]

---

37 So die Inhaltsangabe von Susanna GILBERT-SÄTTELE: Kühne Ritter – Stolze Frauen: historische Romane. Neue Luzerner Zeitung (27. Mai 2003) Nr. 122, 42 .

38 Im Nachwort – vgl. 396-400 – gibt der Autor eine gewisse Rechtfertigung über seinen Umgang mit historischen Personen und Ereignissen und nennt drei Werke, die ihn

9 Das Geheimnis der dunklen Truhe/ hrsg. von Ute Gause (2004)[39]
Dieses Jugendbuch verdankt seine Idee den Arbeiten der Herausgeberin zu biblischen Didaktik: Sie wollte Kindern und Jugendlichen nicht »einfach« die historische Persönlichkeit Martin Luther näherbringen, wie es vielfach in Religions- und Geschichtsbüchern gehandhabt wird, sondern auch den glaubenden und zweifelnden Menschen (vgl. 223 f).[40]

Die Rahmenhandlung bildet der Ferienaufenthalt von Daniel und Kirsten bei ihrem Urgroßvater, dem alten Pfarrer von Genthin. Auf dem Dachboden finden die beiden eine Truhe, in der sich Sachen aus dem Besitz Martin Luthers befinden – und schon sind die Kinder in direktem Kontakt zum 16. Jahrhundert. Ein Stock von dem Baum bei Stotternheim, in den der Blitz eingeschlagen hatte, erzählt den beiden überraschten, aber auch faszinierten Kindern von Martins Eintritt ins Kloster, von den Gebräuchen und dem Leben daselbst. An Hand dreier Kupfermünzen wird der Ablaßhandel erläutert; ein Paar Stiefel schildert anschaulich Luthers Reise und den Reichstag zu Worms. Die arg mitgenommene und erschöpfte Feder Luthers beginnt ihre Erzählung mit der Entführung auf die Wartburg und beschreibt, wie es zur Bibelübersetzung kam und welche Bedeutung dieser bis in »unsere« Tage zukommt. Ein Bierkrug Martins entführt die Geschwister in das Schwarze Kloster, wo sie das betriebsame Familienleben aus der Sicht Katharinas erleben. Ein Tüchlein, das Martin auf einer Wanderung als Sonnenschutz gedient hatte, klärt die Kinder auf, daß es neben Luther auch noch andere Reformatoren gegeben habe und diese durchaus nicht immer einer Meinung mit Luther gewesen

---

besonders beeinflußt haben: IM MORGENROT DER REFORMATION/ hrsg. von Julius von Pflugk-Harttung. (1909-1912). 5. Aufl. BL 1924. XII, 729 S.: Ill.; die 1906 erstmals erschienene Biographie von Ernst KROKER: Katharina von Bora: Martin Luthers Frau; ein Lebens- und Charakterbild. 16. Aufl. B 1983. 285 S.: Ill. sowie Gerhard BRENDLER: Das Täuferreich zu Münster 1534/1535. B 1966. 187 S.

39 DAS GEHEIMNIS DER DUNKLEN TRUHE: Geschichten aus Martin Luthers Leben/ hrsg. von Ute Gause. Leipzig 2004. 224 S. Die 1962 geborene Herausgeberin ist Professorin für Kirchen- und Theologiegeschichte sowie für Fachdidaktik der Evangelischen Theologie an der Universität-Gesamthochschule Siegen. Vgl. http://www.fb1.uni-siegen.de/evantheo/people/gause.htm (Zugriff 28. Juli 2005).

40 Die einzelnen Kapitel – jeweils ein Zeitabschnitt aus dem Leben Luthers – wurden von unterschiedlichen AutorInnen verfaßt (vgl. 226).

seien. Unter Führung eines Lesezeichens durchforsten die Teenager Tagebuchaufzeichnungen Luthers, die von seiner sich wandelnden Einstellung den Juden gegenüber Zeugnis ablegen. Das letzte Stück in der Truhe ist ein Brief der Lutherin an eine Freundin aus den Tagen in Marienthron, in dem sie eine knappe Biographie Luthers, in der die Suche nach einem gnädigen Gott im Mittelpunkt steht, bietet und über das Sterben ihres Mannes berichtet.

Dieses Buch stellt m. E. eine originelle Idee dar, Jugendlichen, aber auch Erwachsenen, die in einer säkularisierten Welt leben und über nur geringe Kenntnisse der religionsgeschichtlichen Entwicklungen verfügen, die Person Martin Luthers und seine wichtigsten Ideen nahezubringen.[41]

Für Luther, der im Umgang mit Kindern sehr geduldig ist (vgl. 81-87), bedeutet das Lesen der Bibel ein direktes Gespräch mit Gott (vgl. 128). Früher hatte der Mönch Martin versucht, durch peinlich genaue Einhaltung der Ordensregeln und durch eine übertriebene Beichtpraxis Kontakt zu Gott herzustellen, so berichtet der Wanderstab Luthers aus dessen Klosterzeit: »Wie dem auch sei – mein gewissenhafter Martin, der Gottes Nähe ja in der peinlich genauen Einhaltung der Klosterregeln suchte, machte auch vor diesem Ritus [gemeint ist das Beichten kleinster Vergehen] keinen Halt« (53f).

Ausführlich wird auf den Ablaßhandel eingegangen, wobei ein einfacher, des Lesens unkundiger Bauernbub erkennt, worum es wirklich geht; diese Stelle, in welcher Luther zu ihm spricht, kann zugleich als Zusammenfassung der diesbezüglichen Lehrmeinung des Reformators gesehen werden: »Du hast nämlich erkannt, was Gott von uns will: unsere schlechten Taten bereuen und versuchen, mit seiner Hilfe in Zukunft besser zu handeln. Deswegen ist es auch falsch, Ablassbriefe für Sünden in der Zukunft auszustellen« (85).

Luther, dem die »Knie zittern« (103), als er von der Ladung zum Reichstag erfährt, überwindet seine Unsicherheit auch auf dem Weg nach Worms nicht, obwohl »der Zuspruch der vielen Menschen ihn immer wieder ermutigte« (107). Dementsprechend verunglückt fällt auch sein

---

41 Diese Tendenz wird durch die Verwendung einer »modernen« Sprache, die besonders Teenagern geläufig sein dürfte, unterstützt.

erster Auftritt vor Kaiser und Reich aus: »Mein Martin Luther,« – so berichten seine Wanderstiefel – »ein geübter Redner, der es gewohnt war, vor vielen Menschen zu sprechen, der auch eine laute und angenehme Stimme hatte, war kaum zu hören« (113).

Nachdem er sich Bedenkzeit erbeten hatte, kommt er mit sich ins Reine, und die Absage, seine Schriften zu widerrufen, fällt in gewohnter Manier selbstsicher aus: »Und *wie* mutig er heute war!« (114).

Luther, der vom Äußeren eher einem Hufschmied denn einem Gelehrten gleicht (vgl. 87), wird als Mensch in allen seinen Facetten gezeigt: Er ist eine von Ängsten geplagte Kreatur, die gelegentlich selbstherrlich und rechthaberisch agiert. Besonders hervorzuheben ist, daß auch seine problematischen Äußerungen zum Judentum nicht verschwiegen werden.

Aufgrund des episodenhaften Charakters dieses Werkes wird nicht der »ganze Luther« vorgestellt – die einzelnen Erzählungen führen aber in wichtige Lebensmomente des Reformators ein.

III Zusammenfassung

Martin Luther stellt offensichtlich noch immer ein interessantes Thema für deutschsprachige Schriftsteller dar.[42] Gleichzeitig scheint der Zenit der Luther-Dichtungen aber überschritten: Die meisten derartigen Produkte entstanden im 19. und in der 1. Hälfte des 20. Jahrhunderts. Immer noch anziehend wirken jedoch wohl die Lutherjubiläen, was besonders für das Jahr 1983 gilt.

Die Charakterisierung Luthers in neueren Werken kann als ambivalent bezeichnet werden:

Einerseits finden wir das traditionelle Lutherbild: Der Reformator als selbstsicherer, sprachgewandter Mann, der selbstbewußt agiert und in Worms unerschrocken vor Kaiser und Reich hintritt, um seine »Lehre«

---

42 Selbstverständlich gibt es Luther-Belletristik in anderen Sprachen: Ich verweise hier beispielhaft auf Dave und Neta JACKSON: Martin Luther: nächtlicher Überfall (Spy for the night riders ⟨dt.⟩). (1992). Bielefeld 2004. 125 S.: Ill., Kt. In diesem Büchlein erzählt ein junger Diener und gleichzeitig Schüler Luthers vom Weg zum Wormser Reichstag, der Reichsversammlung selbst sowie der Rückkreise und Entführung auf die Wartburg.

zu verteidigen. Andererseits ist die Darstellung unseres Protagonisten einer Wandlung unterzogen worden: Manche moderne Autoren weichen von diesem tradierten Bild ab und zeigen einen Menschen, der sich seiner Sache gar nicht so sicher ist, lieber im Hintergrund agieren würde und sich bei seiner Rolle in der ersten Reihe überhaupt nicht wohl fühlt. Erstaunlich ist auch ein als durchaus spielerisch zu bezeichnender Umgang mit Luther bzw. der Reformationsgeschichte.

Nach wie vor beschäftigen sich auch Theologen bzw. Pfarrer – vgl. Gensichen, Knellwolf, Gause – mit der Person des Reformators; unter den Autoren der hier vorgestellten Werke findet sich sogar ein römisch-katholischer Geistlicher, nämlich Springob.

Auffällig ist weiter, daß kaum mehr historische Dramen produziert werden – fast alle Autoren beschäftigen sich mit Luther in Form eines Romanes oder einer Erzählung.[43] Eine Ausnahme von dieser allgemeinen Beobachtung stellt allerdings die Lutherstadt Wittenberg dar, in der seit 1996 Open air-Aufführungen von Schauspielen an verschiedenen Plätzen der Stadt stattfinden,[44] in deren Mittelpunkt zumeist Martin Luther steht, die aber auch anderen Personen der Reformationszeit gewidmet

---

43 In einem neueren Schauspiel, das hier nicht ausgewertet wurde, da Katharina von Bora die Protagonistin ist, wird ein sehr traditionell-konservatives Bild Luthers bzw. des Lutherischen Familienlebens gezeichnet. Vgl. Liselotte STEDE: Eine starke Frau: Katharina von Bora – die Ehefrau von Martin Luther; 1499-1552; Schauspiel in acht Bildern. Lichtenfels 1997. 51 S. Zu älteren Luther-Dramen vgl. Walther KÜHLHORN: Luther in der dramatischen Dichtung. Zeitschrift für den deutschen Unterricht 31 (1917), 503-510. Das historische Drama, vielfach als Transporteur politischer Ideen geschmäht, scheint aktuell keine ernstzunehmende Bedeutung mehr zu haben – ganz im Gegensatz zum historischen Roman, der – ausgelöst durch Umberto Ecos (* 1932) »Der Name der Rose« – einen neuen Höhepunkt erreicht. Dieser 1982 in deutscher Übersetzung publizierte Roman erlebte bis dato 45 Auflagen, wobei die Taschenbuch- und Lizenzausgaben nicht mit gerechnet sind. Zur Aufführungspraxis historischer Stoffe vgl. Holk FREYTAG: »Die Geschichte reitet auf toten Gäulen ins Ziel«: zur Rezeption historischer Stoffe im Theater der Gegenwart. In: Historische Faszination: Geschichtskultur heute/ hrsg. von Klaus Füßmann; Heinrich Theodor Grütter; Jörn Rüsen. Köln; Weimar; W 1994, 243-248.

44 Möglicherweise bezieht sich auch Gensichen: Anna – vgl. oben Seite 192 f – auf diesen Umstand, indem er seine beiden Protagonisten aus der Gegenwart die Aufführung eines Lutherstückes unter freiem Himmel besuchen läßt.

sein können. Eines der relevanten Werke, das für den vorliegenden Beitrag allerdings nicht mehr ausgewertet werden konnte, stammt von Harald Mueller (* 1934) und trägt den Titel »Luther rufen«; dasselbe gilt für die »Luther-Szenen« von Hermann-Peter Eberlein.[45]

Wie für viele der älteren Autoren übt der »junge Luther« auch auf jüngere Schriftsteller eine besondere Anziehungskraft aus: Die meisten Literaten gehen relativ ausführlich auf die Ereignisse bis 1525 ein, wohingegen über die späteren Stationen aus Luthers Leben – wenn überhaupt – nur lapidar berichtet wird.

---

45 Ingrid BIGLER: Mueller, Harald (Waldemar). Deutsches Literatur-Lexikon: biographisch-bibliographisches Handbuch/ begr. von Wilhelm Kosch/ 3., völlig neu bearb. Aufl. Bd. 10: Lucius-Myss. Bern; M 1990, 267 f; Peter LANGEMEYER: Mueller Harald (Waldemar). Literaturlexikon: Autoren und Werke deutscher Sprache/ hrsg. von Walther Killy. Bd. 8. GÜ; M 1990, 267 f.

Hermann-Peter EBERLEIN: Luther-Szenen. Lu 76 (2005), 155-163.

Für Auskünfte über die Wittenberger Aktivitäten danke ich Herrn Johannes Winkelmann vom Verein »Wittenberg Kultur«.

194

Martin Luther und die Welt der Reformation

Von Helmar Junghans

D. MARTIN LUTHERS WERKE: kritische Gesamtausgabe. Bd. 70: Deutsches Sachregister zur Abteilung Schriften Band 1-60: F-Häutlein/ hrsg. im Auftrag der Heidelberger Akademie der Wissenschaften von Ulrich Köpf. Weimar: Hermann Böhlau, 2003. XI, 810 S.

D. MARTIN LUTHERS WERKE: kritische Gesamtausgabe. Bd. 71: Deutsches Sachregister zur Abteilung Schriften Band 1-60: He-Nutzung/ hrsg. im Auftrag der Heidelberger Akademie der Wissenschaften von Ulrich Köpf. Weimar: Hermann Böhlau, 2005. XI, 807 S.

Nachdem die Veröffentlichung des »Deutschen Sachregisters« zu WA 1-60 im Jahre 2001 begonnen hat, sind planmäßig im zweijährigen Abstand die Bände 2 und 3 der fünfbändigen Abteilung gefolgt, so daß 2007 der nächste Band erwartet werden kann. Den Bearbeitern gebührt Anerkennung und Dank, daß ihnen das gelungen ist.

Band 70 beginnt mit einem Nekrolog auf Gerhard Ebeling (1912-2001), der nicht nur als hervorragender Lutherforscher bekannt geworden ist, sondern auch seit 1955 als Mitglied und seit 1969 als Präsident der Kommission zur Herausgabe der Werke Martin Luthers wesentlich zur Fortführung der WA beigetragen hat. Das Sachregister erfaßt nicht nur die Texte von WA 1-60, sondern auch den der sechs zu WA 30 II, 30 III, 32, 33, 41 und 48 erschienenen Revisionsnachträge. Diese enthalten ja außer Erläuterungen und Berichtigungen auch Texte, das heißt bessere Versio-

nen von Luthertexten oder Beigaben. So wird bei »Fleisch« auf einen Bericht über das Marburger Religionsgespräch von Johannes Brenz (1499-1570) verwiesen (71, 117 b).

Der Band enthält wichtige Begriffe. Das umfangreiche Bedeutungsfeld des frühneuhochdeutschen »Fromm« wird daran deutlich, daß die Gliederung zwischen »Menschen gegenüber« und »Gott gegenüber« unterscheidet. Es wird mit »gut, zahm, ehrbar, gerecht, gottesfürchtig« erläutert, was aber noch um »gerechtfertigt« erweitert werden könnte, da Luther z. B. »iustificari« mit »frum werden wollen« bzw. »non ut per hoc iustificentur« mit »nit das sie da durch frum werden sollen« übersetzt hat (WA 7, 60, 38 / 31, 16; 63, 11 / 33, 32; 67, 30 / 37, 2 f). Der umfangreiche Artikel »Geist« schließt den Heiligen Geist ein, der kein eigenes Lexem erhalten hat (340-352). Angesichts dessen, daß heute das Gewissen in der Lutherdarstellung nicht mehr die Bedeutung innehat wie bei Karl Holl (1866-1926), der Luthers Religion als eine »Gewissenstheologie« ansah, ist es bemerkenswert, daß der Artikel »Gewissen« 24 Spalten umfaßt (511-522). Die Artikel »Glaube« und »Glauben« (533-573) haben eine gemeinsame detaillierte Gliederung, wozu auch »9 Glaubenspraxis, christliches Leben« sowie »10 christlicher und außerchristlicher Glaube« gehören. Ebenso umfangreich ist der Artikel »Gott« (610-650), der nicht nur eine erheblich Anzahl von sprichwörtlichem Gebrauch auflistet, sondern auch Lieder anführt.

Mindestens seit dem 19. Jh. hat es sich auch in der evangelischen Geschichts- und Kirchengeschichtschreibung der Reformationszeit eingebürgert, alles Vorreformatorische und Unprotestantische als »katholisch« zu bezeichnen. Die unreflektierte Verwendung dieses Begriffes ist aber äußerst unpräzise und anachronistisch. Sie verschleiert einerseits die Vielfalt der spätmittelalterlichen Kirche, Theologie sowie Frömmigkeit und läßt die reformatorischen Kirchen vor allem in ihrem Gegensatz zur mittelalterlichen Kirche sehen, obwohl sie diese bewußt – wenn auch nicht unkritisch – beerbt haben, so daß die mittelalterliche Kirche ebenso die Mutter der reformatorischen wie der römischen Kirche ist. Der konfessionelle Gebrauch des bequemen Wortes »katholisch« erschwert das Erkennen des Gemeinsamen in der Geschichte und in der Gegenwart.

Anachronistisch ist die Verwendung von »katholisch« in der Darstellung der Reformationszeit, weil dadurch oft Gegensätze fixiert werden, die erst noch in der Entwicklung und den Zeitgenossen nicht bewußt waren. Vor allem aber war für die Reformatoren die »katholische Kirche« keine irdische Institution, sondern die Gemeinschaft der Glaubenden unter denen der Heilige Geist wirkt und deren Haupt Christus ist. Wer in WA 71 den Abschnitt »römische Kirche« im Artikel »Kirche« durchsieht (293 f), findet in Luthers Sprachgebrauch nur »Römisch« und »Bepstlich« bzw. »Bepstisch«. Ein Lexem »Katholisch« fehlt ganz. Im »Lateinischen Sachregister« ist allerdings ein – leider nicht gegliederter – Artikel »catolicus, cacolyeus« vorhanden (WA 64, 361), wo Stellen auf die »ecclesia sancta Catholica« als »Communio sanctorum« oder auf die »fides catholica« – die im Bekenntnis zu dem einen Herrn Christus als wahrer Gott und Mensch besteht –

verweisen (WA 2, 23 f; 39 II, 93, 2 f). Das Sachregister gewährt also eine wertvolle Information über Luthers Sprachgebrauch, der Beachtung verdient.

Der Artikel »Mönch« läßt Luthers Mönchskritik hervortreten (694-700). Es lohnt sich, diese Registerbände nicht nur zum Finden von Belegstellen heranzuziehen, sondern auch darin zu lesen und dadurch wahrzunehmen, mit wie vielen Gesichtspunkten Luther die jeweiligen Wörter verbunden hat. Außerdem werden ja bei den umfangreicheren Artikeln auch die Schriften angeführt, in deren Titel das Lexem vorkommt, sowie WA-Stellen angeführt, an denen sich Luther ausführlicher mit dem jeweiligen Thema beschäftigt hat.

LUTHERS ERFURTER KLOSTER: das Augustinerkloster im Spannungsfeld von monastischer Tradition und protestantischem Geist/ hrsg. von Lothar Schmelz; Michael Ludscheidt. Erfurt: René Burkhardt, 2005. 159 S.: Ill.

Zum 500. Jahrestag von Luthers Klostereintritt am 17. Juli 1505 erschien dieses sehr informative Buch, das die Geschichte des Erfurter Klosters der Augustinereremiten von seiner Gründung 1266 bis zur Aushändigung der Genehmigung zum Wiederaufbau des Bibliotheksgebäudes und der Waidhäuser am 25. Februar 2005 – am 60. Jahrestag nach ihrer Zerstörung durch Luftminen – in sechs Beiträgen darbietet.

Heinrich Schleiff und *Michael Sußmann* haben in die Baugeschichte den schrittweisen Erwerb von Grundstücken einbezogen. Als Ausdruck des Armutsideals des Ordens heben sie die Schlichtheit der Architektur der Klosterkirche hervor, in die infolge von Stiftungen auch Kunstwerke gelangten, unter denen das von dem Naumburger Bischof

Heinrich (1316-1334) gestiftete Augustinus-fenster herausragt. Die Darstellung bezieht auch die übrigen Klostergebäude und deren Umbau ein. Detailliert werden die Restaurierung und der Umbau nach den Zerstörungen durch Luftangriff 1945 geschildert.

Josef Pilvousek und *Klaus-Bernhard Springer* behandeln die Erfurter Augustinereremiten von 1266 bis 1560. Sie führen in das Bettelmönchtum ein, halten Eigenheiten der Augustinereremiten fest – die z. B. zwar das Armutsideal verfolgten, aber den Verzicht auf jedes Privateigentum nie gesetzlich festlegten – und unterrichten über die Stellung der Erfurter Augustinereremiten als oberservanten Konvent sowie ihre seelsorgerliche Tätigkeit durch Predigen und Beichtehören. Ein eigener Abschnitt widmet sich dem Studium der Augustinereremiten. Dabei wird zutreffend erwähnt, daß ihr Generalstudium in die Theologische Fakultät inkorporiert und auch ordensfremden Studenten zugänglich war. Weniger deutlich wird, wie die Theologische Fakultät mit den Generalstudien der Bettelorden verschränkt war. Als Luther 1509 die Sentenzensammlung des Petrus Lombardus (1095/1100-1160) zu erläutern begann, hielt er seine Antrittsvorlesung nicht in seinem Kloster, sondern im Auditorium coelicum im Dom, das vorrangig Hörsaal der Theologischen Fakultät war. Infolge der Reformation wurde die Klosterkirche seit 1525 von der evangelischen Gemeinde benutzt, bis 1560 mit dem Tod des Priors Leonhard Willigk der Erfurter Konvent ausstarb und der Erfurter Rat das Klosterareal übernahm.

Andreas Lindner beschreibt anschaulich Luthers Leben im Erfurter Augustinerekloster von 1505 bis 1511, wobei er auch auf dessen Theologiestudium, Lehrtätigkeit und Verhalten im Ordensstreit um die observanten Klöster sowie dessen Anfechtungen eingeht. Er

behandelt auch Luthers weitere Beziehungen zum Erfurter Kloster nach dessen Versetzung nach Wittenberg, dem dieses Kloster von 1515 bis 1518 als Distriktvikar unterstand und der durch Einsetzen von Johann Lang (1486/88-1548) als Prior starken Einfluß ausübte. Nachdem Luther auf seiner Reise nach Worms noch einmal im Kloster gewohnt und am 7. April 1521 in der Klosterkirche gepredigt hatte, begannen die evangelisch gesonnenen Mönche das Kloster zu verlassen. Die »Karte mit den Augustiner-Eremiten-Klöstern des Luther seit 1516[!] unterstehenden Distrikts« zeigt alle Klöster der deutschen Augustinereremiten, ohne Luthers Distrikt abzugrenzen, und ebnet die in der dazugehörigen Legende vorgenommenen Unterscheidungen infolge nicht differenzierender Druckausführung ein (72). Die verbreitete Meinung, Luther habe bei Stotternheim Anna angerufen, weil sie die Heilige der Bergleute gewesen sei (59), hat sich als unzutreffend herausgestellt, denn der Annenkult kam bei Bergleuten erst später auf.

Michael Ludscheidt widmet sich der Nutzung des Klosters nach der Säkularisation bis zum Zweiten Weltkrieg – die auf Bildung und Hilfe für eltern- und verwahrloste Kinder ausgerichtet war –, wobei er hervorhebt, wie bewußt an Luther angeknüpft und aus evangelischem Glauben gehandelt wurde: Das Kloster beherbergte ein Evangelisches Ratsgymnasium von 1561 bis 1820. In Erfurt schlossen sich die evangelischen Pfarrer – ministri verbi dei – zu einem Collegium ministrorum zusammen, das 1555 als Evangelisches Ministerium die Leitung der evangelischen Landeskirche in Erfurt – dessen Landesherr der Erzbischof von Mainz war – übernahm. Es tagte im Augustinerkloster bis 1945, wo es sein Archiv einrichtete. 1646 gründete es eine Bibliothek für evangelische Pfarrer, die sich heute noch im Kloster befindet und wertvolle Altbestände hat. 1669 fand ein Evangelisches Waisenhaus Unterkunft, das bis 1951 bestand. Als infolge der napoleonischen Kriege die Zahl verwahrloster Kinder stark angestiegen war, wurde für sie 1821 das Martinsstift eröffnet, das bis 1945 im Kloster war. 1850 diente die Klosterkirche als Tagungsort für das Erfurter Unionsparlament, mit dessen Hilfe der preußische König Friedrich Wilhelm IV. (1795, 1840-1861) einen deutschen Nationalstaat ohne Österreich schaffen wollte. Um die baufällige Kirche nutzen zu können, mußte sie restauriert werden.

Heino Falcke – der von 1873 bis 1994 Propst zu Erfurt und Vorsitzender des Kuratoriums für das Augustinerkloster zu Erfurt war – berichtet aus tiefer Sachkenntnis heraus über den äußerst mühsamen Wiederaufbau des kriegsgeschädigten Klosters bei komplizierten Eigentumsverhältnissen unter den Bedingungen eines kirchenfeindlichen Sozialismus. Nach verschiedenen Überlegungen zur Nutzung neben der Augustinergemeinde zog 1960 die Wittenberger Predigerschule – die 1948 gegründet worden war, um dem kriegsbedingten Pfarrermangel abzuhelfen – ins Augustinerkloster ein, wo sie bis 1993 bestand. Das Kloster gewann Bedeutung für ökumenische und wissenschaftliche, aber auch überregionale kirchliche Tagungen. Seit 1967 wurden ökumenische Konferenzen abgehalten, 1978 fand die »Internationale Erfurter Eckhartwoche«, 1983 der »Sechste Internationale Kongreß für Lutherforschung« statt. Dank Lutherjahr konnten erhebliche Baumaßnahmen durchgeführt werden, wobei eine Lutherzelle rekonstruiert und vor ihr die Dauerausstellung »Luther in Erfurt« aufgestellt wurde. Das Augustinerkloster fand zunehmend Interesse bei Touristen, 1983 fanden sich 50 000 ein. Im Juni 1989 konnte ein

Tagungsheim, 1990 das alte Priorat als Propstei eröffnet werden. Für die Herbstrevolution 1989 wurde das Augustinerkloster ein geistiges Zentrum, so daß seit Dezember 1989 der »Runde Tisch« des Bezirkes Erfurt im Luthersaal tagte.

Obgleich die Entwicklung bis 1989 angesichts der äußeren Bedingungen dank kirchlicher Anstrengungen eine erstaunliche Erfolgsgeschichte war, folgte doch nicht eine den erreichten Stand genießende Nutzung. *Lothar Schmelz* und *Andreas Haerter* berichten über die weitere Entwicklung seit 1990. Es galt, sich den durch die Wende veränderten Rahmenbedingungen anzupassen und die Nutzung neu zu konzipieren. Bereits 1991 wurde eine Konzeption erarbeitet, wonach das Augustinerkloster ein »europäisches und internationales Begegnungszentrum in christlicher Verantwortung« werden sollte. 1994 gelang es, das Grundstück mit den Ruinen der ehemaligen Bibliothek und der Waidhäuser von der Stadt zu erwerben. Nachdem 1993 die Evangelische Predigerschule geschlossen worden war, nahm ein religionspädagogisches Institut der Pädagogischen Hochschule Erfurt 1994 seine Tätigkeit auf. Seit 1995 wurde der Um- und Ausbau der »Beherbergungs-, Tagungs- und Begegnungsstätte Augustinerkloster« geplant, die am 21. März 2002 feierlich eröffnet wurde. Seit 1996 besteht im Augustinerkloster eine Außenstelle der Communität Casteller Ring, zu der inzwischen sieben Schwestern gehören. 2001 erhielt die Augustinerkirche – die seit 1992 eine geöffnete Innenstadtkirche ist – einen neue Innenanstrich,. 2002 die Bibliothek einen vollangestellten Bibliothekar. Eine neue Dauerausstellung wurde 2002 mit dem Thema »Bibel – Kloster – Luther« eröffnet. 2003 wurde der Kreuzgang restauriert. Als nächstes steht der Wiederaufbau der Bibliothek und Waidhäuser an, der erforderliche Tagungs- und Büroräume sowie Platz für eine Dauerausstellung zur Baukunst des 12. und 13. Jh. und weitere Gästezimmer bringt.

Das Buch vergegenwärtigt anschaulich die Geschichte eines Klosters, das infolge von Luthers Aufenthalt über Jahrhunderte eine bevorzugte Aufmerksamkeit und Unterstützung erfahren und in dem Luthers Denken und Glauben Orientierung gegeben hat. 2004 wurde das Erfurter Augustinerkloster vom Bundesverwaltungsamt als »Kulturstätte von besonderer kultureller Bedeutung« eingestuft. Diese Lutherstätte genießt also nationale und internationale Beachtung – und zwar nicht nur kirchliche oder gar nur lutherische –, die sie Luthers Werk verdankt, das jeder Generation neu zu erschließen ist, so daß auch das Interesse am Erfurter Augustinerkloster erhalten bleibt.

OSWALD BAYER: Martin Luthers Theologie: eine Vergegenwärtigung. TÜ: Mohr, 2003. XVIII, 354 S.

Im Wintersemester 1962/63 hielt Gerhard Ebeling (1912-2001) in Zürich eine Vorlesung vor Hörern aus allen Fakultäten, die 1964 zur Veröffentlichung von »Luther: Einführung in sein Denken« führte. Dieses in einem kleineren Format erschienene Buch erlebte 1990 – abgesehen von Nachdrucken – eine 4. Auflage und wurde ins Englische (LO 1970, Phil 1972), Italienische (1970), Norwegische (1978), Französische (1983), Portugiesische (São Leopoldo 1988) und Ungarische (1997) übersetzt. Oswald Bayer hat im Wintersemester 2001/02 in Tübingen im Studium generale ebenfalls vor Hörern aller Fakultäten Luthers Theologie vorgetragen und sie im vorliegenden Buch veröffentlicht. Die ursprünglichen Adressa-

ten und der vorgegebene Zeitrahmen blieben nicht ohne Folgen für die Darstellung. Es konnte keine Vollständigkeit erreicht werden, Fragen von Luthers Entwicklung mußten zurücktreten und auf die Diskussion mit Lutherforschern weitgehend verzichtet werden. Wer beachtet, wie Luther selbst auf jeweilige Adressaten eingegangen ist, wird akzeptieren, daß – wie schon bei Ebeling – lateinische Zitate übersetzt und frühneuhochdeutsche »der heutigen Diktion und Schreibweise angeglichen« wurden (X). Trotzdem bleibt es geboten, daß derjenige, der solche Zitate in seine Lutherdarstellung einbezieht, den Originaltext zugrunde legt. Zum Charakter einer solchen Vorlesung gehört das Bemühen um Allgemeinverständlichkeit, die erreicht wurde. Denn es ist eine klare, gut lesbare Darstellung in einem überschaubaren Rahmen entstanden, die lateinische Termini in Klammern einfügt und sachlich den Zuhörern wenig schenkt.

Bei der Darstellung einer Theologie erhebt sich oft die Frage: Welchen Ansatz hat sie? Eine Grunderkenntnis wird dann für den Ausgangpunkt einer sich daraus entfaltenden Theologie angesehen. Der Vf. weiß, daß Luther kein System konzipiert hat und seine Theologie »zu beweglich und zu komplex« ist, um sie auf einen Begriff zu bringen. Er hat daher der Darstellung von Luthers Theologie vier grundsätzliche Themen vorausgeschickt: Luthers Theologieverständnis, das Thema seiner Theologie, Was ist »evangelisch«? und Was macht die Bibel zur Heiligen Schrift?

Luthers Theologieverständnis wird nicht als Theorie erhoben, sondern anhand einer Tischrede Luthers geboten, was ein Theologe sei: Er hat die Gnade des Geistes empfangen, durchlebt Anfechtungen, empfängt Erfahrungen, erfaßt Gelegenheiten, treibt sorgfältig Schriftstudien und erwirbt Erkenntnisse in den Wissenschaften. Damit erhält – durchaus zutreffend – das »auf rechte Weise Theologie treiben« Vorrang vor der Entwicklung einer umfassenden, in sich stimmigen Lehre.

Im Kapitel »*Das Thema der Theologie*« wird zunächst die Erfahrungsweisheit dargestellt, die aus Gebet, Textmeditation und Anfechtung erwächst. Danach wird unter Hinweis auf Luthers Aussage »ut proprie sit subiectum Theologiae homo reus et perditus et deus iustificans vel salvator« zusammenfassend der Gegenstand von Luthers Theologie in dem »sündigenden Menschen und dem rechtfertigenden Gott« gesehen. Gegenüber der Ansicht, damit sei der Gegenstand der Theologie sehr eingeengt, macht der Vf. geltend, daß es sich hier um die Anrede Gottes und die menschliche Antwort, um elementare Sprachhandlungen, »in denen Gesetz und Evangelium konkret geschehen«, ja um ein dramatisches Geschehen handelt. Er geht davon aus, daß »Luther die Schöpfungslehre, die Christologie, die Lehre vom Weltgericht als Weltvollendung jeweils als Rechtfertigungslehre« gefaßt hat (35). Gott ist dabei immer der wirkende, der Mensch hingegen derjenige, der Gott an sich wirken läßt, der empfangende. Diese Existenz des Glaubenden hat Luther als »vita passiva« bezeichnet.

Unter der Überschrift »*Was ist evangelisch?*« bemüht sich der Vf., das Reformatorische möglichst präzise zu bestimmen. Entscheidend ist für ihn – wie schon in seiner 1970 veröffentlichten Dissertation und Habilitationsschrift – Luthers neues Verständnis von promissio und Glaube, wodurch die Gottesgerechtigkeit erst evangelisch spezifiziert werde. Die promissio versteht er als »befreiende und gewißmachende Sprachhandlung«. Unter Verwendung von Sprachanalysen des britischen Philosophen John Langshaw Austin (1911-1960) erläutert er die promissio als konstituierende Aussage, »die einen Tatverhalt erst setzt«. Luther habe einen mühsamen Weg durchschritten, ehe er das Evangelium als konstituierende Sprachhandlung verstand. Zunächst habe er in antiker Tradition – man könnte auch an die ockhamistische Suppositionslogik denken – die Sprache als ein System von Zeichen für Sachverhalte angesehen, dann aber wahrgenommen, daß das theologische Zeichen Merkmal einer anwesenden Sache ist. »Dass das signum selbst schon die res, das sprachliche Zeichen selbst schon die Sache ist – das war Luthers große hermeneutische, seine im strengen Sinn reformatorische Entdeckung.« Daraus ergebe sich Luthers Rede vom »verbum efficax«. Zum Reformatorischen gehöre auch die Unterscheidung zwischen Gesetz und Evangelium. Der Gegenstand der Theologie sei als ein dynamisches Geschehen wahrzunehmen, in dem Gott im Gesetz mir entgegentritt, im Evangelium aber für mich spricht.

Der Vf. hat hier ohne Zweifel entscheidende Merkmale vom Zentrum der Theologie Luthers erfaßt. Eine andere Frage ist aber, ob das neue Promissio-Verständnis mit *der* reformatorischen *Wende* in Luthers Theologie gleichgesetzt werden muß, wie der Vf. behauptet. Er nennt als frühestes Zeugnis dieses Verständnisses die 50 Thesen zur Disputation »Pro veritate inquirenda et timoratis conscientiis consolandis« vom Frühsommer 1518. Luthers Bericht über sein ihn stark emotional erfassenden Erkenntnisdurchbruch, den er 1545 in der Form eines Bekehrungserlebnisses abfaßte, spricht aber bekanntlich dagegen nur von einem neuen Verständnis der Gerechtigkeit Gottes. Während er vorher die Gerechtigkeit Gottes als eine Eigenschaft Gottes angesehen habe, die den Sünder straft, nahm er nun wahr, daß das Evangelium diejenige Gerechtigkeit Gottes offenbart, durch die Gott uns durch den Glauben rechtfertigt. Anstelle eines mühsamen Weges des Menschen zu einem richtenden, vielleicht gnädigen Gott war umgekehrt das Handeln des barmherzigen Gottes am sündigen Menschen getreten. Luther stellte sogleich fest, daß es in der Heiligen Schrift sich bei anderen Eigenschaften Gottes ebenso verhielt: So bedeute z. B. die Weisheit Gottes, die Weisheit, durch die Gott uns weise macht. Diese Erkenntnisse Luthers fanden schon in seiner Römerbriefvorlesung von 1515/16 Eingang; z. B. in der Aussage: »Gott wird bei Paulus aufgrund seines Rechtfertigens oder Gerechte Machens gerecht genannt. [...] Und so ist durch den sich selbst auslegenden Apostel klar offenbar, daß diejenige ›Gerechtigkeit Gottes‹ gemeint ist, durch die er uns gerecht macht, wie die Weisheit Gottes, durch die er uns weise macht« (WA 56, 262, 19-23). Die nicht nur sachliche, sondern auch zeitliche Zusammensicht von Luthers neuem Verständnis von »iustitia dei« und »promissio« verführt zu der Formulierung »mit der Entdeckung der sich dem Sünder durch die promissio mitteilenden Gerechtigkeit« unter Hinweis auf WA 54, 186, 7 f (68), wo der nachschlagende Leser das Wort »promissio« allerdings vergeblich suchen wird.

Luther hat von Anfang an mittels humanistischer Philologie, Rhetorik und Hilfsmittel biblische Begriffe im Gegensatz zur Scholastik neu verstanden, wovon er sich später nicht abwenden mußte. Die Entdeckung der biblischen Bedeutung von »Gerechtigkeit Gottes« war auf dem Weg zur Reformation von grundlegender Bedeutung, aber sie war nicht *die* reformatorische Entdeckung, die das gesamte Reformatorische umfaßte. Weicht man erst einmal von Luthers eigenem Bericht des sog. Turmerlebnisses ab, erhebt sich die Frage, warum nicht andere Themen als

promissio für *die* Wende genannt werden sollen. Der Vf. bezieht eine Tischrede ein, in der Luther über sein neues Verständnis der »Gerechtigkeit Gottes« berichtet, aber zugleich auch, daß die Unterscheidung zwischen Gesetz und Evangelium für ihn entscheidend war: »da riß ich her durch«. Könnte man nicht auch einen Text suchen, der diese Unterscheidung klar benennt, und diesen dann als ersten reformatorischen Text ansehen? Oder sollte man einen Text herausstellen, der – in Übereinstimmung mit dem Vf. – seine hermeneutische Entdeckung, daß das sprachliche Zeichen schon die Sache selbst ist, erstmals zum Ausdruck bringt?

Diese Kritik richtet sich nicht so sehr gegen den Vf., sondern vielmehr gegen diejenige Tradition, die Luthers sog. Turmerlebnis mit *der* reformatorischen Entdeckung gleichgesetzt und als Folge davon – überflüssigerweise – reichlich über deren Inhalt und Datum gestritten hat. Der Vf. hat gut daran getan, nicht aus dem evangelischen Verständnis eines Begriffes das Grundsätzliche in Luthers Theologie abzuleiten, sondern Grundgedanken in einem Komplex zusammenzuführen, deren Zusammengehörigkeit deutlich wird. Denn Luther selbst hat auch nicht die neuverstandene Gerechtigkeit Gottes als Ansatz verwendet, um daraus eine Theologie zu entwickeln. Ihm sind vielmehr mehrfach Widersprüche zwischen biblischen Aussagen und Aussagen der spätmittelalterlichen Theologie und Kirche bewußt geworden, was ihn zur Abkehr von diesen, ja zum entschiedenen Bruch mit ihnen geführt hat. Der Begriff »reformatorische Wende« weckt leicht die irreführende Vorstellung, Luther sei bis zu einem bestimmten Zeitpunkt ein spätscholastischer Theologe gewesen, der sich dann radikal durch einen Bruch davon abwendete und Reformator wurde.

Was macht die Bibel zur Heiligen Schrift?
Vf. stellt an den Anfang seiner Antwort Luthers Ausführungen dazu, daß die Heilige Schrift – bei aller Anerkennung exegetischer Arbeit – ein Text ist, der letztlich nicht von ihrem Interpreten ausgelegt wird, sondern der den Interpreten selbst auslegt. Die Autonomie des Textes, in der seine Autorität begründet ist, verwandelt Leser und Hörer. Das geschehe in der Kirche, wo die »zum Gottesdienst versammelte Gemeinde [...] die wahre universale Kommunikationsgemeinschaft« sei. Die Heilige Schrift erschließe sich selbst durch Gesetz und Evangelium. Gegen eine Abwertung des Buchstabens, die sich auf Luthers Betonung der Predigt beruft, stellt der Vf. heraus, wie Luther am Literalsinn der Heiligen Schrift, an der Eindeutigkeit des Wortes festhielt und dem Wechselverhältnis zwischen »Mündlichem und Schriftlichem von lebendigem Geist und festem Buchstaben« Rechnung trug. Die Mitte der Heiligen Schrift wird mit Luthers »was Christum treibet« benannt, die sich besonders im Gottesdienst verwirkliche, wo Christus durch seine Gegenwart das im Evangelium Verheißene wirke. Ein weiterer Abschnitt behandelt Luthers Verteidigung seines Schriftverständnisses gegen skeptische Humanisten, den römischen Formalismus und spiritualistischen Enthusiasmus, ehe der Vf. auf Luthers Aussagen zum Verhältnis zwischen dem Altem und dem Neuem Testament eingeht. Luther habe zwar im Alten Testament vorrangig das Gesetz und im Neuen Testament vor allem das Evangelium gesehen, aber trotzdem in beiden Testamenten sowohl Gesetz als auch Evangelium gefunden. Der Abschluß hält noch Luthers inniges Verhältnis zur Heiligen Schrift fest, was mit seiner bekannten Aussage, der Galaterbrief ist »meine Käthe von Bora«, verdeutlicht wird.

Hier konnten nur sehr gerafft Aussagen des Vf. ohne die damit verbundenen Erörterungen angeführt werden, um einen Eindruck von dem zu erwecken, was er alles zum Grundsätzlichen von Luthers Theologie zählt. Er hat damit ohne Zweifel Wesentliches von dem erfaßt, was Luthers Theologie prägt. In einem umfangreichen Teil folgen zwölf Einzelthemen der materiellen Dogmatik und Ethik, die sich von der Schöpfung bis zur Weltvollendung erstrecken und mit »Zusage und Gebet« abschließen. Daraus können nur wenige Ausführungen aufgenommen werden, um wenigstens etwas von der Eigentümlichkeit dieser Darstellung ahnen zu lassen.

Vf. nimmt Luthers *Erbsündenlehre* im Sinne einer »Grundbestimmung, die jeden Menschen charakterisiert« auf, die er in Anlehnung an den lateinischen Sprachgebrauch lieber Ursprungsünde nennen möchte. Gegen verbreitete Irrtümer betont er, daß die von den Reformatoren behauptete Unfreiheit des Willens sich auf den Existenzgrund des Menschen, nicht auf »die innerweltliche Handlungs- und Entscheidungsfreiheit« beziehe. Er bemängelt, daß das »Evangelische Gesangbuch« die klassische Belegstelle für die Erbsünde Ps 51, 7 – »Siehe ich bin als Sünder geboren, ...« – ausgelassen (Nr. 727) und damit der Gemeinde den Stolperstein beseitigt hat, den sie aber als Anstoß zum Nachdenken brauche. Dieses Bekenntnis zur Erbsündenlehre verdient Anerkennung in einer Zeit, in der die optimistische Anthropologie der Aufklärung vorherrscht – obgleich kaum in einem Zeitalter so viele Millionen aus Machtgier dahingemordet wurden. Die Bedeutung der Erbsündenlehre kann vielleicht dadurch mehr bewußt gemacht werden, daß stärker ihr Inhalt ausgeführt wird. Während im Mittelalter Theologen, die meist Mönche waren, ihren Inhalt vorrangig – manche nur – in der sexuellen libido gesehen haben, hat Luther sie vor allem in der Habgier gefunden, die auch heute mühelos wahrnehmbar ist.

Im Kapitel »*Glaube und Werke*« stellt Vf. den Zusammenhang zwischen Dogmatik und Ethik her. Er legt die »beiden reformatorischen Hauptschriften« zugrunde: »Von den guten Werken« und »Von der Freiheit eines Christenmenschen«. Da häufig nur von drei reformatorischen Hauptschriften – neben der Freiheitsschrift noch von »An den christlichen Adel deutscher Nation ...« und »Von der babylonischen Gefangenschaft der Kirche ...« – im Jahre 1520 die Rede ist, verdient Beachtung, daß »Von den guten Werken« als vierte – zeitlich die erste – reformatorische Hauptschrift die ihr gebührende Aufmerksamkeit und Auswertung findet. Daß Luther den Glauben als Erfüllung des Ersten Gebotes faßt, ist für den Vf. »eine der wichtigsten theologischen Einsichten« überhaupt. Für die Beschreibung der »Evangelischen Nachfolge Christi« verwendet der Vf. die Thesenreihe vom 9. Mai 1539 »Von den drei Monarchien« und die ihr vorausgehende Predigtreihe. Luthers Leistung als Ethiker faßt er in der These zusammen: »*Luther hat die in den Mönchsgelübden verkehrte Wahrheit neu zur Geltung gebracht – die Wahrheit der Armut, der Keuschheit und des Gehorsams.*« Luther wendete sich gegen eine Nachfolge Christi, die sich einseitig auf Verzicht ausrichtete und dabei unwahrhaftig war. Die Armut der Bettelorden hielt Luther für Heuchelei. Theoretisch haben sie zwar alles verkauft, tatsächlich aber besitzen sie alles, was sie zum Leben brauchen. Luther hingegen setze das Nachfolge-Ethos und das Haustafel-Ethos in Beziehung, wobei er zwischen den Geboten der ersten und der zweiten Tafel unterscheide. Geht es um ein Bekenntnis des Glaubens, muß der Christ gegebenenfalls auf alles –

Besitz und Familie – verzichten, aber außerhalb der Bekenntnissituation wird er schuldig, wenn er Besitz und Familie vernachlässigt. Vf. gesteht, daß diese Dialektik – je nach Blickrichtung alles loszulassen oder alles zu behalten – »schwer zu denken und noch schwerer zu leben« ist. Trotzdem hält er sie für »die hilfreichste Orientierung im Blick auf das Herzstück des christlichen Glaubens« (76).

Besondere Aufmerksamkeit widmet der Vf. Luthers Trinitätslehre. Als Text legt er das Lutherlied »Nun freut euch, lieben Christen g'mein« zugrunde, in der Überzeugung, daß sich darin der Sache angemessene Sprache findet. Entscheidend ist für den Vf. der Beginn der Strophe 4: »Da jammert' Gott in Ewigkeit mein Elend übermaßen; ...« Hier erfasse Luther eine Wende in Gottes Verhalten, der den Menschen nicht mehr der Macht von Teufel und Sünde überläßt. Vorher erscheint Gott als deus absconditus und in seinem Zorn, nun aber als derjenige, der sich durch seinen Sohn offenbart und mittels des Heiligen Geistes wirkt, uns erlöst und heiligt. Daher gehöre bei Luther die Trinitätslehre auch nicht in die allgemeine Gotteslehre, denn aus seinem Befreiungslied sei ersichtlich: »Sie bedenkt nichts anderes als das *Evangelium*, das Befreiungsgeschehen: die Freiheit, die ›uns Christus erworben und gebracht hat‹ und die er uns gegenwärtig im Wort durch den Heiligen Geist zuspricht und mitteilt« (306). Der Vf. ordnet den Stoff dementsprechend. Nachdem er anhand des Befreiungsliedes Gott als Barmherzigkeit und Liebe unter Einbeziehung des »fröhlichen Wechsels«, des Christusglaubens und der Idiomenkommunikation dargestellt hat, entfaltet er gewissermaßen das Wirken des dreieinigen Gottes: Gottes Gegenwart; der Heilige Geist; die Kirche; Glaube und gute Werke; geistliche und weltlich Herrschaft und schließlich die

Weltvollendung. So ist der letzte Teil der Darstellung von Luthers Theologie von Gottes Dreifaltigkeit durchdrungen.

Zu den Vorzügen der für die Gegenwart interpretierenden Darbietung von Luthers Theologie – die durch Register zu Bibelstellen, Personen und Sachen erschlossen ist – gehört, daß sie zitierte Luthertexte als Grundlage verwendet und den engen Zusammenhang von Luthers exegetischer und theologischer Arbeit ernst nimmt. Durchgehend wird die biblische Grundlage für Luthers theologische Aussagen benannt, auch aufgezeigt, wie Luther in Spannung stehende Bibelstellen in Beziehung setzte. Der Vf. scheut sich nicht, seine Achtung vor den theologischen Lösungen zu äußern, die Luther gefunden hat. Meist ist es in der Darstellung eindeutig, welche Bibelstellen Luther selbst herangezogen hat. An einigen Stellen entsteht der Eindruck, daß der Vf. biblische Grundlagen benennt, die Luther selbst in dem Zusammenhang nicht angeführt hat. Auf jeden Fall wird deutlich, in wie hohem Maße Luthers Theologie eine biblische Theologie war und als Basis für eine evangelische Theologie noch in der heutigen Zeit verwendet werden kann.

Frühneuhochdeutsches Wörterbuch/ hrsg. von Ulrich Goebel; Oskar Reichmann; begr. von Robert A. Anderson; Ulrich Goebel; Oskar Reichmann. Bd. 7. Lfg. 2: grosssprecher-handel/ bearb. von Anja Lobenstein-Reichmann; Oskar Reichmann. B; NY: de Gruyter, 2004, 513-1024; Bd. 9, Lfg. 2: leben-leschen/ bearb. von Anja Lobenstein-Reichmann. B; NY 2003, 513-1024.

Mit Bd. 7 II beginnt die Erläuterung von Lexemen, welche Renate und Gustav Bebermeyer in ihrem »Wörterbuch zu Martin Luthers deutschen Schriften: Wortmonographien zum Lutherwortschatz« im Anschluß an »Philipp Dietz: Wörterbuch zu Dr. Martin Luthers deutschen Schriften. Bd. 1 und Bd. 2, 1. Lfg. (A-Hals). Leipzig 1870-1872« erfaßt haben. Inzwischen sind sie mit der 7. Lfg. im Jahre 2004 bis zum Lexem »Hornig« vorangekommen. Wie unterscheiden sich nun die beiden Wörterbücher? Das »Wörterbuch …« beschränkt sich auf Luthers Wortschatz, führt also erheblich weniger Lexeme an als das »Frühneuhochdeutsche Wörterbuch«. Bei Lexemen mit mehreren Bedeutungen bietet das »Wörterbuch …« nur die von Luther benutzten, also mitunter weniger als das »Frühneuhochdeutsche Wörterbuch«. Für die Flugschriftenliteratur der Reformationszeit ist infolgedessen das »Wörterbuch …« nur teilweise verwendbar. Dafür geht es ausführlicher auf Luthers Bedeutung für die Verbreitung eines Wortes ein und bringt zum Teil die Lutherzitate ausführlicher. Die Zitate sind aber auch WA TR entnommen, und zwar sogar aus der Bearbeitung von Luthers Tischreden durch Johannes Aurifaber (1509-1575) – so z. B. »Handarbeit« WA TR 4, 525, 33 (4806) –, so daß damit zwar ein zeitgenössischer Gebrauch – Aurifabers Tischredenbearbeitung erschien 1566 –, aber nicht nur Luthers eigener verdeutlicht wird.

Der Artikel »gut, Adj.« ist geeignet, dem Leser frühneuhochdeutscher Texte bewußt zu machen, wie die vom »Frühneuhochdeutschen Wörterbuch« aufgeführten Bedeutungen das Verständnis eines vermeintlich sehr vertrauten Wortes vertiefen können (7, 720-739). So ist »Jst gut zu rechnen« als »ist leicht / ohne Mühe einzusehen« und »da fur ist vns Christus […] gut« als »dafür ist uns Christus förderlich / nützlich / hilfreich« zu verstehen. Zahlreiche Redewendungen schließen den Artikel ab. So finden sich in Luther-

texten »Wird ihm gut, so ligts vnter der Bank«
im Sinne von »günstigstenfalls, …«, »das
mans ihme hatt lassen gutth sein« im Sinne
von »daß man es ihm hat durchgehen lassen«
oder »am guten freytag« in der Bedeutung
von »am Karfreitag«.

Bei dem Lexem »leben« ist die 7. Bedeutung von zehn mit »existieren und wirken
(von Gott); in und durch Gott sein und existieren (von der Seele), eins sein und werden
mit der göttlichen Kraft« umschrieben. So
kann zu Luthers Bekenntnis »Es sindt nicht
Redewort, ßunder lebewort, quae possunt
stare in vita et morte contra peccatum« – das
an »Vnd es sind doch ia nicht lesewort, wie
sie meinen, Sondern eitel lebeworte drinnen«
denken läßt; WA 31 I, 67, 9 f – präzise erläutert werden: »*lebewort* ›Evangelium, Wort,
in dem Gott im Menschen wirkt‹« (9, 529).

Bekanntlich gehört zu Luthers grundle-
genden Einsichten, daß die Gerechtigkeit
Gottes für den Menschen eine iustitia passiva,
eine »erlittene« Gerechtigkeit ist. In diesem
Sinne spielt das »Leiden« in Luthers Theologie eine bedeutende Rolle. Der heutige Leser
dieser Texte konnotiert häufig damit etwas
Negatives, da sich unser Sprachgebrauch stark
in diese Richtung verengt hat. Da ist es für
das rechte Verstehen hilfreich, sich über das
weite frühneuhochdeutsche Bedeutungsfeld
des Verbs »leiden« zu informieren, wozu auch
die Bedeutungen »etw. aus eigener Bereit-
schaft, mit eigener Zustimmung und aus freiem, eigenen Willen erdulden; etw. ohne zu
klagen auf sich nehmen, …« oder »e. S. zu-
stimmen, etw. zulassen, jn. […] dulden, etw.
erlauben, billigen, gutheißen, akzeptieren,
etw. geschehen lassen; etw. wünschen, etw. /
jn. gerne haben, …« gehören (9, 825. 830).
Wer beachtet, wie auf engem Raum eine
Fülle von Informationen untergebracht ist,
kann den ungeheuren Arbeitsaufwand bei der

Herstellung ahnen. Den Bearbeitenden, die
Dank verdienen, und den Nutzern bleibt zu
wünschen, daß das »Frühneuhochdeutsche
Wörterbuch« rasch vorankommt.

MATTHIAS MIKOTEIT: Theologie und Gebet
bei Luther: Untersuchungen zur Psalmenvorlesung 1532-1535. B; NY: de Gruyter, 2004.
XI, 335 S. (Theol. Bibliothek Töpelmann; 124)
– Zugl. MS, Univ., Evang.-Theol. Fak., 2004.

Die Grundlage der Untersuchungen bilden
Luthers Vorlesungen über ausgewählte Psalmen in den Jahren 1532 bis 1535 – einschließlich gleichzeitiger Äußerungen außerhalb dieser Vorlesungen – anhand der Nachschriften
von Georg Rörer (1492-1557) und nicht der
Editionen von Veit Dietrich (1506-1549). Dieser hatte in mehreren Ausgaben unabhängig
von ihrer chronologischen Entstehung einzelne Psalmenauslegungen aus dieser Vorlesung zusammengefaßt und dadurch ihre Zusammengehörigkeit aus den Augen verlieren
lassen. Vf. nimmt Luthers programmatische
Einleitung ernst und führt die Bezeichnung
»dritte Psalmenvorlesung« ein. Er beschreibt
genau die liturgische Funktion dieser Auslegung von Psalmen: Infolge der Reformation
waren während der Wochentage an die Stelle
der täglichen Messen und Stundengebete die
Mittwochs- und Samstagspredigt getreten.
Luther hielt seine dritte Psalmenvorlesung
montags und dienstags mit der Absicht, dadurch die spätmittelalterliche Frühmesse zu
ersetzen und sie als Dankopfer – in welchem
der Gott lobende und ihm dankende Beter
Gottes Gaben und Wohltaten und sich selbst
darbringt – zu gestalten. Dann mußte die
Hinwendung zu Gott an die erste Stelle treten und die Vorlesung als »Gebetsvollzug«
gestaltet werden (58-72).

Im Kapitel II schreitet der Vf. das weite Bedeutungsfeld von »fromm« bei Luther ab. Er kann die positive Verwendung im Sinne von »›trefflich, gut, tüchtig, rechtschaffen‹ oder auch ›tugendhaft‹« sowie die Kritik an einer Frömmigkeit, die auf eigene Gerechtigkeit vertraut oder sich für sündlos hält, aufzeigen. Wichtiger ist aber, daß er die Bedeutungen von »durch Gottes Wirken gerechtfertigt« und auch »gläubig, gottesfürchtig« nachweist, wobei letztere auch die aus der Rechtfertigung erwachsenden »frommen« Werke und damit die cooperatio mit Gott in den drei Ständen einschließt (14-47).

Zu den Gebeten zählt der Vf. nicht nur Formulierungen mit der Anrede Gottes in der zweiten Person, sondern auch ohne sie. Dazu gehören Optativsätze – »Vnser herr Gott helffe vns« – sowie Indikativsätze, bei denen aus dem Kontext hervorgeht, daß entweder zu einem Gebet aufgefordert wird oder Luther über sein gleichzeitiges Beten unterrichtet. Wenn der Vf. auf diese Weise auch viele Gebetstexte erheben kann, will er doch nicht behaupten, daß die Psalmenvorlesungen nur Gebetstexte enthalten. Er interpretiert Luthers Ankündigung, daß diese Vorlesungen ein Dankopfer sein sollen vielmehr dahin, daß Gott loben und danken ein Kriterium der Theologie ist und daher das »Verständnis des religiösen Lobens und Dankens bei Luther […] ein Schlüssel zum Verständnis seiner Theologie« ist (102).

Der Vf. hebt hervor, wie eng Luther »Gott loben» und »Gott danken« in Zusammenhang mit »lehren« und »predigen« bringt. Daher spricht er von einem kerygmatischen Loben und Danken, das sich im Kern auf die Rechtfertigungsgnade bezieht und diese anderen verkündet (102-141). In dem umfangreicheren Abschnitt »Die Gebetsgestalt des Lobens und Dankens« unterrichtet der Vf.

anhand von Zitaten aus der dritten Psalmenvorlesung Luthers detailliert über Formen des Lobens und Dankens, die auf Gott, nicht oder kaum auf Menschen – aber auch den Beter selbst unterrichten – ausgerichtet sind und auch Sündenbekenntnis sowie Bittgebet einschließen (141-265). Als besondere Form behandelt der Vf. noch Luthers Überzeugung, daß Gott loben und danken sich auch in guten Werken der zweiten Tafel des Dekalogs ausdrücken können (265-280). Schließlich wird aufgewiesen, wie Dankbarkeit für Luther mit Gotteserkenntnis und Gottesverehrung zu tun hat und ein »Grundakt des Glaubens« ist (290).

Die Zusammenfassung enthält die These: »Das eigentliche religiöse Loben und Danken ist bei Luther in der Hauptsache das Verkündigen« (296). Damit kommt das Lehren und Luthers Theologieverständnis in den Blick, für den »Theologie […] die Praxis des religiösen Lobens und Dankens war« (301).

Der Vf. behauptet, Luther habe »das religiöse Loben und Danken innerhalb der Kirche radikal erneuert« (298). Dieser Schluß beruht auf der Annahme, daß im Hoch- und Spätmittelalter Gott loben und danken »normalerweise« auf mystische oder gesetzliche Weise erfolgte. Der mystische Lobpreis habe auf die Vereinigung mit Gott, das gesetzliche Loben und Danken auf Pflichterfüllung und äußerliche Werke und damit Verdienste gezielt. Das evangelische Gott loben und danken basiere dagegen auf der biblischen Rechtfertigungslehre (298-300). Da die Aussage nicht bestimmte Gebetslehren, sondern die Praxis – innerhalb der Kirche – anspricht, muß gefragt werden, ob der Vf. die Vielfalt der spätmittelalterlichen Gebetspraxis erfaßt hat. Ist z. B. das »Te deum laudamus« – das Luther für die evangelischen Gemeinden 1529 in der deutschen Fassung »Herr Gott, dich

loben wir« (Evang. Gesangbuch 191) übernommen hat – im Spätmittelalter wirklich
»normalerweise« mystisch oder gesetzlich
gesungen worden? Wer kann das wissen? Es
bedarf gründlicher Untersuchungen, um das
Gemeinsame und das Unterschiedliche zwischen Mittelalter und Reformation präzise
zu beschreiben. Und es muß auch gefragt
werden, ob die evangelischen Christen Gott
nur aus dem Rechtfertigungsglauben heraus
loben und danken? Der Vf. hat dargelegt, was
Luther in seiner dritten Psalmenvorlesung
über Gott loben und danken ausgeführt und
wie er es gleichzeitig vollzogen hat. Diese
Einheit von Lehren und Leben läßt sich
schwer in einem Vergleich verallgemeinern.
Wichtiger ist, daß der Vf. herausgearbeitet
hat, welchen hohen Stellenwert Gott loben
und danken in Luthers Theologie und Frömmigkeit hat. Das sollte nicht ohne Folgen
bleiben. Die Darstellung der lutherischen
Rechtfertigungslehre leidet oft unter der einseitigen Betonung der Passivität des Gerecht-
fertigten, sie sollte um sein Gott loben und
danken erweitert werden. In einem lutherischen Gottesdienst sollte stets wenigstens
ein Lob- bzw. Danklied gesungen werden.
Das während des Einsammelns der Kollekte
gesungene Lied braucht nicht zu versuchen,
die Predigt zu vertiefen. Der Gemeinde sollte
aber auch bewußt gemacht werden, wie Gott
loben und danken im Lied und im Gebet
nicht nur integraler Bestandteil eines Gottesdienstes, sondern auch des Christseins ist.

RALF FRASSEK: Eherecht und Ehegerichtsbarkeit in der Reformationszeit: der Aufbau
neuer Rechtsstrukturen im sächsischen Raum
unter besonderer Berücksichtigung der Wirkungsgeschichte des Wittenberger Konsistoriums. TÜ: Mohr, 2005. XII, 367 S.: Ill. (Jus

ecclesiasticum; 78) – Zugl.: Halle, Univ., Bür-
gerliches Recht, Deutsche und Europäische
Rechtsgeschichte, Habil.-Schr., 2004.

Diese Habilitationsschrift behandelt die Ausbildung des evangelischen Eherechts im sächsischen Raum von der Zeit an, als bald nach
Luthers Thesenanschlag die bischöfliche Ju-
risdiktion erlosch, bis zur Veröffentlichung
der kursächsischen Kirchen- und Schulordnung von 1580. Vf. nennt zwei Möglichkeiten, das durch die Reformation entstandene
rechtliche Vakuum auszufüllen. Den einen
Weg beschritten die Züricher, die 1525 ein
Ehegericht einsetzten und eine Eheordnung
schufen, die »materiell-rechtliche Regelung
eherechtlicher Fragen enthielt«, so daß die
Normengrundlage für die Rechtsprechung
eine hohe Autorität erlangte (33). In Kursachsen hingegen zögerte man, materielles Eherecht festzuschreiben. Das entsprach Luthers
Überzeugung, daß einer evangelischen Lebensgestaltung nicht Gesetze vorangehen,
sondern erst neue Lebensformen ausgebildet
werden sollten, ehe diese in einer Ordnung
fixiert werden. Luthers Einfluß auf die Entwicklung wird mehrfach benannt.

Vf. verfolgt sorgfältig die einzelnen Maßnahmen, die ergriffen wurden, Eherechts-
fragen in der Praxis nach evangelischen
Grundsätzen zu lösen. Anfangs wendeten sich
vorrangig davon Betroffene, aber auch Amt-
leute und Stadträte an den Kurfürsten oder
seine Kanzlei, wie man sich nun in der jeweiligen Ehefrage zu verhalten habe. Für den Vf.
ist ausschlaggebend, daß die Entscheidungen
nicht delegiert und unter Hinzuziehung Wittenberger Theologen und Juristen – das heißt
hochqualifizierter Gelehrter – getroffen wurden. Während der kursächsischen Visitationen übernahmen die Visitatoren die Begut-
achtung der Ehefälle. Mit der Einsetzung von

Superintendenten 1528 wurden den Pfarrern untersagt, in Ehesachen tätig zu werden. Die Superintendenten aber sollten mit den örtlichen Amtleuten bzw. Schössern die Ehegerichtsbarkeit wahrnehmen, indem sie den Sachverhalt ermittelten und an die kurfürstliche Kanzlei meldeten. Nach zehn Jahren Erfahrungen mit dieser Praxis entstand 1539 nach gründlicher Erörterung das Wittenberger Konsistorium, von dem der Vf. – was strittig ist – nachweist, daß es tatsächlich in diesem Jahr seine Arbeit aufnahm. Es entstand als eine von zwei Theologen und zwei Juristen besetzte Kollegialbehörde.

Der Vf. verfolgt auch, wie die Entwicklung im albertinischen Sachsen verlief, wo die Konsistorien in den Bischofsstädten Merseburg und Meißen entstanden und dadurch nicht eine so enge Verbindung zur Leipziger Theologischen und Juristischen Fakultät entstand wie in Wittenberg. Das erforderte eine Aufzeichnung des Eherechts als Richtlinie für diese Konsistorien, die als materielles Eherecht in der Cellischen Ordnung von 1545 vorgenommen wurde. Nachdem Kurfürst Moritz 1547 mit der sächsischen Kurwürde den Kurkreis und andere ernestinische Gebiete erhalten hatte, waren die beiden Entwicklungen im Eherecht zusammenzuführen, wobei das Wittenberger Vorbild konsequent zur Geltung kam.

Der Vf. hebt als besonders vorteilhaft für die Entwicklung des Eherechts hervor, daß im Wittenberger Konsistorium ein hochkarätiges Gremium – dem die übrigen Wittenberger Theologen und Juristen für Beratung zur Verfügung standen – die Möglichkeit hatte, flexibel in den einzelnen Fällen lebensnah unter Rückgriff auf unterschiedliche Quellen einschließlich der Heiligen Schrift und der Veröffentlichungen der Reformatoren zu entscheiden, Präjudizien zu schaffen und so allmählich ein fixierbares Eherecht entstehen zu lassen, das aber zunächst nicht veröffentlicht wurde, also mehr eine Richtlinie als eine abschließende Norm war. Selbst das Eherecht in der Kirchen- und Schulordnung von 1580 stellt keine abschließende Kodifizierung dar, sondern war als Warnung eher der Versuch, Konflikten in den Ehen – als Sittenverfall – vorzubeugen. So drohte es für Ehebruch die Todesstrafe an. Der Vf. weist nach, daß dieses Urteil sehr selten gefällt und noch seltener – in einzelnen Fällen jedoch tatsächlich – vollzogen wurde. Als herausragendes Ergebnis des kursächsischen Eherechtes sieht der Vf. die Entwicklung zur Gleichstellung von Frau und Mann sowie das Scheidungsrecht an. Aber die Kirchen- und Schulordnung von 1580 ließ letzteres unerwähnt, wohl – wie Vf. vermutet – um nicht zu Scheidungsprozessen anzuregen; denn diese Eheordnung sollte zweimal jährlich der Gemeinde von der Kanzel verlesen werden.

Die materielle Grundlage der Untersuchung bilden 611 Akten aus den Jahren 1488 bis 1572 mit Schwerpunkt in den Jahren 1538 bis 1565 aus dem Ernestinischen Gesamtarchiv im Thüringischen Hauptstaatsarchiv Weimar, die jeweils einen Eherechtsfall betreffen und in einem Verzeichnis aufgelistet sind (293-329). Als wertvoll hat sich außerdem das »Wittenbergische Buch« erwiesen, das sich im Lutherhaus zu Wittenberg befindet. Unter dem Titel »Wittenbergisch Konsistorium« hat die Handschrift auf die juristisch wesentlichen Punkte konzentriert Entscheidungen in Eherechtsfällen erfaßt, um sie offenbar als Präjudizien zur Verfügung zu stellen. Die einzelnen Eherechtsfälle, die dargestellt sind, gewähren Einblick in das Leben der Zeit und die differenzierenden Entscheidungen. Ein Sachregister erschließt den verdienstvollen Band.

Thomas Kaufmann: Das Ende der Reformation: Magdeburgs »Herrgotts Kanzlei« (1548-1551/2). TÜ: Mohr, 2003. XVI, 662 S. (Beiträge zur historischen Theologie; 123)

Die Grundlage dieses informationsreichen Bandes bilden die in der »Bibliographie der zwischen 1548 und 1552 in Magdeburg erschienenen Drucke« erfaßten 454 Veröffentlichungen (493-554), die mit Hilfe dreier Mitarbeiter einer DFG-Forschergruppe und der VD 16-Abteilung der Bayerischen Staatsbibliothek erstellt werden konnte. Graphiken veranschaulichen einprägsam u. a., daß Magdeburg in diesen Jahren fast so viele Drucke herausbrachte, wie Wittenberg bzw. Basel – welche die beiden produktivsten Verlagsorte im deutschsprachigen Gebiet waren –, daß in Magdeburg im 16. Jh. weder in den Jahren zuvor noch danach so viele Drucke die Pressen verließen und wie sich die Drucke auf neun Gattungen bzw. die polemischen Schriften auf fünf Gegner verteilten.

Der Vf. stand vor der Frage, ob er einzelne Schriften analysieren oder Gesichtspunkte aus ihrem Inhalt zusammentragen sollte. Da er sich bewußt war, daß beide Methoden Vorzüge und Nachteile innewohnen, entschied er sich zu einem doppelten Vorgehen. Zunächst analysierte er exemplarisch Drucke aus zehn Gattungen aktueller Texte, vier Gattungen aktualisierter Texte – reformatorische, gegenreformatorische, kirchenhistorische Quellen, Lutherflorilegien – sowie von Liedern und illustrierten Flugblättern. Dieses Vorgehen erlaubte ihm, die jeweilige Gattung zu charakterisieren und deren Magdeburger Anwendung auszuführen. Er konnte auf den jeweiligen Autor sowie Anlaß und Motiv der Schrift eingehen und so den Inhalt in seinem Kontext darbieten (209-428). Aus den dabei gewonnenen Erkenntnissen stellte er dann an-schließend inhaltliche Schwerpunkte in dem Rahmen »Umrisse der mentalen Welt der ›Herrgotts Kanzlei‹« zusammen: Wirklichkeitshorizont, Selbstverständnis, Feinde und Geschichte (429-484).

Es gehört zu den Vorzügen dieser Arbeit, daß die Rahmenbedingungen für die Magdeburger Publikationen nach dem Schmalkaldischen Krieg aufgezeigt werden: Seit dem 13. Jh. drängte die Bürgerschaft die Stadtherrschaft des Erzbischofs zurück. Der Rat förderte entschieden die Reformation bis zum Verbot der spätmittelalterlichen Messe und Vertreibung des Domkapitels 1546. Er war nicht bereit, sich nach der Niederlage des Schmalkaldischen Bundes dem Kaiser zu unterwerfen und eine Restitution der erzbischöflichen Herrschaft sowie der römischen Kirche in Kauf zu nehmen. Während vielerorts die Zensur Kritik an der kaiserlichen Religionspolitik unterband, durfte diese in Magdeburg gedruckt werden. Magdeburg wurde zum Sprachrohr gegen die kaiserliche Politik, das »Augsburger Interim«, Wittenberger Theologen – weil sie dessen Forderung nach Änderungen in der evangelischen Liturgie zu Adiaphora erklärten – und den Papst. 1528/29 begann Michael Lotter (1499-1554/55) in Magdeburg reformatorische Schriften zu veröffentlichen. 1540 eröffnete Christian Rödinger hier eine Druckerei mit demselben Programm. Wenn es auch drei weitere Druckereien gab – die mit unter 6 % an der Magdeburger Gesamtproduktion zwischen 1548 und 1551/52 beteiligt waren –, boten doch diese beiden Druckereien die technischen Voraussetzungen für den immensen Anstieg der Veröffentlichungen in diesen Jahren.

Die Haltung der Stadt und deren Publikationen zogen u. a. 1548/49 Nikolaus von Amsdorf (1483-1565), Nikolaus Gallus (1516-1570), Erasmus Alberus (1500-1553) und Matthias Flacius Illyricus (1520-1575) an. Vf. sieht einen Versuch der »maßgeblichen politischen Repräsentanten« der Stadt, mit diesen Kritikern der kaiserlichen Religionspolitik »und der aktuellen Wittenberger ›Vermittlungstheologie‹« eine »Konzentration intellektueller Potenzen für den reichsweiten Kampf gegen den Antichristen und für die Legitimation der städtischen Selbstbehauptung« zu erreichen (166), der ihnen gelingt. Denn die vier Theologen avancierten zügig »zu den wichtigsten ›Identitätspropagandisten‹ des evangelischen Bekenntnisses im allgemeinen und der Magdeburgischen Selbstbehauptung im besonderen«. Sie haben wesentlich dazu beigetragen, daß im »Bekenntnis Unterricht und vermanung« der Magdeburger Pfarrer und Prediger Magdeburg als »Cantzley unseres Herrn Jhesu Christi« bezeichnet wurde.

Am 1. August 1548 eröffnete von Amsdorf mit »Antwort / Glaub vnd Bekentnis auff das schöne vnd liebliche INTERIM« den Kampf gegen das »Augsburger Interim«, das er detailliert kritisierte und dem er gleichzeitig die evangelische Wahrheit entgegenstellte, die es zu bewahren gelte. Er polemisierte gegen den Papst als Antichristen, den Gott bald richten werde. Am selben Tag ließ der Magdeburger Rat ein Ausschreiben ergehen, das »eine Art Memorandum des religiösen und politischen Selbstverständnisses der Stadt« darstellte (134). Darin erklärte er, es ginge nicht um Geld und Gut, sondern um Gottes Ehre und jedermann Seelenheil. Vf. erklärt, diese rein religiöse Begründung des Widerstandes – welche die Theologen und der Rat in der folgenden Zeit vertraten – habe zur in und außerhalb von Magdeburg entstehenden Überzeugung geführt, daß sich am Schicksal Magdeburgs das Schicksal des Evangeliums und des Protestantismus entscheide. Es war wohl kein Zufall, daß von Amsdorf und der

Rat am selben Tag ihre Standpunkte veröffentlichten, sondern das läßt eine Zusammenarbeit und Übereinstimmung erkennen, die bis 1551 anhielt. Dann mußte der Rat – um die Aufhebung der Belagerung zu erreichen – einräumen, daß der Widerstand »nicht wegen der Religion, sondern wegen weltlicher Sachen« erfolgt sei (138, Anm. 102).

Als Ursache für die radikale Polemik gegen die Wittenberger wurde mitunter die Enttäuschung von Gallus und Flacius darüber angeführt, daß sie an der Leucorea keine Professur erhalten hatten, und von Amsdorfs Verlust seines Naumburger Bischofsamtes. Dem Vf. sind diese psychologischen Erklärungen bekannt. Er stellt aber aufgrund seiner Analysen einiger Schriften des Lutherfreundes von Amsdorf und der Lutherschüler Flacius, Gallus und Alberus deren spezielle Rezeption des älteren Luther in den Mittelpunkt: Polemik und Enderwartung. Luther war ihr Prophet, der vorausgesagt hatte, daß Gott nach seinem Tod die Undankbarkeit Deutschlands für das Evangelium strafen werde. Im Kampf gegen Magdeburg, der für sie ein Kampf gegen das Evangelium war, sahen sie die Erfüllung dieser Androhung. Aber nicht nur das, sie erwarteten als Abschluß dieses Kampfes die Wiederkunft Christi und das Jüngste Gericht. Diese apokalyptische Sicht prägte ihre Argumentation. Hier war kein Raum für Überlegungen, wie die Verkündigung des Evangeliums nach dem militärischen Sieg des Kaisers erhalten und das durch die Reformation Erreichte geschützt werden konnte. Hier war nur bis zum Letzten Tag durchzuhalten, offen zu bekennen. Wer sich dem versagte, war ein Verräter. Wer sich dem entgegenstellte, diente dem Antichristen – dem Papst – und war mit ihm auf dem Weg zur Verdammnis. Vf. hat mit seinem Herausstellen der apokalyptischen Grundlage der

Magdeburger Veröffentlichungen einen hilfreichen Weg zu ihrem Verständnis geöffnet. Er hat aber auch auf ein Problem hingewiesen: Wenn die in Magdeburg formulierte Widerstandlehre nur »im Rahmen ihrer apokalyptischen Voraussetzungen angemessen zu bestimmen ist« und diese Widerstandslehre von Theodor Beza (1519-1605) vermittelt im Reformiertentum zur Entstehung demokratischer Gedanken beigetragen hat, dann ist »nach der produktiven Bedeutung der Apokalyptik für das politische Denken im allgemeinen« zu fragen.

Für die Magdeburger ging in dem Kampf gegen Reichsacht und Interim die Zeit »des dynamischen Ausgreifens des Wortes Gottes«, die Reformation, ja überhaupt die Geschichte zu Ende (476). Ihr apokalyptischer Zielpunkt war zugleich das Ende der Reformation und der Zeiten. So hält der Titel des Buches die zentrale Erwartung in des »Herrgotts Kanzlei« fest. Es enthält eine Fülle methodischer und theoretischer Überlegungen, kontextbezogener Deutungen und aus den Quellen erhobener Materialien, so daß hier nur Grundzüge skizziert werden konnten.

SCOTT H. HENDRIX: Recultivating the vineyard: the Reformation agendas of Christianization. Louisville; LO: Westminster John Knox, 2004. XXIII, 254 S.: Ill.

Seit etwa drei Jahrzehnten haben deutsche Historiker bewirkt, daß die Epoche zwischen 1555 und 1648 – wenn auch nicht unumstritten – unter dem Gesichtspunkt der Konfessionalisierung betrachtet wird. Dadurch richtet sich der Blick auf die Übereinstimmung in der politischen Herrschaftsausübung, die den Landesausbau sowie die Verbesserung von Bildung und Lebensführung mittels Bindung an das luthrische, rerormierte oder römisch-katholische Bekenntnis betrib. Damit wurde eine Gesamtschau gewonnen, welche die Unterschiede aufgrund der Konfessionen an die zweite Stelle rückte.

Ein analoges Modell entwickelt der Vf. in dem vorliegenden Entwurf. Er will die differenzierende Reformationsforschung durch eine Gesamtschau ergänzen, die ihr verlorengegangen ist. Ihm geht es außerdem nicht um weltliche Herrscher, sondern um Theologen. Er rückt die Übereinstimmung der Intentionen und Ziele der Reformer bzw. Reformatoren der Frühen Neuzeit in den Mittelpunkt. Als Metapher für die Christenheit verwendet er den aus Is 5, 1-7 und Mt 20, 1-16 bekannten Weinberg in Verbindung mit der Darstellung von Lucas Cranach d. J. (1515-1586) auf dem Epitaph für Paul Eber (1511-1569). Es zeigt einerseits drastisch, wie der Papst und sein Gefolge den Weinberg zerstören, und andererseits hoffnungsvoll, wie die Tätigkeit der Reformatoren ihn gedeihen läßt. Vf. findet darin das Selbstverständnis der Wittenberger Reformatoren erfaßt, daß sie in die verwüstete europäische Christenheit das aus den Quellen gewonnene, echte Christentum wieder einpflanzen. Es sei aber das Ziel aller Reformer des 16. Jh. gewesen, die Christenheit zu christianisieren. Die Beschäftigung mit ihrem Ziel erlaubt es – trotz vieler Unterschiede –, die Reformation als Ganzes zu sehen.

Die Unterschiede führt Vf. auf die unterschiedlichen »agendas« zurück, mit deren Hilfe die Reformer und Reformatoren ihre Ziele verfolgten. Im ersten Kapitel beschreibt er das Mittelalter als das Bestreben, Europa zu christianisieren. Er nimmt Reformbestrebungen im Mönchtum und im Humanismus auf, welche die Reformatoren anregten. Dennoch bezieht er sie nicht in die Reformation ein, weil im Mittelalter – im Unterschied zu den Reformatoren – nur sehr selten das zeitgenössische Christentum als unchristlich bekämpft wurde.

In weiteren Kapiteln nennt er als Hauptziele der Verwirklichung der Christianisierung bei Luther ein christliches Deutschland, bei der Städtereformation eine christliche Gesellschaft, bei den »Radikalen« eine Christianisierung außerhalb der Christenheit und bei den römisch-katholischen Reformern eine Christianisierung innerhalb des Katholizismus. Diese Sicht der Reformation überwindet kurzsichtige Etikettierung und erweitert den Blick. So wurde behauptet, Luther habe besondere Bedeutung für den Begriff »Gerechtigkeit«, Martin Bucer (1491-1551) hingegen für »Heiligung«. Vf. macht aber hier und mehrfach geltend, daß es Luther ebensosehr um ein erneuertes christliches Leben, um sichtbare Früchte des Glaubens ging. In die Katholische Reform bezieht Vf. die Gründung neuer, auf Dienste außerhalb des Klosters ausgerichete Orden und die außereuropäische Mission bis ins 17. Jh. ein.

Die Konfessionalisierung ist für Vf. kein neues Zeitalter, sondern die abschließende Phase, neue Formen des Christentums in unterschiedliche Kulturen einzubringen. Sie gehörte nicht zu den ursprünglichen Vorstellungen der Reformation, sondern erwuchs aus der schon im Spätmittelalter entstehenden Regionalisierung.

Hier konnte nur die Konzeption für eine neue Gesamtschau der Reformation skizziert werden. Die Ausführungen zu einzelnen Reformatoren bzw. Reformationszentren – Zürich, Genf und Strasbourg – bringen eine Fülle von Korrekturen gängiger Klischees. Sie rücken das Gemeinsame der Reformtoren in den Mittelpunkt und können zu einer Diskussion führen, die es erleichtert, 2017 die Reformation umfassend zu feiern.

Harm Cordes: Hilaria evangelica academica: das Reformationsjubiläum 1717 an den deutschen lutherischen Fakultäten. GÖ: V&R, 2006. 361 S. (Forschungen zur Kirchen- und Dogmengeschichte; 90) – Zugl.: MZ, Univ., Fachbereich Evang. Theologie, Diss., 2003.

Rechtzeitig vor dem 500jährigen Jubiläum der Reformation erscheint eine Darstellung der zweiten Säkularfeier im Jahre 1717. Nachdem Hans-Jürgen Schönstädt 1978 mit »Antichrist, Weltheilsgeschehen und Gottes Werkzeug: Römische Kirche, Reformation und Luther im Spiegel des Reformationsjubiläums 1617« eine umfassende Darstellung der ersten Säkularfeier gegeben hat, kann der Vf. gut die Unterschiede zwischen diesen beiden Jubiläen benennen. Der Titel ist in Anlehnung an seine Hauptquelle formuliert. 1719 brachte Ernst Salomon Cyprian (1673-1745) seine »Hilaria Evangelica« heraus, in denen er aus »weit über 100 Territorien« die »obrigkeitlichen Ankündigungen des Festes, liturgische Texte und Anweisungen, Berichte über Vorbereitungen und manche anderen Texte zusammengetragen« hatte. Außerdem waren akademische Jubiläumsschriften, Abbildungen und Erläuterungen von nahezu 200 Jubiläumsmedaillen sowie Bibliographien von Jubiläumsschriften enthalten. Vf. konnte auch die noch erhaltene Materialsammlung Cyprians – der mit seiner Auswahl die »territoriale und theologische Einheit des Luthertums« demonstrieren wollte – einsehen und so von diesem nicht aufgenommene Texte mit auswerten. Den Titel erweiterte der Vf. mit »academica«, da er sich zweckmäßigerweise auf die deutschen lutherischen Universitäten beschränkte. Da Titel oft bequemerweise ohne Zusatz zitiert werden – so auch im Quellen- und Literaturverzeichnis des Vf. –, entsteht die Frage, ob dieser Titel sehr informativ ist.

Der Vf. wendet sich zuerst den politischen Vorbereitungen und den theologischen Streitigkeiten über das Reformationsjubiläum zu. Dabei wird deutlich, wie sehr Kursachsen an Einfluß verloren hatte, nachdem August der Starke (1670, 1694-1733) im Jahre 1697 zur römischen Kirche konvertiert war. Wenn auch das entschiedene Auftreten der Bevölkerung, der Landstände und der Geistlichen eine Rekatholisierung Kursachsens verhinderte, gingen doch von Kursachsen nicht mehr wie 1617 Impulse für den Protestantismus aus. Die evangelischen Reichsstände konnten sich auf kein gemeinsames Vorgehen einigen. Der römisch-katholische Herzog Christian August von Sachsen-Zeitz (1666-1725), der als Prinzipal-Kommissar zwischen Kaiser und Reichstag vermittelte, seit 1706 Kardinal und auf dem Reichstag zugleich Legat war, versuchte zuerst, die evangelischen Reichsstände zu einem Verzicht auf Jubiläumsfeiern zu bewegen. Als ihm das nicht gelang, ermahnte er eindringlich, das kaiserliche Edikt von 1715 zu beachten, das konfessionelle Polemik verbot. Dieses kaiserliche Friedensgebot bewirkte, daß die zeitgenössische römisch-katholische Kirche weitgehend unbehelligt blieb. Die einzelnen evangelischen Territorien mußten selbst Initiative entwickeln, das Jubiläum zu begehen und zu gestalten. Allerdings wirkten der Landgraf Ernst Ludwig von Hessen-Darmstadt (1667, 1688-1739) und der Konsistorialrat Ernst Salomon Cyprian im Herzogtum Sachsen-Gotha über die Grenzen ihrer Gebiete hinaus anregend. In Kursachsen billigte schließlich auch der Kurfürst eine Jubiläumsfeier, öffentlich erst am 6. September. Die Motive sind unklar; wahrscheinlich wollte er damit die evangelischen Einwohner besänftigen, denen am 29. Oktober die Konversion des Kurprinzen Friedrich August II. (1696, 1733-1763) zur römischen Kirche bekannt

gegeben werden sollte. Es war nun aber zu spät, um noch überregionale Bedeutung erlangen zu können. Der Aufruf der Theologischen Fakultät Wittenberg lehnte sich an dem zur Jubiläumsfeier 1617 an, kam aber nicht nur reichlich spät, sondern auch von einer Fakultät, die nicht mehr dasselbe Ansehen wie die von 1617 genoß. Die reformierten Territorien legten mehr Wert auf ihre Selbständigkeit als auf das Feiern der Reformation. Die Rahmenbedingungen für die Säkularfeier 1717 waren also bedeutend ungünstiger als 1617. Um so beachtenswerter bleibt, wie das Jubiläum dennoch feierlich begangen wurde.

Das dritte Kapitel informiert über den Verlauf der Jubiläumsfeiern an den Universitäten Wittenberg, Leipzig, Jena, Tübingen, Rostock, Greifswald, Kiel, Königsberg, Helmstedt, Gießen, Halle und Altdorf. Die Universitäten sind nach ihrer Nähe zur lutherischen Orthodoxie geordnet, wodurch Halle mit seinem Pietismus ans Ende dieser Wertungsreihe gelangt. Altdorf spielte eine Sonderrolle. Obgleich zu dieser Zeit infolge Berufung Jenser Theologen das Luthertum stark vertreten war, ließ die Fakultät die Gelegenheit zur Selbstdarstellung ungenutzt, beschränkte sich auf eine einzelne Feierstunde, in der nur ein von dem Philosophieprofessor Christian Gottlieb Schwarz (1675-1751) verfaßtes Festgedicht vorgetragen worden sein soll. Im Unterschied zur Selbstgenügsamkeit der Altdorfer hielt die Stadt Nürnberg »eine sehr große Feier« ab. Es gibt also genügend Stoff, für weitere Untersuchungen zum Reformationsjubiläum 1717.

Der Vf. skizziert zunächst Entstehung und Entwicklung der jeweiligen Universität, um ihre theologische Ausrichtung zu erfassen. Er listet ihre Professoren mit Geburts- und Sterbejahr – leider ohne die Jahre ihrer Tätigkeit an dieser Universität – auf. Er unterrichtet über die Vorbereitungen zu den Feiern, die er dann im einzelnen anführt, wobei er auch kurz Inhalte und Intentionen aufnimmt.

Das umfangreichste Kapitel erfaßt sachlich geordnet »Die Darstellung und Beurteilung der Kirchengeschichte in den akademischen Jubiläumsschriften« (130-272), in denen jeweils mehrere Autoren zum selben Gegenstand zu Wort kommen. Dieser informationsdichte Teil kann hier nicht referiert werden, so daß nur einige herausgestellten Unterschiede zu 1617 angeführt werden sollen. Während 1617 Luthers Reformation als die Erfüllung biblischer Prophezeiungen und als Beginn der Endzeit angesehen wurde, bildete dies 1717 die Ausnahme. Nun lieferte die Heilige Schrift die Maßstäbe, historische Ereignisse zu beurteilen. Sie diente auch vorrangig dazu, den Inhalt einer rechten Reformation zu beschreiben, was zur Forderung nach Fortsetzung der Reformation führte. Die Beschäftigung mit der Geschichte der Kirche gewann an Bedeutung. Die Zeit nach Papst Gregor dem Großen (540, 590-604) bis zur Reformation erschien als Verfall der Kirche, in der es aber auch eine Tradition der wahren Kirche gab, wie an Reformern gezeigt wurde, die allerdings keinen durchschlagenden Erfolg hatten. Um die Beschäftigung mit Quellen zu fördern, wurden Briefe und Schriften von Luther herausgegeben, ohne Texte zu unterdrücken, die Luther auch kritisch betrachten ließen. Die Unterscheidung zwischen Person und Werk ermöglichte, Luther auch kritisch zu sehen, ohne Kritik an der Reformation zu üben. Diese wurde als historischer Vorgang beschrieben, wobei dem Humanismus – der bereits während des Verfalls der Kirche aufkam – eine relativ große Bedeutung zugemessen wurde. Der Vf. referiert auch die Vorstellung, Gott habe 1453 Konstantinopel in die Hände der Türken gegeben, damit griechische Gelehrte nach Westeuropa vertrieben wurden und dort humanistische Studien zur Vorbereitung der Reformation begründeten. Obgleich Vf. manchmal erwähnt, daß eine bestimmte Vorstellung Luther selbst begründet hat, fehlt an dieser Stelle der Hinweis auf WA 15, 37, 11-14.

Aufgrund einer Anregung von seiten der Luther-Gesellschaft sind schon erste organisatorische Entscheidungen gefällt und Überlegungen angestellt worden, das Reformationsjubiläum 2017 vorzubereiten. Untersuchungen wie die vorliegende Dissertation sind hilfreich, aus Vorzügen und Mängeln vorausgehender Jubiläumsfeiern zu lernen. 1717 herrschte für die Lutheraner in der römischen Kirche nach wie vor der Antichrist, und die Reformierten hielten sich fern. 2017 wird es um Feiern im ökumenischen Rahmen gehen, wobei Harmonie störende Töne aufzuarbeiten, nicht zu unterdrücken sind. Die damalige Hinwendung zu Luthertexten spornt an, nicht nur Luthertexte, sondern überhaupt Reformatorentexte einer breiten Leserschaft zu erschließen. 1717 wurde auch bereits der Wirkung der Reformation auf Wissenschaften neben der Theologie gedacht, was 2017 ausgeweitet werden sollte. Ein Reformationsjubiläum sollte sich nicht auf 1517 und die nachfolgenden Jahre beschränken, sondern – wenn das auch nur schwerpunktmäßig möglich ist – die gesamte 500jährige Geschichte der Reformation ins Auge fassen. Last not least geht es darum – was 1717 zu kurz kam –, die Relevanz des reformatorischen Christentums für die Gegenwart deutlich zu machen.

Buchbesprechungen

GERHARD O. FORDE: The captivation of the will: Luther vs. Erasmus on freedom and bondage/ mit einer Einführung von James A. Nestingen; hrsg. von Steven Paulsen. Grand Rapids, Michigan; Cambridge, UK: Eerdmans, 2005. XVIII, 118 S. (Lutheran quarterly books).

Gerhard Forde war Professor für Systematische Theologie am Luther Seminary St. Paul, MN und ist am 9. August 2005 an den Folgen einer Parkinson-Erkrankung verstorben. Die Broschur ist sein letztes Wort in Sachen Luther und bietet eine elementarisierende Übersicht über die Willensdebatte, sich auf das Jahr 1525 konzentrierend. Als erste Orientierung zu Luthers Willensschrift ist dieser Beitrag gut und nützlich zu lesen. Der Willenskonflikt wird als Kampf zweier Giganten dargestellt. Diese Bipolarität in der Darstellung kehrt in der Bestimmung des Verhältnisses zwischen Reformation und Neuzeit wieder. Beide Epochen sind durch ein strikt bipolares Verhältnis gekennzeichnet. Wiederholt tritt das apologetisch-polemisches Interesse hervor, der historisch im Gegenüber zu Erasmus formulierten Willenskonzeption Luthers zeitlose Relevanz zu attestieren und ihr durch scharfe Kultur- und Theologiekritik Aufmerksamkeit zu verschaffen: Die moderne historisch-kritische Exegese sei erasmisch (23), die Verkündigung von Gottes immutabilitas müsse angesichts der Tragödie des 11. September 2001 aufrecht erhalten werden (44 f).

Das Werk gliedert sich in vier Teile: erstens behandelt »The argument about Scripture« (23-30) Luthers Differenzierung zwischen claritas interna und externa und seine antiskeptische Bibelhermeneutik im Gegenüber zur instrumentellen erasmischen Bibeltheorie und ihrem Belegstellensammlungsverfahren; zweitens traktiert »The argument about God« (31-46) Luthers antischolastische Gotteslehre, sein Insistieren auf den verborgenen Gott und seine Ablehnung des tertius usus legis im Gegenüber zum moralitätszentrierten Gottesbild des Erasmus; drittens unterstreicht »The argument about our willing« das Entweder – Oder zwischen der Unfreiheit des Willens in Gnadendingen und der neutralen Willenskonzeption der erasmischen Anthropologie, die pelagianische Züge annimmt (47-60); viertens und letztens zeigt »The argument about Christ and salvation« (61-76) abermals die moralistisch-deistische Engführung der erasmischen Soteriologie im Gegenüber zur gnadentheologisch pointierten Christusverkündigung eines Luther.

Erwähnung verdient der Stil, der sich im Titel des Beitrags zu erkennen gibt: der Konflikt zwischen Luther und Erasmus ist als Gerichtsverhandlung darstellbar. Jedoch dehnen sich Lutherzitate über mehr als eine halbe Seite, Erasmus kommt kaum zu Wort, Gelegenheitshermeneutik ist bestimmend, Sekundärliteratur erscheint verzichtbar, Lutherscholastik ist die Folge. Grundthesen der Forschung wie die einer wachsenden Ausdifferenzierung zwischen Positionen von Humanisten und Luthers Ansatz – Leif Grane: Martinus noster: Luther in the German reform movement 1518-1521. MZ 1994 – werden übersehen, innovative Deutungsansätze übergangen – Günter Bader: Assertio: drei fortlaufende Lektüren zu Skepsis, Narrheit und Sünde bei Erasmus und Luther. TÜ 1985 –. Man kann fragen, weshalb die Aufgabe, Luthers Konzept in Auseinandersetzung mit Positionen gegenwärtiger systematischer Theologie zu konturieren, nicht gesehen wurde. Der Text des Vf. läßt sich lesen als unelastisches Dokument eines von der unhintergehbaren Vielfalt der Moderne enttäuschten Lutheraners. Das Bändchen wird abgeschlossen durch zehn Predigten, die aus der Feder des Vf. stammen (83-118).

Die forschungsgeschichtliche Einleitung von James Nestingen (1-21) setzt einen Gegenakzent und weckt zugleich Verständnis für Fordes Enttäuschung über ökumenische Gespräche innerhalb der »Evangelical Lutheran Church in America«, in denen dieser sich gegenüber Konvergenzökumenikern wie Robert W. Jenson und Carl Braaten nicht durchsetzen konnte (20) – die Hauptursache für Fordes Verstimmung. Erst vor diesem zeitgeschichtlichen Hintergrund mag die Leidenschaft einleuchten, mit welcher der Vf. Unfreiheit und Endlichkeit des Menschen und zugleich jene in Christus geschenkte Freiheit vor Augen stellt.

Halle   Jens Wolff

ROBERT KOLB: Bound choice, election, and Wittenberg theological method: from Martin Luther to the Formula of Concord. Grand Rapids, Michigan; Cambridge, UK: Eerdmans, 2005. XIII, 381 S. (Lutheran quarterly books).

Die weitgespannte und gleichzeitig detaillierte Studie ist eine hervorragende historisch-kritische Darstellung des Wandels der Frage nach dem Gebundensein des menschlichen Willens. Die Komplexitätssteigerung, die der Vf. durch Historisierung erreicht, ergibt ein höchst differenziertes Bild der Lehrentwicklung ab 1521, analysiert quellennah die Entwicklung von Melanchthons sich verändernder Willensidee (67-102), hat eine Relativierung des zentralen Konfliktjahres 1525 zur Folge und erlaubt an Einzelpunkten Sachkritik an Luthers teilweise scholastischer Nomenklatur in der Gotteslehre (vgl. 25).

Mit der Gelegenheitsschrift »De servo arbitrio« bringt Vf. grundsätzlich ihre facettenreiche Wirkungs- und Rezeptionsgeschichte zur Geltung (19). Kap. I und IV sind deshalb annährend strukturanalog aufgebaut: die Differenz zwischen offenbarem und verborgenem Gott, das necessitas-Argument, die schlechthinnige Abhängigkeit des Menschen von Gott und seine Sünde nach »De servo arbitrio« (11-66) kehren im synergistischen Streit stets wieder (135-169).

»De servo arbitrio« wurde außerhalb des synergistischen Streits relativ wenig gelesen (135-137). Während des akuten Konflikts im dritten Viertel des 16. Jh. nahmen wortwörtliche Bezugnahmen auf »De servo arbitrio« zur Legitimierung der eigenen Theologie zu. Vf. betont, daß trotz des zitativen Stils im Streit hauptsächlich die Entwicklung eigener Positionen im Vordergrund stand und die im 18. Jh. aufgekommene stereotypisierende Unterscheidung von Gnesiolutheranern und Philippisten ungenügend ist (105 f) da beinahe alle Theologen jener Zeit Melanchthons *und* Luthers Schüler waren (103-134). Gottes Zusage in Wort und Sakrament ist laut Vf. für beide Gruppierungen das einzige Instrument, durch welches der Heilige Geist Glauben wirkt und erhält, während die Differenz zwischen beiden Gruppen darin besteht, daß erstere Gebundenheit des Willens und Vorherrschaft der Sünde akzentuieren, während letztere Melanchthons Anliegen der Integrität menschlicher Geschöpfe trotz ihrer Sündhaftigkeit hervorheben. Vf. schildert den Ausbruch des Konflikts nach dem Schmalkaldischen Krieg und dem 1548 formulierten sog. »Leipziger Interim«, dessen Satz, wonach Gott nicht mit einem Menschen »wie mit einem todten plock [handelt], sonder zeucht ine mit seinem willen« zum Stein des Anstoßes wurde. Nur der in melanchthonischer Rhetorik geschulte Pfarrer und spätere Asseburger Hofprediger Timotheus Kirchner (1533-1587), der Chemnitzer Pfarrer Georg Herbst († 1598) (125 f) und der an Melanchthons Dispositionskunst orientierte Wismarer Theologe Johannes Wigand (1523-1587) vertraten Luthers Spitzensatz von der Gebundenheit seines Willens und der schlechthinnigen Abhängigkeit des Menschen von Gott (168. 155).

Die Gemengelagen kehren auf der sog. »gnesiolutherischen« Seite wieder. Selbst der Magdeburger Nikolaus Gallus (1516-1570) ging nur allmählich zur öffentlichen Bestreitung von Melanchthons Willenskonzept über. Strittige Fragen mit dem Praeceptor Germaniae erörterte er zunächst nur im Briefwechsel (vgl. 109). Erst die von Gallus' Mentor Nikolaus von Amsdorf (1483-1565) verfaßte kritische Kommentierung von Disputationsthesen des »philippistischen« Leipziger Superintendenten und Theologieprofessors Johannes Pfeffinger (1493-1573) bildete den Auftakt zum öffentlichen Streit. Die zunehmende Ausdifferenzierung beider Gruppen wurde erneut sichtbar in den Kontroversen zwischen den Jenaer Fakultätskollegen Matthias Flacius (1520-1575) und Viktorin Strigel (1524-1569). Dieser formulierte sein Willens-

konzept in der Sprache aristotelischer Psychologie und wollte den »modus agendi« des freien Willens identifizieren (118-120).

Vf. selbst zeigt ausgeprägtes Interesse an der Erwählungslehre (170-243) – zu Recht betonend, daß Luther in »De servo arbitrio« weder eine doppelte Prädestination kennt, noch eine ausführliche Behandlung der Prädestinationsproblematik bietet. Die Schülergeneration begann sich erst ab 1567 für die Erwählungslehre zu interessieren. Es geraten nun dogmenhistorische Spezialfragen wie Nikolaus Selneckers (1530-1592) explizite Zurückweisung einer Prädestination zur Verdammnis, des David Chytraeus (1531-1600) sorgfältig begründete Ablehnung des necessitas-Konzepts aus »De servo arbitrio« (182-197), Cyriakus Spangenbergs (1528-1604) exegetische Arbeiten und seine Prädestinationspredigten (198-220), des Martin Chemnitz (1522-1586) »Handtbüchlein« für Pastoren und Prediger (2. Aufl. 1574) und Jakob Andreaes (1528-1590) Universitätsdisputationen über Melanchthons »Loci communes …«, die Wille und Prädestination erörtern, ins Zentrum der Aufmerksamkeit, da diese Autoren – abgesehen von Spangenberg – zu den späteren Verfassern des Torgischen und Bergischen Buches und der Konkordienformel (FC) gehörten. Diese wird dann nicht mehr überraschend »as a benchmark in the reception of Luther's De servo arbitrio« dargestellt (245-270, bes. 266) – und zwar nicht zufällig unter Hervorhebung der einschlägigen Artikel II und XI zu freiem Willen und Prädestination.

Vf. hat eine äußerst anregende Studie geschrieben, die jedoch auch einige Ungereimtheiten enthält. Es ist sehr zu begrüßen, daß Vf. die »concordists« nicht als Epigonen versteht, sie in ihrer Eigenbedeutung als »new generation« würdigt und das Dekadenzmodell verabschiedet, das sich normativ am goldenen Zeitalter der Reformation orientiert und die protestantische Orthodoxie als Niedergangszeit versteht. Zugleich drängt sich aber erstens die Frage auf, ob Vf. nicht bereits einleitend die hermeneutische Sperrigkeit von »De servo arbitrio« und die weitere Lehrentwicklung mit der Methode einer Teleologie ex post harmonisiert. Es ist richtig, daß Luther kein Determinist ist. Die Meinung aber, »De servo arbitrio« begreife Menschen handlungstheoretisch als »*totally* responsible agents«, ist m. E. Ausdruck einer nicht nachvollziehbaren historiographischen Teleologisierung zwischen »De servo arbitrio« und FC (vgl. bes. 151).

Höchst auffällig ist überdies zweitens, daß Vf. den Begriff »(Früh-)Orthodoxie« im Hinblick auf die FC fallen läßt. Es fragt sich hier, ob die ertragreiche Perspektive einer Generationen-, Rezeptions- und Wirkungsgeschichte nicht doch zu einer idealisierenden Sicht der Lehrentwicklung bis hin zur FC führt. Die Dissoziationsprozesse zwischen den Parteien, die sich beispielsweise in Berufsverboten oder Gefängnisstrafen ausdrücken konnten, werden detailgetreu nachgezeichnet, aber zugleich stets in eine homogenisierende Traditionsperspektive eingebettet, statt sie in plurale Rezeptionsgeschichte*n* aufzulösen. Nicht die Ausdifferenzierung historischer Konstellationen, sondern eine Konvergenztheorie, die nicht analytisch, sondern synthetisch verfährt, scheint das hermeneutische Grundmodell zu sein. Es hätte klarer gesagt werden sollen, daß die FC für Vf. nicht in das Zeitalter der Orthodoxie, sondern in das Zeitalter der Reformation gehört.

Drittens ist zu fragen, ob das leise Verschwinden des Orthodoxiebegriffs nicht zugleich ein Hinweis auf die Wiederkehr des Verdrängten sein könnte. Bereits im Titel der Arbeit erscheinen Willensproblematik und

Prädestinationslehre nebeneinander. Wie die Durchführung der Studie verdeutlicht, hat dies zur Folge, daß Luthers Christologie oder christologische Entwürfe orthodoxer Theologen keine vergleichbar zentrale Funktion gewinnen, da sie nur en passant verhandelt werden. Die Neuheit von Luthers Christusbild, die nicht zuletzt zur Konturierung der Differenz zur späteren Lehrentwicklung hätte beitragen können, wird damit unterschätzt.

Es ist aber des Vf. unbestreitbares Verdienst, mit seiner Monographie die Vielgestaltigkeit und kulturelle Wandlungsfähigkeit des einstigen und des zeitgenössischen (Konkordien-)Luthertums in Erinnerung zu bringen. Sie kombiniert auf gelungene Weise Bekanntes mit erfrischend neuen Einsichten, erschließt zahlreiche Quellen und bleibt dort, wo sie zu Widerspruch provoziert, eine vorbildliche Leistung. Wer sich künftig mit den genannten historischen Phänomenen auseinandersetzt, wird zuerst nach dieser Darstellung greifen wollen.

Halle   Jens Wolff

CHRISTOPHER SPEHR: Aufklärung und Ökumene: Reunionsversuche zwischen Katholiken und Protestanten im deutschsprachigen Raum des späteren 18. Jahrhunderts. TÜ: Mohr Siebeck, 2005. XIX, 484 S. (Beiträge zur historischen Theologie; 132) – Zugl.: Münster, Univ., theol. Diss., 2004

Das Scheitern der Religionsgespräche des 16. Jahrhunderts und die Preisgabe der Religionseinheit des Reiches im Augsburger Religionsfrieden 1555 bedeuteten nicht das Ende katholisch-protestantischer Einheitsbestrebungen. In Einklang mit dem reichsrechtlichen Wiedervereinigungsgebot wurden insbesondere nach dem Dreißigjährigen Krieg Anstrengungen zu einer »Reunion« unternommen, deren bedeutendere – wie die Verhandlungen von Christoph de Rojas y Spinola (1626-1695) mit Gerard Wolter Molanus (1633-1722) und Gottfried Wilhelm Leibniz (1646-1716) und die Korrespondenz zwischen Leibniz und Jacques-Bénigne Bossuet (1627-1704) – sich neuerdings wieder regen Interesses erfreuen konnten. Daß es Reunionsbestrebungen auch im späteren 18. Jahrhundert gegeben hat, war der Forschung nicht unbekannt; doch war ihre Kenntnis durchweg lücken- und mangelhaft und ein ereignisgeschichtlich, geschweige denn theologiegeschichtlich befriedigendes Gesamtbild allenfalls in Ansätzen erkennbar. Die Untersuchung von Spehr – eine von Albrecht Beutel betreute Dissertation – schließt diese Forschungslücke. Vf. behandelt die Reunionsversuche im deutschen Sprachraum zur Zeit der Spätaufklärung, näherhin vom Ende des Siebenjährigen Krieges 1763 bis zum Beginn der Französischen Revolution 1789. Dabei stellt er in vier Kapiteln exemplarisch die bedeutendsten und innovativsten Versuche dieser Art von römisch-katholischer wie protestantischer Seite nach gedruckten und, wo möglich, handschriftlichen Quellen dar und analysiert sie in ihrem politischen, vor allem aber theologie- und geistesgeschichtlichen Kontext.

Das erste Kapitel behandelt »Reunionistische Einzelversuche« der 1760er und 1770er Jahre: Justinus Febronius (d. i. Johann Nikolaus von Hontheim [1701-1790]), Johann Christoph Köcher (1699-1772), Johann Friedrich Wilhelm Jerusalem (1709-1789), Jakob Heinrich von Gerstenberg (1712-1776), Beda Mayr (1742-1794). Dem in der älteren Literatur irreführend als »Fuldaer Plan« bezeichneten Sozietätsprojekt des reformierten Kasseler Gymnasialprofessors Johann Rudolf Anton Piderit (1720-1791) und der Fuldaer Benedik-

tiner um Peter Böhm (1747-1822) ist das zweite Kapitel gewidmet. Im Anschluß daran stellt Vf. zwei reunionistische Zeitschriften vor (Kap. 3), darunter mit Piderits 1782 publizierten »Beyträgen zu den neuesten Religion-Vereinigungs-Schrifften« die erste ökumenische Zeitschrift überhaupt. Das vierte Kapitel thematisiert schließlich am Beispiel des römisch-katholischen Kontroversisten Aloys Merz (1727-1792) sowie Johann Salomo Semlers (1725-1791) und Christoph Friedrich Nicolais (1733-1811) die zeitgenössische Kritik an den Reunionsplänen.

Mit seiner kenntnisreichen, luzide strukturierten und glänzend geschriebenen Arbeit zeichnet Vf. ein eindrucksvolles Panorama der Einheitsbestrebungen der Zeit. Dabei stellt er viele Irrtümer der älteren Literatur richtig; insbesondere die Kenntnis des Piderit-Böhm-Projekts hat er entscheidend erweitert. Neben den bekannten hat Vf. auch in Vergessenheit geratene Initiativen wiederentdeckt und bislang übersehene Zusammenhänge nachgewiesen. Im Ergebnis zeigt sich, daß die institutionellen Reunionsbestrebungen ausgerechnet im Zeitalter der Toleranz einen Höhepunkt erreichten, auch wenn sie nun nicht mehr von Fürsten, sondern von Privatpersonen betrieben wurden. Dabei waren die römisch-katholischen Protagonisten durchweg der Katholischen Aufklärung verhaftet, während ihre protestantischen Gesprächspartner teils von aufklärerischem Gedankengut berührt, teils Gegner der Neologie waren. Nicht selten fanden beide Seiten in der Abwehr rationalistischer Angriffe auf das Christentum zusammen. Dagegen verwarfen die entschiedenen protestantischen Aufklärer die Reunionsversuche zugunsten einer religiösen Toleranz.

So sehr die Reformation – ungewollt – am Anfang der Kirchenspaltung stand, so wenig hat sie in den hier dargestellten Einigungsbestrebungen Beachtung gefunden. Wenn überhaupt über die Ursachen der Trennung reflektiert wurde, fand man diese gewöhnlich nicht etwa in der reformatorischen Theologie Luthers, sondern im – berechtigten – Protest gegen überzogene päpstliche Machtansprüche und andere praktische Mißbräuche (41. 324) oder aber allein in unklarer Terminologie und persönlichen Ressentiments (96 f). Entsprechend arbiträr erscheinen die wenigen Bezugnahmen auf Luther: der Reformator wird als Kronzeuge für die Lehre von der Unfehlbarkeit der Kirche (127) ebenso wie für ein spiritualistisches Christentum (275) aufgerufen, bald wird er als Gegner religiöser Toleranz (321 f), bald als Bringer der Gewissensfreiheit (371, Anm. 210) in Anspruch genommen.

Zu Anfang und Ende des Buches reklamiert Vf. die Relevanz seiner Ergebnisse für die ökumenischen Bestrebungen der Gegenwart, doch konkrete Folgerungen zu ziehen, überläßt er seinen Lesern. Was der Autor über die Gründe des Scheiterns der Reunionsbestrebungen der Spätaufklärung zu sagen weiß, klingt immerhin hochaktuell – so mangelte es den Projekten nicht allein an theologischer Tiefenschärfe und durchdachter Methodik, sondern römisch-katholische und protestantische Autoren hingen auch verschiedenen Ökumeneverständnissen an: einer Rückkehrökumene dort, einer Konsensökumene hier.

Mainz   Wolf-Friedrich Schäufele

DIE GESCHICHTE DER LUTHERBIBELREVISION: von 1850 bis 1984/ hrsg. von Klaus Dietrich Fricke; Siegfried Meurer. S: Deutsche Bibelgesellschaft, 2001. 391 S. (Arbeiten zur Geschichte und Wirkung der Bibel; 1) [LuB 2004, Nr. 027]

BIBELÜBERSETZUNG HEUTE: geschichtliche Entwicklungen und aktuelle Herausforderungen; Stuttgarter Symposion 2000; in Memoriam Siegfried Meurer/ hrsg. von Walter Groß. S: Deutsche Bibelgesellschaft, 2001. 364 S.: Ill., Kt. (Arbeiten zur Geschichte und Wirkung der Bibel; 2) [LuB 2005, Nr. 03]

SEBASTIAN SEYFERTH: Sprachliche Varianzen in Martin Luthers Bibelübertragung von 1522-1545: eine lexikalisch-syntaktische Untersuchung des Römerbriefs. S: Deutsche Bibelgesellschaft, 2003. 254 S. (Arbeiten zur Geschichte und Wirkung der Bibel; 4) [LuB 2005, Nr. 446]

In der 2001 neu begründeten wissenschaftlichen Reihe der Deutschen Bibelgesellschaft, welche die Reihe »Texte und Arbeiten zur Bibel« ersetzt, erschienen bisher sechs Bände. Die drei genannten widmen sich entweder vollständig oder zu einem großen Teil der Bibelübersetzung Luthers bzw. der kirchenamtlich begleiteten Lutherbibelrevision. Letztere stellt von ihren Anfängen in der Mitte des 19. Jahrhunderts bis 1984 eine beinahe unendliche, generationenübergreifende Geschichte von über 130 Jahren dar. Aber gerade wegen ihrer institutionell begründeten Abgeschlossenheit, bietet sich diese Geschichte als interdisziplinärer Forschungsgegenstand gleichermaßen für Germanisten und Theologen an. Die vorliegende »Geschichte ...« ist noch kein, auf einheitlichen Methoden der Stoffbewältigung und Darstellung beruhendes Werk, sondern ein respektabler Beginn und will wohl auch nicht mehr sein. Die Herausgeber haben als Beteiligte an den Revisionsschritten der letzten Jahrzehnte vor 1984 teilweise selbst an deren Geschichte mitgeschrieben, teilweise mehr oder weniger vollständige Vorarbeiten einbinden können, die ursprünglich nicht für ein zusammenfassendes Werk bestimmt waren bzw. als Anfang eines eigenständigen, aber unvollendet gebliebenen Werkes gelten müssen – so der Beitrag von Lothar Schmidt über »Die Anfänge der ersten kirchenamtlichen Bibelrevision«. Umso wichtiger ist es, daß den darstellenden, synchron oder diachron vorgehenden Abschnitten (von Walter Rupprecht, Klaus Dietrich Fricke, Wilhelm Gundert und Ernst Lippold) einige Stücke beigegeben sind, die den Band zu einem Nachschlagewerk für die Lutherbibelrevision machen: Siegfried Meurer hat in seinem Vorwort ausführlich Rechenschaft über die Entstehung des Bandes und seiner einzelnen Teile gegeben. Eine »Chronologische Übersicht über die kirchenamtlichen Revisionen der Lutherübersetzung« (33 f) ist ein willkommener Kompaß innerhalb einer weithin unübersichtlichen Landschaft. Eine mehr als hundertseitige Quellensammlung bietet: »Berichte der Revisoren für die Lutherbibelausgaben 1883-1955«. Schließlich stellt das Werk eine systematisierte Bibliographie von ca. 500 Titeln zur Verfügung. Die bunte und aufregende Revisionsgeschichte der Lutherbibel der letzten 150 Jahre führt u. a. eindringlich vor Augen, welche Bedeutung diesem epochalen Werk für die deutsche Sprache und Theologie Jahrhunderte nach seiner Entstehung beigemessen wurde und wird. Es beleuchtet – besonders im Beitrag von Ernst Lippold über Karl Frommann (130-148) – eindringlich den Methodenstreit zwischen Germanisten und Theologen um Spracherhalt einerseits und hermeneutisches Interesse andererseits. Gerade deshalb könnte es über das historische Interesse hinaus in den gegenwärtig anlaufenden Debatten um die »Bibel in gerechter Sprache« eine wichtige Rolle spielen.

Der zweite Band der neuen Reihe dokumentiert unter dem Titel »Bibelübersetzung heute« ein Stuttgarter Symposion aus dem Jahre 2000. Mehrere Beiträge beschäftigen sich mit speziellen Fragen der Lutherübersetzung bzw. der vorlutherschen deutschen Bibelübersetzung. Nur einige können hier angesprochen werden. Andreas *Bieberstedt* widmet sich der Übersetzung von Partizipialkonstruktionen in die deutsche Volkssprache vor Luther und gibt eine tabellarische Übersicht, die entsprechende Untersuchungsergebnisse aus Luthers Septembertestament einbezieht. Die eigentliche Überraschung besteht nicht darin, daß Luther in seiner publikumsorientierten Übersetzungsweise Partizipialkonstruktionen viel häufiger auflöste als seine deutschsprachigen Vorgänger, sondern daß es auch im Spätmittelalter zumindest eine Tradition gab (Bremer Evangelistar), die in die gleiche, auf unmittelbares Verstehen des Bibeltextes durch Laien ausgerichtete Richtung zielte. Sebastian *Seyfert* beleuchtet »Bibelsprachliche Lexemkonstanten in Martin Luthers Septembertestament« und zeigt – ebenfalls mit Hilfe von Tabellen –, daß Luther bei allen Neuerungen, die er als Übersetzer am deutschen Wortschatz vornahm, innerhalb eines Prozesses volkssprachlicher Bibelübersetzung agierte, in dem traditionell lateinisch-deutsche Vokabularien eine wichtige Rolle spielten. Seine wortschöpferische Tätigkeit gehört zur Entwicklung »eines gebräuchlichen und sich festigenden Allgemeinwortschatzes« (69) und steht »mitten in der zur Gemeinsprache drängenden Tradition« (70). Luthers Übersetzung sei also nicht die erste volkssprachliche Übersetzung. Bis hierher kann man Seyferth durchaus folgen. Allerdings ist seine abschließende Bemerkung zu hinterfragen, daß es sich um eine, wenngleich unausrottbare Legende handele, »Luther sei die erste volkssprachliche Übersetzung ins Deutsche gelungen« (70). Denn diese »Legende« bezieht sich ja nicht auf eine formal erste volkssprachliche Übersetzung, sondern auf Luthers einzigartige, auch von Zeitgenossen in diesem Sinne gewürdigte Präsentation der Heiligen Schrift in der Volkssprache, die alle vorangehenden Übersetzungen übertraf. In seinem Beitrag »Auf dem Weg zum ›Septembertestament‹ (1522): die Anfänge von Luthers Dolmetschung des Neuen Testaments«, beschäftigt sich Albrecht *Beutel* anhand des Johannesprologs mit Luthers unterschiedlichen Übersetzungen in der Wartburgpostille – zwei verschiedene Varianten: in der gesamten Übersetzung des Prologs vor der Postillenauslegung sowie innerhalb der dann folgenden Einzelexegese der Verse – und im Septembertestament. Beutel kann mittels einer synoptischen Übersetzungsvariantentabelle zeigen, daß die Varianten aufgrund des unterschiedlichen Zwecks des jeweiligen Übersetzens zustande kommen. Während die Postille als Anweisung zur Predigt stark am exegetischen Verstehen des Bibeltextes interessiert ist, folgt die vollständige Übersetzung im Rahmen des gesamten Neuen Testaments stärker einer publikumsorientierten Übersetzungsweise. Bewußte übersetzungstheoretische Überlegungen also, die sich an der Funktion der Übersetzung im jeweiligen Werkkontext orientieren, nicht aber eine kurz vor dem Septembertestament erfolgte übersetzungstheoretische Erleuchtung dürften für Luthers Arbeit ausschlaggebend gewesen sein.

Am Beispiel des Römerbriefs hat der Germanist Sebastian *Seyferth* monographisch Luthers Übersetzung zwischen 1522 und 1545 in bezug auf »sprachliche Varianzen« in lexikalischer und syntaktischer Hinsicht, d. h. auf Abweichungen in Wortbestand und Satzgestaltung innerhalb der sich über die Jahre hin ansammelnden Textvarianten untersucht. Eine allgemeine Einführung in Luthers Bibelübersetzen sucht zunächst das interdiszipli-

näre Gespräch, geht auf Luthers adressatenorientierte Sprache ein und verweist auf seine zielsprachlich und zugleich am Sachsinn der Schrift ausgerichteten Übersetzungsprinzipien. Den größten Teil des Buches nehmen die sprachpraktischen Untersuchungen auf lexikalischem und syntaktischem Gebiet ein, wobei Seyferth eine Fülle von kleinen Synopsen erarbeitet, die neben den Luthertexten auch Referenztexte aus der Vulgata sowie aus der griechischen Version des Erasmus von Rotterdam und dessen neuer lateinischen Übersetzung enthalten. Dabei treten drei größere Revisionsstufen hervor, eine bereits im Dezembertestament von 1522, die in bezug auf Lexik und Syntax bedeutendste von 1534 und schließlich die von 1545, in der vor allem Ersetzungen von Wörtern beobachtet werden können. Seyferth kann zeigen, daß gerade die lateinischen Bibelquellen, also die Vulgata und die neue lateinische Übersetzung des Erasmus durchgängig einen sehr starken Einfluß auf Luthers Übersetzen ausgeübt haben, während das Griechische für die Herstellung der Übersetzung »nicht primär textprägend« gewirkt habe. Zu Recht Seyferth von einer hohen »übersetzungstechnische[n] Relevanz« der Vulgata (232 f.). Seine Ergebnisse betonen in Weiterführung einiger Arbeiten aus jüngerer Zeit eine relativ hohe Übereinstimmung Luthers und des Erasmus in der Auslegung der Bibel, sofern sich das auf grammatische und historische Sachverhalte bezieht. Die Bedeutung humanistischer Gelehrsamkeit für Luther erfährt folgerichtig eine an der Sache orientierte Stärkung, zu der auch die Beobachtung des Vf. paßt, daß sich Luthers Übersetzung einer Fülle von rhetorischen Elementen bedient. Die Varianzen einiger Stellen lassen erkennen, daß Luthers christologische Hermeneutik direkten Einfluß auf Übersetzungsentscheidung gehabt hat. Die Fülle des vergleichenden Materials, das in diesem Buch bereitgestellt wird, ermöglicht es dem Leser gelegentlich auch über die Argumentation seines Vf. hinaus, die bereits genannten Übereinstimmungen und Unterschiede zwischen Erasmus und Luther weiter zu bedenken, z. B. dann, wenn sich Luther in seiner Übersetzung deutlich stärker dem Vulgatatext verbunden weiß als der modernen lateinischen Übersetzung des Erasmus. Das flüssige Lesen dieses gelehrten und auf Interdisziplinarität angelegten Buches wird leider etwas erschwert: Der Text weist eine Überfülle an germanistischen Fachabkürzungen auf, wodurch er sich nicht gerade adressatenorientiert darbietet, insofern er ja nicht nur das germanistische Fachpublikum ansprechen will.

Schönbach/Leipzig   Michael Beyer

GLAUBE UND MACHT: Theologie, Politik und Kunst im Jahrhundert der Reformation/ hrsg. von Enno Bünz; Stefan Rhein; Günther Wartenberg. L: EVA, 2005. 288 S.: Ill.

Dieser Band enthält die Referate einer Tagung, die gemeinsam von der Stiftung Luthergedenkstätten in Sachsen-Anhalt, dem Theologischen Arbeitskreis für Reformationsgeschichtliche Forschung und Institut für Sächsische Geschichte und Volkskunde vom 23. bis 26. September 2004 in Wittenberg und Torgau durchgeführt wurde. Anlaß dafür war die 2. Sächsische Landesausstellung, die vom 24. Mai bis 10. Oktober 2004 im Schloß Hartenfels in Torgau unter dem Thema »Glaube und Macht« zu sehen war. Sie sollte schon 2003 in Erinnerung an den 500. Geburtstag des Kurfürsten Johann Friedrich des Großmütigen und den 450. Todestag des Kurfür-

sten Moritz von Sachsen stattfinden. Das Elbehochwasser von 2002 machte zwar eine Verlegung um ein Jahr erforderlich, aber der politische Schwerpunkt der Ausstellung blieb unverändert erhalten. Das gilt auch für die 13 Vorträge des Sammelbandes; zu deren Titeln vgl. LuB 2006, Nr. 23.

Günther *Wartenberg* führt mit »Glaube und Macht in Kirche und Gesellschaft im Spätmittelalter und im Jahrhundert der Reformation« in die Thematik der Ausstellung und der folgenden Beiträge ein. Dabei betont er, daß es nicht um »Die Reformation in Sachsen« gehe, sondern um »Glaube und Macht – Sachsen im Europa der Reformationszeit«. Damit ist gesagt, daß einerseits nicht alle zur Reformation in Sachsen gehörende Faktoren und Ereignisse thematisiert sind und andererseits keine Beschränkung auf die sächsische Reformationsgschichte vorliegt.

Die drei folgenden Beiträge befassen sich mit der Beziehung Machtausübender zur Reformation: Fürsten und Reichsstände.

Ernst *Schubert* hält in »Fürstenreformation« diesen Begriff in allgemeiner Anwendung nicht als Interpretationsschlüssel tauglich, ja »erkenntnishindernd«, weil das Verhalten der einzelnen Fürsten zu unterschiedlich war. Denn es wurde von vielen Faktoren beeinflußt: vom Umformungsprozeß der fürstlichen Herrschaft zum Steuer- und Gesetzgebungsstaat, von Schulden und damit Abhängigkeit von den Landständen, teilweie von der Zersplitterung des Herrschaftgebietes oder der Entstehung konfessioneller Mischformen und von dynastischen Interessen. Daher sei oft schwer zu ermitteln, wo Politik und wo reformatorische Gesinnung handlungsleitend wirkten. Er präzisiert den Begriff »Fürstenreformation« institutsgeschichtlich auf fürstliches Handeln in Kirchenordnungen, Konsistorien und Kirchenvisitationen.

Wilhelm Ernst *Winterhager* verfolgt differenzierend die Entwicklung des Landgrafen Philipp von Hessen »Zwischen Glaubenseifer und Machtpolitik«. Politische Anstöße zur Beschäftigung mit der reformatorischen Botschaft, eigenes Bibelstudium, Mitwirkung von Theologen sowie die Rücksichtnahme auf die Landstände, die Klostergut erhielten, und auf das Volk durch eine »Gemeindereformation« werden miteinander verwoben. Dabei erweist sich diese »Fürstenreformation« dem Vorbild der Urgemeinde näherstehend als manche sog. Gemeindereformation in Zürich oder Genf.

Armin *Kohnle* verfolgt in »Theologische Klarheit oder politische Einheit?« wie aus dem theologischen Begriff »Augsburgische Konfessionsverwandte«, der anfangs auf die theologische Einheit der Unterzeichner der »Augsburgischen Konfession« zielte, bis 1566 ein rechtlich-politischer Begriff wurde, welcher der politischen Einheit den Vorrang gab und gewisse theologische Unterschiede tolerierte.

Enno *Bünz* und Christoph *Volkmar* zeigen im einzelnen auf, wie weit »Das landesherrliche Kirchenregiment in Sachsen vor der Reformation« vorangeschritten war, das durch die Reformation zum Abschluß kam.

Karlheinz *Blaschke* plädiert dafür, daß die Beziehung »Sächsische Landesgeschichte und Reformation« im Rahmen einer Strukturgeschichte dargestellt wird, in der auch die Rolle großer Persönlichkeiten ihren Platz findet.

Gabriele *Haug-Moritz* skizziert »Kursachsens schmalkaldische Bundespolitik im Spannungsfeld von Glaube und Macht«, welche die ursprüngliche Absicht, reformationsfeindliche Kräfte abzuschrecken, zum Einsatz militärischer Mittel durch Kurfürst Johann Friedrich entwickelte, was nicht von allen Bundesmitgliedern mit getragen wurde, die Altgläubigen provozierte und den Glauben für die Macht instrumentalisierte.

André *Thieme* zeigt Spielräume auf, welche die Herzogin Elisabeth von Rochlitz (1502-1557) selbstbewußt am romtreuen Hof in Dresden für den evangelischen Glauben nutzte, wo Herzog Georg (1471, 1500-1539) dem Familienverbund vor dem Glauben Priorität gab.

Nachdem Ernst Schubert das Wirken der Herzogin Elisabeth von Calenberg (1510, 1540-1558) als Beispiel der Fürstenreformation dargelegt hat, stellt Irene *Dingel* mit »Dorothea Susanne von Sachsen-Weimar (1544-1592) im Spannungsfeld von Konfession und Politik« nun die dritte Reformationfürstin »im Ringen um Glaube und Macht« dar: Sie verteidigte zielstrebig ernestinisches Luthertum.

Volker *Mantey* stellt für Luthers Zweiregimentenlehre Quellen »Von Thomas von Aquin bis Johann von Schwarzenberg« vor, wobei er des Letzgenannten Bedeutung hervorhebt.

Wilhelm *Kühlmann* analysiert in »Trost im Schatten der Macht« Psalmdichtung, besonders die von Eobanus Hessus (1488 - 1540).

Gabriele *Wimböck* findet in »Macht des Raumes, Raum des Bildes: die Ausstattung der Schloßkirche von Torgau« die Eigentümlichkeit des reformatorischen Kirchenraumes nicht in dessen überkommener Architektur, sondern in dessen Ausstattung. Sie erläutert die Ikonographie und Funktion der einzelnen Ausstattungsstücke und stellt die Betonung des evangelischen Gottesdienstes und die Abgrenzung von der römischen Messe heraus.

Den Abschluß bildet der Beitrag »Glaube und Macht« von Wolfgang *Huber*. Er definiert Macht positiv als »das menschliche Vermögen, selbst gesetzte Ziele zu verwirklichen«, verfolgt Aussagen über sie von den Reformatoren bis zum Grundgesetz der Bundesrepublik Deutschland und hebt die Aktualität der Verantwortung für die Welt vor Gott hervor.

Helmar Junghans   Leipzig

Lutherbibliographie 2006

Mit Professor Dr. Matthieu Arnold, Strasbourg (Frankreich); Professor Dr. Zoltán Csepregi Budapest (Ungarn); Professor Dr. Jin-Seop Eom, Kyunggi-do (Südkorea); Studierektor Dr. Roger Jensen, Oslo (Norwegen); Professor Dr. Steffen Kjeldgaard-Pedersen, Frederiksberg (Dänemark); Generalbischof ThMag. Miloš Klátik, Bratislava (Slowakei); Universitätsassistent Dr. Rudolf Leeb, Wien (Österreich); Professor Dr. Pilgrim Lo, Hong Kong (China); Informatiker Dr. Leo Näreaho, Helsinki (Finnland); Bischof Sen. D. Janusz Narzyński, Warszawa (Polen); Professor Dr. Paolo Ricca, Roma (Italien); Professor Dr. Ricardo W. Rieth, São Leopoldo (Brasilien); Professor Dr. Maurice E. Schild, Adelaide (Australien); Dr. Rune Söderlund, Lund (Schweden); Bibliographer Assistant Rose Trupiano, Milwaukee, WI (USA); Professor Dr. Jos E. Vercruysse, Antwerpen (Belgien); Dr. Martin Wernisch, Praha (Tschechien) und Professor Dr. Klaas Zwanepol, Utrecht (Niederlande) bearb. von Professor em. Dr. Helmar Junghans, Akadem. Mitarbeiter Dr. Michael Beyer und Cornelia Schnapka-Bartmuß MA, Leipzig (Deutschland).

Der Leiterin und den Mitarbeiterinnen der Außenstelle Theologie der Universitätsbibliothek Leipzig und den Mitarbeiter(inne)n von Die Deutsche Bibliothek – Deutsche Bücherei Leipzig, danke ich für ihre Unterstützung herzlich, besonders aber der Wilhelm-Julius-Bobbert-Stiftung für ihre finanzielle Förderung.

ABKÜRZUNGSVERZEICHNIS

1 Verlage und Verlagsorte

ADVA	Akademische Druck- und Verlagsanstalt	HD	Heidelberg
AnA	Ann Arbor, MI	HH	Hamburg
B	Berlin	L	Leipzig
BL	Basel	LO	London
BP	Budapest	LVH	Lutherisches Verlagshaus
BR	Bratislava	M	München
CV	Calwer Verlag	MEES	A Magyarországi Evangélikus Egyház
DA	Darmstadt		Sajtóosztálya
dtv	Deutscher Taschenbuch Verlag	MP	Minneapolis, MN
EPV	Evangelischer Presseverband	MRES	A Magyarországi Református Egyház
EVA	Evangelische Verlagsanstalt		Zsinati Irodájának Sajtóosztálya
EVW	Evangelisches Verlagswerk	MS	Münster
F	Frankfurt, Main	MZ	Mainz
FR	Freiburg im Breisgau	NK	Neukirchen-Vluyn
GÖ	Göttingen	NV	Neukirchener Verlag
GÜ	Gütersloh	NY	New York, NY
GVH	Gütersloher Verlagshaus	P	Paris

PB	Paderborn	SH	Stockholm
Phil	Philadelphia, PA	StL	Saint Louis, MO
PO	Portland, OR	TÜ	Tübingen
PR	Praha	UMI	University Microfilm International
PUF	Presses Universitaires de France	V&R	Vandenhoeck & Ruprecht
PWN	Pánstwowe Wydawníctwo Naukowe	W	Wien
Q&M	Quelle & Meyer	WB	Wissenschaftliche Buchgesellschaft
S	Stuttgart	WZ	Warszawa
SAV	Slovenská Akadémia Vied	ZH	Zürich

2 Zeitschriften, Jahrbücher

AEKHN	Amtsblatt der Evang. Kirche in Hessen und Nassau (Darmstadt)	EP	Evanjelický Posol spod Tatier (Liptovsky Mikuláš)
AG	Amt und Gemeinde (Wien)	EThR	Etudes théologiques et religieuses (Montpellier)
AGB	Archiv für Geschichte des Buchwesens (Frankfurt, Main)	EvD	Die Evangelische Diaspora (Leipzig)
AKultG	Archiv für Kulturgeschichte (Münster; Köln)	EvEG	Evangelium – ‹euaggelion‹ – Gospel (Bremen)
ALW	Archiv für Liturgiewissenschaft (Regensburg)	EvK	Evangelische Kommentare (Stuttgart)
		EvTh	Evangelische Theologie (München)
ARG	Archiv für Reformationsgeschichte (Gütersloh)	GTB	Gütersloher Taschenbücher [Siebenstern]
ARGBL	ARG: Beiheft Literaturbericht (Gütersloh)	GuJ	Gutenberg-Jahrbuch (Mainz)
		GWU	Geschichte in Wissenschaft und Unterricht (Offenburg)
BEDS	Beiträge zur Erforschung der deutschen Sprache (Leipzig)	HCh	Herbergen der Christenheit (Leipzig)
BGDS	Beiträge zur Geschichte der deutschen Sprache und Literatur (Tübingen)	He	Helikon (Budapest)
		HThR	The Harvard theological review (Cambridge, MA)
BlPfKG	Blätter für pfälzische Kirchengeschichte und religiöse Volkskunde (Otterbach)	HZ	Historische Zeitschrift (Müchen)
BlWKG	Blätter für württembergische Kirchengeschichte (Stuttgart)	IL	Igreja Luterana (Porto Alegre)
		ITK	Irodalomtörténeti Közlemények (Budapest)
BPF	Bulletin de la Societé de l'Histoire du Protestantisme Fançais (Paris)	JBrKG	Jahrbuch für Berlin-Brandenburgische Kirchengeschichte (Berlin)
BW	Die Bibel in der Welt (Stuttgart)	JEH	Journal of ecclesiastical history (London)
CAZW	Confessio Augustana mit Zeitwende (Neuendettelsau)	JHKV	Jahrbuch der Hessischen Kirchengeschichtlichen Vereinigung (Darmstadt)
ChH	Church history (Chicago, IL)	JLH	Jahrbuch für Liturgik und Hymnologie (Kassel)
CJ	Concordia journal (St. Louis, MO)	JNKG	Jahrbuch der Gesellschaft für Niedersächsische Kirchengeschichte (Blomberg/Lippe)
CL	Cirkevné listy (Bratislava)		
Cath	Catholica (Münster)	JGPrÖ	Jahrbuch für Geschichte des Protestantismus in Österreich (Wien)
CThQ	Concordia theological quarterly (Fort Wayne, IN)	JRG	Jahrbuch für Regionalgeschichte und Landeskunde (Weimar)
CTM	Currents in theology and mission (Chicago, IL)	JWKG	Jahrbuch dür Westfälische Kirchengeschichte (Lengerich/Westf.)
DLZ	Deutsche Literaturzeitung (Berlin)	KÅ	Kyrkohistorisk årsskrift (Uppsala)
DPfBl	Deutsches Pfarrerblatt (Essen)	KD	Kerygma und Dogma (Göttingen)
DTT	Dansk teologisk tidsskrift (København)	KR	Křestanská revue (Praha)
EÉ	Evangélikus Élet (Budapest)	LF	Listy filologické (Praha)
EHSch	Europäische Hochschulschriften: Reihe …	LK	Luthersk kirketidende (Oslo)
EN	Evangélikus Naptár az … èvre (Budapest)	LP	Lelkipásztor (Budapest)
		LQ	Lutheran quarterly N. S. (Milwaukee, WI)

226

LR	Lutherische Rundschau (Stuttgart)		STK	Svensk theologisk kvartalskrift (Lund)
LThJ	Lutheran theological journal (Adelaide, South Australia)		StZ	Stimmen der Zeit (Freiburg im Breisgau)
LThK	Lutherische Theologie und Kirche (Oberursel)		TA	Teologinen aikakauskirja / Teologisk tidskrisft (Helsinki)
Lu	Luther: Zeitschrift der Luther-Gesellschaft (Göttingen)		TE	Teológia (Budapest)
LuB	Lutherbibliographie		ThLZ	Theologische Literaturzeitung (Leipzig)
LuBu	Luther-Bulletin (Kampen)		ThPh	Theologie und Philosophie (Freiburg im Breisgau)
LuD	Luther digest (Shorewood, MI)			
LuJ	Lutherjahrbuch (Göttingen)		ThR	Theologische Rundschau (Tübingen)
MD	Materialdienst des Konfessionskundlichen Institutes (Bensheim)		ThRe	Theologische Revue (Münster)
			ThSz	Theológiai Szemle (Budapest)
MEKGR	Monatshefte für evangelische Kirchengeschichte des Rheinlandes (Köln)		ThZ	Theologische Zeitschrift (Basel)
			TRE	Theologische Realenzyklopädie (Berlin; New York, NY)
MKSz	Magyar Könyvszemle (Budapest)			
NAKG	Nederlands archief voor kerkgeschiedenis (Leiden)		TTK	Tidsskrift for teologi og kirke (Oslo)
			US	Una sancata (München)
NELKB	Nachrichten der Evangelisch-Lutherischen Kirche in Bayern (München)		UTB	Uni-Taschenbücher
			Vi	Világosság (Budapest)
NTT	Norsk teologisk tidsskrift (Oslo)		VIEG	Veröffentlichungen des Instituts für Europäische Geschichte Mainz
NZSTh	Neue Zeitschrift für systematische Theologie und Religionsphilosophie (Berlin)			
			ZBKG	Zeitschrift für bayerische Kirchengeschichte (Nürnberg)
ODR	Ortodoxia: Revista Patriarhiei Romine (Bucureşti)			
			ZEvE	Zeitschrift für evangelische Ethik (Gütersloh)
ORP	Odrodzenie reformacja w Polsce (Warszawa)		ZEvKR	Zeitschrift für evangelisches Kirchenrecht (Tübingen)
PBl	Pastoralblätter (Stuttgart)			
PL	Positions luthériennes (Paris)		ZHF	Zeitschrift für historische Forschung (Berlin)
Pro	Protestantesimo (Roma)			
PTh	Pastoraltheologie (Göttingen)		ZKG	Zeitschrift für Kirchengeschichte (Stuttgart)
RE	Református Egyház (Budapest)			
RHE	Revue d'histoire ecclésiastique (Louvain)		ZKTh	Zeitschrift für katholische Theologie (Wien)
RHPhR	Revue d'histoire et de philosophie religieuses (Paris)		ZRGG	Zeitschrift für Religions- und Geistesgeschichte (Köln)
RL	Reformátusok Lapja (Budapest)		ZSRG	Zeitschrift der Savigny-Stiftung für Rechtsgeschichte: Kanonistische Abteilung (Wien; Köln)
RoJKG	Rottenburger Jahrbuch für Kirchengeschichte (Sigmaringen)			
RSz	Református Szemle (Kolozsvár, RO)			
RuYu	Ru-tu yun-ku (Syngal bei Seoul)		ZThK	Zeitschrift für Theologie und Kirche (Tübingen)
RW	Rondom het woord (Hilversum)			
SCJ	The sixteenth century journal (Kirksville, MO)		Zw	Zwingliana (Zürich)
			ZZ	Zeitzeichen (Berlin)

3   Umfang der Ausführungen über Luther

L"	Luther wird wiederholt gestreift.
L 2-7	Luther wird auf diesen Seiten ausführlich behandelt.
L 2-7+"	Luther wird auf diesen Seiten ausführlich behandelt und sonst wiederholt gestreift.
L*	Die Arbeit konnte nicht eingesehen werden.

01 **Als Frieden möglich war:** 450 Jahre Augsburger Religionsfrieden; Begleitband zur Ausstellung im Maximilianmuseum Augsburg/ hrsg. von Carl A. Hoffmann; Markus Johanns ... Regensburg: Schnell & Steiner, 2005. 688 S.: Ill., Kt. – Siehe Nr. 79. 453. 609. 717. 725. 883. 888. 897. 953. 1033. 1041.

02 **Die Bibel – übersetzt in gerechter Sprache?:** Grundlagen einer neuen Übersetzung/ hrsg. von Helga Kuhlmann; mit einem Geleitwort von Peter Steinacker. GÜ: GVH, 2005. 238 S. – Siehe Nr. 441. 443. 454. 460. 481. 483. 518.

03 **Bundeseinheit und Gottesvolk:** reformierter Protestantismus und Judentum im Europa des 16. und 17. Jahrhunderts/ hrsg. von Joachim Detmers; J. Marius J. Lange van Ravenswaay. Wuppertal: Foedus, 2005. 271 S.: Ill. (Emder Beiträge zum ref. Protestantismus; 9) – Siehe Nr. 866 f.

04 **By faith alone:** essays on justification in honor of Gerhard O. Forde/ hrsg. von Jospeh A. Burgess; Marc Kolden. Grand Rapids, MI; Cambridge, U. K.: Eerdmans, 2004. XII, 350 S. – Siehe Nr. 320. 404. 779. – Bespr.: Jodock, Darrell: LQ 19 (2005), 346-348.

05 **Calwer Bibellexikon/** hrsg. von Otto Betz; Beate Ego; Werner Grimm; in Verbindung mit Wolfgang Zwickel. Bd. 1: **A-K.** S: CV, 2003. 785 S.: Ill. – Siehe Nr. 308. 385. 442. 462. 466. 500.

06 **Calwer Bibellexikon/** hrsg. von Otto Betz; Beate Ego; Werner Grimm; in Verbindung mit Wolfgang Zwickel. Bd. 2: **L-Z.** S: CV, 2003. S. 791-1518: Ill. – Siehe Nr. 386. 434. 491. 516.

07 **Caspar Peucer (1525-1602):** Wissenschaft, Glaube und Politik im konfessionellen Zeitalter/ im Auftrag der Stadt Bautzen hrsg. von Hans-Peter Hasse; Günther Wartenberg unter Mitarb. von Alexander Wieckowski. L: EVA, 2004. 381 S.: Ill. – Siehe Nr. 1036. 1052. 1061-1064. 1068. 1074. 1082. 1084 f. 1090. 1096. 1100. 1358.

08 **Christentum zwischen Nord- und Ostsee:** eine kleine ökumenische Kirchengeschichte Schleswig-Holsteins/ hrsg. von Martin Lätzel; Joachim Liß Walther. Bremen: Temmen, 2004. 221 S.: Ill. – Siehe Nr. 744. 911. 928. 938. 945. – Bespr.: Schilling, Johannes: Zeitschrift für Schleswig-Holsteinische Geschichte 130 (2005), 326-328.

09 **Denker des Christentums/** hrsg. von Christine Axt-Piscalar; Joachim Ringleben. TÜ: Mohr, 2004. X, 322 S.: Ill. (UTB; 2608) – Siehe Nr. 110. 136. 864.

010 **Deutschland und Ungarn in ihren Bildungs- und Wissenschaftsbeziehungen während der Renaissance/** hrsg. von Wilhelm Kühlmann; Anton Schindling; unter Mitarb. von Wolfram Hauer. S: Steiner, 2004. XII, 292 S.: Ill., Kt. (Contubernium; 62) – Siehe Nr. 960. 962. 975. 979. 998. 1012. 1015.

011 **Les deux réformes chrétiennes:** propagation et diffusion/ hrsg. von Ilana Zinguer; Myriam Yardeni. Leiden: Brill, 2004. XIX, 533 S. L". – Siehe Nr. 587. 788. 976. 1044.

012 **Dulce bellum inexpertis:** Bilder des Krieges in der deutschen Literatur des 15. und 16. Jahrhunderts/ von Horst Brunner ... Wiesbaden: Reichert, 2002. XIV, 711 S.: Ill. (Imagines medii aevi; 11) – Siehe Nr. 501 f. 801 f. 817. 992. 1034.

013 **Evangelische Fundamentaltheologie in der Diskussion/** hrsg. von Matthias Petzoldt. L: EVA, 2004. 234 S. – Siehe Nr. 1317. 1319.

014 **Evangelische Seelsorgerinnen:** biographische Skizzen, Texte und Programme/ hrsg. von Peter Zimmerling. GÖ: V&R, 2004. 352 S.: Ill. – Siehe Nr. 345. 858.

015 **Felekezetek és identitás Közép-Európában az újkorban** (Konfessionen und Identität im Mitteleuropa in der Neuzeit)/ hrsg. von Pál Attila Illés. Piliscsaba: Pázmány Péter Katolikus Egyetem Bölcsészettudományi Kar; BP: Magyar Egyháztörténeti Enciklopédia Munkaközösség, 1999. 358 S. (Sentire cum ecclesia; 1) – Siehe Nr. 999. 1076.

016 Ferrario, Fulvio: **Teologia come preghiera** (Theologie als Gebet). Torino: Claudiana, 2004. 295 S. – Siehe Nr. 178. 356.

017 **Die Gegenwärtigkeit Johann Georg Hamanns:** Acta des achten Internationalen Hamann-Kolloquiums an der Martin-Luther-Universität Halle-Wittenberg 2002/ hrsg. von Bernhard Gajek. Bern; B; Bruxelles; F; NY; Oxford; W: Lang, 2005. 659 S.: Ill. (Regensburger Beiträge zum deutschen Sprach- und Literaturwissenschaft: Reihe B: Untersuchungen; 88) – Siehe Nr. 452. 1108. 1127. 1131. 1133.

018 **Die Gegenwart Jesu Christi im Abendmahl/** hrsg. von Dietrich Korsch. L: EVA, 2005. 138 S. – Siehe Nr. 293. 307. 312-314. 865.

019 **Das geistliche Lied im Ostseeraum/** hrsg. von Ekkehard Ochs; Walter Werbeck; Lutz Winkler. Bern; B; Bruxelles; F; NY; Oxford; W: Lang, 2004. 285 S.: Ill., Tab., Noten. (Greifswalder Beiträge zur Musikwissenschaft; 13) – Siehe Nr. 536. 575. 984. 1093. 1147.

020 **Georg Major (1502-1574)**: ein Theologe der Wittenberger Reformation/ hrsg. von Irene Dingel; Günther Wartenberg; Redaktion: Michael Beyer. L: EVA, 2005. 327 S.: Ill. (Leucorea-Studien zur Geschichte der Reformation und der Luth. Orthodoxie; 7) – Siehe Nr. 600 f. 729. 739 f. 778. 782. 1097. 1374.

021 **Germania latina – Latinitas teutonica**: Politik, Wissenschaft, humanistische Kultur vom späten Mittelalter bis in unsere Zeit/ hrsg. von Eckhard Keßler; Heinrich C. Kuhn. Bd. 1. M: Fink, 2003. 562 S.: Ill. (Humanistische Bibliothek: Reihe 1, Abhandlungen; 54) – Siehe Nr. 451. 733. 814. 1363.

022 **Glaube und Macht**: Sachsen im Europa der Reformationszeit; Aufsätze; 2. Sächsische Landesausstellung Torgau, Schloss Hartenfels; eine Ausstellung des Freistaates Sachsen, ausgerichtet durch die Staatlichen Kunstsammlungen Dresden/ hrsg, von Harald Marx; Cecilie Hollberg für die Staatliche Kunstsammlung Dresden. Dresden: Sandstein, 2004. 334 S.: Ill. & Beil. (1 Audio-CD). – Siehe Nr. 77. 81. 102. 538. 546 f. 583. 589. 693. 716. 723. 792. 794. 885. 893. 895. 903. 908. 917. 921. 933. 951; vgl. Nr. 1342.

023 **Glaube und Macht**: Theologie, Politik und Kunst im Jahrhundert der Reformation/ hrsg. von Enno Bünz; Stefan Rhein; Günther Wartenberg. L: EVA, 2005. 288 S.: Ill. (Schriften der Stiftung Luthergedenkstätten in Sachsen-Anhalt; 5) – Siehe Nr. 103. 421. 555. 657. 721. 904. 918. 957. 1040. 1266.

024 **Gott im Wort – Gott im Bild**: Bilderlosigkeit als Bedingung des Monotheismus?/ hrsg. von Andreas Wagner; Volker Hörner; Günter Geisthardt. NK: NV, 2005. XII, 212 S.: Ill. – Siehe Nr. 669. 887.

025 **Herder-Gedenken**: interdisziplinäre Beiträge anlässlich des 200. Todestages von Johann Gottfried Herder/ hrsg. von Wilhelm-Ludwig Federlin; Markus Witte. F; B; Bern; Bruxelles; NY; Oxford; W: Lang, 2005. X, 226 S.: Ill. (Theion: Jahrbuch für Religionskultur; 15) – Siehe Nr. 1116. 1118. 1141.

026 **Die Hermeneutik im Zeitalter der Aufklärung/** hrsg. von Manfred Beetz; Giuseppe Cacciatore. Köln; Weimar; W: Böhlau, 2000. VI, 337 S. (Collegium Hermeneuticum; 3) – Siehe Nr. 1112. 1130

027 **Die Herrscher Sachsens**: Markgrafen, Kurfürsten, Könige 1089-1918/ hrsg. von Frank-Lothar Kroll. M: Beck, 2004. 377 S.: Ill. – Siehe Nr. 907. 942.

028 **Hitünk titkai**: teológia – Luther nyomán – mindenkinek; előadások 2005 tavaszán (Geheimnisse unseres Glaubens: Theologie – nach Luther – für jedermann; Vorträge im Frühjahr 2005)/ hrsg. von Tibor Fabiny Jr. BP: Evangélikus Belmisszíói Baráti Egyesület, 2005. 109 S. – Siehe Nr. 177. 238. 240. 244. 256. 627.

029 **Ein »höchst stattliches Bauwerk«**: die Moritzburg in der hallischen Stadtgeschichte 1503-2003/ hrsg. von Michael Rockmann. Halle (Saale): Mitteldeutscher Verlag, 2004. 192 S.: Ill. (Forschungen zur hallischen Stadtgeschichte; 5) – Siehe Nr. 786. 934.

030 **»L'Écriture du croyant«**, Turnhout, Brepols/ hrsg. von Louis Châtellier; Philippe Martin. 2005. VII, 212 S. (Bibliothèque de l'École des Hautes Études: sciences religieuses; 125) – Siehe Nr. 862. 1143.

031 **Das Jahrhundert der Reformation in Sachsen/** 2., durchges. und erw. Aufl. im Auftrag der Arbeitsgemeinschaft für Sächsische Kirchengeschichte anlässlich ihres 125-jährigen Bestehens hrsg. von Helmar Junghans. L: EVA, 2005. 288 S.: Ill., Kt., Stammtaf., [16] S.: Taf. – Siehe Nr. 255. 588. 614. 692. 719. 894. 925. 954. 1060. 1355.

032 **Johann Gottfried Herder**: Aspekte seines Lebenswerkes/ hrsg. von Martin Keßler; Volker Leppin. B; NY: de Gruyter, 2005. X, 437 S. (Arbeiten zur Kirchengeschichte; 92) – Siehe Nr. 1109. 1119. 1123. 1136.

033 Jüngel, Eberhard: **Possibilità di Dio nella realtà del mondo**: sacci teologici (Die Möglichkeit Gottes in der Realität der Welt: theol. Erörterungen)/ hrsg. von Willy Jourdan. Torino: Claudiana, 2005. 441 S. – Siehe Nr. 191-193. 232. 331. 369. 370.

034 Käßemann, Ernst: **In der Nachfolge des gekreuzigten Nazareners**: Aufsätze und Vorträge aus dem Nachlass/ hrsg. von Rudolf Landau in Zsarb. mit Wolfgang Kraus. TÜ: Mohr, 2005. IX, 328 S. – Siehe Nr. 372. 471. 1194-1196.

035 **Kant, Luther und die Würde des Menschen/** hrsg. von Friedrich-Otto Scharbau. Erlangen: Martin Luther, 2005. 137 S. (Veröffentlichungen der Luther-Akademie Sondershausen-Ratzeburg; 2) – Siehe Nr. 170. 214 f. 1224.

036 **Karl V. 1500-1558**: neue Perspektiven seiner Herrschaft in Europa und Übersee/ hrsg. von Alfred Kohler ...; Mitarb. von Martina Fuchs. W: Österreichische Akademie der Wissenschaften, 2002. X, 819 S.: Ill., Kt. (Zentraleuropa-Studien; 6) – Siehe Nr. 787. 789. 791.

037 **Karl Barth in Deutschland (1921-1935)**: Aufbruch – Klärung – Widerstand; Beiträge zum Internationalen Symposium vom 1. bis 4. Mai 2003 in der Johannes a Lasco Bibliothek Emden/ hrsg. von Michael Beintker; Christian Link; Michael Trowitzsch. ZH: Theol. Verlag, 2005. 506 S. – Siehe Nr. 1189. 1193. 1210. 1219.

038 **Katholische Theologen der Reformationszeit VI/** hrsg. von Heribert Smolinsky; Bernd Walter. MS: Aschendorff, 2004. 160 S. (Kath. Leben und

Kirchenreform im Zeitalter der Glaubensspaltung;
64) – Siehe Nr. 784. 793.

039 **Kirchenreform von unten:** Gerhard Zerbolt von
Zutphen und die Brüder vom gemeinsamen Le-
ben/ hrsg. von Nikolaus Staubach. F; B; Bern;
Bruxelles; NY; Oxford; W: Lang, 2004. 433 S.: Tab.
(Tradition – Reform – Innovation; 6) – Siehe Nr.
684. 919.

040 **Das kirchliche Amt in apostolischer Nachfolge/**
hrsg. von Theodor Schneider; Gunther Wenz. Bd.
1: **Grundlagen und Grundfragen.** FR; Herder, GÖ:
V&R, 2004. 486 S. (Dialog de Kirchen; 12) – Siehe
Nr. 334. 340. – Bespr.: Gemeinhardt, Peter: MD
56 (2005), 17 f.

041 **Klage – Lob – Verkündigung:** gottesdienstliche
Musik in einer pluralen Kultur/ hrsg. von Irene
Mildenberger; Wolfgang Ratzmann. L: EVA, 2004.
250 S. (Beiträge zu Liturgie und Spiritualität; 11)
– Siehe Nr. 561. 1236.

042 **Kommunikationsstrukturen im europäischen Lu-**
thertum der Frühen Neuzeit/ hrsg. von Wolfgang
Sommer. GÜ: GVH, 2005. 157 S.: Kt. (Die luth.
Kirche: Geschichte und Gestalten; 23) – Siehe Nr.
977. 989. 994. 1043. 1089. 1114.

043 **Konfessionsbildung und Konfessionskultur in**
Siebenbürgen in der Frühen Neuzeit/ hrsg. von Volker Leppin; Ulrich A. Wien. S: Steiner, 2005. 328
S. (Quellen und Studien zur Geschichte des
östlichen Europa; 66) – Siehe Nr. 803. 815. 983.
1079.

044 **Konflikt – Grenze – Dialog:** kulturkontrastive und
interdisziplinäre Textzugänge/ Festschrift für
Horst Turk zum 60. Geburtstag/ hrsg. von Jürgen
Lehmann ... F; B; Bern; NY; P; W: Lang, 1997. 309
S.: Ill. & Beil. (4 S.) – Siehe LuB 2002, Nr. 346; LuB
2006, Nr. 221.

045 **Leitfaden Theologiestudium/** hrsg. von Michael
Roth. GÖ: V&R, 2005. 220 S. (UTB; 2600 S) – Siehe Nr. 1296. 1325.

046 **Die Literatur im Übergang vom Mittelalter zur**
Neuzeit/ hrsg. von Werner Röcke; Marina
Münkler. M: dtv, 2004. 772 S. (Hansers Sozialgeschichte der deutschen Literatur vom 16. Jahrhundert bis zur Gegenwart; 1) – Siehe Nr. 416.
474. 688. 698. 705. 713 f. 798. 827.

047 [Luther, Martin] Luther, Márton: **A római pápaság-**
ról: egyházreformáco iratok (Von dem Papsttum
zu Rom: Schriften zur Kirchenreform)/ eingel. und
übers. von Endre Masznyik. Felsőörs: Aeternitas,
2004. 166 S.: Ill. – Siehe Nr. 5. 31.

048 **Luther between present and past:** studies in Lu-
ther and Lutheranism/ hrsg. von Ulrik Nissen ...
Helsinki: Luther-Agricola-Society, 2004. 253 S.
(Schriften der Luther-Agricola-Gesellschaft; 56) –

Siehe Nr. 194. 371. 401. – Bespr.: Vercruysse, Jos
E.: RHE 100 (2005), 231-233.

049 **Luther Handbuch/** hrsg. von Albrecht Beutel. TÜ:
Mohr, 2005. XIV, 537 S. – Siehe Nr. 1 f. 111. 113.
155-157. 163-165. 185. 243. 276. 287. 321. 374. 393.
412. 432. 445-447. 449. 504 f. 522-524. 528 f. 580.
608. 617. 658. 666. 670-672. 683. 709 f. 755. 797.
805. 807. 818. 820. 826. 853. 878. 898. 915. 926.
972. 1004. 1106. 1142. 1164. 1222. 1366.

050 **Lutherjahrbuch:** Organ der internationalen Lu-
therforschung/ im Auftrag der Luther-Gesellschaft hrsg. von Helmar Junghans. Bd. 71. –
Enthält: **Luther nach 1530:** Theologie, Kirche und
Politik = **Luther after 1530:** theology, church and
politics: Referate und Berichte des Zehnten Internationalen Kongresses für Lutherforschung,
København, 4.-9. August 2002. GÖ: V&R, 2004
[gedr. 2005]. 394 S.: Ill. – Siehe Nr. 121. 190. 226.
254. 257 f. 263. 267. 274. 338. 343. 359. 375. 406.
431. 433. 488. 498. 512. 515. 525. 633. 691. 828.
881. 987. 1009. 1042. 1235. 1287. 1291. 1365. 1369.

051 **Luthers Erben:** Studien zur Rezeptionsgeschichte
der reformatorischen Theologie Luthers; Festschrift für Jörg Baur zum 75. Geburtstag/ hrsg. von
Notger Slenczka; Walter Sparn. TÜ: Mohr, 2005.
X, 329 S.: Frontispiz. – Siehe Nr. 159. 648. 1000.
1058. 1099. 1134. 1154 f. 1220. 1228. 1376.

052 **Luthers Erfurter Kloster:** das Augustinerkloster
im Spannungsfeld von monastischer Tradition
und protestantischem Geist/ hrsg. von Lothar
Schmelz; Michael Ludscheidt. Erfurt: Burckhardt,
2005. 159 S.: Ill. – Siehe Nr. 67. 76. 85. 95. 122.
124.

053 **Der Medici-Papst Leo X. und Frankreich:** Politik,
Kultur und Familiengeschäfte in der europäischen
Renaissance/ hrsg. von Götz-Rüdiger Tewes; Mi-
chael Rohlmann. TÜ: Mohr, 2002. VIII, 609 S.: Ill.
(Spätmittelalter und Reformation: N. R.; 19) – Sie-
he Nr. 1008. 1014.

054 **Melanchthon und der Calvinismus/** hrsg. von
Günter Frank; Herman J. Selderhuis; unter Mitarb.
von Sebastian Lalla. S-Bad Cannstatt: Frommann-
Holzboog, 2005. 375 S.: Ill. – Siehe Nr. 636. 727 f.
735. 737. 747 f. 762. 769. 772. 777. 831. 1055.

055 **Mezőváros, reformáció és irodalom (16-18. század)**
(Marktflecken, Reformation und Literatur [16.-18.
Jahrhundert])/ hrsg. von András Szabó. BP:
Universitas, 2005. 236 S. (Historia litteraria; 18) –
Siehe Nr. 961. 965. 974. 995. 1001.

056 **Militär und Religiosität in der Frühen Neuzeit/**
hrsg. von Michael Kaiser; Stefan Kroll. MS: Lit,
2004. 351 S.: Ill. (Herrschaft und soziale Systeme
in der Frühen Neuzeit; 4) – Siehe Nr. 90. 630.

057 **»Mit dem Glauben Staat machen«:** Beiträge zum

evangelischen Philipps-Jahr 2004/ hrsg. von Norbert Stieniczka. DA; Kassel: Hessische Kirchengeschichtliche Vereinigung, 2005. XIII, 206 S.: Ill. (Quellen und Studien zur hessischen Kirchengeschichte; 12) – Siehe Nr. 860. 902. 930. 937. 939. 950. 958.

058 **Der Nachfolger:** Heinrich Bullinger 1504-1575; Katalog zur Ausstellung im Grossmünster Zürich 2004/ hrsg. von Emidio Campi; Hans Ulrich Bächtold; Ralph Weingarten. ZH: Theol. Verlag, 2004. 151 S.: Ill. – Siehe Nr. 65. 841. 844. 851. 857. 859. 866. 872.

059 **Nikolaus Medler (1502-1551):** Reformator – Pädagoge – Mathematiker/ hrsg. von Axel Herrmann und Arnd Kluge im Auftrag des Nordoberfränkischen Vereins für Natur-, Geschichts- und Landeskunde. Hof: Nordoberfränkischer Verein für Natur, Geschichts- und Landeskunde e.V., 2003. 224 S.: Ill. – Siehe Nr. 759. 766-768. 920. 936. 1261.

060 **The pietist theologians/** hrsg. von Carter Lindberg. Malden, MA: Blackwell, 2005. XVI, 282 S. (The great theologians) – Siehe Nr. 1035. 1094. 1117. 1126. 1128. 1137.

061 **Die Präsenz der Antike im Übergang vom Mittelalter zur Frühen Neuzeit:** Bericht über Kolloquien der Kommission zur Erforschung der Kultur des Spätmittelalters 1999 bis 2002/ hrsg. von Ludger Grenzmann ... GÖ: V&R, 2004. 427 S.: Ill. (Abhandlungen der Akademie der Wissenschaften in Göttingen: Phil.-Hist. Klasse: Folge 3; 263) – Siehe Nr. 675. 718. 809.

062 **La Réformation:** un temps, des hommes, un message; hommage à Marc Lienhard àl'occasion de soixante-dixième anniversaire/ hrsg. von Matthieu Arnold; Marc Philonenko. Strasbourg, RHPhR, 2005. 190 S. (RHPhR; 85 [2005] Heft 1) – Siehe Nr. 116. 220. 310. 455. 469. 537. 848. 1071. 1171. 1357.

063 **Reformation und Katholizismus:** Beiträge zu Geschichte, Leben und Verhältnis der Konfessionen; Festschrift für Gottfried Maron zum 75. Geburtstag/ hrsg. von Jörg Haustein; Harry Oelke. Hannover: LVH, 2003. 539 S.: Ill., Frontispiz. (Reformation und Neuzeit; 2) – Siehe Nr. 272. 403. 571. 624. 785. 941. 944. 1073. 1129. 1163. 1246. 1249. 1263. 1302. 1313. 1375.

064 **Religion im Erbe:** Dietrich Bonhoeffer und die Zukunftsfähigkeit des Christentums/ hrsg. von Christian Gremmels; Wolfgang Huber. GÜ: Kaiser/GVH, 2002. 342 S.: Ill. – Siehe Nr. 1216. 1265.

065 **Religion in Geschichte und Gegenwart:** Handwörterbuch für Theologie und Religionswissenschaft. 4., völlig neu bearb. Aufl./ hrsg. von Hans Dieter Betz... Bd. 8. T-Z. TÜ: Mohr, 2005. LXXXVIII, 1966

Sp.: Ill., Ktn. L". – Siehe Nr. 68. 125. 166. 174 f. 186 f. 196. 201 f. 204 f. 209. 222. 246. 248. 265 f. 268. 291. 304. 317 f. 351. 358. 361-363. 366 f. 383. 390. 398. 413. 420. 436. 479. 535. 560. 563. 584. 602. 625. 628. 667. 673. 708. 753. 823. 842. 861. 1010.

066 [Sólyom, Jenő]: **Tanuljunk újra Luthertől!:** Dr. Sólyom Jenő (1904-1976) válogatott írásai (Lernen wir wieder von Luther!: ausgewählte Schriften von Dr. Jenő Sólyom)/ hrsg. von Jenő Sólyom Jr. BP: Luther, 2004. 435 S. – Siehe Nr. 395 f. 435. 581 f. 610-612. 650. 771. 1006. 1214.

067 Sprengler-Ruppenthal, Anneliese: **Gesammelte Aufsätze:** zu den Kirchenordnungen des 16. Jahrhunderts. TÜ: Mohr, 2004. XI, 559 S. (Jus ecclesiasticum; 74) – Siehe Nr. 282-284. 316. 722. 773. 947-949. 1086 f.

068 **Suche nach Frieden:** politische Ethik in der Frühen Neuzeit I/ hrsg. von Norbert Brieskorn; Markus Riedenauer. S; B; Köln: Kohlhammer, 2000. 276 S. (Theologie und Frieden; 19) – Siehe Nr. 409. 430. 846.

069 **Die Theologische Fakultät der Universität Leipzig:** Personen, Profile und Perspektiven aus sechs Jahrhunderten Fakultätsgeschichte/ hrsg. von Andreas Gößner; unter Mitarb. von Alexander Wieckowski. L: EVA, 2005. 481 S.: Ill. (Beiträge zur Leipziger Universitäts- und Wissenschaftsgeschichte; A 2) – Siehe Nr. 112. 665. 922. 1138. 1160. 1184. 1209. 1221. 1364.

070 **Tod und Musik im 17. und 18. Jahrhundert:** XXVI. Internationale wissenschaftliche Arbeitstagung Michaelstein, 12. bis 14. Juni 1998/ im Auftrag der Stiftung Kloster Michaelstein hrsg. von Günter Fleischhauer. Blankenburg: Stiftung Kloster Michaelstein, 2001. 294 S.: Ill., Noten. (Michaelsteiner Konferenzberichte; 59) – Siehe Nr. 1056. 1078. 1104.

071 **Unitas visibilis:** studia oecumenica in honorem Eero Huovinen, episcopi Helsingiensis/ hrsg. von Jari Jolkkonen ... Helsinki: Luther-Agricola-Gesellschaft, 2004. 276 S. (Schriften der Luther-Agricola-Gesellschaft; 57) – Siehe Nr. 300. 325. 1362.

072 »**Vor den Pforten des Paradieses ...«:** Wittenberger Lebensläufe im Umbruch der Reformation/ hrsg. vom Evang. Predigerseminar Lutherstadt Wittenberg; Peter Freybe. Wittenberg: Drei Kastanien, 2005. 184 S.: Ill. (Wittenberger Sonntagsvorlesungen) – Siehe Nr. 642. 746. 781. 824. 906. 940. 1183.

073 **Wahrheit und Erfahrung – Themenbuch zur Systematischen Theologie/** hrsg. von Christian Herrmann. Bd. 1: **Einführende Fragen der Dogmatik und Gotteslehre/** Geleitwort von Gerhard Maier.

Wuppertal: R. Brockhaus; Gießen: Brunnen, 2004. 264 S. (TVG: Systematische theol. Monographien [STM]; 11) – Siehe Nr. 176. 198. 203. 228. 253. 591. 1229. 1255.

074 **Wahrheit und Erfahrung – Themenbuch zur Systematischen Theologie/** hrsg. von Christian Herrmann. Bd. 2: **Christologie, Anthropologie, Erlösung, Heiligung/** Geleitwort von Peter Strauch. Wuppertal: R. Brockhaus; Gießen: Brunnen, 2005. 335 S. (TVG: Systematische theol. Monographien [STM]; 13) – Siehe Nr. 183. 197. 199. 227. 350. 355. 380. 388. 392. 427.

075 **Wer ist wer im Gesangbuch?/** hrsg. von Wolfgang Herbst. GÖ: V&R, 2001. 364 S. – Siehe Nr. 533. 542. 554. 569. 577. 734. 736. 742. 752. 764 f. 774-776. 780. 856. 912. 935. 978. 986. 1030. 1066 f. 1088. 1113. 1120.

076 **Das Wesen des Christentums in seiner evangelischen Gestalt:** eine Vortragsreihe im Berliner Dom/ mit Beiträgen von Christine Axt-Piscalar ... NK: NV, 2000. 132 S. (Veröffentlichungen aus der Arnoldshainer Konferenz) – Siehe Nr. 1264. 1275 f. 1283.

077 **Worship in medieval and early modern Europe:** change and continuity in religious practice/ hrsg. von Karin Maag; John D. Witvliet. Notre Dame, IN: University of Notre Dame, 2004. XIII, 353 S.: Ill., Noten. – Siehe Nr. 294. 315. 557.

078 **Das Wort:** seine strukturelle und kulturelle Dimension; Festschrift für Oskar Reichmann zum 65. Geburtstag/ hrsg. von Vilmos Ágel ... TÜ: Niemeyer, 2002. XV, 344 S.: Ill., Tab., Frontispiz. – Siehe Nr. 444. 508.

079 **Zwischen Affirmation und Machtkritik:** zur Geschichte des Protestantismus und protestantischer Mentalitäten/ hrsg. von Richard Faber. ZH: Theol. Verlag, 2005. XIII, 181 S. – Siehe Nr. 429. 637. 880.

A   QUELLEN

1   Quellenkunde

1 Beyer, Michael: **Hilfsmittel.** In: 049, 8-19.

2 Beyer, Michael: **Lutherausgaben.** In: 049, 2-8.

3 Junghans, Helmar: **The history, use and significance of the Weimar Luther edition/** Kurzfassung von Kenneth Hagen. LuD 13 (2005), 106-109. [Vgl. LuB 2003, Nr. 5 f; LuB 2004, Nr. 13]

4 Lautenbach, Ernst: **Latein-Deutsch:** Zitaten-Lexikon; Quellennachweise. MS; LO: Lit, 2002. 932 S.

2   Wissenschaftliche Ausgaben und Übersetzungen der Werke Luthers sowie der biographischen Quellen

5 [Luther, Martin]: **A német nemzet keresztyén nemességéhez a kereszténység állapotának megjavítása ügyében** ⟨*An den christlichen Adel deutscher Nation von des christlichen Standes Besserung* ⟨ungar.⟩⟩. In: 047, 61-166.

6 [Luther, Martin]: **D. Martin Luthers Werke:** kritische Gesamtausgabe/ hrsg. von Ulrich Köpf ... Sonderedition ... (Weimarer Ausgabe). Werke, Teil 3. Bd. 28. Unveränd. Nachdruck der Ausgabe Weimar, 1903. Weimar: Böhlau, 2005. VIII, 775 S.

7 [Luther, Martin]: **D. Martin Luthers Werke:** kritische Gesamtausgabe/ hrsg. von Ulrich Köpf ... Sonderedition ... (Weimarer Ausgabe). Werke, Teil 3. Bd. 29. Unveränd. Nachdruck der Ausgabe Weimar, 1904. Weimar: Böhlau, 2005. XXXVI, 717 S.

8 [Luther, Martin]: **D. Martin Luthers Werke:** kritische Gesamtausgabe/ hrsg. von Ulrich Köpf ... Sonderedition ... (Weimarer Ausgabe). Werke, Teil 3. Bd. 30 I. Unveränd. Nachdruck der Ausgabe Weimar, 1910. Weimar: Böhlau, 2005. VI, 826 S.

9 [Luther, Martin]: **D. Martin Luthers Werke:** kritische Gesamtausgabe/ hrsg. von Ulrich Köpf ... Sonderedition ... (Weimarer Ausgabe). Werke, Teil 3. Bd. 30 II. [Beigebunden]: Revisionsnachtrag. Unveränd. Nachdruck der Ausgaben Weimar, 1909. 1967. Weimar: Böhlau, 2005. VIII, 716, 173 S.

10 [Luther, Martin]: **D. Martin Luthers Werke:** kritische Gesamtausgabe/ hrsg. von Ulrich Köpf ... Sonderedition ... (Weimarer Ausgabe). Werke, Teil 3. Bd. 30 III. [Beigebunden]: Revisionsnachtrag. Unveränd. Nachdruck der Ausgaben Weimar, 1910. 1970. Weimar: Böhlau, 2005. XVIII, 590, 156 S.

11 [Luther, Martin]: **D. Martin Luthers Werke:** kritische Gesamtausgabe/ hrsg. von Ulrich Köpf ... Sonderedition ... (Weimarer Ausgabe). Werke, Teil 3. Bd. 31 I. Unveränd. Nachdruck der Ausgabe

Weimar, 1913. Weimar: Böhlau, 2005. IV, 588 S.

12 [Luther, Martin]: **D. Martin Luthers Werke:** kritische Gesamtausgabe/ hrsg. von Ulrich Köpf ... Sonderedition ... (Weimarer Ausgabe). Werke, Teil 3. Bd. 31 II. Unveränd. Nachdruck der Ausgabe Weimar, 1914. Weimar: Böhlau, 2005. XIII, 771 S.

13 [Luther, Martin]: **D. Martin Luthers Werke:** kritische Gesamtausgabe/ hrsg. von Ulrich Köpf ... Sonderedition ... (Weimarer Ausgabe). Werke, Teil 3. Bd. 32. [Beigebunden]: Revisionsnachtrag. Unveränd. Nachdruck der Ausgaben Weimar, 1906. 1964. Weimar: Böhlau, 2005. LXXXV, 569, 141 S.

14 [Luther, Martin]: **D. Martin Luthers Werke:** kritische Gesamtausgabe/ hrsg. von Ulrich Köpf ... Sonderedition ... (Weimarer Ausgabe). Werke, Teil 3. Bd. 33. [Beigebunden]: Revisionsnachtrag. Unveränd. Nachdruck der Ausgaben Weimar, 1907. 1963. Weimar: Böhlau, 2005. XIII, 688, XI, 94 S.

15 [Luther, Martin]: **D. Martin Luthers Werke:** kritische Gesamtausgabe/ hrsg. von Ulrich Köpf ... Sonderedition ... (Weimarer Ausgabe). Werke, Teil 3. Bd. 34 I. Unveränd. Nachdruck der Ausgabe Weimar, 1908. Weimar: Böhlau, 2005. IV, 586 S.

16 [Luther, Martin]: **D. Martin Luthers Werke:** kritische Gesamtausgabe/ hrsg. von Ulrich Köpf ... Sonderedition ... (Weimarer Ausgabe). Werke, Teil 3. Bd. 34 II. Unveränd. Nachdruck der Ausgabe Weimar, 1908. Weimar: Böhlau, 2005. 611 S.

17 [Luther, Martin]: **D. Martin Luthers Werke:** kritische Gesamtausgabe/ hrsg. von Ulrich Köpf ... Sonderedition ... (Weimarer Ausgabe). Werke, Teil 3. Bd. 35. Unveränd. Nachdruck der Ausgabe Weimar, 1923. Weimar: Böhlau, 2005. XII, 634 S., 2 Taf., 23 S.

18 [Luther, Martin]: **D. Martin Luthers Werke:** kritische Gesamtausgabe/ hrsg. von Ulrich Köpf ... Sonderedition ... (Weimarer Ausgabe). Werke, Teil 3. Bd. 36. Unveränd. Nachdruck der Ausgabe Weimar, 1909. Weimar: Böhlau, 2005. XXXVI, 700 S.

19 [Luther, Martin]: **D. Martin Luthers Werke:** kritische Gesamtausgabe/ hrsg. von Ulrich Köpf ... Sonderedition ... (Weimarer Ausgabe). Werke, Teil 3. Bd. 37. Unveränd. Nachdruck der Ausgabe Weimar, 1910. Weimar: Böhlau, 2005. XLV, 675 S.

20 [Luther, Martin] Luther, Márton: **Az egyház babiloni fogságáról** (*De captivitate Babylonica ecclesiae praeludium* ⟨ungar.⟩)/ eingel. und übers. von Endre Masznyik. Felsőörs: Aeternitas, 2005. 128 S.: Ill.

21 [Erasmus von Rotterdam; Martin Luther] Erasmo da Rotterdam; Lutero, Martin: **Libero arbitrio** (De libero arbitrio diatribe ⟨ital.⟩) [Vollständ. Ausgabe]).

Servo arbitrio (*De servo arbitrio* ⟨ital.⟩ [Auszüge])/ hrsg. von Fiorella De Michelis Pintacuda. Torino: Claudiana, 2004. 188 S.: Ill. (Studi storici; 36: testi)

22 [Luther, Martin]: **Martin Luther's 95 theses:** with the pertinent documents from the history of the Reformation (Martin Luthers 95 Thesen: mit den dazugehörigen Dokumenten aus der Geschichte der Reformation. HH 1965)/ hrsg. von Kurt Aland; übers. von R. E. Diner. Nachdruck der Ausgabe StL, 1967. StL: Concordia, 2004. 122 S. [Vgl. LuB 1966, Nr. 38]

23 [Luther, Martin]: **Luther Márton és az aiszóposzi fabula** (*Etliche Fabeln aus Aesop* ⟨ungar.⟩)/ eingel. und übers. von Szilárd Vakarcs. In: Emlékkönyv a Teleki Téka alapításának 200. évfordulójára. 1802-2002/ hrsg. von Anikó Deé Nagy; Mihály Sebestyén-Spielmann; Szilárd Vakarcs. Marosvásárhely: Mentor, 2002, 467-483. 583. – Bespr.: Salgó, Ágnes W.: MKSz 119 (2002), 135-140.

24 Luther, Martin: **Ensimmäisen Mooseksen kirjan selitys 1-7** (*Genesisvorlesung* ⟨finn.⟩)/ aus dem Lat. übers. von Heikki Koskenniemi. Helsinki: Suomen Luther-säätiö, 2004. 431 S. (Totuuden aarre; 1)

25 Luther, Martin: **Ensimmäisen Mooseksen kirjan selitys 8-17** (*Genesisvorlesung* ⟨finn.⟩)/ aus dem Lat. übers. von Heikki Koskenniemi. Helsinki: Suomen Luther-säätiö, 2004. 444 S. (Totuuden aarre; 3)

26 Luther, Martin: **Ensimmäisen Mooseksen kirjan selitys 18-24** (*Genesisvorlesung* ⟨finn.⟩)/ aus dem Lat. übers. von Heikki Koskenniemi. Helsinki: Suomen Luther-säätiö, 2005. 458 S. (Totuuden aarre; 4)

27 [Luther, Martin]: **Martin Luther's basic theological writings**/ hrsg. von Timothy F. Lull; William R. Russell. 2. Aufl. MP: Fortress, 2005. XXVIII, 489 S., CD-ROM.

28 [Luther, Martin] Lutero, Martin: **Opere scelte** (Ausgewählte Werke ⟨ital.⟩)/ hrsg. unter Leitung von Paolo Ricca. Bd. 10: **Sermoni e scritti sul battesimo:** (1519-1546) (Sermone und Schriften über die Taufe [1519-1546])/ hrsg. von Gino Conte. Torino: Claudiana, 2004. 416 S.: Ill. (Lutero: Opere scelte; 10)

29 [Luther, Martin] Lutero, Martin: **Opere scelte** (Ausgewählte Werke ⟨ital.⟩)/ hrsg. unter Leitung von Paolo Ricca. Bd. 13: **La libertà del christiano:** (1520). Lettera a Leone X: con in appendice la Bolla »**Exurge Domine**« (*Epistola Lutheriana ad Leonem Decimum. Tractatus de libertate Christiana. Von der Freiheit eines Christenmenschen.* ⟨ital.⟩)/ Einführung, lat. Version und Komm. von Paolo Ricca; dt. Version von Giovanni Miegge. Torino: Claudiana, 2005. 295 S.: Taf. (Lutero: Opere scelte; 13)

30 [Luther, Martin]: **Taksangdamhwa** (*Tischreden* ⟨korean.⟩)/ übers. von Gil-sang Lee. Goyang: Christian Digest, 2005. 522 S.

31 [Luther, Martin]: **A római pápaságról a hírhedt lipcsei romanista ellen** (*Von dem Papsttum zu Rom wider den hochberühmten Romanisten zu Leipzig* ⟨ungar.⟩). In: 047, 5-60.

32 Luther, Martin: **O klíčích Kristových – O církvi svaté:** v překladu Jednoty bratrské ze 16. století (*Von den Schlüsseln. Von den Konziliis und Kirchen* [Teil 3] ⟨tschech.⟩): in einer Übersetzung der Brüderunität aus dem 16. Jh.)/ hrsg. und mit einem Vorwort und Anm. vers. von Ota Halama. PR: Lutherova společnost, 2005. 122 S.

33 [Luther, Martin] Luther, Maarten: **De vrijheid van een christen** (*Von der Freiheit eines Christenmenschen* ⟨niederl.⟩)/ übers., eingel. und komm. von Christa Boerke. Kampen: Kok, 2003. 144 S. – Bespr.: Terpstra, L.: LuBu 13 (2004), 109.

34 Luther, Martin: **A gyülekezeti istentisztelet rendjéről (1523)** (*Von Ordnung Gottesdiensts in der Gemeinde* ⟨ungar.⟩)/ übers. von Szilárd Wagner. Magyar Egyházzene 10 (BP 2002/03), 233-236.

3 Volkstümliche Ausgaben und Übersetzungen der Werke Luthers sowie der biographischen Quellen

a) Auswahl aus dem Gesamtwerk

35 **Klassiker des Protestantismus: von Jan Hus bis Dietrich Bonhoeffer**/ hrsg. von Christel Matthias Schröder. Elektronische Ausgabe der Ausgabe Bremen, 1963-1967. Lizenzausgabe der Sammlung Dieterich. 8 Bde. B: Directmedia, 2005. 1 CD-ROM [6295 Bildschirm-S. L 1010-1384] (Digitale Bibliothek; 127)

36 Luther, Martin: **Ajatuksia elämästä, ilosta ja onnesta** (Gedanken über Leben, Freude und Glück)/ ausgew. und aus dem Dt. übers. von Pirkko Jurvelin. Helsinki: Kirjapaja, 2005. 77 S.

37 Luther, Martin: **An den christlichen Adel deutscher Nation. Von der Freiheit eines Christenmenschen** [u.a.]/ mit einer kurzen Biographie und einem Nachwort hrsg. von Ernst Kähler. Nachdruck. S: Reclam, 2004. 174 S. (Reclams Universal-Bibliothek; 1578)

38 [Luther, Martin]: **Armon välähdyksiä Lutherin seurassa** (Streiflichter von Gnade mit Luther)/ ges. von Jaakko Mäkeläinen. 4. Aufl. Helsinki: Uusi tie [2003], 2005 [2003]. 112 S.

39 Luther, Martin: **Aus Herzensgrund vertrauen**/ hrsg. von Ulrich Eggers. Wuppertal: Brockhaus, 2002. [117] Bl. (Edition aufatmen)

40 [Luther, Martin]: **Ich würde heute noch ein Apfelbäumchen pflanzen:** Natur und Schöpfung bei Martin Luther; eine Textsammlung/ hrsg. und komm. von Volkmar Joestel; Friedrich Schorlemmer. Wittenberg: Drei Kastanien, 2005. 40 S.: Ill. (Stiftung Luthergedenkstätten in Sachsen-Anhalt: Heft; 15)

41 Luther, Martin: **Lektüre für Augenblicke:** Gedanken aus seinen Schriften, Briefen und Tischreden/ Auswahl und Nachwort von Walter Sparn. Neuausgabe von »Martin Luther: Lektüre für den Augenblick.« F 1983. F; L: Insel, 2004. 206 S. (Insel-Taschenbuch, 3018)

42 [Luther, Martin]: **Mannaa Jumalan lapsille:** Martti Lutherin kirjoista koottuja mietelmiä vuoden jokaiselle päivälle (Manna für Kinder Gottes: Luthers Gedanken für jeden Tag des Jahres)/ Einleitung und Redaktion: Lauri Koskenniemi. Helsinki: SLEY-Kirjat, 2005. 381 S.

43 [Luther, Martin] Lutero, Martin: **Scritti spirituali** (Geistliche Schriften ⟨ital.⟩)/ hrsg. von Davide Monda; Marco Adorni. Torino: San Paolo, 2004. 109 S.

44 [Luther, Martin]: **Ein trefflich Wort**/ Auswahl zsgest. von Frank Schumann. B: Neues Leben, 2005. 111 S. (Luther heute)

45 [Luther, Martin]: **Und wenn die Welt voll Teufel wär ...:** [Luthers beste Sprüche]/ hrsg. von Heide Marie Karin Geiss. M: Compact, 2000. 256 S.

46 Luther, Martin: **Ajatuksia miehestä, naisesta ja avioliitosta** (*Vom ehelichen Leben* und andere Schriften über die Ehe ⟨finn.⟩)/ aus dem Dt. übers. von Pirkko Jurvelin. Helsinki: Kirjapaja, 2004. 79 S.

47 Luther, Martin: **Von der Freiheit eines Christenmenschen. Von weltlicher Obrigkeit. Sermon von den guten Werken.** 3. Aufl. GÜ: GVH, 2004. 152 S.

b) Einzelschriften und Teile von ihnen

48 **Große Konkordanz zur Lutherbibel.** S: CV, 2001. 1712 S.

49 **Kleine Konkordanz zur Lutherbibel:** unter Benutzung der Lutherbibel in der revidierten Fassung von 1984/ bearb. und hrsg. von Herbert Hartmann. Sonderaufl. NK: NV, 2002. 329 S.

50 [Luther, Martin]: **A szabályozás túlbuzgalma nem építi az egyházat:** gyülekezetépítés Luther szerint (Regelungswut baut nicht Kirche: Gemeindeaufbau nach Luther [*Briefe*] ⟨ungar.⟩)/ bearb. von Gerhard Müller. LP 79 (2004), 25 f. [Vgl. LuB 2004, Nr. 86]

51 [Erasmus Roterodamus, Desiderius]; [Luther, Martin]: **Erasmus & Luther:** discourse on free will (*De servo arbitrio* ⟨engl.⟩) [Auszug]/ übers. und hrsg. von Ernst F. Winter. LO; NY: Continuum, 2005. XIV, 120 S. (Continuum impacts)

52 Luther, Martin: **Die 95 Thesen** (*Disputatio pro declaratione virtutis indulgentiarum* ⟨dt.⟩)/ übers. und eingel. von Helmar Junghans. Erg. Nachdruck aus Martin Luther: Taschenausgabe: Auswahl in fünf Bänden. Bd. 2. B 1984. Spröda: Akanthus, 2005. 24 S.: Ill.

53 [Luther, Martin:] **Die 95 Thesen des Theologen Dr. Martin Luther** (*Disputatio pro declaratione virtutis indulgentiarum* ⟨dt.⟩)/ hrsg. von Helmut Korinth. 10. Aufl. HH: Paul Hartung, 1997. 23 S.: 1 Portr.

54 Luther, Martin: **Hymns, ballads, chants, truth** (*Geistliche Lieder* ⟨engl.⟩). StL: Concordia, 2004. 4 sound discs & Beil. (1 Booklet: 64 S.).

55 **Der Taschenkatechismus:** Basistexte evangelischen Glaubens. L: EVA, 2004. 158 S.

56 [Luther, Martin] Lutero, Martin: **Il Piccolo Catechismo (1529)** (*Der kleine Katechismus für die gemeinen Pfarrherrn und Prediger* ⟨ital.⟩)/ hrsg. von Fulvio Ferrario. Torino: Claudiana, 2004. 78 S. (Piccola collana moderna; 107)

57 [Luther, Martin]: **Ob die jungen Kinder ohne eigenen Glauben getauft werden:** eine Predigt Luthers gegen eine falsche Begründung, aber für die Kindertaufe (*Predigten*)/ bearb. von Reinhard Brandt. Lu 76 (2005), 60-65.

58 [Luther, Martin]: **Das Wort Gottes zwischen Mystik und Politik:** Martin Luthers Predigt über Lk 7, 11-17 vom 2. Oktober 1530 auf der Veste Coburg (*Predigten*)/ bearb. von Hellmut Zschoch. Lu 76 (2005), 3-10.

59 [Luther, Martin]: **Lachen mit Luther:** Traurigkeit ist des Teufels Instrument (*Tischreden* ⟨dt.⟩)/ hrsg. von Peter Karner. W: Der Apfel, 2002. 132 S.

60 Luther, Martin: **Tischreden**/ hrsg. von Kurt Aland. Lizenzausgabe von »Luther Deutsch« (Bd. 9); nach der 3., völlig neubearb. Aufl. S, 1960. S: Reclam, 2003. 317 S. (Reclams Universal-Bibliothek; 1222)

61 [Luther, Martin]: **Table talk of Martin Luther** (*Tischreden* [Aurifaber; Auswahl] ⟨engl.⟩)/ übers. von William Hazlitt; aktual. und durchges. Ausgabe der Ausgabe Phil, 1873. Gainesville, FL: Bridge-Logos, 2004. LIX, 530 S.: Ill.

62 Luther, Martin: **A treatise on good works** (*Von den guten Werken* ⟨engl.⟩). Whitefish, Mont.: Kessinger, 2004. 82 S.

63 [Luther, Martin] Lutero, Martin: **Libertà del cristiano:** lettera a Leone X. (*Epistola Lutheriana ad Leonem X. … Tractatus de libertate christiana* ⟨ital.⟩)/ eingel., übers., komm. und hrsg. von Giovanni Miegge. 7. Aufl. Torino: Claudiana, 2004. 60 S. (Piccola collana moderna; 102)

4 Ausstellungen, Bilder, Bildbiographien, Denkmäler, Lutherstätten

64 **Archäologie am Lutherhaus:** neue Funde und Ergebnisse = **Archaeology at the Luther House:** new finds and results/ hrsg. von der Stiftung Luthergedenkstätten in Sachsen-Anhalt; Texte: Martin Treu in Zsarb. mit Holger Rode; Redaktion: Stefan Rhein; Petra Wittig. [Lutherstadt Wittenberg]: Stiftung Luthergedenkstätten in Sachsen-Anhalt, 2005. 8 S.: Ill.

65 **Die Ausstellung** [Bullinger]. In: 058, 99-149.

66 Bauer, Margrit: **Eine der kleinsten Luthergedenkstätten, östlich von Erfurt-Stotternheim:** der Lutherstein in Stotternheim erhält ein schönes, neues Umfeld. Familienblatt der Lutheriden-Vereinigung 78 (2004) Heft 40 (Juni), 15: Ill.

67 Begrich, Elfriede: **Zu diesem Buch** [Erfurt, Augustinerkloster]. In: 052, 9-12.

68 Beyer, Michael: **Wartburg.** In: 065, 1310.

69 Böcher, Otto: **Johann Hus und Martin Luther:** ein

Nachtrag. BlPfKG 72 (2005), 373-376: Ill. = Ebernburg-Hefte 39 (2005), 61-64: Ill.

70 Böcher, Otto: **Johann Hus und Martin Luther in Wörsdorf:** ein Beitrag zur »Heiligenverehrung« der südwestdeutschen Lutheraner. BlPfKG 71 (2004), 285-290: Ill. ≙ Ebernburg-Hefte 38 (2004), 53-58: Ill.

71 Böcher, Otto: **Die Luther-Rose:** Martin Luthers Siegel und die Wappen der Reformation. BlPfKG 71 (2004), 239-264: Ill. ≙ Ebernburg-Hefte 38 (2004), 7-32: Ill.

72 Böcher, Otto: **Die Wappen der Reformation:** ein Nachtrag. BlPfKG 72 (2005), 369-372: Ill. ≙ Ebernburg-Hefte 39 (2005), 57-60: Ill.

73 Bohle, Evamaria: **In einem fernen Spiegel:** eine Ausstellung gibt einen lebendigen Einblick in die Zeit des Augsburger Religionsfriedens. ZZ 6 (2005) Heft 8, 50-52: Ill.

74 Bräuer, Helmut: **Nach der 2. Sächsischen Landes-**

ausstellung: Fragen und kritische Anmerkungen. Sächsische Heimatblätter 50 (2004), 377-380.

75 **Eisenbahnwagen Martin Luther.** ZZ 6 (2005) Heft 10, 7.

76 Falcke, Heino: **Christliches Leben im Erfurter Augustinerkloster 1945-1990.** In: 052, 97-120: Ill. L 112+".

77 Findeisen, Peter: **Der Große Wendelstein des Schlosses Hartenfels.** In: 022, 205-219: Ill.

78 Kammer, Otto: **Reformationsdenkmäler des 19. und 20. Jahrhunderts:** eine Bestandsaufnahme/ hrsg. im Auftrag der Stiftung Luthergedenkstätten in Sachsen-Anhalt. L: EVA, 2004. 342 S.: Ill., XVI S. Taf. (Stiftung Luthergedenkstätten in Sachsen-Anhalt: Katalog; 9) – Bespr.: Böcher, Otto: BlPfKG 72 (2005), 441 f = Ebernburg-Hefte 39 (2005), 129 f.

79 **Katalog** [Augsburger Religionsfrieden]. In: 01, 297. 650: Ill., Kt.

80 Kern, Margit: **Religio und Pax:** lutherische Konfessionalisierung in Wort und Bild am Wittenberger Rathaus. ARG 96 (2005), 81-108: Ill. L 81 f+".

81 Krause, Hans-Joachim: **Die Schlosskapelle in Torgau.** In: 022, 175-188: Ill.

82 **Landgraf Philipp der Großmütige 1504-1567:** Hessen im Zentrum der Reform; Dokumentation zur Ausstellung des Landes Hessen im Marburger Landgrafenschloss, 4.9.2004-28.11.2004/ bearb. von Susan Linden; Katja Wehry. Marburg: Druckhaus Marburg, 2005. 142 S.: Ill.

83 Lilje, Hanns: **Martin Luther:** mit Selbstzeugnissen und Bilddokumenten/ hrsg. von Kurt Kusenberg; mit 2002 neubearb. Bibliographie von Helmar Junghans. 24. Aufl. Reinbek bei HH: Rowohlt, 2003. 160 S.: Ill. (Rowohlts Monographien; 50098)

84 Lilje, Hanns: **Martin Luther:** mit Selbstzeugnissen und Bilddokumenten/ hrsg. von Kurt Kusenberg; mit 2002 neubearb. Bibliographie von Helmar Junghans. 25. Aufl. Reinbek bei HH: Rowohlt, 2004. 160 S.: Ill. (Rowohlts Monographien; 50098)

85 Ludscheidt, Michael: »**die wichtigsten Anstalten der evangelischen Kirche [...] vereinigt«:** das Erfurter Augustinerkloster zwischen Säkularisation und Zweitem Weltkrieg. In: 052, 75-95: Ill. L".

86 **Lutherstädte:** a Reformation travel guide/ Text von Reiner Zimmermann, ins Engl. übers. von David Johnson. HH: Stimme der Hoffnung, 2005. 95 S.: Ill. & Beil. (CD-ROM).

87 **Medaillen – Plaketten – Reichsmünzen:** Auktion 89; 27. April 2002; Home Hotel Düsseldorf Börse. Düsseldorf: Heinrich Winter Münzhandlung, 2002. 240 S.: Ill. L 146-150. 205. 209.

88 **Münzauktion in Kassel:** Auktion 30; 15. und 16. April 2002 der Münzenhandlung Harald Möller GmbH; 34314 Espenau. Espenau: Möller, 2002. 216 S.: Ill. L 94. 98-103.

89 Neser, Anne-Marie: **Luthers Wohnhaus in Wittenberg:** Denkmalpolitik im Spiegel der Quellen. L: EVA, 2005. 364 S.: Ill. (Stiftung Luthergedenkstätten in Sachsen-Anhalt: Katalog; 10)

90 Rogg, Matthias: **Gottlose Kriegsleute?:** zur bildlichen Darstellung von Söldnern des 16. Jahrhunderts im Spannungsfeld von Lebenswirklichkeit, öffentlicher Meinung und konfessioneller Bildpropaganda. In: 056, 121-144: Ill. L 134-137+".

91 Rothe, Andreas: **Luther besuchte Torgau mindestens 41mal.** Familienblatt der Lutheriden-Vereinigung 78 (2004) Heft 40 (Juni), 14.

92 **Sachsen-Anhalt I:** Regierungsbezirk Magdeburg/ Neubearbeitung/ bearb. von Ute Bednarz ... M: Deutscher Kunstverlag, 2002. X, 1071, 18 S.: Ill., Kt. (Dehio, Georg: Handbuch der Deutschen Kunstdenkmäler: Neubearbeitung)

93 **Sachsen-Anhalt II:** Regierungsbezirke Dessau und Halle/ Neubearbeitung/ bearb. von Ute Bednarz ... M: Deutscher Kunstverlag, 1999. 1001 S.: Ill. & Beil. (Kt.). (Dehio, Georg: Handbuch der Deutschen Kunstdenkmäler: Neubearbeitung)

94 Schirra, K.; Schmidt, K.: **Auf den Spuren von Martin Luther/** unter Mitarb. von R. Abeln. Bendorf: Logo, s. a. [28] S.: Ill., Kt.

95 Schmelz, Lothar; Haerter, Andreas: **Das Augustinerkloster zu Erfurt von 1990-2005.** In: 052, 121-144: Ill. L 122+".

96 **Sendbrief:** aktuelle Berichte aus der Stiftung Luthergedenkstätten in Sachsen-Anhalt/ hrsg. von der Stiftung Luthergendenkstätten in Sachsen-Anhalt; Redaktion: Michael Kühnast. Nr. 4 (Frühjahr). Wittenberg, 2005. 8 S.: Ill.

97 **Sendbrief:** aktuelle Berichte aus der Stiftung Luthergedenkstätten in Sachsen-Anhalt/ hrsg. von der Stiftung Luthergendenkstätten in Sachsen-Anhalt; Redaktion: Michael Kühnast. Nr. 5 (Herbst). Wittenberg, 2005. 8 S.: Ill.

98 **Spätmittelalter am Oberrhein:** Große Landesausstellung Baden-Württemberg 29. September 2001 – 3. Februar 2002. Teil 1: **Maler und Werkstätten 1450-1525;** Staatliche Kunsthalle Karlsruhe. S: Thorbecke, 2001. 508 S.: Ill. L 475.

99 Streffer, Heinrich: **Illustrationen aus dem 19. Jahrhundert:** Luthers Leben – Stahlradierungen von Gustav König. 8. Folge. Familienblatt der Lutheriden-Vereinigung 78 (2004) Heft 40 (Juni), 18: Ill.

100 Streffer, Heinrich: **Illustrationen aus dem 19. Jahrhundert:** Luthers Leben – Stahlradierungen von

Gustav König. 9. Folge. Familienblatt der Luther-
den-Vereinigung 79 (Dezember 2004) Heft 41, 20:
Ill.

101 Vogt-Lüerssen, Maike: **Martin Luther:** in Wort
und Bild. Norderstedt: Books on demand, 2003.
79 S.: Ill.

102 Wimböck, Gabriele: **Exempla fidei:** die Kirchen-
ausstattung der Wettiner im Reformationszeitalter. In: 022, 189-204: Ill.

103 Wimböck, Gabriele: **Macht des Raumes, Raum
des Bildes:** die Ausstattung der Schloßkirche von
Torgau. In: 023, 233-264: Ill.

B DARSTELLUNGEN

I Biographische Darstellungen

a) Das gesamte Leben Luthers

104 Arnold, Matthieu: **Les mondes de l'épistolier
Martin Luther.** Foi et vie 104 (P 2005) Heft 3, 55-
74.

105 Bainton, Roland H.: **Lutero** (Here I stand: a life of
Martin Luther ⟨ital.⟩)/ mit einer Einführung von
Adriano Prosperi. Neuausgabe der Übersetzung
1960, Biblioteca di cultura storica. Torino: Einaudi, 2003. LI, 415 S. (Einaudi tascabili; 1101)

106 Cottret, Bernard: **Ruteo, Kalvaeng, Wesli** (Histoire
de la Réforme protestante: Luther, Calvin, Wesley;
XVᵉ-XVIIIᵉ siècle ⟨korean.⟩)/ übers. von Geon-taek
Park . Seoul, Korea: Solomon, 2004. 586 S.

107 Herrmann, Horst: **Martin Luther:** eine Biographie.
3. Aufl. dieser Ausgabe. B: Aufbau Taschenbuch,
2004. 567 S. (AtV; 1933)

108 **Martin Luther:** sur le roc de la Parole; un-DVD-
Rom interactif et pédagogique pour decouvrier la
vie et l'œuvre de Martin Luther; un document
précieux qui propose un questionnement et une
animation cátechétique de qualité; DVD-Rom
pour PC/ hrsg. von Caroline Baubérot; Albert
Greiner ... P: Association Génerale de la Mission
Intérieure, 2005. 1 DVD-ROM. – Bespr. siehe LuB
2006, Nr. 1356.

109 **Reformers in profile:** advocates of reform 1300-
1600/ hrsg. von Brian A. Gerrish. Neudruck der
Ausgabe Phil, 1967. Eugene, OR: Wipf and Stock,
2004. VII, 264 S. L 86-114+". [Vgl. LuB 1969, Nr.
163]

110 Ringleben, Joachim: **Luther.** In: 09, 90-110: Ill.

111 Zschoch, Hellmut: **Lebenslauf.** In: 049, 82-91.

b) Einzelne Lebensphasen und Lebensdaten

112 Beyer, Michael: **Auseinandersetzungen Luthers
mit der Leipziger Universität und ihrer Theologischen Fakultät zu Beginn der Reformation.** In: 069,
49-62: Ill.

113 Dingel, Irene: **Luther und Wittenberg.** In: 049, 168-
178.

114 Dix, Tara: **The flush heard round the world.** U. S.
Catholic 70 (Chicago, IL 2005) Nr. 3, 5.

115 Härle, Wilfried: **Luthers reformatorische Entdek-
kung – damals und heute/ Kurzfassung von Sibylle G. Krause.** LuD 13 (2005), 97-100. [Vgl. LuB
2005, Nr. 86]

116 Junghans, Helmar: **Bibelhumanistische Anstöße
in Luthers Entwicklung zum Reformator.** In: 062,
17-42.

117 Junghans, Helmar: **Und es wurde doch genagelt!**
[Thesenanschlag]. Glaube + Heimat (2005) Nr. 43,
3: Ill.

118 Junghans, Helmar: **Und es wurde doch genagelt!**
[Thesenanschlag]. Die Kirche (2005) Nr. 43, 3: Ill.

119 Junghans, Helmar: **Und es wurde doch genagelt!**
[Thesenanschlag]. Der Sonntag 60 (Leipzig 2005)
Nr. 43, 3: Ill.

120 Kohnle, Armin: **Wormser Edikt.** TRE 36 (2004),
287-291.

121 Lausten, Martin Schwarz: **Luther nach 1530:** Theologie, Kirche und Politik/ übers. von Dietrich
Harbsmeier. LuJ 71 (2004), 13-36.

122 Lindner, Andreas: **Martin Luther im Erfurter
Augustinerkloster 1505-1511.** In: 052, 59-74: Ill.

123 Miegge, Giovanni: **Lutero, l'uomo e il pensiero fino
alla Dieta di Worms (1483-1521)** (Luther, ein
Mann und sein Denken bis zum Reichstag von
Worms [1483-1521]). 4. Aufl. Torino: Claudiana,
2003. 512 S. (Lutero: Opere scelte, Volume supp-
lementare)

124 Pilvousek, Josef; Springer, Klaus-Bernward: **Die
Erfurter Augustiner-Eremiten:** eine evangelische
»Brüdergemeinde« vor und mit Luther (1266-
1560). In: 052, 37-57: Ill.

125 Schulze, Manfred: **Thesenanschlag.** In: 065, 357 f.

126 Zehmisch, Heinz: **Zur Krankengeschichte von Dr.**

Martin Luther. Ärzteblatt Sachsen (2005) Nr. 1, 29-31: Ill.

c) Familie

127 Akerboom, Dick: **Katharina von Bora en haar invloed op Martin Luther**/ Kurzfassung von D[ick] A[kerboom]. LuD 13 (2005), 134-136: Ill. [Vgl. LuB 2003, Nr. 83]

128 Akerboom, Dick: **Katharina von Bora und ihr Einfluss auf Martin Luther:** meinem »Herrn Käthe« gewidmet. Luth. Kirche in der Welt 52 (2005), 83-119.

129 Fabiny, Katalin: **500 éve született Bóra Katalin** (Vor 500 Jahren ist Katharina von Bora geboren). LP 74 (1999), 139-142.

130 Fabiny, Katalin: **Észrevétlen, de nélkülözhetetlen:** 450 éve halt meg Bóra Katalin (Unauffällig, aber unentbehrlich: vor 450 Jahren ist Katharina von Bora gestorben). Keresztyén igazság (BP 2002) Nr. 56, 33-38.

131 Liebehenschel, Wolfgang: **Merkwürdige Personalverbindungen der Ehefrau Martin Luthers, Katharina von Bora, zum Heiligen Grab in Görlitz.** Familienblatt der Lutheriden-Vereinigung 78 (2004) Nr. 40 (Juni), 12 f.

132 **Die Lutheriden ehren ihre Urmutter in der evangelischen St. Marien-Kirche zu Torgau:** Kranzniederlegung am Epitaph der Katharina Luther geb. von Bora. Familienblatt der Lutheriden-Vereinigung 79 (Dezember 2004) Heft 41, 4: Ill.

133 Markwald, Rudolf K.; Markwald, Marilynn Morris: **Katharina von Bora:** a Reformation life/ Kurzfassung von Timothy H. Maschke. LuD 13 (2005), 141-158: Ill. [Vgl. LuB 2004, Nr. 174]

134 Vogt-Lüerssen, Maike: **Katharina von Bora:** Martin Luthers Frau. [MZ-Kostheim]: Probst, [2002]. 1 CD-ROM & Beil. (1 Bl.).

d) Volkstümliche Darstellungen seines Lebens und Werkes, Schulbücher, Lexikonartikel

135 Adelmeyer, Annette; Both, Siegfried: **Luther entdecken:** ein Buch zum Stöbern und Nachschlagen/ hrsg. von der Stiftung Luthergedenkstätten in Sachsen-Anhalt. Kropstädt: Mundschenk, 2005. 129 S.: Ill., Taf., Kt.

136 **Biographische Angaben zu den Denkern.** In: 09, 311-320. L 313f.

137 **Deutsche Biographische Enzyklopädie der Theologie und der Kirchen**/ hrsg. von Bernd Moeller mit Bernd Jahn. Bd. 1. A-L. M: Saur, 2005. XVIII, 881 S.

138 **50 Bibelworte, die die Welt veränderten**/ hrsg. von

William J. Petersen; Randy Petersen. Wuppertal: Brockhaus, 2003. 157 S. L 37-39.

139 Görföl, Tibor: **Luther Márton (1483-1546)**. In: Teológusok lexikona (Taschenlexikon)/ erarb. von Tibor Görföl; Mihály Kránitz. BP: Osiris, 2002, 236-238. (Osiris kézikönyvek)

140 Gotthard, Axel: **Luthers wirkmächtige Thesen – Die Reformation.** In: Meilensteine der Menschheit: einhundert Entdeckungen, Erfindungen und Wendepunkte der Geschichte/ hrsg. von der Brockhaus-Redaktion; red. Leitung: Martin Frühstorfer. L; Mannheim: Brockhaus, 1999, 150-153: Ill.

141 **Der große Ploetz:** die Daten-Enzyklopädie der Weltgeschichte; Daten, Fakten, Zusammenhänge/ begr. von Carl Ploetz; bearb. von 80 Fachwiss. 34., aktual. Aufl./ Redaktion: Ludger Beckmann ... Frechen: Komet, 2005. XXVI, 2085 S.: Ill. & Beil. (1 CD-ROM).

142 Krey, Philip D.: **Luther (Martin)**. In: Saint Augustin – La Méditerranée et l'Europe IVe-XXe siècle/ hrsg. von Allan D. Fitzgerald. Französische Ausgabe hrsg. von M.-A. Vannier. P: Cerf, 2005, 890-894.

143 **Lebenswege mit der Bibel:** auf den Spuren berühmter Persönlichkeiten in Mitteldeutschland/ hrsg. vom Mitteldeutschen Rundfunk; Verfasser Mechthild Baus; Christoph Dietrich; Julia Mohn. L: EVA, 2003. CD-Rom & Beil. (18 S.)

144 **Luther, aki megváltoztatta a világot!:** tanulmányfüzet; javaslatok a téma feldolgozására a film alapján (Luther, der die Welt verändert hat!: Studienheft; Vorschläge zur Aufarbeitung des Themas anhand des Films)/ hrsg. von Árpá Kulcsár. BP: Superbook, [2005]. 37 S.

145 Maier, Paul L.; Copeland, Greg: **Martin Luther, a man who changed the world.** StL: Concordia, 2004. 26 S.: Ill.

146 Paulson, Steven D.: **Luther for armchair theologians.** Louisville, KY: Westminster John Knox, 2004. 224 S.: Ill.

147 **Renaissance and Reformation 1500-1620:** a biographical dictionary/ hrsg. von Jo Eldridge Carney. Westport, CT: Greenwood, 2001. 417 S. - Bespr.: Elston, Timothy G.: SCJ 33 (2002), 522 f.

148 Schwikart, Georg: **Christentum.** 2. Aufl. GÜ: GVH, 2004. 95 S. (Basiswissen)

149 Sunshine, Glenn S.: **The Reformation for armchair theologians.** Louisville, KY: Westminster John Knox, 2005. VIII, 247 S.: Ill.

150 Ulrich, Jörg; Heil, Uta: **Klausurenkurs Kirchengeschichte:** 61 Entwürfe für das 1. Theologische Examen. GÖ: V&R, 2002. 189 S. (UTB; 2364)

151 Waibel, Paul R.: **Martin Luther:** a brief introduction to his life and work. Wheeling, IL: Harlan Davidson, 2005. XI, 139 S.: Ill.

a) Gesamtdarstellungen seiner Theologie

152 Asendorf, Ulrich: **Schrift und Dogma:** zur Systematik in Luthers Theologie. KD 48 (2002), 301-318.

153 Asendorf, Ulrich: **Schrift und Dogma:** zur Systematik in Luthers Theologie/ Kurzfassung von Wolfgang Vondey. LuD 13 (2005), 10 f.

154 Bayer, Oswald: **Urteilskraft als theologische Kompetenz:** Was macht einen Theologen zum Theologen? Theol. Beiträge 36 (2005), 229-237.

155 Beutel, Albrecht: **Theologie als Erfahrungswissenschaft.** In: 049, 454-459.

156 Beutel, Albrecht: **Theologie als Schriftauslegung.** In: 049, 444-449.

157 Beutel, Albrecht: **Theologie als Unterscheidungslehre.** In: 049, 450-454.

158 Bielfeldt, Dennis: **Luther and the strange language of theology:** how »new« is the »nova lingua«?/ Kurzfassung von Timothy H. Maschke. LuD 13 (2005), 92-96. [Vgl. LuB 2003, Nr. 100]

159 Brecht, Martin: **Die Entwicklung der Theologie Luthers aus der Exegese:** vorgeführt an der »Epistel S. Petri gepredigt und ausgelegt« (1522/1523). In: 051, 1-24.

160 Heggen, Bruce Allen: **To tell the truth but tell it slant:** Martin Luther's theology and poetry. In: Translucence: religion, the arts, and imagination/ hrsg. Carol Gilberston; Gregg Muilenburg. MP: Fortress, 2004, 87-122 S.

161 Holm, Bo Kristian: **Zur Funktion der Lehre bei Luther:** die Lehre als rettendes Gedankenbild gegen Sünde, Tod und Teufel. KD 51 (2005), 17-32.

162 Kolb, Robert: **Bound choice, election and Wittenberg theological method:** from Martin Luther to the Formula of concord. Grand Rapids, MI; Cambridge, U. K.: Eerdmans, 2005. XIII, 381 S. (Lutheran quarterly books)

163 Korsch, Dietrich: **Die religiöse Leitidee.** In: 049, 91-97.

164 Korsch, Dietrich: **Theologische Prinzipienfragen.** In: 049, 353-362.

165 Schwarz, Reinhard: **Disputationen.** In: 049, 328-340.

166 Schwöbel, Christoph: **Theologie.** In: 065, 255-306. L 261. 282 f.

167 Son, Gyu-tae: **Martin Ruteo ui shinhak sasang gwa yulli** (Theol. Denken und Ethik bei Martin Luther). Seoul, Korea: The Christian Literature Society of Korea, 2004. 414 S.

168 Wagner, Harald: **Dogmatik.** S: Kohlhammer, 2003. 567 S. (Kohlhammer Studienbücher Theologie, 18)

b) Gott, Schöpfung, Mensch

169 Arand, Charles P.: **Ruteo ui changjoron** (Luthers Schöpfungstheologie). RuYu 18 (2004), 9-27.

170 Assel, Heinrich: **Person bei Luther und Kant:** fundamentalethische Perspektiven. In: 035, 55-80.

171 Bachmann, Claus: **Vom unsichtbaren zum gekreuzigten Gott:** die Karriere des biblischen Bilderverbots im Protestantismus. NZSTh 47 (2005), 1-34. L 28-32+".

172 Bauke, Jan: **Gottes Gerechtigkeit?:** Hinweise zur Theodizeeproblematik. ZThK 102 (2005), 333-351. L 345-347. 349.

173 Bellers, Jürgen: **Augustinus, Th. v. Aquin, Luther, J. de Maistre, P. Teilhard de Chardin:** die göttliche Ordnung der Welt, deren Zerfall und der theologische Versuch einer Rekonstruktion. Siegen: Universität Siegen, 2003. 8 S. (Diskussionspapiere des Faches Politikwissenschaften: Rote Reihe; 104)

174 Dietz, Walter: **Urstand III:** dogmatisch. In: 065, 843-848. L 843.

175 Dietz, Walter: **Wesen Gottes.** In: 065, 1483-1485.

176 Eber, Jochen: **Der Glaube an den dreieinigen Gott.** In: 073, 11-22.

177 Fabiny, Tibor, Jr.: **A rejtőzködő és kinyilatkoztató isten** (Der verborgene und offenbarte Gott). In: 028, 7-28.

178 Ferrario, Fulvio: **Nascondimento e rivelazione:** in margine al »Servo arbitrio« (Verborgenheit und Offenbarung: Bemerkungen zum »gebundenen Willen«). In: 016, 87-113.

179 Forde, Gerhard O.: **The captivation of the will:** Luther vs. Erasmus on freedom and bondage; with an introduction by James A. Nestingen/ hrsg. von Steven Paulson. Grand Rapids, MI; Cambridge, U. K.: Eerdmans, 2005. XVIII, 118 S. (Lutheran quarterly books)

180 Forde, Gerhard O.: **Postscript to »The captivation of the will«.** LQ 19 (2005), 77 f.

181 Frey, Christofer: **Sünde und Buße:** das Thema der Lebenswende. Glaube und Lernen 20 (2005), 131-141.

182 Gregersen, Niels Henrik: **Grace in nature and history:** Luther's doctrine of creation revisited. Dialog 44 (Oxford 2005), 19-29.

183 Hahn, Eberhard: Sünder – das sind die Anderen ...!? In: 074, 156-183.

184 Helmer, Christine: **God from eternity to eternity:** Luther's trinitarian understanding/ Kurzfassung von Kenneth Hagen. LuD 13 (2005), 101-105. [Vgl. LuB 2004, Nr. 235]

185 Herms, Eilert: **Mensch.** In: 049, 392-403.
186 Herms, Eilert: **Versuchung VI:** dogmatisch. In: 065, 1072-1074.
187 Herms, Eilert: **Willensfreiheit V:** dogmatisch. In: 065, 1574-1576.
188 Hofmann, Peter: **Gott – Anschauen – Üben:** über Prinzip und Fundament der Fundamentaltheologie. NZSTh 47 (2005), 81-100. L".
189 Jensen, Richard A.: **Theosis and preaching:** implications for preaching in the Finnish Luther research source. CTM 31 (2004), 432-437.
190 Jørgensen, Theodor: **Der Mensch vor Gott in der Genesisvorlesung Luthers.** LuJ 71 (2004), 131-158: Ill.
191 Jüngel, Eberhard: **L'essere umano che corrisponde a Dio:** osservazioni sull'essere umano come immagine di Dio, in quanto figura fondamentale di un'antropologia teologica (Der Gott entsprechende Mensch: Bemerkungen zur Gottebenbildlichkeit des Menschen als Grundfigur theol. Anthropologie). In: 033, 113-141.
192 Jüngel, Eberhard: **»I miei giorni sono nelle tue mani« (Salmo 31, 15):** sulla dignità della vita umana limitata (»Meine Zeit steht in deinen Händen« [Ps 31, 16]: zur Würde des befristeten Menschenlebens). In: 033, 339-65.
193 Jüngel, Eberhard: **La morte come mistero della vita** (Der Tod als Geheimnis des Lebens). In: 033, 149-176.
194 Kärkkäinen, Pekka: **Luthers Pneumatologie.** In: 048, 40-52.
195 Kärkkäinen, Pekka: **Luthers trinitarische Theologie des Heiligen Geistes.** MZ: von Zabern, 2005. VI, 208 S. (VIEG; 208: Abt. Abendländische Religionsgeschichte) – Zugl.: Helsinki, Univ., Theolog. Fakultät, Diss., 2003. [Vgl. LuB 2004, Nr. 240]
196 Krötke, Wolf: **Verborgenheit Gottes.** In: 065, 938-941. L 940.
197 Kubsch, Ron: **Der Mensch – ein Ebenbild Gottes:** »Staub und Majestät – wie kann das sein?«. In: 074, 127-143.
198 Kubsch, Ron; Schirrmacher, Thomas: **Natürliche Theologie:** Was kann die Vernunft über Gott wissen? In: 073, 119-131.
199 Kummer, Joachim: **Gott und Mensch = Gott für den Menschen.** In: 074, 73-93. L".
200 Leppin, Volker: **Deus absconditus und Deus revelatus:** Transformationen mittelalterlicher Theologie in der Gotteslehre von »De servio arbitrio«. Berliner theol. Zeitschrift 22 (2005), 55-69.
201 Markschies, Christoph: **Wille III:** kirchen- und theologiegeschichtlich. In: 065, 1561-1563.
202 Markschies, Christoph: **Willensfreiheit III:** kirchengeschichtlich. In: 065, 1569-573. L 1570f.

203 Meier, Ralph: **Gott als Richter und Retter erfahren:** Rechtfertigung des Gottlosen. In: 073, 225-238.
204 Mühling, Markus: **Traduzianismus.** In: 065, 530.
205 Oberdorfer, Bernd: **Trinität/Trinitätslehre III:** dogmengeschichtlich; 2. Mittelalter bis Neuzeit. In: 065, 608-612. L 610.
206 Ohst, Martin: **Wunder V:** kirchengeschichtlich. TRE 36 (2004), 397-409.
207 Pesch, Otto Hermann: **Wille/Willensfreiheit III:** dogmen- und theologiegeschichtlich. TRE 36 (2004), 76-96. L 87-90.
208 Peterson, Daniel J.: **Speaking of God after the death of God.** Dialog 44 (Oxford 2005), 207-226.
209 Plathow, Michael: **Vorsehung V:** theologiegeschichtlich und dogmatisch. In: 065, 1216f.
210 Schumacher, William W.: **Civic participation by churches and pastors:** an essay on two kinds of righteousness. CJ 30 (2004), 165-177.
211 Schwanke, Johannes: **Luther on creation/** Kurzfassung von Richard A. Krause. LuD 13 (2005), 16-20: Ill. [Vgl. LuB 2004, Nr. 264; LuB 2005, Nr. 155]
212 Schwarzwäller, Klaus: **Unser abgründiger Vater im Himmel:** das Problem des deus absconditus. Informationes theologiae Europae 13 (2004), 315-334. L 315-318. 320-333.
213 Stefan, Jan: **Wunder VI:** dogmatisch. TRE 36 (2004), 409-413.
214 Stümke, Volker: **Wie viel Selbstbestimmung gehört zur Würde des Menschen?:** Gedanken zur Menschenwürde bei Luther und Kant aus ethischer Perspektive. In: 035, 101-137.
215 Thaidigsmann, Edgar: **Gottes schöpferisches Sehen und die autonome Würde der Vernunft:** Was gibt Luther im Blick auf Kant zu denken? In: 035, 21-38.
216 Thaidigsmann, Edgar: **Der »übersichtige Mensch« und Gottes freies Sehen:** Theologie und Anthropologie in Luthers Auslegung des »Magnificat«. LuBu 14 (2005), 85-97: Samenvatting, 97.
217 Trowitzsch, Michael: **Gott arbeitet – »dass ihm die Haut raucht« (Martin Luther):** Bemerkungen zu einer Metapher. Berliner theol. Zeitschrift 21 (2004), 257-270.
218 Wabel, Thomas: **Selbstbestimmung und Selbstbezogenheit:** Luther zum »sensus proprius«. Archiv für Begriffsgeschichte 45 (2003), 83-120.
219 Yang, Andrew S.: **Abraham and Isaac, child abuse and Martin Luther.** LQ 19 (2005), 153-166.

c) Christus

220 Arnold, Matthieu: **La christologie de Martin Luther d'après sa correspondance.** In: 062, 151-169.
221 Barth, Ulrich: **Textauslegung als systematische**

Begriffskonstruktion: Beobachtungen zu Luthers Theologia crucis. In: 044, 31-54.

222 Evers, Dirk: **Unendlichkeit III.** In: 065, 729-731.

223 Forde, Gerhard O.: **Ki a kereszt teológusa:** gondolatok Luther Heidelbergi disputációjáról (On being a theologian of cross: reflections on Luther's Heidelberg Disputation 1518 〈ungar.〉)/ übers. von Tibor Fabiny Jr.; Sára Tóth. BP: Magyarországi Luther Szövetség, 2005. 125 S. (Magyar Luther könyvek; 10)

224 García, Alberto L.: **Signposts for global witness in Luther's theology of the cross.** In: The theology of the cross for the 21st century: signposts for a multicultural witness/ hrsg. von Alberto L. García; A. R. Victor Raj. StL: Concordia, 2002, 15-36.

225 García, Alberto L.: **Signposts for global witness in Luther's theology of the cross/** Kurzfassung von James G. Kiecker. LuD 13 (2005), 62-67.

226 Gleede, Benjamin: **Luthers christologische Disputationen (1539/40).** [Seminarbericht]. LuJ 71 (2004), 240-343.

227 Hahn, Eberhard: **Wer ist Jesus Christus für uns?:** historischer Jesus – gegenwärtiger Christus. In: 074, 9-35. L".

228 Herrmann, Christian: **Auferstehungsgewissheit:** Gott als Sieger erfahren. In: 073, 249-262.

229 Ji, Won Yong: **Luther's theology of the cross and eastern thought/** Kurzfassung von Patricia A. Sullivan. LuD 13 (2005), 68-71: Ill. [Vgl. LuB 2000, Nr. 210; LuB 2002, Nr. 143]

230 Johnson, John Frederick: **The apostolic tradition in Colossae:** Christology in action. CJ 31 (2005), 127-131.

231 Jolkkonen, Jari: **Jesus Christ as the word of God:** some aspects of the theology of the word in the Lutheran confessional writings. Reseptio (Helsinki 2004) Heft 3, 43-46.

232 Jüngel, Eberhard: **Il sacrificio di Gesù Cristo come »sacramentum et exemplum«:** che cosa significa il sacrificio di Cristo per il contributo delle chiese al compimento e alla strutturazione della vita? (Das Opfer Jesu Christi als »sacramentum et exemplum«: Was bedeutet das Opfer Christi für den Beitrag der Kirchen zur Lebensbewältigung und Lebensgestaltung?). (1982). In: 033, 255-277.

233 Kolb, Robert: **Luther on the theology of the cross.** LQ 16 (2002), 443-466.

234 Kolb, Robert: **Luther on the theology of the cross/** Kurzfassung von Karin E. Stetina. LuD 13 (2005), 72-77.

235 Kühn, Ulrich: **Christologie.** GÖ: V&R, 2003. 332 S. (UTB; 2393) – Bespr.: Plathow, Michael: MD 54 (2003), 120 f.

236 Lienhard, Marc: **Luther, witness to Jesus Christ:** stages and themes of the Reformer's Christology (Luther: témoin de Jésus-Christ 〈engl.〉). Neudruck der Ausgabe MP, 1982. Eugene, OR: Wipf and Stock, 2004. 412 S.

237 Ngien, Dennis: **The suffering of God according to Martin Luther's theologia crucis.** Vancouver: Regent College, 2005. 289 S.

238 Reuss, András: **A testté létel titka** (Das Geheimnis der Fleischwerdung). In: 028, 29-41.

239 Rieger, Hans-Martin: **Die Passion Christi:** systematisch-theologische Denkanstöße für die kirchliche Praxis. Theol. Beiträge 35 (2004), 262-282. L 265-271+".

240 Rőzse, István: **A feltámadás és az új élet csodája** (Das Wunder der Auferstehung und des neuen Lebens). In: 028, 49-80.

241 Schaede, Stephan: **Stellvertretung:** begriffsgeschichtliche Studien zur Soteriologie. TÜ: Mohr, 2004. XXIV, 715 S. (Beiträge zur historischen Theologie; 126) – Zugl.: TÜ, Univ., Theol. Fak., Diss., 2001/02.

242 Schneider, Florian: **Christus praedicatus et creditus:** die reformatorische Christologie Luthers in den »Operationes in psalmos« (1519-1521), dargestellt mit beständigem Bezug zu seiner Frühzeitchristologie. NK: NV, 2004. XIV, 377 S. – Zugl.: GÖ, Univ., Theol. Fak., Diss., 2003/04.

243 Slenczka, Notger: **Christus.** In: 049, 381-392.

244 Véghelyi, Antal: **A kereztfa titka** (Das Geheimnis des Kreuzes). In: 028, 42-48.

245 Vercruysse, Jos E.: **Luthers Kreuzestheologie und ihre ekklesiologischen und ökumenischen Implikationen/** Kurzfassung von Franz Posset. LuD 13 (2005), 78-80. [Vgl. LuB 2004, Nr. 303]

246 Webster, John: **Versöhnung V:** theologiegeschichtlich. In: 065, 1055-1059. L 1056 f.

247 Wengert, Timothy J.: **»Peace, peace ... cross, cross«:** reflections on how Martin Luther relates the theology of the cross to suffering/ Kurzfassung von Wolf D. Knappe. LuD 13 (2005), 81-86. [Vgl. LuB 2003, Nr. 179]

248 Westhelle, Vítor: **Theorie und Praxis III:** fundamentaltheologisch. In: 065, 344-346.

249 Wolff, Jens: **»Die größten Worte der gesamten Schrift«:** der gottverlassene Christus laut Psalm 22 aus Luthers Sicht. Lu 76 (2005), 101-107.

250 Wolff, Jens: **Metapher und Kreuz:** Studien zu Luthers Christusbild. TÜ: Mohr, 2005. XXIII, 677 S. (Hermeneutische Untersuchungen zur Theologie; 47) – Zugl.: MS, Univ., Theol. Fak., Diss., 2002.

251 Zimmermann, Ruben: **Die neutestamentliche Deutung des Todes Jesu als Opfer:** zur christologischen Koinzidenz von Opfertheologie und Opferkritik. KD 51 (2005), 72-99.

252 Zwanepol, Klaas: **A human God:** some remarks on Luther's christology. CJ 30 (2004), 40-53.

d) Kirche, Kirchenrecht, Bekenntnisse

253 Abraham, Martin: **Wozu Kirche?** In: 073, 239-248.

254 Aurelius, Carl Axel: **Notae ecclesiae in Luther's later writings.** [Seminarbericht]. LuJ 71 (2004), 244 f.

255 Beyer, Michael: **Die Neuordnung des Kirchengutes.** In: 031, 93-114: Ill.

256 Böröcz, Enikő: **A kereszt és feltámadás alakú egyház titka** (Das Geheimnis der kreuz- und auferstehungsförmigen Kirche). In: 028, 81-96.

257 Brockmann, Thomas: **Texte zu den Konzilien und zum Konzilsbesuch der Protestanten.** [Seminarbericht]. LuJ 71 (2004), 249-251.

258 Dreher, Martin N.: **Obrigkeit und kirchliche Ordnung beim späten Luther.** LuJ 71 (2004), 73-101.

259 Ehmer, Hermann: **Die Kirchengutsfrage in der Reformation.** RoJKG 23 (2004), 45-59.

260 Fabiny, Tibor, Jr.: **Luther az elrejtett egyházról: ecclesia abscondita, ecclesia crucis, ecclesia in via** (Luther über die verborgene Kirche). LP 80 (2005), 306-308.

261 Forde, Gerhard O.: **Lutheran ecumenism:** with whom and how much? LQ 17 (2003), 436-455. L".

262 Gaßmann, Günther: **Az Ágostai hitvallás jelentősége a lutheri egyházak világméretű közösségében** (Die Bedeutung der Confessio Augustana in der weltweiten Gemeinschaft der luth. Kirche). LP 80 (2005), 322-326.

263 Gummelt, Volker: **Luthers Stellung zu der Neuordnung der Kirche in den Territorien nach 1530.** [Seminarbericht]. LuJ 71 (2004), 271-273.

264 Hafenscher, Károly, Sr.: **Ugyanazon Krisztus uralma alett élünk – ugyanabban a hajóban evezünk ma** (Unter demselben Christus leben wir – in demselben Boot rudern wir heute). LP 80 (2005), 411-414.

265 Hauschild, Wolf-Dieter: **Tradition IV:** kirchengeschichtlich. In: 065, 509-511.

266 Hein, Martin: **Visitation.** In: 065, 1134-1136.

267 Hendrix, Scott H.: **The kingdom of promise:** disappointment and hope in Luther's later ecclesiology. LuJ 71 (2004), 37-60.

268 Herms, Eilert: **Unfehlbarkeit I:** fundamentaltheologisch. In: 065, 731 f.

269 Honecker, Martin: **Gibt es ein »evangelisches« Kirchenrecht?** ZThK 102(2005), 9-114. L 102-108+".

270 Hübner, Hans-Peter: **Die lutherische Kirche und das Recht.** Luth. Kirche in der Welt 52 (2005), 213-236. L 214-218+".

271 Josuttis, Manfred: **Zwanghafte Versteckspiele:** Umgang mit Macht in der evangelischen Kirche. ZZ 6 (2005) Heft 9, 30-32: Ill.

272 Knuth, Hans Christian: **Das lutherische Bekenntnis unserer Kirche:** persönlich-biographische Zugänge. In: 063, 333-340.

273 Lange, Dietz: **Zur theologischen Begründung des Kirchenrechts.** ZEvKR 50 (2005), 1-15.

274 Mantey, Volker: **Ekklesiologische Texte aus Luthers Genesisvorlesung 1535-1545.** [Seminarbericht]. LuJ 71 (2004), 246-248.

275 Mantey, Volker: **Kirche ohne Recht?:** Rudolph Sohms Verständnis von Kirche und Recht und Martin Luthers Zwei-Reiche-Lehre. ZEvKR 49 (2004), 718-738.

276 Moeller, Bernd: **Luther und das Papsttum.** In: 049, 106-115.

277 Prenter, Regin: **Geist und Glaube, Wille und Werkzeuge:** Artikel 5 der Augsburgischen Konfession. CAZW 74 (2003) Heft 4, 49-57: Ill.

278 Reese, Hans-Jörg: **Bekenntnisbildung und Bekenntnisbindung:** Konstitutiva lutherischer Kirchen. Luth. Kirche in der Welt 52 (2005), 19-37. L 21-26+".

279 **Reformierte Bekenntnisschriften:** eine Auswahl von den Anfängen bis zur Gegenwart/ hrsg. von Georg Plasger; Matthias Freudenberg. GÖ: V&R, 2004. 280 S.

280 Reuss, András: **Három megjelent mű és egy negyedik, aminek meg kell jelennie** (Drei gedruckte Werke und ein Viertes, das erscheinen soll). Credo 11 (BP 2005) Heft 1/2, 179-187.

281 Scharbau, Friedrich-Otto: **Luther und die Kirche.** Hannover: LVH, 2003. 237 S. – Bespr.: Plathow, Michael: Lu 76 (2005), 113 f.

282 Sprengler-Ruppenthal, Anneliese: **Das kanonische Recht in Kirchenordnungen des 16. Jahrhunderts: eine Dokumentation.** (1992). In: 067, 298-373. L 356-358+".

283 Sprengler-Ruppenthal, Anneliese: **Zu den theologischen Grundlagen reformatorischer Kirchenrechts.** (1987). In: 067, 278-297. L 278-281+".

284 Sprengler-Ruppenthal, Anneliese: **Zur reformatorischen Kirchenrechtsbildung.** (1980). In: 067, 153-176. L".

285 Vogt, Peter: **»Ecclesia simul justa et peccatrix«:** speaking about the holiness of the church from a Reformation perspective/ Kurzfassung von Richard A. Krause. LuD 13 (2005), 31-35: Ill. [Vgl. LuB 2003, Nr. 207]

286 Vulpius, Patrick: **Luftblasen als Offenbarung:** das Augsburgische Bekenntnis über Kirchenleitung. CAZW 74 (2003) Heft 4, 58-60: Ill.

287 Wendebourg, Dorothea: **Kirche.** In: 049, 403-414.

288 Wenz, Gunther: **Evangelium und Bekenntnis-schriften:** zur Konfessionshermeneutik des Luthertums. Cath 59 (2005), 36-50.

289 Zwanepol, Klaas: **Dogma als nota:** een dogmatische verkenning van enkele geschriften van Luther rond 1540/ Kurzfassung von K[laas] Z[wanepol]. LuD 13 (2005), 125 f. [Vgl. LuB 2003, Nr. 211]

e) Sakramente, Beichte, Ehe

290 Amberg, Joel van: **A real presence:** religious and social dynamics of the eucharistic conflicts in early modern Augsburg, 1520-1530. Tucson, AZ, 2004. 342 S. – Tucson, AZ, The University of Arizona, Ph. D. - 2004.

291 Assel, Heinrich: **Wort und Sakrament.** In: 065, 1710-1712.

292 Bagchi, David V. N.: **Luther and the sacramentality of penance.** In: Retribution, repentance, and reconciliation: papers read at the 2002 summer meeting and the 2003 winter meeting of the Ecclesiastical History Society/ hrsg. von Kate Cooper; Jeremy Gregory. Rochester, NY: Boydell, 2004, 119-127. (Studies in church history; 40)

293 Brandt, Reinhard: **Ob die Worte »Das ist mein Leib« wohl feste stahn?:** Abendmahlsliturgie und Verständnis des Abendmahls heute. In: 018, 123-138.

294 Burreson, Kent J[orgen]: **Water surrounded by God's word:** the dioceses of Breslau as a window into the transformation of baptism from the medieval period to Reformation. In: 077, 203-242: Tab.

295 Carbonnier-Burkard, Marianne: **Le mariage, »idole des protestans«?:** ou quelle réformation du mariage et du divorce chez les Réformateurs? In: Milton et le droit au divorce/ hrsg. von Olivier Abel; Christophe Tournu. Genève: Labor et Fides, 2005, 57-73. L 58-68+".

296 Dienst, Karl: **Das Abendmahl – nur ein Symbol?:** historische Aspekte eines umstrittenen Themas. BlPfKG 72 (2005), 377-390 ≙ Ebernburg-Hefte 39 (2005), 65-78.

297 Erdélyi, Gabriella: **Egy kolostorper története:** hatalom, vallás és mindennapok a középkor és az újkor határán (Geschichte eines Klosterprozesses: Macht, Religion und Alltag an der Grenze des Mittelalters und der Neuzeit). BP: MTA Történettudományi Intézete, 2005. 275 S.:Ill. L 177-179+". (Társadalom- és Művelődéstörténeti Tanulmányok; 38)

298 Erdélyi, Gabriella: **Gyónás és áldozás a késő középkorban** (Beichte und Kommunion im Spätmittelalter). Századok 137 (BP 2003), 525-548. L".

299 Ferrario, Fulvio: **Sacramenti** (Sakramente). Torino: Claudiana, 2002. 64 S. (Cinquantapagine; 28)

300 Forsberg, Juhani: **Luthers Schrift »Vom Abendmahl Christi. Bekenntnis« und die Ökumene.** In: 071, 87-100.

301 Frassek, Ralf: **Eherecht und Ehegerichtsbarkeit in der Reformationszeit:** der Aufbau neuer Rechtsstrukturen im sächsischen Raum unter besonderer Berücksichtigung der Wirkungsgeschichte des Wittenberger Konsistoriums. TÜ: Mohr, 2005. XIII, 367 S.: Ill. (Jus ecclesiasticum; 78) – Zugl.: Halle-Wittenberg, Univ., Habil., 2004.

302 Gisel, Pierre: **Sacraments et ritualité en christianisme:** 125 propositions. Genève: Labor et Fides, 2004. 96 S. L".

303 Greiner, Albert: **Une »Lettre ouverte« de Martin Luther sur le rebaptême.** PL 53 (2005), 23-43.

304 Grethlein, Christian: **Taufe III:** kirchengeschichtlich; 2. Reformation bis Gegenwart. In: 065, 63-69.

305 Hell, Silvia: **Der sakrifizielle Charakter eulogischer Vollzüge:** ökumenische Anmerkungen zum Messopfer. ZKTh 127 (2005), 215-236. L 215-219. 229.

306 Jolkkonen, Jari: **Uskon ja rakkauden sakramentti:** opin ja käytännön yhteys Martti Lutherin ehtoollisteologiassa (Ein Sakrament von Glaube und Liebe: die Verbindung zwischen Lehre und Praxis in der Abendmahlstheologie Luthers). Helsinki: Suomalainen Teologinen Kirjallisuusseura, 2004. 365 S. (Suomalaisen Teologisen Kirjallisuusseuran julkaisuja; 242)

307 Korsch, Dietrich: **Einleitung:** die Gegenwart Jesu Christi im Abendmahl. In: 018, 11-18.

308 Neumann, Peter H. A.: **Bußpsalmen.** In: 05, 216.

309 Osborne, Thomas: **Faith, philosophy, and the nominalist background to Luther's defense of the real presence/** Kurzfassung von Ian Christopher Levy. LuD 13 (2005), 58-60. [Vgl. LuB 2003, Nr. 231]

310 Rapp, Francis: **Notes sur l'eucharistie à la veille de la Réformation:** ce que nous apprennent quelques documents sur la communion. In: 062, 5-16.

311 Schmidt-Lauber, Hans-Christoph: **Eucharistiefrömmigkeit im Spiegel der Liturgiegeschichte.** In: Freude an der Eucharistie/ hrsg. von Anselm Grün; Reinhard Deichgräber. GÖ: V&R, 2003, 35-51.

312 Schwarz, Reinhard: **Selbstvergegenwärtigung Christi:** der Hintergrund in Luthers Abendmahlsverständnis. In: 018, 18-49.

313 Slenczka, Notger: **Neubestimmte Wirklichkeit:** zum systematischen Zentrum der Lehre Luthers von der Gegenwart Christi unter Brot und Wein. In: 018, 79-98.

314 Soosten, Joachim von: **Präsenz und Repräsentation:** die Marburger Unterscheidung. In: 018, 99-122.

315 Spinks, Bryan D.: **Conservation and innovation in sixteenth-century marriage rites.** In: 077, 243-278.

316 Sprengler-Ruppenthal, Anneliese: **Zur Rezeption des Römischen Rechts im Eherecht der Reformatoren.** (1982). In: 067, 202-250. L 213-219+".

317 Steiger, Johann Anselm: **Taufe IV:** dogmatisch; 3. evangelisch; a) lutherisch. In: 065, 72-74.

318 Steiger, Johann Anselm: **Transsubstantiation.** In: 065, 539.

319 Stephenson, John R.: **The Lord's supper.** StL: Luther Academy, 2003. XV, 294 S. (Confessional Lutheran dogmatics series; 7) – Bespr.: Raabe, Paul R.: CJ 29 (2003), 507-509; Galler, Jayson S.: CJ 31 (2005), 150-156.

320 Strohl, Jane E.: **God's self-revelation in the sacrament of the altar.** In: 04, 97-109.

321 Wendebourg, Dorothea: **Taufe und Abendmahl.** In: 049, 414-423.

322 Wieckowski, Alexander: **Evangelische Beichtstühle in Sachsen.** Beucha: Sax, 2005. 151 S.: Ill. L 13-16+".

f) Amt, Seelsorge, Diakonie, Gemeinde, allgemeines Priestertum

323 Beinert, Wolfgang: **Apostolisch:** Anatomie eines Begriffs. Cath 58 (2004), 251-275. L 269.

324 Cummings, Owen F.: **Eucharistic doctors:** a theological history. NY: Paulist, 2005. VIII, 274 S.

325 Dieter, Theodor: **Zu Luthers Lehre vom Amt: eine Problemanzeige.** In: 071, 69-86.

326 Führer, Werner: **Gottes Bodenpersonal:** die Erneuerung des geistlichen Amtes. CAZW 76 (2005) Heft 2, 13-19: Ill.

327 Hagen, Kenneth: **A critique of Wingren on Luther on vocation/** Kurzfassung von Timothy H. Maschke. LuD 13 (2005), 22-26. [Vgl. LuB 2003, 259]

328 Hell, Silvia: **Kritische Anmerkungen zum VELKD-Papier »Allgemeines Priestertum, Ordination und Beauftragung nach evangelischem Verständnis«.** US 60 (2005), 282-291.

329 Hohage, Gerrit: **Predigen im Spannungsfeld von Amt und Person:** ein Versuch, Luthers Amts- und Schlatters Personverständnis homiletisch ins Gespräch zu bringen. NK: NV, 2005. XI, 384 S. – Zugl.: HD, Univ., Theol. Fak., Diss., 2004/05.

330 Jolkkonen, Jari: **Luther ja paavi:** oliko Lutherilla teoriaa uudistuneesta paaviudesta? (Luthers Gedanken über ein reformiertes Papsttum). TA 109 (2004), 3-15.

331 Jüngel, Eberhard: **Tesi sul ministero della chiesa da un punto di vista evangelico** (Thesen zum Amt der Kirche nach evang. Verständnis). In: 033, 393-401.

332 Körtner, Ulrich H. J.: **Ordination und Priestertum aller Gläubigen – eine reformierte Stimme.** MD 56 (2005), 29-32.

333 Kretschmar, Georg: **Vom Dienst des Bischofs.** KD 51 (2005), 217-227.

334 Leppin, Volker: **Zwischen Notfall und theologischem Prinzip:** Apostolizität und Amtsfrage in der Wittenberger Reformation. In: 040, 376-400.

335 Mattox, Mickey L.: **Luther on Eve, woman and the church.** LQ 17 (2003), 456-474.

336 Mattson, Daniel L.: **Zhēnzhèngde shénxué shì shìyòngdé:** lùdé mùyǎng-shénxué bèihuòde jùnchéng (Wahre Theologie ist praktisch: Luthers Pastoraltheologie). Theology & life 28 (Hong Kong 2005), 61-88.

337 Müller, Hans Martin: **Evangelisches Amtsverständnis im ökumenischen Kontext:** (Leuenberg, Meißen, Porvoo). ZEvKR 50 (2005), 325-338.

338 Pless, John T.; Russell, William R.: **Pastoral care in the letters and writings of the later Luther.** [Seminarbericht]. LuJ 71 (2004), 255.

339 Saleska, Timothy E.: **Pastors who play God.** CJ 31 (2005), 12-36. L 12-27.

340 Sattler, Dorothea: **Überlieferung des apostolischen Glaubens in der kirchlichen Gemeinschaft:** zum Stand der ökumenischen Bemühungen um ein gemeinsames Verständnis der Apostolischen Sukzession in Dialogen mit römisch-katholischer Beteiligung. In: 040, 13-37. L".

341 Städtler-Mach, Barbara: **Kinderseelsorge:** Seelsorge mit Kindern und ihre pastoralpsychologische Bedeutung. GÖ: V&R, 2004. 229 S. (Arbeiten zur Pastoraltheologie; 43) – Zugl.: Neuendettelsau, Augustana-Hochschule, Habil., 2002.

342 Wendebourg, Dorothea; Wenz, Gunther: **Nur ein Streit um Worte?:** wer in der lutherischen Kirche einen Gottesdienst leiten darf. ZZ 6 (2005) Heft 8, 54 f: Ill.

343 Wiersma, Hans: **The priesthood of believers, the office of ministry and ordination in the works of the later Luther.** [Seminarbericht]. LuJ 71 (2004), 252-254.

344 Wriedt, Markus: **Luther on call and ordination:** a look at the ministry/ Kurzfassung von James G. Kiecker. LuD 13 (2005), 36-40. [Vgl. LuB 2004, Nr. 406]

345 [Zimmerling, Peter]: **Einführung** [Evang. Seelsorgerinnen]. In: 014, 9-17.

g) Gnade, Glaube, Rechtfertigung, Werke

346 Alfsvåg, Knut: **Virtue, reason and tradition:** a

discussion of Alasdair MacIntyre's and Martin Luther's views on the foundation of ethics. NZSTh 47 (2005), 288-305.

347 Andersen, Svend: **Einführung in die Ethik** (Som dig selv ⟨dt.⟩) unter Mitw. von Niels Grønkjær ...; übers. aus dem Dän. von Ingrid Oberborbeck. B; NY: de Gruyter, 2000. XII, 333 S. (De Gruyter Studienbuch) [Vgl. LuB 2004, Nr. 407]

348 Andersen, Svend: **Einführung in die Ethik** (Som dig selv ⟨dt.⟩) unter Mitw. von Niels Grønkjær ...; übers. aus dem Dän. von Ingrid Oberborbeck. 2., erw. Aufl. B; NY: de Gruyter, 2005. XI, 352 S. (De Gruyter Studienbuch) [Vgl. LuB 2004, Nr. 407]

349 Baseley, Joel R.: **Christ beyond reason:** Luther's treatment of faith and reason in the festival portions of the Church postils. Dearborn, MI: Mark V, 2005. 127 S.

350 Bayer, Oswald: **Des Glaubens Energie:** die Liebe. In: 074, 237-251.

351 Bayer, Oswald: **Verheißung.** In: 065, 1015 f.

352 Beiner, Melanie: **Zweifel I:** systematisch-theologisch. TRE 36 (2004), 767-772.

353 Beintker, Horst Eduard: **Hoffnungsausblicke bei Luther selbst im Vatikanischen Fragment zu Psalm 5:** ein Hinweis auf die Verbindung von Demutstheologie und Rechtfertigungstheologie. Homiletisch-liturgisches Korrespondenzblatt: N. F. 22/23 (2005/06) Heft 83 f, 31-47.

354 Brondos, David A.: **»Sola fide« and Luther's «analytic« understanding of justification:** a fresh look at some old questions. Pro ecclesia 13 (Northfield, MN 2004), 39-57.

355 Demandt, Johannes: **Umkehr zum Leben.** In: 074, 220-236.

356 Ferrario, Fulvio: **Bonhoeffer e Lutero:** giustificazione, etica e spiritualità (Bonhoeffer und Luther: Rechtfertigung, Ethik und Frömmigkeit). In: 016, 67-77.

357 Fischer, Johannes: **Theologische Ethik:** Grundwissen und Orientierung. S; B; Köln: Kohlhammer, 2002. 320 S. (Forum Systematik; 11)

358 Gräb-Schmidt, Elisabeth: **Vertrauen II:** dogmatisch. In: 065, 1077-1079.

359 Härle, Wilfried: **Die Entfaltung der Rechtfertigungslehre Luthers in den Disputationen von 1535 bis 1537.** LuJ 71 (2004), 211-228: Ill.

360 Heckel, M. C.: Is R. C. **Sproul wrong about Luther?:** an analysis of R. C. Sproul's faith alone; the evangelical doctrine of justification. Journal of Evangelical Theological Society 47 (AnA 2004), 89-120.

361 Heesch, Matthias: **Wert/Werte II:** fundamentaltheologisch. In: 065, 1469 f.

362 Heesch, Matthias: **Wert/Werte III:** ethisch. In: 065, 1470-1472.

363 Herms, Eilert: **Wille V:** ethisch. In: 065, 1565.

364 Honecker, Martin: **Glaube als Grund christlicher Theologie.** S: Kohlhammer, 2005. 216 S.

365 Hüttner, Marcus: **Zur Freiheit befreit (Gal 5,1):** die moralisch-praktische Relevanz der Rechtfertigungslehre. Bern; B; Bruxelles; F; NY; Oxford; W: Lang, 2004. 296 S. (Bamberger theol. Studien; 25) – Zugl.: Bamberg, Univ., Diss., 2004.

366 Huxel, Kirsten: **Verdienst IV:** dogmengeschichtlich. In: 065, 948-950.

367 Huxel, Kirsten: **Verdienst V:** dogmatisch. In: 065, 950 f.

368 Irvine, Donald F.: **Moral agency and faith:** a construal of Luther. Waterloo, ON, 2004. 83 S. – Waterloo, ON, Wilfrid Laurier University, M. Th., 2004.

369 Jüngel, Eberhard: **Il mondo come possibilità e come realtà:** sull'approccio ontologico della dottrina di giustificazione (Die Welt als Möglichkeit und Wirklichkeit: zum ontologischen Ansatz der Rechtfertigungslehre). In: 033, 75-102.

370 Jüngel, Eberhard: **La percezione dell'altro nella prospettiva della fede cristiana** (Die Wahrnehmung des Anderen in der Perspektive des christlichen Glaubens). In: 033, 367-391.

371 Juntunen, Sammeli: **The notion of »gift« (donum) in Luther's thinking.** In: 048, 51-69.

372 Käßemann, Ernst: **Was evangelisch »glauben« meint.** In: 034, 151-163.

373 Kailus, Jörg: **Gesetz und Evangelium in Luthers Großem Galaterkommentar sowie bei Werner Elert und Paul Althaus:** Darstellung in Grundzügen und Vergleich. MS: Lit, 2004. 426 S. (Theologie; 68) – Zugl.: Apeldoorn, Univ., theol. Diss., 2004.

374 Korsch, Dietrich: **Glaube und Rechtfertigung.** In: 049, 372-381.

375 Kremer, Ulrich: **Luther im Osiandrischen Streit.** [Seminarbericht]. LuJ 71 (2004), 263-266.

376 Kreuzer, Siegfried: **Die Botschaft von der Rechtfertigung im Alten Testament/** Kurzfassung von Richard A. Krause. LuD 13 (2005), 12-14. [Vgl. LuB 2004, Nr. 445]

377 Kühn, Ulrich: **Was Christen glauben:** das Glaubensbekenntnis erklärt. 2., bearb. Aufl. L: EVA, 2004. 221 S.

378 Mannermaa, Tuomo; Stjerna, Kirsi Irmeli: **Christ present in faith:** Luther's view of justification. MP: Fortress, 2005. XX, 136 S.

379 Marshall, Bruce D.: **Justification as declaration and deification/** Kurzfassung von Karin E. Stetina. LuD 13 (2005), 110-114. [Vgl. LuB 2003, 303]

380 Meier, Ralph: **Gnade und Rechtfertigung.** In: 074, 184-191.

381 Niebuhr, Reinhold: **Ethics of classical Reformation.** Richmond, VA: Union-PSCE, 2004. 1 CD (104 min).

382 Nüssel, Friederike: **Wiedergeburt III:** dogmatisch. TRE 36 (2004), 14-20.

383 Ohst, Martin: **Toleranz/Intoleranz IV:** geschichtlich. In: 065, 461-464.

384 Peters, Ted: **The heart of the Reformation faith.** Dialog 44 (Oxford 2005), 6-14.

385 Rose, Christian: **Gesetz.** In: 05, 431-433.

386 Rose, Christian: **Rechtfertigung.** In: 06, 1119 f.

387 Roth, Michael: **Protestantische Ethik als Explikation der Ethosgestalt des Glaubens?:** Thesen zur fundamentalethischen Bedeutung der Unterscheidung von Gesetz und Evangelium. Lu 76 (2005), 28-42.

388 Schirrmacher, Thomas: **Gnade vor Recht durch Sühne und Versöhnung.** In: 074, 192-219. L".

389 Schulken, Christian: **Lex efficax:** Studien zur Sprachwerdung des Gesetzes bei Luther im Anschluß an seine Disputationen gegen die Antinomer. TÜ: Mohr, 2005. XII, 450 S. (Hermeneutische Untersuchungen zur Theologie; 48) – Zugl.: GÖ, Univ., Theol. Fak., Diss., 2003.

390 Schulz, Heiko: **Unglaube.** In: 065, 741-744. L 744.

391 Schwambach, Claus: **Rechtfertigungsgeschehen und Befreiungsprozess:** die Eschatologien von Martin Luther und Leonardo Boff im kritischen Gespräch. GÖ: V&R, 2004. 397 S. (Forschungen zur systematischen und ökumenischen Theologie; 101) – Zugl.: Erlangen-Nürnberg, Univ., Theol. Fak., Diss., 2001/02.

392 Schwarz, Berthold: **Indikativ der Gnade – Imperativ der Freiheit.** In: 074, 265-291. L 269-272. 282-285+".

393 Slenczka, Notger: **Christliche Hoffnung.** In: 049, 435-443.

394 Slenczka, Notger: **Entzweiung und Versöhnung:** das Phänomen des Gewissens und der Erlösung in Shakespeares »King Richard III.« als Hintergrund eines Verständnisses der »imputativen Rechtfertigung« bei Luther. KD 50 (2004), 289-319.

395 Sólyom, Jenő: **Igaz isten előtt – igaz emberek előtt** (Gerecht vor Gott – gerecht vor Menschen). (1956). In: 066, 183-185.

396 Sólyom, Jenő: **A törvény haszna:** Luther tanítása Dévai tanításának tükrében (Der Nutzen des Gesetzes: Luthers Lehre im Spiegel der Lehre von Dévai). (1956). In: 066, 175-183.

397 Steinmetz, David C.: **Luther and formation in faith.** In: Educating people of faith: exploring the history of Jewish and Christian communities/ hrsg. von John H. van Engen; Dorothy C. Bass.

Grand Rapids, MI; Cambridge, U. K.: Eerdmans, 2004, 253-269.

398 Stock, Konrad: **Tugenden.** In: 065, 650-654. L 652.

399 Strohl, Jane: **James and Luther on the heart of the Reformation faith.** Dialog 44 (Oxford 2005), 17 f.

400 Tietz, Christiane: **Freiheit zu sich selbst:** Entfaltung eines christlichen Begriffs von Selbstannahme. GÖ: V&R, 2005. 234 S. (Forschungen zur systematischen und ökumenischen Theologie; 111) – Zugl.: TÜ, Univ., Theol. Fak., Habil., 2004.

401 Vainio, Olli-Pekka: **Christ for us and Christ in us – mutually exclusive?:** different aspects of justification in the early Lutheranism from the viewpoint of certainty of salvation. In: 048, 89-106.

402 Vainio, Olli-Pekka: **Luterilaisen vanhurskauttamisopin kehitys Lutherista yksimielisyyden ohjeeseen** (Die Entwicklung der luth. Rechtfertigungslehre von Luther bis zur Konkordienformel). Helsinki: Suomalainen Teologinen Kirjallisuusseura, 2004. 312 S. (Suomalaisen Teologisen Kirjallisuusseuran julkaisuja; 240) – Bespr.: Forsberg, Juhani: TA 109 (2004), 496-501.

403 Vercruysse, Jos E.: **Geschaffen um Gott zu loben ...:** Freiheit bei Luther und Ignatius von Loyola. In: 063, 276-285.

404 Westhelle, Vítor: **The dark room, the labyrinth, and the mirror:** on interpreting Luther's thought on justification and justice. In: 04, 316-331.

405 Zachman, Randall C.: **The assurance of faith:** conscience in the theology of Martin Luther and John Calvin. Nachdruck der Ausgabe MP, 1993. Louisville, KY: Westminster John Knox, 2005. X, 258 S.

406 Zur Mühlen, Karl-Heinz: **Luther und das Gespräch über »Rechtfertigung« auf den Religionsgesprächen in Hagenau, Worms und Regensburg 1540/41.** [Seminarbericht]. LuJ 71 (2004), 256-259.

h) Sozialethik, politische Ethik, Geschichte

407 Anselm, Reiner: **Zweireichelehre I:** kirchengeschichtlich. TRE 36 (2004), 776-784.

408 Arnold, Matthieu: **La pensée politique de Martin Luther.** PL 53 (2005), 45-66.

409 Brieskorn, Norbert; Riedenauer, Markus: **Suche nach Frieden in neuen Ordnungen:** Einleitung. In: 068, 7-14.

410 Estes, James Martin: **Peace, order and the glory of God:** secular authority and the church in the thought of Luther and Melanchthon, 1518-1559. Leiden: Brill; Biggleswade, U. K.: Extenza Turpin, 2005. XVIII, 234 S.

411 Friedrich, Norbert: **Wirtschaft/Wirtschaftsethik V:** 3. Neuzeit. TRE 36 (2004), 159-170.

412 Herms, Eilert: **Leben in der Welt.** In: 049, 423-435.

413 Herms, Eilert: **Zweich-Reiche-Lehre/Zwei-Regimenten-Lehre.** In: 065, 1936-1941.

414 Ittzés, Gábor: **A béke dimenziói:** a lutheri két birodalomról szóló tanítás (Dimensionen des Friedens: Luthers Zweireichelehre). Keresztyén igazság (BP 2000) Nr. 47, 5-11.

415 Johnson, James Turner: **Aquinas and Luther on war and peace:** sovereign authority and the use of armed force/ Kurzfassung von Rebecca E. Moore. LuD 13 (2005), 49-51. [Vgl. LuB 2004, Nr. 503]

416 Kartschoke, Erika: **Einübung in bürgerliche Alltagspraxis.** In: 046, 446-462. L".

417 Kék, Emerencia: **Luther erkölcsi tanítása** (Luthers Ethik). BP: Jel, 2005. 153 S. (Erkölcsteológiai Könyvtár; 2)

418 Kerridge, Eric: **Usury, interest and the Reformation.** Aldershot, Hampshire: Ashgate, 2002. 191 S. – Bespr.: Safley, Thomas Max: SCJ 36 (2005), 165 f.

419 Kroeger, Matthias: **Zweireichelehre III:** praktisch-theologisch. TRE 36 (2004), 790-793.

420 Link, Christoph: **Widerstandsrecht I:** geschichtlich. In: 065, 1521-1524.

421 Mantey, Volker: **Von Thomas von Aquin bis Johann von Schwarzenberg:** die zwei Schwerter zwischen Natur und Gnade – mit einer Antwort Martin Luthers. In: 023, 195-218.

422 Mantey, Volker: **Zwei Schwerter – Zwei Reiche:** Martin Luthers Zwei-Reiche-Lehre vor ihrem spätmittelalterlichen Hintergrund. TÜ: Mohr, 2005. XVIII, 334 S. (Spätmittelalter und Reformation: N. R.; 26) – Zugl.: Bonn, Univ., Theol. Fak., Diss., 2002/2003. – Bespr.: Löhr, Hermut: Frankfurter Allgemeine Zeitung (2005) Nr. 255 (2. November), 40.

423 Markham, Ian: **Zins V:** ethisch. TRE 36 (2004), 687-691.

424 Miller, Gregory J.: **Fighting like a Christian:** the Ottoman advance and the development of Luther's doctrine of just war/ Kurzfassung von Rebecca E. Moore. LuD 13 (2005), 54-57: Ill. [Vgl. LuB 2003, Nr. 349]

425 Müller, Hans-Peter: **Kultur und Lebensführung – durch Arbeit?** In: Das Weber-Paradigma: Studien zur Weiterentwicklung von Max Webers Forschungsprogramm/ hrsg. von Gert Albert ... TÜ: Mohr, 2003, 271-297. L 280-282.

426 Nessan, Craig L.: **Reappropriating Luther's two kingdoms.** LQ 19 (2005), 302-311.

427 Neuer, Werner: **Die ethische Verantwortung des Glaubens gegenüber Gottes Schöpfung.** In: 074, 292-317. L".

428 Nitschke, Peter: **Einführung in die politische Theorie der Prämoderne 1500-1800.** DA: WB, 2000. XI, 178 S. L 15-22+". (Einführung) (Die Politikwissenschaft)

429 Opitz, Peter: **Machtkritik und Gestaltungsmacht:** zum Verständnis des »Evangeliums« in den Anfängen des reformierten Protestantismus. In: 079, 13-27.

430 Reuter, Hans-Richard: **Martin Luther und das Friedensproblem.** In: 068, 63-82.

431 Rieth, Ricardo Willy: **Ökonomische Fragen beim späten Luther.** [Seminarbericht]. LuJ 71 (2004), 259-261.

432 Schilling, Johannes: **Geschichtsbild und Selbstverständnis.** In: 049, 97-106.

433 Schorn-Schütte, Luise: **Luther und die Politik.** LuJ 71 (2004), 103-113. [Vgl. LuB 2003, Nr. 360: französ. Fassung]

434 Seitz, Manfred: **Obrigkeit.** In: 06, 978 f.

435 Sólyom, Jenő: **Mit prédikált Luther a háborúban** (Was predigt Luther im Krieg?) (1944). In: 066, 161-163.

436 Strohm, Christoph: **Zins VI:** Christentum. In: 065, 1868 f.

437 Thompson, James Cargill: **Martin Ruteo ui jeongchi sasang** (The political thought of Martin Luther ⟨korean.⟩)/ übers. von Ju-han Kim. Seoul, Korea: Mindeulechaekbang, 2003. 248 S.

438 Webster, Alexander F. C.; Cole, Darrell: **The virtue of war:** reclaiming the classic Christian traditions east and west. Salisbury, MA: Regina Orthodox, 2004. 252 S.

439 Zimmermann, Gunter: **Zehnt III:** kirchengeschichtlich. TRE 36 (2004), 495-504.

i) Gottes Wort, Bibel, Predigt, Sprache

440 Asendorf, Ulrich: **Luther neu gelesen:** Modernität und ökumenische Aktualität in seiner letzten Vorlesung. Neuendettelsau: Freimund, 2005. 208 S.

441 Bail, Ulrike: **Wenn Gott und Mensch zur Sprache kommen ...:** Überlegungen zu einer Bibel in gerechter Sprache. In: 02, 61-76.

442 Barthel, Jörg: **Bibelauslegung.** In: 05, 186-192: Ill.

443 Baumann, Gerlinde: **Eine neue Stimme im Chor der Bibelübersetzungen:** die »Bibel in gerechter Sprache« im Vergleich mit neuen deutschen Bibelübersetzungen. In: 02, 186-199.

444 Besch, Werner: **Lexikalischer Wandel in der Züricher Bibel:** eine Längsschnittstudie. In: 078, 279-296: Tab.

445 Beutel, Albrecht: **Sprache.** In: 049, 249-256.

446 Beutel, Albrecht: **Wort Gottes.** In: 049, 362-371.

447 Beyer, Michael: **Tischreden.** In: 049, 347-353.

448 Bichsel, Peter: **Von der Erfindung der heiligen Schriften.** ThZ 61 (2005), 4-13.

449 Blanke, Heinz: **Bibelübersetzung.** In: 049, 258-265.

450 Boecker, Hans Jochen: **Bibel lesen.** Glaube und Lernen 20 (2005), 5-18.

451 Boehm, Laetitia: **Latinitas – Ferment europäischer Kultur:** Überlegungen zur Dominanz des Latein im germanisch-deutschen Sprachgebrauch Alteuropas. In: 021, 21-70. L 30 f. 60 f+".

452 Bohnenkamp, Anne: **»Lieber stark als rein«:** das Hohelied Salomos in den Übersetzungen Johann Georg Hamanns, Martin Bubers und der »Einheitsübersetzung der Heiligen Schrift« von 1974. In: 017, 335-355.

453 Breuer, Dieter: **Dichtung im Zeichen der Konfessionalisierung.** In: 01, 237-242: Ill.

454 Brumlik, Micha: **Jüdische Erwartungen an eine christliche Bibelübersetzung.** In: 02, 132-147.

455 Bühler, Pierre: **Le blé et l'ivraie:** réception de la parabole dans la période de la Réforme. In: 062, 89-101.

456 Childs, Brevard S.: **The struggle to understand Isaiah as Christian scripture.** Grand Rapids, MI: Eerdmans, 2004. XII, 332 S.

457 Clasen, Burkhard: **Predigt zum Familientag der Lutheriden:** am 5. September 2004 in der Stadtkirche, St. Marien in Torgau über 1. Joh 4,7-12. Familienblatt der Lutheriden-Vereinigung 79 (Dezember 2004) Heft 41, 6 f: Ill.

458 Corsani, Bruno: **Lutero e la Bibbia** (Luther und die Bibel). Brescia: Queriniana, 2001. 118 S. (Interpretare la Bibbia oggi: Reihe 3; 10) – Bespr.: Barth, Hans-Martin: MD 53 (2002), 19.

459 Cummings, Brian: **The literary culture of the Reformation:** grammer and grace. Oxford: Oxford University, 2002. XVII, 470 S. – Bespr.: Cambers, Andrew: SCJ 35 (2004), 590 f.

460 Ebach, Jürgen: **Wie kann die Bibel gerecht(er) übersetzt werden?** In: 02, 36-60. L 39. 49 f. 58.

461 Edwards, O. C.: **A history of preaching.** Nashville, TN: Abingdon, 2004. XXVIII, 879 S.

462 Ego, Beate: **Bibelübersetzung(en).** In: 05, 192 f.

463 Erikson, Leif: **A Biblia – a hit forrása és zsinórmértéke** (Die Bibel – Quelle und Kanon des Glaubens). LP 78 (2003), 130-135. L".

464 Felber, Stefan: **Die Bibelübersetzung »Hoffnung für alle« im kritischen Vergleich.** Theol. Beiträge 35 (2004), 181-201.

465 Greenman, Jeffrey P.; Larsen, Timothy: **Reading Romans through the centuries: from the early church to Karl Barth.** Grand Rapids, MI: Brazos, 2005. 223 S.

466 Grimm, Werner: **Dekalog.** In: 05, 238-241.

467 Haacker, Klaus: **Bibelübersetzung zwischen Wissenschaft und Kunst.** Theol. Beiträge 35 (2004), 202-212.

468 Hagen, Kenneth: **A ride on the »quadriga« with Luther.** LuBu 13 (2004), 5-24.

469 Hartweg, Frédéric: **Luther et le livre.** In: 062, 125-135.

470 Jasper, David: **A short introduction to hermeneutics.** Louisville, KY: Westminster John Knox, 2004. XII, 148 S.

471 Käßemann, Ernst: **Die vierte Seligpreisung (Matthäus 5, 6).** In: 034, 139-149.

472 Karrer, Martin: **Die Schrift gewinnt durch Kritik:** eine Replik auf Reinhard Slenczka. KD 51 (2005), 197-206. [Vgl. LuB 2006, Nr. 506]

473 Keller, Brian R.: **Bible: God's inspired, inerrant word.** Milwaukee, WI: Northwestern, 2003. 219 S. – Bespr.: Maschke, Timothy: CJ 31 (2005), 309-311.

474 Kiesant, Knut: **Kalenderliteratur und Sprichwortsammlungen.** In: 046, 596-616. L 607-609. 611.

475 Klauber, Martin I.: **»Defender of the most holy matriarchs«:** Martin Luther's interpretation of the women in Genesis in the Enarrationes in Genesin, 1535-1545. Fides et historia 36 (Terre Haute, IN 2004), 152-154.

476 Kling, David William: **The Bible in history:** how the texts have shaped the times. Oxford; NY: Oxford University, 2004. IX, 389 S.

477 Kovács, László: **Igehirdetési gyakorlatunk a lutheri teológia mérlegén** (Unsere Predigtpraxis gemessen an Luthers Theologie). Keresztyén igazság (BP 2002) Nr. 54, 25-30.

478 Kreuzer, Siegfried: **Dekalog und Deuteronomium in der Auslegung Martin Luthers.** In: Recht und Ethik im Alten Testament/ hrsg. von Bernard M. Levinson; Eckart Otto unter Mitw. von Walter Dietrich. MS: Lit, 2004, 67-82. (Altes Testament und Moderne; 13)

479 Krötke Wolf: **Wort Gottes V:** dogmengeschichtlich. In: 065, 1702-1704.

480 Kürschner, Mathias J.: **Martin Luther als Ausleger der Heiligen Schrift.** Gießen: Brunnen, 2004. 60 S. (Edition-Ichthys; 3: TVG-Orientierung) – Bespr.: Henning, Gerhard: Theol. Beiträge 36 (2005), 282 f.

481 Kuhlmann, Helga: **In welcher Weise kann die Sprache einer Bibelübersetzung »gerecht« sein?** In: 02, 77-98. L 80 f.

482 Lee, Je-ha: **Ruteo ui romaseo juseok (Lectures on Romans, 1516-16) e natanan chamhoi ui yeongseong e gwanhan yeongu** (Eine Studie der Bußfrömmigkeit in Luthers Römerbriefvorlesung 1515-16). RuYu 18 (2004), 39-58.

483 Leutzsch, Martin: **Dimensionen gerechter Bibelübersetzung.** In: 02, 16-35. L 18+".

484 Liao, William Y. W.: **Wéidú jīdū:** lùdé yŭ jiăngdào

(Solus Christus: Luther und das Predigen). Theology & life 28 (Hong Kong 2005), 21-38.

485 Long, Thomas G.: **Preaching Romans today.** Interpretation 58 (Richmond, VA 2004), 265-275.

486 McNair, Bruce: **Luther, Calvin and the exegetical tradition of Melchisedec.** Review & expositor 101 (Louisville, KY 2004), 747-761.

487 Marissen, Michael: **Blood, people, and crowds in Matthew, Luther, and Bach.** LQ 19 (2005), 1-22.

488 Martikainen, Eeva; Mikoteit, Matthias: **Doctrina et vita im Großen Galaterbriefkommentar Luthers.** [Seminarbericht]. LuJ 71 (2004), 235-237.

489 Maxfield, John A.: **The Pieper lectures.** Bd. 8: **Preaching through the ages.** StL: Concordia Historical Institute; Northville, SD: Luther Academy, 2004. IX, 136 S.

490 Maxfield, John A.: **Prophets and apostles at the professor's lectern:** Martin Luther's Lectures on genesis (1535-1545) and the formation of evangelical identity. Princeton, NJ, 2004. 335 S. – Princeton, NJ, Princeton Theological Seminary, Ph. D., 2004.

491 Merk, Otto: **Römerbrief.** In: 06, 1143-1145.

492 Mikoteit, Matthias: **Theologie und Gebet bei Luther:** Untersuchungen zur Psalmenvorlesung 1532-1535. B; NY: de Gruyter, 2004. XI, 335 S. (Theol. Bibliothek Töpelmann; 124) – Zugl.: MS, Univ., Theol. Fak., Diss., 2003. – Bespr.: Gummelt, Volker: Lu 76 (2005), 112 f; Vercruysse, Jos E.: Ephemerides theologicae Lovanienses 81 (Louvain 2005), 242 f.

493 Miller, Stephen M.; Huber, Robert V.: **The Bible:** a history; the making and impact of the Bible. Oxford: Lion, 2003. 256 S. Ill., Ktn.

494 Miller, Stephen M.; Huber, Robert V.: **The Bible:** a history; the making and impact of the Bible. [2. Aufl.]. Oxford: Lion, 2004. 256. S.: Ill., Ktn.

495 Miller, Stephen M.; Huber, Robert V.: **The Bible:** a history; the making and impact of the Bible. Lizenzausgabe der Ausgabe Oxford, 2003. Intercourse, PA: Good Books, 2004. 256 S.: Ill.

496 Nagel, Norman: **The twelve and the seven in Acts 6 and the needy.** CJ 31 (2005), 113-126.

497 Oschwald, Jeffrey A.: **Sixth Sunday of Easter:** John 14:15-21. CJ 31 (2005), 157-160.

498 Peura, Simo: **Iustitia christiana in Luthers später Auslegung des Galaterbriefs (1531/1535).** LuJ 71 (2004), 179-210.

499 Pollack, Elisa Jane: **A natural history of the German verb sein »to be« + participle to 1545.** Chapel Hill, 2004. 310 S. – Chapel Hill, Univ. of North Carolina, Ph. D., 2004.

500 Potter, Philipp: **Jakobusbrief.** In: 05, 632-634.

501 [Rettelbach, Johannes]: **Theater für den Ernstfall:**

502 [Rettelbach, Johannes]: **Zwischen Gott, dem Kaiser und dem Markgrafen:** Hans Sachs über den Krieg. In: 012, 602-666: Ill. L 633-635+".

503 Roth, Michael: **Das Verhältnis von Glaube und Schrift:** Überlegungen zu einer protestantischen Bestimmung der »Autorität« der Schrift. Berliner theol. Zeitschrift 22 (2005), 230-249. L 230+".

504 Schilling, Johannes: **Briefe.** In: 049, 340-346.

505 Schilling, Johannes: **Erbauungsschriften.** In: 049, 295-305.

506 Slenczka, Reinhard: **Die Heilige Schrift, das Wort des dreieinigen Gottes.** KD 51 (2005), 174-191. L 180. 188. [Vgl. LuB 2006, Nr. 472]

507 Sloyan, G[erard] S.: **Preaching from the lectionary:** an exegetical commentary with CD-Rom. MP: Fortress, 2004. XX, 669 S.: CD-Rom.

508 Sonderegger, Stefan: **Philologische Probleme der deutschen Bibelübersetzung:** der Prolog des Lukas-Evangeliums. In: 078, 201-213.

509 Stein, Valerie Anne: **Anti-cultic theology in Christian biblical interpretation:** a study of Isaiah 66:1-4 and its reception. Boston, MA 2004. 218 S. – Boston, MA, Harvard Univ., Th. D., 2004.

510 Stjerna, Kirsi Irmeli: **Grief, grace, and glory:** Luther's insights on Eve and Tamar in Genesis 3 and 38. Seminary Ridge Review 6 (Gettysburg, PA 2004) Nr. 2, 19-35.

511 Strohl, Jane E.: **The matriarchs in Luther's Genesis commentary:** mother knows best. Seminary Ridge Review 6 (Gettysburg, PA 2004) Nr. 2, 36-44.

512 Strohl, Jane: **The relation of man and woman in Luther's Genesis commentary.** [Seminarbericht]. LuJ 71 (2004), 238-240.

513 Sullivan, Dale L.: **Rhetorical invention and Lutheran doctrine?** Rhetoric & public affairs 7 (East Lansing, MN 2005), 603-614.

514 Tauberschmidt, Gerhard: **Wie revolutionär sind moderne Übersetzungsprinzipien wirklich?** Theol. Beiträge 35 (2004), 213-226.

515 Vinke, Rainer: **Luthers Theologieverständnis/ Luther's concept of theology in his late lectures on psalms.** [Seminarbericht]. LuJ 71 (2004), 229-232.

516 Vollmer, Jochen: **Schriftgemäß.** In: 06, 1212 f.

517 Vulpius, Patrick: **Gut fundiert:** Was in der Anfechtung trägt; Matthäusevangelium, Kap. 7, 24-28. CAZW 76 (2005) Heft 2, 6-9: Ill.

518 Wengst, Klaus: **Erwägungen zur Übersetzung von »kyrios« im Neuen Testament.** In: 02, 178-183.

519 Wilson, H[enry] S.: **Luther on preaching as God speaking.** LQ 19 (2005), 63-76.

520 **Wörterbuch zu Martin Luthers deutschen Schriften:** Wortmonographien zum Lutherwortschatz; anknüpfend an Philipp Dietz, Wörterbuch zu Dr. Martin Luthers Deutschen Schriften, erster Band und zweiter Band, Lieferung 1 (A-Hals) 1870-1872)/ von Renate und Gustav Bebermeyer. 6. Lfg.: Hie-Hitzig. Hildesheim; ZH; NY: Olms, 2002. S. 724-841.

521 **Wörterbuch zu Martin Luthers deutschen Schriften:** Wortmonographien zum Lutherwortschatz; anknüpfend an Philipp Dietz, Wörterbuch zu Dr. Martin Luthers Deutschen Schriften, erster Band und zweiter Band, Lieferung 1 (A-Hals) 1870-1872)/ von Renate und Gustav Bebermeyer. 7. Lfg.: Ho-Hornig. Hildesheim; ZH; NY: Olms, 2004. S. 842-974.

522 Wolff, Jens: **Dichtungen.** In: 049, 312-315.

523 Wolff, Jens: **Programmschriften.** In: 049, 265-277.

524 Wolff, Jens: **Vorlesungen.** In: 049, 322-328.

525 Wright, William J.: **Mandatum Dei and lex naturae in Luther's Lectures on Genesis.** [Seminarbericht]. LuJ 71 (2004), 233 f.

526 Zimmermann, Béatrice Acklin: **Die Gesetzesinterpretation in den Römerbriefkommentaren von Peter Abaelard und Martin Luther:** eine Untersuchung auf dem Hintergrund der Antijudaismusdiskussion; Geleitwort von Otto Hermann Pesch. F: Lembeck, 2004. 301 S. – Zugl.: Freiburg/ Schweiz, Univ., Theol. Fak., Habil., 2003. – Bespr.: Theißen, Henning: Lu 76 (2005), 47.

527 Zimmermann, Jens: **Recovering theological hermeneutics: an incarnational-Trinitarian theory of interpretation.** Grand Rapids, MI: Baker, 2004. 345 S.

528 Zschoch, Hellmut: **Predigten.** In: 049, 315-321.

529 Zschoch, Hellmut: **Streitschriften.** In: 049CA (), 277-294.

530 Zvara, Edina: »**Az keresztyén olvasóknak**«: Magyar nyelvű bibliafordítások és – kiadások előszavai és ajánlásai a 16-17 századból (»An die christlichen Leser«: Vorreden und Widmungen ungarischer Bibelübersetzungen und -ausgaben aus dem 16.-17. Jahrhundert)/ hrsg. von József Jankovics; Péter Kőszeghy. BP: Balassi, 2003. 332 S. (Régi Magyar könyvtár: források; 14)

531 Hofmann, Frank: **Christus als Mitte der Schrift:** eine Erinnerung an Martin Luthers Umgang mit der Bibel. LuBu 14 (2005), 10-26: Samenvatting, 25 f.

k) Gottesdienst, Gebet, Kirchenlied, Musik

532 Adolph, Wolfram: **Vom Klang der Freiheit:** Martin Luther und die Orgel. Musik und Kirche 75 (2005), 368-375: Ill.

533 Albrecht, Christoph: **Wittenberger Gesangbücher 1524 bis 1529.** In: 075, 352-354.

534 Arnold, Jochen: **Theologie des Gottesdienstes:** eine Verständnisbestimmung von Liturgie und Dogmatik; mit 9 Notenbeispielen. GÖ: V&R, 2004. 608 S.: Ill. (Veröffentlichungen zur Liturgik, Hymnologie und theol. Kirchenmusikforschung; 39) – Zugl.: TÜ, Univ., Diss., 2003.

535 Bieritz, Karl-Heinrich: **Weihnachten II:** christlich-liturgisch; 3. evangelischer Gottesdienst. In: 065, 1341 f.

536 Bohlin, Folke: **Die reformatorische Singbewegung im Ostseeraum.** In: 019, 49-52.

537 Bräuer, Siegfried: **Umgestaltung und Übergänge:** Beobachtungen zu den Anfängen des reformatorischen Gottesdienstes. In: 062, 51-71.

538 Brusniak, Friedhelm: **Über das volksläufige Element in der Musik der Reformationszeit.** In: 022, 279-285: Ill.

539 Ecsedi, Zsuzsa: **Aus tiefer Not schrei ich zu dir – Luther zsoltárparafrázisa a magyar evangélikus énekeskönyvben** (Aus tiefer Not schrei ich zu dir – Luthers Psalmlied in den ungarischen evangelischen Gesangbüchern). LP 78 (2003) Sonderheft, 23-30.

540 Ecsedi, Zsuzsa: **Quo vadis Hungaria Lutherana – in musica sacra?** Magyar Egyházzene 11 (BP 2003/04), 439-444.

541 Eller, Walter: **Warum ein Mensch singt – in der Not:** Anmerkungen zur hymnologischen Dynamik von Luthers Lied »Ein feste Burg ist unser Gott«. WBK 67 (2000), 6-9.

542 Engelhardt, Ruth: **Nürnberger Gesangbuch (Achtliederbuch) 1523/1524.** In: 075, 232 f.

543 Fekete, Csaba: **Szenci Molnár Albert zsoltárkiadásának mintája** (Das Muster von Albert Szenci Molnárs Psalterausgabe). MKSz 119 (2003), 330-349.

544 Finta, Gergely: **Az orgona helye az evangélikus templomban** (Der Ort der Orgel in der luth. Kirche). Magyar Egyházzene 10 (BP 2002/03), 197-212.

545 Gremels, Georg: **Mission, Bibel und Gebet:** die missionarische Dimension der Gemeinde. CAZW 76 (2005) Heft 2, 27-38: Ill.

546 Heidrich, Jürgen: **Humanistische Elemente in der Musik der Reformation.** In: 022, 263-270.

547 Herrmann, Matthias: »**die Musica [...] ym dienst des, der sie geben und geschaffen hat [...]**«: über das altkirchlich-konservative Element in der Musik der Reformation. In: 022, 256-262: Ill.

548 Huber, Friedrich: **Das Gebet in den Religionen.** PTh 94 (2005), 83-93.

549 Hubert, H. Gabriella: **Gálszécsi István 1536-os és 1538-as krakkói énekeskönyve** (Die Krakauer

Gesangbücher von István Gálszécsi aus den Jahren 1536 und 1538). Magyar Egyházzene 7 (BP 1999/2000), 283-304.

550 Hubert, H. Gabriella: **A régi magyar gyülekezeti ének** (Der alte ungarische Kirchengesang) BP: Universitas, 2004. 542 S. (Historia litteraria; 17)

551 Hubert, H. Gabriella: **Szenci Molnár Albert és a 17. századi gyülekezeti énekeskönyv-kiadás** (Albert Szenci Molnár und die Herausgabe von Gesangbüchern im 17. Jahrhundert). MKSz 119 (2003), 349-356.

552 Koch, Traugott: **Luthers reformatorisches Verständnis des Gebets**/ Kurzfassung von Wolf D. Knappe. LuD 13 (2005), 27-30. [Vgl. LuB 2003, Nr. 452]

553 Korth, Hans-Otto: **Einstimmige wissenschaftliche Edition:** Aufgaben und Grenzen der Darstellung. JLH 43 (2004), 212-234: Noten. L".

554 Krummacher, Christoph: **Leipziger Gesangbuch 1545.** In: 075, 194 f.

555 Kühlmann, Wilhelm: **Trost im Schatten der Macht:** zur lutherischen Psalterlektüre und Psalmdichtung des 16. Jahrhunderts. In: 023, 219-232.

556 Leaver, Robin A.: **Johann Spangenberg and Luther's legacy of liturgical chant.** LQ 19 (2005), 23-42: Tab.

557 Leaver, Robin A.: **Sequences and responsories:** continuity of forms in Luther's liturgical provisions. In: 077, 300-328.

558 Li, Peter K. S.: **Zìyóu yǔ bìxū:** lùdé lùn jiàohuì chóngbài (Freiheit und Müssen: Luther über den Gottesdienst). Theology & life 28 (Hong Kong 2005), 3-20.

559 Lyon, James: **Dies sind die heiligen Zehn Gebot:** un cantique de Martin Luther. Préludes 43 (Lyon 2003) Juillet, 10-12.

560 Marti, Andreas: **Weiße, Michael.** In: 065, 1379.

561 Martini, Britta: **Zwischen Lutherlied und Simplesong.** In: 041, 201-204.

562 Meier, Siegfried: **Psalmen, Lobgesänge und geistliche Lieder:** Studien zur musikalischen Exegese und biblischen Grundlegung evangelischer Kirchenmusik. F: Lang, 2004. XIV, 313 S.: Noten. (Kontexte: neue Beiträge zur historischen und systematischen Theologie; 36)

563 Meßner, Reinhard: **Taufe VI:** liturgiegeschichtlich. In: 065, 80-85.

564 Metzner, Ernst Erich: **Eine liedtextgestützte weitere Früh-Verortung von Luthers Glaubenszeugengesang »Ein feste Burg ...« 1521 vor Worms.** JHKV 55 (2004), 97-225: Ill.

565 Möller, Christian: **A lutheri spiritualitás:** reformátori gyökerek és történelmi formálódás (Die luth. Spiritualität: reformatorische Wurzeln und

geschichtliche Ausprägungen). LP 80 (2005), 288-294.

566 Möller, Christian: **Mi is a spiritualitás?:** gondolatok egy divatszó valóságtartalmáról (Reformatorische Spiritualität: Begeisterung für das Alltägliche). LP 80 (2005), 162-167.

567 Ngien, Dennis: **Theology and practice of prayer in Luther's devotional and catechetical writings.** LuBu 14 (2005), 44-67: Samenvatting, 66 f.

568 Nicolaus, Georg: **Die pragmatische Theologie des Vaterunsers und ihre Rekonstruktion durch Martin Luther.** L: EVA, 2005. 378 S. – Zugl.: ZH, Univ., Theol. Fak., Diss., 2002.

569 Opp, Walter: **Erfurter Enchiridion** (Handbüchlein). In: 075, 86 f.

570 Posset, Franz: **Martin Luther »OSA« und Markus von Weida »OP«:** Auseinandersetzungen um das Rosenkranzbeten. LuBu 13 (2004), 45-62: Ill.

571 Preul, Reiner: **Überlegungen zum Allgemeinen Kirchengebet im evangelischen Gottesdienst.** In: 063, 317-332. L".

572 Pumplun, Cristina M.: **»Inn deinem hertzen ein feuerlin«:** Luthers gebeden vanuit retorisch perspectief (Luthers Gebete aus rhetorischer Sicht). LuBu 13 (2004), 63-84.

573 Reuss, András: **Észrevételek az új liturgiáról gyülekezeti kipróbálása idején** (Bemerkungen zur neuen Liturgie während ihrer Erprobung in den Gemeinden). LP 79 (2004), 222-225.

574 Reuss, András: **A Luther-énekek teológiája** (Die Theologie der Luther-Lieder). LP 79 (2004), 42-44.

575 Rienäcker, Gerd: **Wort-Ton-Beziehung in lutherisch-protestantischen Gemeindeliedern:** Vorworte zu einigen Dimensionen und Problemen. In: 019, 33-47.

576 Rittgers, Ronald K.: **Luther on private confession.** LQ 19 (2005), 312-331.

577 Rössler, Martin: **Luther, Martin.** In: 075, 204-208.

578 Roth, Michael: **Gottes Allmacht und Passivität des Menschen in der christlichen Frömmigkeit:** Überlegungen zum Menschen im Gebet. Lu 75 (2004), 123-142. L".

579 Russell, William R.: **Praying for reform:** Martin Luther, prayer, and the Christian life. MP: Augsburg Fortress, 2005. 96 S.

580 Schilling, Johannes: **Musik.** In: 049, 236-244.

581 Sólyom, Jenő: **Luther az imadkozásról** (Luther über das Beten). (1941). In: 066, 157-160.

582 Sólyom, Jenő: **Szabédi László Erős vár-fordítása** (László Szabédis Übersetzung von »Ein feste Burg ...«). (1972). In: 066, 168-173.

583 Steude, Wolfram: **Reformatorische Impulse in der deutschen Musik.** In: 022, 286-297: Noten.

584 Suppan, Wolfgang: **Volkslied.** In: 065, 1193-1195.

585 Vajta, Vilmos: **Luther on worship:** an interpretation (Theologie des Gottesdienstes bei Luther ⟨engl.⟩). Neuausgabe der Ausgabe Phil, 1958. Eugene, OR: Wipf and Stock, 2004. XII, 200 S.

586 Volk, Ernst: **Luthers Missionslied: Es wolle Gott uns gnädig sein (EG 280).** CAZW 74 (2003) Heft 4, 65-68: Ill., Noten.

587 Weber, Edith: **La chant au service de la Réforme.** In: 011, 443-463. L 443 f. 452+".

588 Wetzel, Christoph: **Das Kirchengesangbuch.** In: 031, 133-152: Ill.

589 Wetzel, Christoph: **Zur Ursache des Vorranges der Musik vor den anderen Künsten während und nach der Reformation.** In: 022, 271-278: Ill.

590 Witvliet, Johan D.; Vroege, David: **Proclaiming the Christmas gospel:** ancient sermons and hymns for contemporary Christian inspiration. Grand Rapids, MI: Baker, 2004. 143 S.

591 Zimmerling, Peter: **Gebet als praktizierte Gottesbeziehung.** In: 073, 214-224.

592 Zippert, Christian: **Singend einig werden.** US 60 (2005), 48-54.

l) Katechismus, Konfirmation, Schule, Universität

593 Adam, Gottfried: **Luthers Passional – die erste evangelische Kinderbibel.** AG 54 (2003) Heft 2 f, 74-78: Ill.

594 Adam, Gottfried: **Luther Passionáléja:** az első evangélikus gyermekbiblia (Luthers Passional: die erste evangelische Kinderbibel ⟨ungar.⟩). LP 78 (2003), 376-380.

595 Barnbrock, Christoph: **Der (ver-)lockende Katechismus:** Überlegungen zur Methodik und Didaktik kirchlichen Unterrichts. LThK 28 (2004), 177-194.

596 Csepregi, Zoltán: **Az első magyarországi vend nyelvő kiadvány** (Der erste ungarnwindische Druck). MKSz 120 (2004), 171-174.

597 Grendler, P[aul] F.: **The universities of the Renaissance and Reformation.** Renaissance quarterly 57 (NY 2004), 1-42.

598 Hammerstein, Notker: **Bildung und Wissenschaft vom 15. bis zum 17. Jahrhundert.** M: Oldenbourg, 2003. IX, 170 S. (Enzyklopädie deutscher Geschichte; 64)

599 Jørgensen, Ninna: »**Sed manet articulus**«: preaching and catechetical training in selected sermons by the later Luther. Studia theologica 59 (Basingstoke 2005) Nr. 1, 38-54.

600 Junghans, Helmar: **Die Geschichte der Leucorea zwischen 1536 und 1574.** In: 020, 11-38: Ill.

601 Junghans, Helmar: **Verzeichnis der Rektoren, Prorektoren, Dekane, Professoren und Schloßkirchen-** prediger der Leucorea: vom Sommersemester 1536 bis zum Wintersemester 1574/75. In: 020, 235-270: Tab. L 240. 248. 261. 264.

602 Köpf, Ulrich: **Universitäten:** geschichtlich; 1. Mittelalter und Reformation; g) Die Reformation des 16. Jahrhunderts. In: 065, 779-785. L 784.

603 Lück, Heiner: **Wittenberg, Universität.** TRE 36 (2004), 232-243.

604 Meyer, R. Z.: **This faith is mine:** reflections on Luther's Catechism. Durchges. und ern. Aufl. StL: Concordia, 2005. 159 S.

605 Németh, Szabolcs: »**A Bárányoknak az ö Jó Pásztoroknak karjaira való Egybegyüjtések …**«: Konfirmácio a 18. századi Dunántúlon (Sammlungen der Lämmer in ihres guten Hirten Arme …«: Konfirmation in Transdanubien im 18. Jahrhundert). LP 78 (2003), 449-456. L".

606 Rogness, Alvin N.: **Living in the kingdom:** reflections on Luther's Catechism. Durchges. Aufl. MP: Augsburg Fortress, 2005. IX, 117 S.

607 Rolf, Sibylle: »**… daß Du Dein Herz entzündest**«: Rechtfertigungslehre, Gotteslehre und Anthropologie in Luthers Katechismen nach den drei Hauptstücken. Lu 76 (2005), 80-100.

608 Schilling, Johannes: **Katechismen.** In: 049, 305-312.

609 Smolinsky, Heribert: **Schulen und Universitäten im 16. Jahrhundert:** Aspekte von Bildung und ihrer Vermittlung für Kirche und Gesellschaft in einer Zeit des Umbruchs. In: 01, 163-171: Ill.

610 Sólyom, Jenő: **Luther a művelődésért** (Luther für die Bildung). (1974). In: 066, 163 f.

611 Sólyom, Jenő: **Luther Kis Kátéja magyarul** (Luthers Kleiner Katechismus auf ungarisch). (1967). In: 066, 143-145.

612 Sólyom, Jenő: **Az Orthographia Ungarica helye az irodalomtörténetben** (Die literaturgeschichtliche Stelle der Orthographia Ungarica). (1967). In: 066, 213-221.

613 Stolle, Volker: **Der Kleine Katechismus als Schulbuch.** LThK 28 (2004), 195-203.

614 Thomas, Ralf: **Die Neuordnung der Schulen und der Universität Leipzig.** In: 031, 115-132: Ill.

615 **475 Jahre Luthers Katechismen:** Erklärung der Landessynode. Amtsblatt der Evang.-Luth. Landeskirche Sachsens (2005), A 41.

616 Wengert, Timothy J.: **Luther on prayer the Large catechism.** LQ 18 (2004), 249-274.

617 Wriedt, Markus: **Bildung.** In: 049, 231-236.

m) Weitere Einzelprobleme

618 Arand, Charles P.: **All adiaphora are created equal.** CJ 30 (2004), 156-164.

619 Arnold, Matthieu: **L'attente du dernier jour chez**

Luther/ Kurzfassung von Ian Christopher Levy. LuD 13 (2005), 88-91. [Vgl. LuB 2003, Nr. 495]

620 Bräuer, Siegfried; Lück, Heiner: **Zensur.** TRE 36 (2004), 633-644.

621 Gemeinhardt, Peter: **Santo subito?:** das römisch-katholische Heiligsprechungsverfahren; eine Erinnerung aus gegebenen Anlass. MD 56 (2005), 83-88.

622 Ghiselli, Anja: **Sanan kantaja:** Martti Lutherin käsitys Neitsyt Mariasta (Träger des Wortes: Luthers Auffassung von der Jungfrau Maria). Helsinki: Suomalainen Teologinen Kirjallisuusseura, 2005. 203 S. (Suomalaisen Teologisen Kirjallisuusseuran julkaisuja; 246) – Zugl.: Helsinki, Univ., theol. Diss., 2005.

623 Gritsch, Eric W.: **Luther on humor.** LQ 18 (2004), 373-386.

624 Haustein, Jörg: **Der Einspruch Luthers gegen Heiligen Krieg und Wallfahrt:** aktuelle Erinnerung an einen vergessenen Zusammenhang. In: 063, 258-275.

625 Hennig, Gerhard: **Totengedenken.** In: 065, 491 f.

626 Hirvonen, Vesa: **Luther ja pyhäinjäännökset** (Luther und Reliquien). TA 109 (2004), 364-373.

627 Ittzés, János: **A végidő titkai** (Die Geheimnisse der Endzeit). In: 028, 97-107.

628 Jüngel, Eberhard: **Tod VII:** dogmengeschichtlich und dogmatisch. In: 065, 439-441.

629 Jung, Martin H.: **Evangelische Heiligenverehrung:** die Vorstellung des Osnabrücker Reformators Hermann Bonnus. JNKG 102 (2004), 63-80.

630 Kaiser, Michael: **Zwischen »ars moriendi« und »ars mortem evitandi«:** der Soldat und der Tod in der Frühen Neuzeit. In: 056, 323-343. L 330f.

631 Kreitzer, Beth: **Reforming Mary:** changing images of the Virgin Mary in Lutheran sermons of the sixteenth century. Oxford; NY: Oxford University, 2004. 239 S. (Oxford studies in historical theology)

632 Law, David R.: **Decent into hell, ascension, and Luther's doctrine of ubiquitarianism.** Theology 107 (LO 2004), 250-256.

633 Leppin, Volker: **Luthers Apokalyptik und Luther in der lutherischen Apokalyptik.** [Seminarbericht]. LuJ 71 (2004), 277-279.

634 Reventlow, Henning Graf; Hoffmann, Yair: **The problem of evil and its symbols on Jewish and Christian tradition.** LO; NY: T&T Clark, 2004. IX, 220 S.: Ill.

635 Zwanepol, Klaas: **Martin Luther und das Glück/** Kurzfassung von Richard K. Kaeske. LuD 13 (2005), 127-131. [Vgl. LuB 2004, Nr. 764]

3 Beurteilung der Persönlichkeit und ihres Werkes

636 Engammare, Max: **The horoscopes of Calvin, Melanchthon and Luther:** an unexpected post-tridentine polemical argument. In: 054, 231-255: Ill.

637 Faber, Richard: **Einleitung.** In: 079, VII-XIII.

638 Feld, Helmut: **Der bedeutendste katholische Theologe des 20. Jahrhunderts?** RoJKG 19 (2000), 263-273.

639 Greiner, Albert: **Dans l'intimité de Luther.** Théologie évangélique 4 (Vaux-sur-Seine 2005), 31-45.

640 Harmati, Béla: **Luther 2005-ben Wittenbergből nézve** (Luther im Jahr 2005 von Wittenberg aus gesehen). LP 80 (2005), 250-254.

641 Lehmann, Hartmut: **Clios streitbare Priester:** zur Einführung. In: Historikerkontroversen/ mit Beiträgen von Doris Bergen ... hrsg. von Hartmut Lehmann. GÖ: Wallstein, 2000, 7-14. (Göttinger Gespräche zur Geschichtswissenschaft; 10)

642 Leppin, Volker: **Von Sturmgewittern, Turmstuben und der Nuss der Theologie:** Martin Luther (1483-1546); zwischen Legende und Wirklichkeit. In: 072, 11-27: Ill.

643 Ludendorff, Mathilde: **Der ungesühnte Frevel an Luther, Lessing, Mozart und Schiller:** ein Beitrag zur deutschen Kulturgeschichte. Faks. der Aus-

gabe von 1936. Nachdruck, 2. Aufl. Viöl/Nordfriesland: Archiv-Edition – Verlag für Ganzheitliche Forschung, 2003. 209 S.: Ill. (Archiv-Edition)

644 O'Connell-Cahill, Cathy: **The suprisingly Catholic Martin Luther.** U. S. Catholic 69 (Chicago, IL 2004) Nr. 9, 24-28.

645 Pani, Giancarlo: **Paolo, Agostino, Lutero:** alle origini del mondo moderno (Paulus, Augustin, Luther: am Ursprung der modernen Welt). Soveria mannelli: Rubbettino, 2005. 282 S.

646 Pesch, Otto Hermann: **Was hatten wir von der Reformation?:** Nah- und Fernwirkungen Luthers in der deutschen katholischen Kirche. Zur Debatte 34 (2004), 6 f.

647 Schorlemmer, Friedrich: **Hier stehe ich – Martin Luther.** B: Aufbau, 2003. 173 S.: Ill.

648 Schuder, Gerhard: **Martin Luther:** Wechselbalg des Teufels und Vorreiter des Antichrists?; Luthers Geburt in zeitgenössischen Polemiken und apokalyptischen Deutungen. Traunstein: MGS, 2004. 79 S. (Lutherstudien; 2)

649 Slenczka, Notger: **Neuzeitliche Freiheit oder ursprüngliche Bindung?:** zu einem Paradigmawechsel in der Reformations- und Lutherdeutung. In: 051, 205-244.

650 Sólyom, Jenő: »**Előre Lutherrel**« (Vorwärts mit Luther). (1957). In: 066, 155-157.

651 Steinmetz, David C.: **The Catholic Luther:** a critical reappraisal. Theology today 61 (Princeton, NJ 2004), 187-201.

652 Steinmetz, David C.: **What Luther got wrong.** The Christian century 122 (Chicago, IL 2005) Nr. 17, 23. 25 f.

653 Weber, Camilla: **Dr. theol. Johann Thomas Wiser (1810-1879):** eine klerikale Biographie in den Spannungen des »konfessionellen« 19. Jahrhunderts. ZBKG 74 (2005), 141-164. L 153 f.

4 Luthers Beziehungen zu früheren Strömungen, Gruppen, Persönlichkeiten und Ereignissen

654 Andermann, Ulrich: **Albert Krantz:** Wissenschaft und Historiographie um 1500. Weimar: Böhlau, 1999. 361 S. (Forschungen zur mittelalterlichen Geschichte; 38) – Zugl.: Osnabrück, Univ., Habil., 1994. – Bespr.: Haendler, Gert: Mecklenburgia sacra 6 (2003), 170-176.

655 Béres, Tamás: **Az ariszotelészi filosófia helye a Lutheri teológiában** (Die Stellung der aristotelischen Philosophie in Luthers Theologie). LP 78 (2003), 302-309.

656 Bienert, Wolfgang A.: **Zurück zu den Anfängen?:** zur ökumenischen Relevanz der Kirchenväter. Ökumenische Rundschau 54 (2005), 49-65. L 57-59.

657 Bünz, Enno; Volkmar, Christoph: **Das landesherrliche Kirchenregiment in Sachsen vor der Reformation.** In: 023, 89-109. L 89 f. 107 f.

658 Burger, Christoph: **Religiosität.** In: 049, 36-40.

659 Churchill, Leigh: **The age of knights and friars, popes and reformers:** the history of the Christian church from Leif Eirikson to Martin Luther (AD 1000-1517); church history unfolded, through the stories that are the inheritance of all believers. Milton Keynes: Authentic, 2004. IX, 306 S.

660 Eriksson, Bart A.: **Luther, Paul and the new perspective.** Toronto, 2004. 133 S. – Toronto, University of Toronto, Wycliffe College, Th. M., 2004.

661 Gawlina, Manfred: **Paulus und Plato:** prosopon gegen idea. ThPh 80 (2005), 17-30.

662 Grosse, Sven: **Renaissance-Humanismus und Reformation:** Lorenzo Valla und seine Relevanz für die Kontroverse über die Willensfreiheit in der Reformationszeit. KD 48 (2002), 276-300: Ill.

663 Grosse, Sven: **Renaissance-Humanismus und Reformation:** Lorenzo Valla und seine Relevanz für die Kontroverse über die Willensfreiheit in der Reformationszeit/ Kurzfassung von Sibylle G. Krause. LuD 13 (2005), 42-47: Ill.

664 Hamm, Berndt: **Luthers Anleitung zum seligen Sterben vor dem Hintergrund der spätmittelalterlichen Ars moriendi.** Jahrbuch für biblische Theologie 19 (2004), 311-362: Ill.

665 Junghans, Helmar: **Die Erfassung des Lehrkörpers** der Theologischen Fakultät Leipzig 1409-1991: Vorstellung eines Projektes mit dem Schwerpunkt auf der vorreformatorischen Zeit. In: 069, 41-48.

666 Köpf, Ulrich: **Mönchtum.** In: 049, 50-57.

667 Köpf, Ulrich: **Theologia deutsch.** In: 065, 254 f.

668 Kuhn, Lambrecht: **Bistum Lebus:** das kirchliche Leben im Bistum Lebus in den letzten zwei Jahrhunderten (1385-1555) seines Bestehens unter besonderer Berücksichtigung des Johanniterordens. L: EVA, 2005. 403 S.: Ill., Kt., Tab. (HCh: Sonderbd.; 8) – Zugl.: Frankfurt/Oder, Europauniv. Viadrina, Kulturwiss. Fak., Diss., 2002.

669 Lentes, Thomas: **Soweit das Auge reicht ...:** Sehrituale im Spätmittelalter. In: 024, 75-89. L".

670 Leppin, Volker: **Kirchenväter.** In: 049, 45-49.

671 Leppin, Volker: **Mystik.** In: 049, 57-61.

672 Leppin, Volker: **Universitätswissenschaft.** In: 049, 62-67.

673 Leppin, Volker: **Wilhelm von Ockham.** In: 065, 1552-1556.

674 McGrath, Alister E.: **The intellectual origins of the European Reformation.** 2. Aufl. Oxford; Malden, MA: Blackwell, 2004. IX, 289 S. – Bespr.: Baylor, Michael G.: SCJ 36 (2005), 482-484.

675 Moeller, Bernd: **Karl der Große im 16. Jahrhundert.** In: 061, 109-124.

676 Mühling, Andreas: **Vom Leichnam zum Leben:** Todesdarstellungen im Spätmittelalter. Informationes theologiae Europae 12 (2003), 161-172.

677 Murray, Alexander: **Should the middle ages be abolished?** Essays in medieval studies 21 (Baltimore, MD 2005), 1-22.

678 **Nicholas of Lyra:** the sense of scripture/ hrsg. von Philip D. W. Krey; Lesley Smith. Leiden: Brill, 2000. XIV, 344 S., Frontispiz. (Studies in the history of Christian thought; 90) – Bespr.: Ward, Benedicta: The journal of theological studies 53 (Oxford 2002), 373 f.

679 Ocker, Christopher: **Biblical poetics before humanism and Reformation.** Cambridge, UK; NY: Cambridge University, 2002. XVI, 265 S. – Bespr.: Hansen, Gary Neal: SCJ 36 (2005), 514-516.

680 Posset, Franz: **Bernhard von Clairvauxs Meditation zu Psalm 31,2 bei Martin Luther/** Kurzfassung

von Wolfgang Vondey. LuD 13 (2005), 15. [Vgl. LuB 2004, Nr. 829]

681 Posset, Franz: **Luthers Predigt von 1515 gegen das Laster der Verleumdung und seine mittelalterliche Quelle:** Bernhard von Clairvaux oder Bernardin von Sienna? Lu 75 (2004), 142-149.

682 Scheck, Thomas Peter: **The reception of Origin's exegesis of Romans in the Latin West.** Iowa City, IA, 2004. 272 S. – Iowa City, IA, The University of Iowa, Ph. D., 2004.

683 Schwarz, Reinhard: **Kirchenreformbewegung.** In: 049, 40-45.

684 Staubach, Nikolaus: **Zwischen Kloster und Welt?:** die Stellung der Brüder vom gemeinsamen Leben in der spätmittelalterlichen Gesellschaft; mit einem Anhang: Neue Quellen zum Grabow-Konflikt. In: 039, 368-426. L 397.

685 Tavard, George H.: **From Bonaventure to the reformers.** Milwaukee, WI: Marquette University, 2005. 142 S. (Marquette studies in theology; 43)

686 Turnbull, Stephan K.: **Grace and gift in Luther and Paul.** Word & world 24 (St. Paul, MN 2004), 306-314.

687 Westerholm, Stephen: **Perspectives old and new on Paul:** the »Lutheran« Paul and his critics. Grand Rapids, MI; Cambridge, U. K.: Eerdmans, 2004. XIX, 488 S.

688 Williams-Krapp, Werner: »**Praxis pietatis«:** Heilsverkündigung und Frömmigkeit der »illiterati« im 15. Jahrhundert. In: 046, 139-165. L".

5 Beziehungen zwischen Luther und gleichzeitigen Strömungen, Gruppen, Persönlichkeiten und Ereignissen

a) Allgemein

689 Arrowsmith, Joseph: **The Reformation**/ hrsg. von Juan A. Prieto Pablos. Barcelona: Universidad de Barcelona, 2003. 201 S.

690 Bornkamm, Heinrich: **Luther's world of thought** (Luthers geistige Welt ⟨engl.⟩)/ übers. von Martin H. Bertram. Nachdruck der Ausgabe StL, 1958. StL: Concordia, 2005. 245 S.

691 Brady, Thomas A., Jr.: **Die Wittenberger Theologen und der Schmalkaldische Bund.** [Seminarbericht]. LuJ 71 (2004), 261 f.

692 Bräuer, Siegfried: **Die Reformation und die Dichtung.** In: 031, 177-190: Ill.

693 Burkhardt, Johannes: **Jenseits von Universalismus und Partikularismus:** die sächsische Reichspolitik und die deutsche Geschichte in der Reformationszeit. In: 022, 40-51: Ill.

694 Collinson, Patrick: **The Reformation.** LO: Weidenfeld & Nicolson, 2003. 210 S.: Ktn. (Universal history series) – Bespr.: Graybill, Gregory: SCJ 35 (2004), 953 f.

695 Collinson, Patrick: **The Reformation: a history.** Hörbuch. Prince Frederick, MD: Recordet Books, 2005. 7 Audio-CD im Schuber (7 h, 30 min). (Modern Library chronicles; 19)

696 Collinson, Patrick: **The Reformation: a history.** Nachdruck der Ausgabe LO, 2003. NY: Modern library, 2004. XXV, 238 S., Ktn. (Modern Library chronicles; 19)

697 **Deutsche Reichstagsakten unter Kaiser Karl V.:** der Reichstag zu Speyer 1542/ hrsg. durch die Historische Kommission bei der Bayrischen Akademie der Wissenschaften; bearb. von Silvia Schwein-

zer-Burian. 2 Teilbde. M: Oldenbourg, 2003. 711 S.; S. 712-1284. (Deutsche Reichstagsakten: jüngere Reihe; 12 I/II)

698 Dröse, Albrecht: **Anfänge der Reformation.** In: 046, 198-241.

699 Eberl, Immo: **Die Zisterzienser:** Geschichte eines europäischen Ordens. S: Thorbecke, 2002. 614 S.: Kt.

700 Edwards, Mark U., Jr.: **Luther on his opponents**/ Kurzfassung von Rebecca E. Moore. LuD 13 (2005), 137-140. [Vgl. LuB 2004, Nr. 854: Korrigiere »and« in »on«]

701 Friedeburg, Robert von: **Self-defence and religious strife in early modern Europe:** England and Germany, 1530-1680. Aldershot: Ashgate, 2002. 278 S. (St. Andrews studies in Reformation history) – Bespr.: Whitford, David: SCJ 34 (2003), 1130 f.

702 Girardet, Giorgio: **Protestanti e cattolici:** le differenze (Protestanten und Katholiken: die Unterschiede). Torino: Claudiana, 2003. 60 S.

703 Greschat, Martin: **Protestantismus in Europa:** Geschichte – Gegenwart – Zukunft DA: WB, 2005. 175 S.

704 Greyerz, Kaspar von: **Religion und Kultur:** Europa 1500-1800. Lizenzausgabe. DA: WB, 2000. 395 S.: Ill. L".

705 Hahn, Gerhard: **Literatur und Konfessionalisierung.** In: 046, 242-262.

706 Heinze, Rudolph W.: **Reform and conflict:** from the medieval world to the wars of religion, A. D. 1350-1648. Grand Rapids, MI: Baker, 2005. 496 S.: Ill.

707 Heming, Carol Piper: **Protestants and the cult of**

saints in German-speaking Europe, 1517-1531. Kirksville, MO: Truman State University, 2003. XIII, 170 S.: Faks. (Sixteenth century essays & studies; 65) – Bespr.: Boettcher, Susan R.: SCJ 36 (2005), 618f.

708 Köpf, Ulrich: **Waldenser.** In: 065, 1272-1276.

709 Kohnle, Armin: **Luther und das Reich.** In: 049, 196-205.

710 Kohnle, Armin: **Weltliche Ordnung.** In: 049, 70-82: Kt.

711 Kruse, Jens-Martin: **Universitätstheologie und Kirchenreform:** die Bedeutung der Wittenberger Universitätsprofessoren für die Anfänge der Reformation/ Kurzfassung von Wolfgang Vondey. LuD 13 (2005), 52 f.: Ill. [Vgl. LuB 2003, Nr. 586]

712 Lindberg, Carter: **A brief history of Christianity.** Oxford; Malden, MA: Blackwell, 2006. XI, 216 S. (Blackwell brief histories of religion)

713 Müller, Jan-Dirk: **Formen literarischer Kommunikation im Übergang vom Mittelalter zur Neuzeit.** In: 046, 21-53. L 51 f+".

714 Raitz, Walter; Röcke, Werner; Seitz, Dieter: **Konfessionalisierung der Reformation und Verkirchlichung des alltäglichen Lebens.** In: 046, 281-316.

715 **Reformation/** ausgew. und komm. von Volker Leppin. NK: NV, 2005. XII, 300 S. (Kirchen- und Theologiegeschichte in Quellen; 3)

716 Schilling, Heinz: **Europa oder die Christenheit zur Zeit der Reformation.** In: 022, 27-39: Ill.

717 Schilling, Heinz: **Das lange 16. Jahrhundert – Der Augsburger Religionsfrieden zwischen Reformation und Konfessionalisierung.** In: 01, 19-34: Ill.

718 Schilling, Johannes: **Die Wiederentdeckung des Evangeliums:** wie die Wittenberger Reformatoren ihre Geschichte rekonstruierten. In: 061, 125-142.

719 Schirmer, Uwe: **Sachsen und die Reichspolitik.** In: 031, 219-237.

720 Schorn-Schütte, Luise: **Die Reformation:** Vorgeschichte – Verlauf – Wirkung. 3., durchges. Aufl. M: Beck, 2003. 127 S.: Ill. (Beck'sche Reihe; 2054: C. H. Beck Wissen)

721 Schubert, Ernst: **Fürstenreformation:** die Realität hinter einem Vereinbarungsbegriff. In: 023, 23-47. L 34 f.

722 Sprengler-Ruppenthal, Anneliese: **Zur Verwendung von Bibelstellen in Kirchenordnungen des 16. Jahrhunderts.** (1981). In: 067, 177-201. L".

723 Wartenberg, Günther: **Die reformatorische Veränderung von Kirche und Gesellschaft:** das Werden der Wittenberger Reformation. In: 022, 16-26: Ill.

724 Wiesner, Merry E.: **An age of voyages, 1350-1600.** NY: Oxford University, 2005. 189 S.: Ill.

725 Willoweit, Dietmar: **Religionsrecht im Heiligen Römischen Reich zwischen Mittelalter und Aufklärung.** In: 01, 35-50: Ill. L".

726 Zur Mühlen, Karl-Heinz: **Die Reichsreligionsgespräche von Hagenau, Worms und Regensburg 1540/41:** Chancen und Grenzen des kontroverstheologischen Dialogs in der Mitte des 16. Jahrhunderts. BlPfKG 72 (2005), 319-334: Ill. = Ebernburg-Hefte 39 (2005), 7-22: Ill.

b) Wittenberger Freunde

727 Becht, Michael: **Pia Synodus:** die Lehre vom Konzil in der Theologie Philipp Melanchthons und Johannes Calvins. In: 054, 107-133. L 107 f+".

728 Beck, Andreas J.: **Zur Rezeption Melanchthons bei Gisbertus Voetius (1589-1676), namentlich seine Gotteslehre.** In: 054, 317-342. L 318 f+".

729 Beyer, Michael: **Georg Major als Übersetzer.** In: 020, 123-158: Ill.156-158+".

730 Büttgen, Philippe: **Doctrine et allégorie au début de la Réforme:** Melanchthon. In: Allégorie des poètes, allégorie des philosophes: études sur la poétique et l'herméneutique de l'allégorie de l'Antiquité à la Réforme/ hrsg. von Gilbert Dahan; Richard Goulet. P: Vrin, 2005, 289-322.

731 Caponetto, Salvatore: **Melantone e l'Italia** (Melanchthon und Italien). Torino: Claudiana, 2000. 104 S. (Studi storici; 27)

732 Coe, John David: **Philipp Melanchthon:** Lutheran or Crypto-calvinist? Comerce, TX, 2004. 83 S. – Texas, TX, Texas A&M University, M. S., 2004.

733 Coppel, Bernhard: **Johannes Franciscus Ripensis und der Einfluß des »Praeceptor germaniae« auf Wissenschaft und Geistesleben in Skandinavien.** In: 021, 483-497.

734 Eisinger, Walther: **Gramann, Johann.** In: 075, 118f.

735 Faber, Riemer: **The humanism of Melanchthon and Calvin.** In: 054, 11-28. L 19 f+".

736 Follert, Udo-R.: **Agricola, Johann.** In: 075, 18.

737 Frank, Günter: **Zur Gottes- und Trinitätslehre bei Melanchthon und Calvin.** In: 054, 159-171.

738 Frey, Winfried: **Der Kommentar als Waffe:** zu Johannes Bugenhagens Passionsharmonie. In: Spurensuche in Sprach- und Geschichtslandschaften: Festschrift für Ernst Erich Metzner/ hrsg. von Andrea Hohmeyer ... MS: Lit, 2003, 157-177. L". (Germanistik; 26)

739 Hasse, Hans-Peter: **Georg Major als Professor der Leucorea:** Identifikation mit der Wittenberger Reformation. In: 020, 41-68.

740 Kolb, Robert: **Georg Major as preacher.** In: 020, 93-121.

741 Kolb, Robert: **Melanchthon's doctrinal last will and testament:** the »Responsiones ad articulos

Bavaricae inquisitionis« as his final confession of faith. SCJ 36 (2005), 97-114.

742 Krummacher, Christoph: **Melanchthon, Philipp.** In: 075, 213.

743 Lichtenthäler, Barbara: **Philipp Melanchthon – der Praeceptor Germaniae als Instructor Europae?** In: Europäische Melanchthon-Akademie Bretten/ Redaktion: Martin Pfeiffer; Günter Frank; Stephan Meier-Oeser. Bretten: Europäische Melanchthon-Akademie, [2005], 23-31.

744 Lorentzen, Tim: **Johannes Bugenhagen und die Kirchenordnung Christians III.** In: 08, 65-78.

745 Lück, Heiner: 1555: **Justus Jonas:** Jurist und Theologe der Reformation. Mitteldeutsches Jahrbuch für Kultur und Geschichte 12 (2005), 177-181: Ill.

746 Lück, Heiner: »... **und viell feiner gesellen, die fleißiglichen studieren ...**«: Hieronymus Schurff (1481-1554); mit dem Recht für das Leben. In: 072, 52-74: Ill. L".

747 Maag, Karin: **Higher education for Melanchthon and Calvinism:** a comparative approach. In: 054, 61-74.

748 Mahlmann, Theodor: **Melanchthon als Vorläufer des Wittenberger Kryptocalvinismus.** In: 054, 173-230. L 194 f+".

749 Melanchthon, Philipp: **Glaube und Bildung:** Texte zum christlichen Humanismus: lateinisch/ deutsch/ ausgew., übers. und hrsg. von Günter R. Schmidt. Nachdruck. S: Reclam, 2004. 221 S. (Universal-Bibliothek; 8609)

750 [Melanchthon, Philipp]: **Melanchthons Briefwechsel:** kritische und kommentierte Gesamtausgabe/ im Auftrag der Heidelberger Akademie der Wissenschaften hrsg. von Heinz Scheible. Bd. 12: **Personen F-K/** bearb. von Heinz Scheible unter Mitwirkung von Corinna Schneider. S-Bad Cannstatt: Frommann-Holzboog, 2005. 479 S. – Bespr.: Keller, Rudolf: ZBKG 74 (2005), 257 f.

751 [Melanchthon, Philipp]: **Melanchthons Briefwechsel:** kritische und kommentierte Gesamtausgabe/ im Auftrag der Heidelberger Akademie der Wissenschaften hrsg. von Heinz Scheible. Bd. T 6: **Texte 1395-1638 (1534-1535)/** bearb. von Christine Mundhenk unter Mitwirkung von Roxane Wartenberg; Richard Wetzel. S-Bad Cannstatt: Frommann-Holzboog, 2005. 588 S. – Bespr.: Keller, Rudolf: ZBKG 74 (2005), 256 f.

752 Merten, Werner: **Decius, Nikolaus.** In: 075, 73 f.

753 Metz, Detlef: **Zwilling (Didymus), Gabriel.** In: 065, 1943 f.

754 Olson, Oliver K.: **Melanchthon on the eucharistic prayer.** LQ 19 (2005), 199-207.

755 Peters, Christian: **Luther und Melanchthon.** In: 049, 161-168.

756 Posset, Franz: **A humanist and reformer turns to Saint Bernard:** Philipp Melanchthon and Bernard of Clairvaux. Analecta Cisterciensia 55 (Roma 2005), 301-315.

757 Rabenau, Konrad von: **Die Tugendrollen der deutschen Einbandkunst des 16. Jahrhunderts und die vergessene Tugend Suavitas.** Einbandforschung (April 2005) Heft 16, 35-47: Ill.

758 Rabenau, Konrad von: **Zwei Rollen mit der Tugend der Cognitio.** Einbandforschung (Oktober 2005) Heft 17, 12-15: Ill.

759 Reich, Ulrich: **Nikolaus Medlers Briefwechsel mit Philipp Melanchthon und Justus Jonas.** In: 059, 185-195.

760 **Religion und Kultur:** Philipp Melanchthon in Geschichte und Gegenwart/ hrsg. von Günter Frank. L: EVA, 2004. 1 CD-Rom.

761 Ritoók-Szalay, Ágnes: **Melanchthon Szophoklész-kollégiuma** (Die Sophokles-Vorlesung Melanchthons). LP 79 (2004), 259-263. L".

762 Rohls, Jan: **Aristotelische Methodik und protestantische Theologie:** von Melanchthon zu Zabarella. In: 054, 75-105. L 76 f+".

763 Scheible, Heinz: **Filippo Melantone** (Melanchthon: eine Biographie (ital.))/ übers. von Lorenzo Scornaienchi. Torino: Claudiana, 2001. 312 S.: Ill. (Ritratti storici)

764 Schilling, Lebrecht: **Jonas, Justus.** In: 075, 169 f.

765 Schneider-Böklen, Elisabeth: **Cruciger, Elisabeth, geb. von Meseritz.** In: 075, 65 f.

766 Schönemann, Hans: **Nikolaus Medler:** engagierter Mitstreiter Philipp Melanchthons und wichtiger Förderer des protestantischen Schulwesens. In: 059, 59-137: Ill. L 61-63. 65-67. 101-103+".

767 Schönemann, Hans: **Nikolaus Medler in der Korrespondenz von Caspar Löner.** In: 059, 197-214. L".

768 Schönemann, Hans: **Nikolaus Medler in der Korrespondenz von Martin Luther.** In: 059, 179-184.

769 Selderhuis, Herman J.: **Ille Phoenix:** Melanchthon und der Heidelberger Calvinismus 1583-1622. In: 054, 45-59.

770 Siegmund-Schultze, Ernst: **Das Leben des Alexander Alesius (1500-1565).** Aachen: Shaker, 2005. 468 S. – Zugl.: Marburg, Univ., Fachbereich Evang. Theol., Diss., 2005.

771 Sólyom, Jenő: **Melanchthon-kutatás Magyarországon** (Melanchthonforschung in Ungarn). (1960). In: 066, 85-93.

772 Spijker, Willem van æt: **Die Diversität der reformierten Scholastik:** die theologische Methode Melanchthons und Calvins im Vergleich und beider Auswirkungen auf die reformierte Scholastik. In: 054, 291-316. L 294 f+".

773 Sprengler-Ruppenthal, Anneliese: **Bugenhagen und das protestantische Kirchenrecht.** (1971). In: 067, 122-152. L 125-129+".

774 Stalmann, Joachim: **Alber, Erasmus.** In: 075, 19 f.

775 Stalmann, Joachim: **Speratus, Paul.** In: 075, 305 f.

776 Stalmann, Joachim: **Walter, Johann.** In: 075, 337-339.

777 Strohm, Christoph: **Melanchthon-Rezeption in der Ethik des frühen Calvinismus.** In: 054, 135-157. L 149 f+".

778 Wengert, Timothy J.: **Georg Major as exeget of First Timothy.** In: 020, 69-92. L 87-89. 91 f+".

779 Wengert, Timothy J.: **Philip Melanchthon's contribution to Luther's debate with Erasmus over the bondage of the will.** In: 04, 110-124.

780 Wölfel, Dieter: **Lossius, Lucas.** In: 075, 201 f.

781 Wriedt, Markus: **»der allergewisseste Mann ...«:** Georg Major (1502-1574); der Freund der zweiten Stunde. In: 072, 100-126: Ill.

782 Wriedt, Markus: **Georg Major als Pädagoge.** In: 020, 159-188.

c) Altgläubige

783 Bagchi, David V. N.: **Luther's earliest opponents:** Catholic controversialists 1518-1525. Nachdruck der Ausgabe MP, 1991. Eugene, OR: Wipf and Stock, 2005. XIII, 305 S.

784 Berger, Thomas: **Johannes Wild (1495-1554).** In: 038, 110-131. L".

785 Bräuer, Siegfried: **»ich begere lauttern vnd reinen wein / So vormischt er mirn mith wasser«:** der Flugschriftenstreit zwischen dem Eilenburger Schuhmacher Georg Schönichen und dem Leipziger Theologen Hieronymus Dungersheim. In: 063, 97-140. L 120 f+".

786 Brecht, Martin: **Erzbischof Albrecht und die Verurteilung seines Kämmerers Hans Schenitz 1535.** In: 029, 65-94.

787 Brendle, Franz: **Karl V. und die reichsständische Opposition.** In: 036, 691-705.

788 Carbonnier-Burkard, Marianne: **Une histoire d'excellents personnages.** In: 011, 43-59.

789 Fuchs, Martina: **Karl V. in der deutschsprachigen Belletristik – eine populäre Figur?** In: 036, 725-746. L".

790 Kohnle, Armin: **Das Vermächtnis Kaiser Karls V.:** die politischen Testamente. DA: WB, 2005. 141 S.: Ill., Kt., Stammtaf.

791 Luttenberger, Albrecht P.: **Die Religionspolitik Karls V. im Reich.** In: 036, 293-343. L 295-301. 329.

792 Smolinsky, Heribert: **Aspekte geistigen Lebens zur Zeit Herzog Georgs des Bärtigen (1500-1539).** In: 022, 61-69: Ill.

793 Smolinsky, Heribert: **Julius Pflug (1499-1564).** In: 038, 13-32. L".

794 Tacke, Andreas: **»hab den hertzog Georgen zcu tode gepett«:** die Wettiner, Cranach und die Konfessionalisierung der Kunst in den Anfangsjahrzehnten der Reformation. In: 022, 236-245: Ill.

795 Wallenta, Wolfgang: **Katholische Konfessionalisierung in Augsburg 1548-1648.** HH: Kovač, 2003. 352 S. (Studien zur Geschichtsforschung der Neuzeit; 28) – Zugl.: Augsburg, Univ., Diss., 2001.

796 Wolf, Gerhard Philipp: **Johannes Cochlaeus (1497-1552) zwischen Humanismus und Reformation – Zu seinem 450. Todestag.** Jahrbuch für fränkische Landesforschung 62 (2002), 113-156.

797 Zschoch, Hellmut: **Luther und seine altgläubigen Gegner.** In: 049, 115-121.

d) Humanisten

798 Bernstein, Eckhard: **Humanistische Intelligenz und kirchliche Reformen.** In: 046, 166-197. L 178-195+".

799 [Erasmus Roterodamus, Desiderius]: **A szabad döntésről** (De libero arbitrio ⟨ungar.⟩)/ eingel. und übers. von Zoltán Rokay. BP: Jel, 2004. 178 S.

800 Erasmus von Rotterdam: **Apophtegmata:** geistreiche Aussprüche; Einleitung, lateinische Textauswahl, Übersetzung und Kommentar/ hrsg. von Heribert Philipps. F; B; Bern; Bruxelles; NY; Oxford; W: Lang, 2005. 292 S.: Ill. (Lateres; 2)

801 [Hamm, Joachim]: **Nec sine pace bonum:** Kriegsbilder in neulateinischen Dichtungen im ersten Drittel des 16. Jahrhunderts. In: 012, 464-537: Ill. L 494-499+".

802 [Hamm, Joachim]: **Pax optima rerum:** zu den Friedensschriften des Erasmus von Rotterdam und ihrer zeitgenössischen literarischen Rezeption In: 012, 394-463: Ill. L 461-463+".

803 Hofhansl, Ernst: **Der Wiener Humanismus und seine Bedeutung für die Reformation in Siebenbürgen.** In: 043, 115-131. L".

804 Junghans, Helmar: **Der mitteldeutsche Renaissancehumanismus:** Nährboden der Frühen Neuzeit. L: Sächsische Akademie der Wissenschaften zu Leipzig; S; L: Hirzel, 2004. 39 S. (Sitzungsberichte der Sächsischen Akademie der Wissenschaften zu Leipzig: Phil.-hist. Klasse; 139 I)

805 Kaufmann, Thomas: **Luther und Erasmus.** In: 049, 142-152.

806 Kroeker, Greta Grace: **Erasmus in the footsteps of Paul:** from tradition to transcendence. Berkeley, CA, 2004. 173 S. – Berkeley, CA, University of California, Diss., Ph. D., 2004.

807 Leppin, Volker: **Humanismus.** In: 049, 67-70.

808 Posset, Franz: **The Benedictine humanist Vitus Bild (1481-1529):** sundial producer, mathematican, linguist, poet, historiographer, music expert, pro-Lutheran, anti-Zwinglian. American Benedictine review 55 (Richardton, ND 2004), 372-394.

809 Rädle, Fidel: **Die lateinische Dichtung der christlichen Spätantike im Humanismus.** In: 061, 195-229. L 217.

810 Reuchlin, Johannes: **Briefwechsel/** hrsg. von der Heidelberger Akademie der Wissenschaften in Verbindung mit der Stadt Pforzheim. Bd. 2: **1506-1513/** bearb. von Matthias Dall'Asta; Gerald Dörner. S-Bad Cannstatt: Frommann-Holzboog, 2003. LXV, 727 S. (Reuchlin, Johannes: Briefwechsel)

811 Ritoókné Szalay, Ágnes: **Erasmus és a XVI. századi magyarországi értelmiség** (Erasmus und die ungarischen Intellektuellen des 16. Jahrhunderts. [1988]. ⟨ungar.⟩). In: »Nympha super ripam Danubii«: tanulmányok a XV.-XVI. századi magyarországi mővelüdés körébül (»Nympha super ripam Danubii«: Studien über die ungarländische Bildung im 15./16. Jh.). BP: Balassi, 2002, 161-174. L". (Humanizmus és Reformáció; 28)

812 Rummel, Erika: **Erasmus.** LO: Continuum, 2004. XIV, 145 S. (Outstanding Christian thinkers) – Bespr.: Brooks, Peter Newman: The journal of theological studies 56 (Oxford 2005), 746 f.

813 Saladin, Jean-Christophe: **»Lire Reuchlin lire la Bible:** la préface des Rudimenta hebraica (1506)«. Revue de l'histoire des religions 222 (P 2005), 287-320. L 292. 301. 319.

814 Weiss, James Michael: **Kennst du das Land wo die Humanisten blühen?:** references to Italy in the biographies of German humanists. In: 021, 439-455. L".

815 Wien, Ulrich A.: **Die Humanisten Johannes Honterus und Valentin Wagner als Vertreter einer konservativen Stadtreformation in Kronstadt.** In: 043, 89-113.

816 Woitkowitz, Torsten: **Die Briefe von Joachim Camerarius d. Ä. an Christoph von Karlowitz bis zum Jahr 1553:** Edition, Übersetzung und Kommentar. L: Sächsische Akademie der Wissenschaften zu Leipzig; S: Steiner, 2003. 349 S. (Quellen und Forschungen zur sächsischen Geschichte; 24) – Zugl.: Leipzig, Univ., Diss., 2000.

e) Thomas Müntzer und Bauernkrieg

817 [Hamm, Joachim]: **Bilder der Macht und die Macht der Bilder:** der deutsche Bauernkrieg in zeitgenössischen volkssprachlichen Dichtungen. In: 012, 110-174: Ill.

818 Kohnle, Armin: **Luther und die Bauern.** In: 049, 134-139.

819 Müntzer, Thomas: **Scritti politici** (Politische Schriften)/ eingel., übers., komm. und hrsg. von Emidio Campi. 3. Aufl. Torino: Claudiana, 2003. 154 S. (Studi storici; 31: testi)

820 Peters, Christian: **Luther und Müntzer.** In: 049, 139-142.

f) »Schwärmer« und Täufer

821 Buckwalter, Stephen E.: »**So hatt er mir ouch nit zu verbietten, ein ewib ze nehmen«:** die Täufer und die reformatorische Priesterehe. Mennonitische Geschichtsblätter 61 (2004), 15-30.

822 Franck, Sebastian: **Sämtliche Werke:** kritische Ausgabe mit Kommentar/ hrsg. von Hans-Gert Roloff. Bd. 1: **Frühe Schriften:** Kommentar/ von Christoph Dejung. S: Frommann-Holzboog, 2005. 600 S. (Berliner Ausgaben)

823 Hasse, Hans-Peter: **Zwickauer Propheten.** In: 065, 1943.

824 Joestel, Volkmar: »**dass wir Christi Fußstapfen nachfolgen und leiden, wie er«:** Andreas Bodenstein aus Karlstadt (1486-1541); Leben und Lebensbrüche. In: 072, 28-51: Ill. L 28-33. 36-39. 46-48".

825 Lahrkamp, Helmut: **Das Drama der »Wiedertäufer«.** MS: Aschendorff, 2004. 96 S.: Ill.

826 Peters, Christian: **Luther und seine protestantischen Gegner.** In: 049, 121-134.

827 Scholz Williams, Gerhild: **Die radikalen Reformer.** In: 046, 263-280.

828 Tranvik, Mark: **Luther and the Anabaptists after 1530.** [Seminarbericht]. LuJ 71 (2004), 266-268.

g) Schweizer und Oberdeutsche

829 Bangeter, Oliver: **La pensée militaire de Zwingli.** Bern: Lang, 2003. VII, 287 S. L 10, 244. (Zürcher Beiträge zur Reformationsgeschichte; 21)

830 Benedict, Philip: **Christ's churches purely reformed:** a social history of Calvinism. New Haven: Yale University, 2002. 624 S. – Bespr.: Kooi, Christine: SCJ 34 (2003), 1268 f.

831 Bierma, Lyle D.: **The structure of the Heidelberg catechism:** Melanchthonian or Calvinist? In: 054, 29-43.

832 Bodenmann, Reinhard: **Wolfgang Musculus (1497-1563):** destin d'un autodidacte lorrain au siècle des Réformes; etude basée sur la biographie établie par son fils, la correspondance personnelle et de nombreux autres documents d'époque. Genève: Droz, 2000. 721 S. (Travaux d'humanisme et Re-

naissance; 343) – Bespr.: Koch, Ernst: LThK 28 (2004), 41-43.

833 [Bucer, Martin]: **Martini Buceri opera Latina.** Bd. 5: **Defensio adversus Axioma Catholicum id est criminationem** R. P. Roberti Episcopi Abrincensis (1534)/ hrsg. von William Ian P. Hazlett. Leiden; Boston; Köln: Brill, 2000. XLVII, 224 S.: Ill. (Studies in medieval and Reformation thought; 83) (Bucer, Martin: Opera omnia: series 2: Opera Latina; 5)

834 Büsser, Fritz: **Heinrich Bullinger (1504-1575):** Leben, Werk und Wirkung. Bd. 1. ZH: Theol. Verlag, 2004. XIII, 305 S.

835 Büsser, Fritz: **Heinrich Bullinger (1504-1575):** Leben, Werk und Wirkung. Bd. 2. ZH: Theol. Verlag, 2005. XI, 371 S.

836 Bullinger, Heinrich: **Schriften/** im Auftrag des Zwinglivereins in Zsarb. mit Hans Ulrich Bächtold; Ruth Jörg; Peter Opitz hrsg. von Emidio Campi ... Bd. 1. ZH: Theol. Verlag, 2004. XXIV, 605 S.

837 Burnett, Amy Nelson: **Basel and the Wittenberg concord.** ARG 96 (2005), 33-56. L 52-54+".

838 Burnett, Stephen G.: **Reassessing the »Basel-Wittenberg conflict«:** dimensions of the Reformation-era discussion of Hebrew scholarship. Herbraica veritas (Phil 2004), 180-210: Tab.

839 Calvin, Jean: **Contre la secte phantastique et furieuse des libertins qui se nomment spirituelz:** response à un certain holandois/ krit. Ausgabe von Myriam van Veen. Genève: Droz, 2005. 288 S. (Calvin, Johannes: Opera omnia; 4 I)

840 Calvin, Jean: **Epistolae.** Bd. 1: **1530-septembre 1538/** hrsg. von Cornelis Augustijn; Frans Pieter van Stam. Genève: Droz, 2005. 576 S. (Calvin, Johannes: Opera omnia; 6 I)

841 Campi, Emidio: **Der Nachfolger.** In: 058, 2-5: Ill.

842 Campi, Emidio: **Zwingli, Ulrich.** In: 065, 1945-1955. L".

843 Cho, Jinmo Timothy: **Persevere in suffering with a good conscience:** John Calvin's view of Christian suffering with an emphasis on the relationship between divine preservation and the believer's perseverance. Phil, 2004. 346 S. – Phil, Westminster Theological Seminary, Ph. D., 2004.

844 Diethelm, Roland: **Bullinger, der Liturg und Prediger.** In: 058, 46-51: Ill.

845 Ehrstine, Glenn: **Theater, culture, and community in Reformation Bern, 1523-1555.** Leiden: Brill, 2002. 346 S. (Studies in medieval and Reformation thought; 85) – Bespr.: Head, Randolph C.: SCJ 33 (2002), 1103-1105.

846 Faber, Eva-Maria: **Verantwortung für den Frieden bei Johannes Calvin.** In: 068, 83-118. L".

847 Gäbler, Ulrich: **Huldrych Zwingli:** eine Einführung in sein Leben und Werk. 3., mit einem Nachwort und Literaturnachträgen von Martin Sallmann vers. Aufl. ZH: Theol. Verlag, 2004. 179 S.

848 Greschat, Martin: **Vielgestaltigkeit und Geschlossenheit im Kirchenverständnis Martin Bucers.** In: 062, 103-114.

849 Groh, Dieter; Praxl, Birgit: **Heinrich Bullingers Bundestheologie.** ZKG 115 (2004), 45-99. L".

850 Henning, Gerhard: **Martin Bucer – Seelsorge, Diakonie und Gemeinde.** Theol. Beiträge 36 (2005), 188-201.

851 Henrich, Rainer: **Bullingers Briefwechsel und die »Bullinger-Zeitung«.** In: 058, 71-74: Ill.

852 Hunt, David: **What love is this?:** Calvinism's misrepresentation of God. 2. Aufl. Bend, OR: Berean Call, 2004. 573 S.

853 Kaufmann, Thomas: **Luther und Zwingli.** In: 049, 152-161.

854 Kaufmann, Thomas: **Wittenberger Konkordie.** TRE 36 (2004), 243-251.

855 Leppin, Volker: **Zwingli, Ulrich.** TRE 36 (2004), 793-809. L".

856 Lölkes, Herbert: **Zwingli, Huldrych.** In: 075, 362-364.

857 Mauelshagen, Franz: **Bullinger, der Prodigiensammler.** In: 058, 37-41: Ill.

858 Möller, Christian: **Katharina Zell (1497/98-1562):** »Kirchenmutter« von Straßburg. In: 014, 46-63: Ill. L 49-49+".

859 Mühling, Andreas: **Bullingers europäische Ausstrahlung.** In: 058, 75-80: Ill.

860 Müller, Gerhard: **Martin Luther in Marburg 1529:** Anlass – Vorgeschichte – Entscheidungen. In: 057, 115-132.

861 Müller, Gerhard: **Wittenberger Konkordie.** In: 065, 1667 f.

862 Noblesse-Rocher, Annie: **L'enjeu des récits de soi dans deux écrits apologétiques de Martin Bucer (1491-1551).** In: 030, 123-133. L 125, 128-130.

863 Pollmann, Judith: **Off the record: problems in the quantification of Calvinist church discipline.** SCJ 33 (2002), 423-438.

864 Rohls, Jan: **Calvin.** In: 09, 111-141. L 126-129.

865 Rohls, Jan: **Geist und Zeichen:** die reformierte Abendmahlslehre in ihrer geschichtlichen Entwicklung. In: 018, 51-78.

866 Saxer, Ernst: **Bullinger, Calvin und der »Consensus Tigurinus«.** In: 058, 90-93: Ill.

867 Schuck, Martin: **Beschwerliche Reise:** vor 475 Jahren trafen sich Zwingli und Luther zu Religionsgesprächen. Wochenspiegel (2004) Nr. 41 (7. Oktober), 10: Ill.

868 Selderhuis, Herman J.: **Gott in der Mitte:** Calvins Theologie der Psalmen. L: EVA, 2004. 278 S.

869 Snavely, Iren L., Jr.: **Zwingli, Froschauer and the word of God in print.** Journal of religious and theological information 3 (Haworth, US/Canada 2000), 65-87.

870 Spijker, Willem van 't: Calvin: **Biographie und Theologie/** übers. von Hinrich Stoevesandt. GÖ: V&R, 2001. VII, 102-236. (Die Kirche in ihrer Geschichte; Lfg. J2)

871 Tosto, Francesco Diego: **Calvino punto di convergenza:** simbolismo e presenza reale nella santa Cena(Calvins Problem der Übereinstimmung: Symbolismus und Realpräsenz im Abendmahl)/ hrsg. von Paolo Ricca; Roberto Osculanti. Napoli: Edizioni Scientifiche Italiane, 2003. XX, 335 S. (Dialoghi oltre il chiostro; 8) – Bepr.: Tourn, Giorgio: Pro 60 (2005), 245-252.

872 Weingarten, Ralph: **Auswahl biographischer und bibliographischer Daten** [Bullinger]. In: 058, 6 f.

873 Zwingli, Huldrych: **La provvidenza di Dio** (De providentia dei (ital.)/ hrsg. von Ermanno Genre; übers. von Maria Vittoria Revelli. Torino: Claudiana, 2004. 170 S. (Studi storici; 34: testi)

h) Juden

874 Burkhardt, Evelyn: **Forschung an historischem Ort:** das Leopold-Zunz-Zentrum. Scientia Halensis: Wissenschaftsjournal der Martin-Luther-Universität Halle-Wittenberg 13 (2005), 12 f: Ill.

875 Csepregi, Zoltán: **Zsidómisszió, vérvád, hebraisztika:** ötven forrás a reformáció és a zsidóság kapcsolatának kérdéséhez (Judenmission, Blutanklage, Hebraistik: fünfzig Quellen zur Frage Reformation und Judentum). BP: Luther, 2004. 224 S. – Besp.: Kőszeghy, Miklós: LP 79 (2004), 332 f.

876 Detmers, Achim: **»Bundeseinheit« versus »Gesetz und Evangelium«:** das Verhältnis Martin Bucers und Philipp Melanchthons zum Judentum. In: 03, 9-37.

877 Kirn, Hans-Martin: **Humanismus, Reformation und Antijudaismus:** der Schweizer Theologe Theodor Bibliander (1504/09-1564). In: 03, 39-58. L 41. 49.

878 Kirn, Hans-Martin: **Luther und die Juden.** In: 049, 217-224.

879 Neusner, Jacob: **Three generations of post-war study of Judaism in Germany:** Goldberg, Schaefer, Houtman and Becker and the demolition of historical Judaism. Religion Newcastle-upon-Tyne 34 (Newcastle-Upon-Tyne 2004), 315-330.

880 Schulte, Christoph: **»Reformation« in der jüdischen Aufklärung.** In: 079, 41-57.

881 Steinmetz, David C.: **Luther and the blessing of Judah.** LuJ 71 (2004), 159-178.

882 Wiessenbuehler, Wayne: **Luther and the Jews.** The Lutheran 17 (Chicago, IL 2004), 31.

883 Wolgast, Eike: **Die Juden im Alten Reich.** In: 01, 159-162: Ill.

i) Künstler und Kunst

884 Arndt, Karl; Moeller, Bernd: **Albrecht Dürer im Spannungsfeld der frühen Reformation:** seine Darstellungen des Abendmahls Christi von 1523. GÖ: V&R, 2005. 232 S.: Ill. (Nachrichten der Akademie der Wissenschaften in Göttingen I: Phil.-hist. Klasse [2005]; 2)

885 Bierende, Edgar: **Die wettinischen Geschichtsmythen in der Bilderwelt Lucas Cranachs d. Ä.** In: 022, 246-255: Ill.

886 Cummings, Brian: **Luther and the book:** the iconography of the ninety-five theses. In: The church and the book: papers read at the 2000 summer meeting and the 2001 winter meeting of the Ecclesiastical History Society/ Rochester, NY: Boydell, 2004, 222-232. (Studies in church history; 38)

887 Dingel, Irene: **»Daß wir Gott in keiner Weise verbilden«:** die Bilderfrage zwischen Calvinismus und Luthertum. In: 024, 97-111.

888 Fürst, Ulrich: **Die Erneuerung der Sakralarchitektur im Zeitalter der konfessionellen Auseinandersetzungen.** In: 01, 182-196: Ill.

889 Hinz, Berthold: **Lucas Cranach d. Ä.** Originalausgabe. 2. Aufl. Reinbek bei HH: Rowohlt-Taschenbuch, 2003. 158 S.: Ill. (Rowohlts Monographien; 50457)

890 Koerner, Joseph Leo: **The Reformation of the image.** Chicago, IL: University of Chicago; LO: Reaktion Books, 2004. 494 S.: Ill., Faks.

891 Kühne, Heinrich: **Lucas Cranach der Ältere in Wittenberg/** mit einem Beitrag von Jutta Strehle: Cranachwerke in Wittenberg: eine Auswahl von 15 Werken des Künstlers. 4. Aufl. Wittenberg: Drei Kastanien, 2004. 61 S.: Ill. (Biographien zur Reformation)

892 Lucas Cranach: **Glaube, Mythologie und Moderne/** Ausstellung von Werner Schade; Katalog von Werner Schade in Zsarb. mit Ortrud Westheider ...; mit Beiträgen von Sigrid Foister ... HH: Bucerius Kunst Forum, 2002. 191 S.: Ill.

893 Magirius, Heinrich: **Zur Ausbreitung der Renaissance in Mitteldeutschland in der ersten Hälfte des 16. Jahrhunderts.** In: 022, 155-174: Ill. L 167-169.

894 Mai, Hartmut: **Der Einfluß der Reformation auf Kirchenbau und kirchliche Kunst.** In: 031, 153-176: Ill., Taf.

895 Marx, Harald: »**Da fiel das feur des HERRN [h]erab ...«**. In: 022, 10-15: Ill.

896 Moser, Peter: **Lucas Cranach:** sein Leben, seine Welt, seine Bilder. Bamberg: Babenberg, 2004. 269 S.: Ill., Kt.

897 Roeck, Bernd: **Kunst und Konfessionalisierung – eine Skizze.** In: 01, 172-181: Ill.

898 Strecker, Freya: **Bildende Kunst.** In: 049, 244-249.

899 Weimer, Christoph: **Luther and Cranach on justification in word and image.** LQ 18 (2004), 387-504: Ill.

900 Zászkalitzky, Zsuzsanna: »**A mi festőnk, Lukács«:** 450 éve halt meg id. Lucas Cranach (»Unser Maler, Lukas«: vor 450 Jahren starb Lucas Cranach d. Ä.). EN (2003), 190-194. L".

901 Zászkalitzky, Zsuzsanna: **Sárkány gyűrűvel, ecsettel:** 450 éve halt meg id. Lucas Cranach (Drache mit Ring und Pinsel: vor 450 Jahren starb Lucas Cranach d. Ä.). Keresztyén igazság 59 (BP Herbst 2003), 8-15. L".

j) Territorien und Orte innerhalb des Deutschen Reiches

902 Alterhoff, Roswitha: **Zehn Thesen zu Landgraf Philipp.** In: 057, 29-33.

903 Bernuth, Ruth von: **Glaube am Narrenseil:** Claus Narr am ernestinischen Hofe zu Beginn des 16. Jahrhunderts. In: 022, 298-304: Ill.

904 Blaschke, Karlheinz: **Sächsische Landesgeschichte und Reformation:** Ursachen, Ereignisse, Wirkungen. In: 023, 111-132.

905 Boettcher, Christina: **Mitteldeutschland im Zeitalter der Reformation (16. Jh.).** Gotha: Klett-Perthes, 2000. Kt. (1:325000).

906 Bräuer, Siegfried: **Hoffnungsträger – trunkener Nabal – Erzmärtyrer:** Johann Friedrich (1503-1554); ein wahrer Fürst auch im Mißerfolg. In: 072, 127-162: Ill. L 129-133 f".

907 Bünz, Enno; Volkmar, Christoph: **Die albertinischen Herzöge bis zur Übernahme der Kurwürde:** 1485-1547. In: 027, 76-89: Ill.

908 Bünz, Enno: **Das Ende der Klöster in Sachsen:** vom »Auslaufen« der Mönche bis zur Säkularisierung (1521-1543). In: 022, 80-90: Ill.

909 Csepregi, Zoltán: **Jámbor volt-e Georg der Fromme?:** egy készülő brandenburgi György-monográfia módszertani előfeltételei (War Georg der Fromme ein Frommer?: methodische Voraussetzungen einer künftigen Monographie zu Georg von Brandenburg). LP 78 (2003), 291-294. L".

910 Dixon, C. Scott: **Die Einführung der Reformation in den ländlichen Pfarreien der Markgrafschaft Brandenburg-Ansbach-Kulmbach:** Pfarrkultur und die Grenzen der Konfessionalisierung. Jahrbuch für fränkische Landesforschung 62 (2002), 93-112.

911 Edelmann, Helmut: **Hermann Tast und die lutherische Predigt.** In: 08, 48-52.

912 Engelhardt, Ruth: **Albrecht von Preußen, Markgraf von Brandenburg-Ansbach, Herzog von Preußen.** In: 075, 21 f.

913 **Die evangelischen Kirchenordnungen des XVI. Jahrhunderts**/ hrsg. von Emil Sehling. Bd. 16: **Baden-Württemberg II:** Herzogtum Württemberg/ Markgrafschaft Baden, Grafschaft Limpurg, Herrschaft Kinzigtal, Herrschaft Neckarbischofsheim/ bearb. von Sabine Arend; Thomas Bergholz. TÜ: Mohr, 2004. XIV, 708 S.: 1 Kt.

914 Fischer, Detlef: **Chronik des Münsterlandes.** MS: Aschendorff, 2003. 520 S.: Ill., Kt.

915 Gößner, Andreas: **Luther und Sachsen.** In: 049, 179-185.

916 Graf, Gerhard; Hein, Markus: **Kleine Kirchengeschichte Sachsens**/ im Auftrag der Arbeitsgemeinschaft für Sächsische Kirchengeschichte. L: EVA, 2005. 56 S.: Ill. L 26-28.

917 Groß, Reiner: **Ernestinisches Kurfürstentum und albertinisches Herzogtum Sachsen zur Reformationszeit:** Grundzüge außen- und innenpolitischer Entwicklung. In: 022, 52-60: Ktn.

918 Haug-Moritz, Gabriele: **Kursachsens schmalkaldische Bundespolitik im Spannungsfeld von Glaube und Macht.** In: 023, 133-147.

919 Hinz, Ulrich: **Gemeinsames Leben in evangelischer Freiheit:** zum Selbstverständnis der norddeutschen Brüder vom gemeinsamen Leben in der Zeit der Reformation. In: 039, 340-367.

920 Hohenberger, Thomas: **Nikolaus Medler als Mitstreiter Martin Luthers:** der Beitrag eines Hofer Pädagogen und Theologen zur deutschen Reformationsgeschichte. In: 019, 57-81: Ill.

921 Jadatz, Heiko: **Die evangelischen Kirchenvisitationen in Sachsen 1524-1540.** In: 022, 70-79: Ill.

922 Jadatz, Heiko: **Die Theologische Fakultät Leipzig und die Einführung der Wittenberger Reformation im Spiegel der ersten evangelischen Kirchenvisitation.** In: 069, 63-71.

923 Jagusch, Britta: **Politischer Vorkämpfer der Reformation:** vor 500 Jahren wurde Philipp von Hessen geboren. Wochenspiegel (2004) Nr. 46 (11. November), 9: Ill.

924 **Das Jahrhundert der Reformation in Sachsen**/ im Auftrag der Arbeitsgemeinschaft für Sächsische Kirchengeschichte anlässlich ihres 125-jährigen Bestehens hrsg. von Helmar Junghans. 2. durchges. und erw. Aufl. [Dresden]: Landeszentrale für Politische Bildung; L: EVA, 2006. 288 S.: Ill., Kt., Stammtaf., [16] S.: Taf. – Siehe LuB 2006, Nr. 031.

925 Junghans, Helmar: **Die Ausbreitung der Reformation von 1517 bis 1539.** In: 031, 36-67: Ill.

926 Kaufmann, Thomas: **Luther und die reformatorische Bewegung in Deutschland.** In: 049, 185-196.

927 Keveházi, László: **Hesseni Fülöp a »nagylelkű«** (Philipp von Hessen, der »Großmütige«). EN (2004), 128-132. L".

928 Lätzel, Martin: **Die Reformation erreicht das Land:** eine Einführung. In: 08, 42-44.

929 Landgraf, Michael: **Kurze Kirchengeschichte von Neustadt an der Haardt:** zur Einführung der Reformation in Neustadt vor 450 Jahren (1554-2004). BlPfKG 72 (2005), 9-32: Ill. L".

930 Lies, Jens Martin: **Vier Reformatoren und ein Landgraf:** die Beziehung Philipps des Großmütigen zu Luther, Melanchthon, Zwingli und Bucer. In: 057, 93-113.

931 Lommer, Markus: **Amberg und das »Buch der Bücher«:** Einblicke in die »biblische« Produktivität der Buchdrucker in der Hauptstadt der Oberen Pfalz. ZBKG 74 (2005), 117-140. L 128-131+".

932 Merx, Peter: **»Entsaget Ihr dahero dem Teufel?«:** Beiträge zur Einführung der Konfirmation in der Oberlausitz. Jahrbuch für schlesische Kirchengeschichte 83 (2004), 39-68. L 41 f.

933 Moeller, Bernd: **Annaberg als Stadt der Reformation.** In: 022, 103-111: Ill.

934 Mühlpfordt, Günter: **Reformation und Moritzburg:** vom wettinischen Bau zur wettinischen Lutherschutzpolitik. In: 029, 43-64.

935 Pistorius, Dietmar: **Hermann, Nikolaus.** In: 075, 145-148.

936 Reich, Ulrich: **Nikolaus Medler und sein Einsatz für die Mathematik.** In: 059, 139-166: Ill. L".

937 Richhardt, Dirk: **Der Bigamist aus reinem Gewissen.** In: 057, 183-192.

938 Riemer, Matthias: **Die Reformation in Lübeck.** In: 08, 52-65: Ill.

939 Ronner, Wolfgang: **Landgraf Philipp von Hessen, die Herren von Kronberg und ihre Stadt 1522-1541.** In: 057, 69-76: Ill.

940 Schilling, Heinz: **»So ligen uff E. f. g. solche grosse sweere sachen ...«:** Philipp von Hessen (1504-1567); das Evangelium auf Abwegen – das Gewissen sucht Auswege. In: 072, 75-99: Ill. L 80 f. 85 f+".

941 Schilling, Johannes: **Johannes Schwan aus Marburg – Sein Leben und seine Schriften.** In: 063, 141-177: Ill. L 164-170+".

942 Schirmer, Uwe: **Die ernestinischen Kurfürsten bis zum Verlust der Kurwürde:** 1485-1547. In: 027, 55-75: Ill.

943 Schneider-Ludorff, Gury: **Die Homberger Synode**
und die Reformatio ecclesiarum Hassiae: Beobachtungen zum Wandel Philipps von Hessen vom spätmittelalterlichen Landesherren zum protestantischen Fürsten. JHKV 54 (2003), 89-101.

944 Schwaiger, Georg: **Das Münchner Augustinerkloster im 16. Jahrhundert.** In: 063, 49-65. L 51-55.

945 Seegrün, Wolfgang: **Der erste Märtyrer der Reformation und die Gemeindereformation in Dithmarschen.** In: 08, 44-48.

946 Sprengler-Ruppenthal, Anneliese: **Joannes Amsterdamus Bremensis als Kirchenrechtler:** Studien zu seinen kirchenordnenden Schriften, insbesondere der Lipper Kirchenordnung von 1538. ZSRG 89 (2003), 463-531. L".

947 Sprengler-Ruppenthal, Anneliese: **Joannes Amsterdamus Bremensis als Kirchenrechtler:** Studien zu seinen kirchenordnenden Schriften, insbesondere der Lipper Kirchenordnung von 1538. (2003). In: 067, 448-512.

948 Sprengler-Ruppenthal, Anneliese: **Untersuchungen zur Bremer Kirchenordnung von 1534.** (1997). In: 067, 374-447.

949 Sprengler-Ruppenthal, Anneliese: **Zur reformatorischen Kirchenrechtsbildung in Ostfriesland.** (1964). In: 067, 29-80. L 34-36+".

950 Stieniczka, Norbert: **Die Bildungsreform Philipps des Großmütigen.** In: 057, 133-148.

951 Thiel, Ulrich: **Die Bergstädte des sächsischen Erzgebirges.** In: 022, 91-102: Ill., Ktn.

952 Todt, Sabine: **Kleruskritik, Frömmigkeit und Kommunikation in Worms im Mittelalter und in der Reformationszeit.** S: Steiner, 2005. 386 S.: Ill. (Beiträge zur Wirtschafts- und Sozialgeschichte; 103) – Zugl.: HH, Univ., Diss., 2004.

953 Tschopp, Silvia Serena: **Konfessionelle Konflikte im Spiegel publizistischer Medien:** der Augsburger Kalenderstreit. In: 01, 243-252: Ill.

954 Wartenberg, Günther: **Die Entstehung der sächsischen Landeskirche von 1539 bis 1559.** In: 031, 68-92: Ill.

955 Wartenberg, Günther: **Der Umgang mit Klostergut im mitteldeutschen Raum im 16. Jahrhundert.** In: Reform – Sequestration – Säkularisation: die Niederlassungen der Augustiner-Chorherren im Zeitalter der Reformation und am Ende des Alten Reiches/ hrsg. von Winfried Müller. Paring: Augustiner-Chorherren-Verlag, 2005, 9-24. (Publikationen der Akademie der Augustiner-Chorherren von Windesheim; 6)

956 Whitford, David M.: **From Speyer to Magdeburg:** the development and maturation of a hybrid theory of resistance to tyranny. ARG 96 (2005), 57-80. L 58-60, 64-71+".

957 Winterhager, Wilhelm Ernst: **Zwischen Glaubens-eifer und Machtpolitik:** zum Problem der »Für-stenreformation« am Beispiel Philipps von Hes-sen. In: 023, 49-68. L 53-55. 59-63+".

958 Wolff, Karin: **Rede zur Eröffnung der Philipps-Aus-stellung »Mit dem Glauben Staat machen« am 21. April 2004 in Bensheim.** In: 057, 15-17.

959 Zimmermann, Reiner: **Evangelisch-katholische Fürstenfreundschaft:** Korrespondenzen zwischen den Kurfürsten von Sachsen und den Herzögen von Bayern von 1513-1586. F; B; Bern; Bruxelles; NY; Oxford; W: Lang, 2004. 181 S.: Ill. (Friedensauer Schriftenreihe: Reihe A, Theologie; 6)

k) Länder und Orte außerhalb des Deutschen Reiches

960 Asche, Matthias: **Bildungsbeziehungen zwischen Ungarn, Siebenbürgen und den deutschen Univer-sitäten im 16. und frühen 17. Jahrhundert.** In: 010, 27-52: Kt. L 32 f. 36 f.

961 Balázs, Mihály: **Karádi Pál Simándon** (Pál Karádi in Simánd). In: 055, 75-85.

962 Balogh, András F.: **Literarische Querverbindungen zwischen Deutschland und Ungarn in der ersten Hälfte des 16. Jahrhunderts.** In: 010, 117-133: Ill. L".

963 Bartók, István: **Grammatica Hungarolatina – poetica Latinohungarica:** Sylvester János hónap-versei és a Balassi előtti világi líra (Grammatika Hungarolatina – poetica Latinohungarica: die Monatsgedichte von Johannes Sylvester und die weltliche Lyrik vor Balassi). ITK 106 (2002), 485-501.

964 Bartók, István: **Ismeretlen adatok Sylvester János-ról 1770-ből** (Unbekannte Daten über Johannes Sylvester aus dem Jahr 1770). ITK 106 (2002), 185-191.

965 Bessenyei, József: **Enyingi Török Bálint és a refor-máció:** Pápa mezőváros reformációjának kezdetei (Bálint Török von Enying und die Reformation: die Anfänge der Reformation in Pápa). In: 055, 33-39.

966 Buonaguidi, Andrea: **Un luterano fiammingo in un processo episcopale nella Lisbona del 1536** (Ein lutherischer Flame in einem bischöflichen Prozeß in Lissabon von 1536). Pro 60 (2005), 125-132.

967 Craig, John; Maas, Korey D.: **A sermon by Robert Barnes, c. 1535.** JEH 55 (2004), 542-551.

968 Csepregi, Zoltán: **A Confessio Pentapolitana újabb datálási kísérletei** (Neuere Datierungsversuche der Confessio Pentapolitana). LP 79 (2004), 300-303.

969 Csepregi, Zoltán: **Udvari papok Mária királyné környezetében** (Hofprediger in der Umgebung von Königin Maria). In: Habsburg Mária, Mohács özvegye: a királyne és udvara 1521-1531 (Maria von Habsburg, die Witwe von Mohács)/ hrsg. von Orsolya Réthelyi ... BP: Budapesti Történeti Múzeum, 2005, 44-55.

970 D'Andrea, David: **The power of perception:** Veni-ce, the early Reformation, and the Diarii of Marino Sanuto (1518-33). ARG 96 (2005), 6-32. L 9 f+".

971 Denecke, Norbert: **Le comunità luterane in Italia** (Die luth. Gemeinde in Italien). Torino: Claudiana, 2002. 148 S. (Nostra tempo; 75)

972 Dingel, Irene: **Luther und Europa.** In: 049, 206-217.

973 **English works of John Fisher, Bishop of Rochester (1469-1535):** sermons and other writings 1520 to 1535/ hrsg. von Cecilia A. Hatt. Oxford: Oxford University, 2002. XV, 465 S. – Bespr.: Brooks, Peter Newman: The journal of theological studies 54 (Oxford 2003), 823-825.

974 Erdélyi, Gabriella: **Obszerváns és protestáns re-form:** a közösség és a földesúr hitváltása (Esettanulmány) (Observante und protestantische Reform: die Gemeinde und der Glaubenswechsel des Grundherrn; eine Fallstudie). In: 055, 7-25.

975 Fata, Márta: **Deutsche und schweizerische Ein-flüsse auf die Reformation in Ungarn im 16. Jahr-hundert:** Aspekte der frühneuzeitlich-vormodernen Identität zwischen Ethnie und Konfession. In: 010, 53-91: Ill. L 68 f+".

976 Gilmont, Jean-François: **Prédication, conversation au lecture?:** la première diffusion de la Réforme française (1520-1550). In: 011, 405-422. L 408-410+".

977 Hein, Markus: **Einfluß der Wittenberger Reforma-tion auf den Beginn der Reformation in Ungarn.** In: 042, 83-99: Kt.

978 Herbst, Wolfgang: **Böhmische Brüder.** In: 075, 45-47.

979 Imre, Mihály: **Der ungarische Türkenkrieg als rhe-torisches Thema in der Frühen Neuzeit.** In: 010, 93-107.

980 Kertész, Botond: **A református-evangélikus együtt-működés története Magyarországon** (Geschichte der ref.-luth. Zusammenarbeit in Ungarn). ThSz N. F. 48 (2005) 34. 37.

981 Keveházi, László: **»A kereszt igéjét hirdetni kezd-tem«:** Sztárai Mihály élete és szolgálata (»Ich habe angefangen, das Wort des Kreuzes zu verkündigen: Leben und Dienst des Mihály Sztárai). BP: Luther, 2005. 316 S. – Bespr.: Monok, István: LP 80 (2005), 337 f.

982 Keveházi, Laszlo: **»Új világosság jelenék ...«:** reformációi sorozat (»Ein neues Licht brach an ...«: Reformationsreihe). LP 80 (2005), 340-344.

983 Klueting, Harm: **Reformierte Konfessionalisierung in West- und Ostmitteleuropa.** In: 043, 25-55. L".

984 Kostka, Violetta: **Polnische evangelische Gesangbücher in Danzig (1586-1803).** In: 019, 137-153: Ill., Noten.

985 Kovács, E. Péter: **Ferdinánd főherceg és Magyarország:** 1521-1526 (Erzherzog Ferdinand und Ungarn: 1521-1526). Történelmi szemle 45 (BP 2003), 25-44. L 38-40.

986 Krieg, Gustav A.: **Weiße, Michael.** In: 075, 342-344.

987 Lausten, Martin Schwarz: **Luther and the Reformation in Denmark.** LuJ 71 (2004), 115-130.

988 Leaver, Robin A.: **Hymnody in English and Dutch exile congregations ca. 1552-1561.** JLH 43 (2004), 152-179. L".

989 Lenhammar, Harry: **Der intellektuelle Dreiklang:** Reisen, Lesen und Schreiben. In: 042, 70-82.

990 Lillback, Peter A.: **The early reformed covenant paradigm:** Vermigli in the context of Bullinger, Luther and Calvin. In: Peter Martyr Vermigli and the European Reformations: semper reformanda/ hrsg. von Frank A. James. Leiden; Boston: Brill, 2004, 70-96. (Studies in the history of Christian tradition; 1)

991 **Litterae principium ad papam (1518-1578):** Segretari di Stato – Lettere di Principi/ hrsg. von József Bessenyei. Roma; BP: Római Magyar Akadémia; Országos Széchényi Könyvtár, 2002. XXV, 259 S. L". (Bibliotheca Academiae Hungariae in Roma. Fontes; 3)

992 [Löser, Freimut]: **Luther und der Krieg gegen die Türken.** In: 012, 332-393: Ill.

993 Maas, Korey D.: **Cambridge and the early English Reformation.** Logia: a journal of Lutheran theology 13 (Cresbard, SD 2004), 47.

994 Małłek, Janusz: **Innere Ursachen des Verfalls der Reformation in Polen.** In: 042, 113-122.

995 Nagy, Levente: **Főúri és értelmiségi reformáció egy idegen példa alapján:** az erdélyi román reformáció (Reformation der Intelligenz und der Fürsten anhand eines fremden Beispiels: die rumänische Reformation in Siebenbürgen). In: 055, 113-122.

996 Németh, Balázs: »... isten nem aloszik, rejánk pislong ...«: református életforma kialakítása a folyamatosság és a változások közepette – a 16. századi Magyarország mint példa (»... Gott schläft nicht, er blinzelt uns zu ...«: evang.-ref. Lebensgestaltung zwischen Kontinuität und Wandel – Ungarn im 16. Jh. als Beispiel (ungar.))/ übers. von Csaba Szabó. BP: Kálvin, 2005. 348 S.: Ill. L".

997 Null, Ashley: **Thomas Cranmer's doctrine of repentance:** renewing the power to love. Oxford: Oxford University, 2000. X, 298 S. – Bespr.: Matheson, Peter: The journal of theological studies 54 (Oxford 2003), 825-827.

998 Ötvös, Péter: **Aus Wittenberg heimgekehrt:** Möglichkeiten und Grenzen der Aktivität in der Heimat. In: 010, 199-206.

999 Őze, Sándor: **Felekezetváltás a 16. századi végvári katona népességnél** (Konfessionswechsel der Bevölkerung der Grenzburgen im 16. Jh.). In: 015, 26-34.

1000 Ohst, Martin: **Von Tyndale zu Laud:** ein problemgeschichtlicher Durchgang durch die Frühgeschichte des englischen Protestantismus. In: 051, 137-169. L".

1001 Oláh, Szabolcs: **A hívő ember képe és a lelkipásztori felügyelet nyelve Melius Péter igehirdetésében** (Das Bild vom Gläubigen und die Sprache der geistlichen Aufsicht in der Predigt von Péter Melius). In: 055, 59-74.

1002 Péter, Katalin: **A reformáció:** kényszer vagy választás? (Die Reformation: Zwang oder Wahl?). BP: Nemzeti Tankönyvkiadó, 2004. 127 S. – Bespr.: Vargáné Balogh, Judit: Egyháztörténeti szemle 6 (Miskolc 2005) Heft 1, 126-130; Niederhauser, Emil: Századok 138 (BP 2004), 1275 f.

1003 Pullan, Brian S.: **Catholics, Protestants, and the poor in early modern Europe.** Journal of interdisciplinary history 35 (Cambridge, MA 2004), 441-456.

1004 Raeder, Siegfried: **Luther und die Türken.** In: 049, 224-231.

1005 Raeder, Siegfried: **Luthers Verhältnis zum Islam:** Zeitbedingtes und Bedenkenswertes. Lu 76 (2005), 11-27.

1006 Sólyom, Jenő: **Dévai Mátyás tiszántúli működése** (Mathias Dévais Wirkung östlich der Theiß). (1959). In: 066, 185-212. L".

1007 Szála, Erzsébet: **Gyökerek és oktatás** (Wurzeln und Unterricht). LP 80 (2005), 327-330.

1008 Tewes, Götz-Rüdiger: **Die Medici und Frankreich im Pontifikat Leos X.:** Ursachen, Formen und Folgen einer Europa polarisierenden Allianz. In: 053, 11-116. L 104 f. 109. 112-114.

1009 Tonkin, John: **Luther's writings on the Turks.** [Seminarbericht]. LuJ 71 (2004), 268-270.

1010 Ursinus, Michael: **Türken(gefahr).** In: 065, 666 f.

1011 Wartluft, David J.: **People, the book and the books.** Anglican and episcopal history 73 (Portland, ME 2004), 420-433.

1012 Wien, Ulrich Andreas: »Sis bonus atque humilis, sic te virtusque Deusque tollet in excelsum, constituetque locum«: die humanistische Reformation im siebenbürgischen Kronstadt; Johannes

Honterus und Valentin Wagner. In: 010, 135-150: Ill. L 144 f+".

1013 Wigston, Katrina Suzanne: **Representations of Satan in 16th century Scotland.** Montreal, 2004. 106 S. – Montreal, Concordia University, M. A., 2004.

1014 Wolter-von dem Knesebeck, Harald: **Buchkultur**

im Spannungsfeld zwischen der Kurie unter Leo X. und dem Hof von Franz I. In: 053, 469-527: Ill. L".

1015 Zach, Krista: »... **Eine kleine Biblia** ...«: Rezeption und Resonanz des reformationszeitlichen Katechismus im historischen Ungarn (1530-1640). In: 010, 151-183: Ill.

6   Luthers Wirkung auf spätere Strömungen, Gruppen, Persönlichkeiten und Ereignisse

a) Allgemein

1016 **Deutsche Biographische Enzyklopädie der Theologie und der Kirchen/** hrsg. von Bernd Moeller mit Bruno Jahn. Bd. 2. **M-Z.** Register. M: Saur, 2005. 883-1785.

1017 Dyrness, William A.: **Reformed theology and visual culture:** the Protestant imagination from Calvin to Edwards. Cambridge: Cambridge University, 2004. 339 S.

1018 Forsberg, Juhani: **Luther und Finnland – damals und heute:** Vorlesungen an der Martin-Luther-Universität Halle-Wittenberg am 3. Mai 2004. Reseptio (Helsinki 2005), 12-22.

1019 Hartmann, Peter Claus: **Kulturgeschichte des Heiligen Römischen Reiches 1648 bis 1806:** Verfassung, Religion und Kultur. W; Köln; Graz: Böhlau, 2001. 510 S.: Ill., Kt., 16 Abb. (Studien zu Politik und Verwaltung; 72)

1020 Lacher, Uta; Hanselmann, Kurt: **Schlosskirche und Schloss Meerholz mit Park/** hrsg. im Auftrag der evang. Kirchgemeinde Meerholz-Hailer vom Förderverein Schlosskirche Meerholz-Hailer. Gelnhausen – Meerholz – Hailer, 2004. 139 S.: Ill. L 87-89+".

1021 Lauster, Jörg: **Prinzip und Methode: die Transformation des protestantischen Schriftprinzips durch die historische Kritik von Schleiermacher bis zur Gegenwart.** TÜ: Mohr, 2004. XIII, 513 S. (Hermeneutische Untersuchungen zur Theologie; 46) – Zugl.: Mainz, Univ., Fachbereich Evang. Theologie, Habil., 2002/2003.

1022 Reuss, András: **A hagyomány teológiai értelmezése a reformációtól napjainkig** (Die theol. Interpretation der Tradition von der Reformation bis heute). LP 79 (2004), 303-308.

1023 Schatz, Helmut: **Spurensuche in evangelischen Kirchen – fast vergessene Zeugnisse evangelischer Liturgie.** Homiletisch-liturgisches Korrespondenzblatt: N. F. 22/23 (2005/06) Nr. 83 f, 9-15.

1024 Weber, Julie Tomberlin: **Epistolary nation:** the construction of German identity, 1530-1874. Chapel Hill, NC, 2004. 160 S. – Chapel Hill, NC, University of North Carolina, Ph. D., 2004.

1025 Wolgast, Eike: **Säkularisationen und Säkularisationspläne im Heiligen Römischen Reich Deutscher Nation vom 16. bis zum 18. Jahrhundert.** RoJKG 23 (2004), 25-43. L 26-28. 31.

b) Orthodoxie und Gegenreformation

1026 Bèze, Théodore de: **Correspondance.** Bd. 27: **1585/** zsgest. von Hippolyte Aubert; hrsg. von Alain Dufour; Béatrice Nicollier; Hervé Genton. Genève: Droz, 2005. XXVI, 326 S. (Travaux d'humanisme et Renaissance; 401)

1027 Bèze, Théodore de: **Satyres chrestiennes de la cuisine papale/** krit. Ausgabe von Charles-Antoine Chamay. Genève: Droz, 2005. XCII, 228 S.: Ill. (Textes littéraires français; 576)

1028 Bideau, Alain: **Paul Gerhardt (1607-1676):** pasteur et poète. Bern; Bruxelles; F; NY; Oxford; W: Lang, 2003. VII, 381 S.: Ill. (Contacts: série 3, Etudes et documents; 60) – Bespr.: Dahlinger, James H.: SCJ 36 (2005), 280 f.

1029 Biermann, Andreas: **Hermann Hamelmann und die Reformation in Bielefeld:** eine Untersuchung von Hamelmanns Briefen und Schriften. JWKG 100 (2005), 29-56. L".

1030 Bießecker, Georg: **Rinckart, Martin.** In: 075, 255 f.

1031 Boettcher, Susan R.: **German orientalism in the age of confessional consolidation:** Jacob Andreae's thirteen sermons on the Turk, 1568. Comparative studies of South Asia, Africa and the Middle East 24 (Stanford, CA 2005), 101-115.

1032 Bradford Smith, Wm.: **Lutheran resistance to the imperial interim in Hesse and Kulmbach.** LQ 19 (2005), 249-275. L 249-253+".

1033 Brendle, Franz; Schindling, Anton: **Der Augsburger Religionsfrieden und die Germania Sacra.** In: 01, 104-118: Ill.

1034 [Brunner, Horst]: **Der Krieg zwischen den Mäusen und den Fröschen:** Georg Rollenhagens »Froschmeuseler«. In: 012, 667-695: Ill. L".

1035 Bunners, Christian: **Paul Gerhardt (1607-1676).** In: 060, 68-83.

1036 Castan, Joachim: **Caspar Peucers letzte Lebensperiode in Anhalt – eine Wiederentdeckung.** In: 07, 283-297.

1037 Christman, Robert John: **Heretics in Luther's homeland:** the controversy over original sin in late sixteenth-century Mansfeld. Tucson, AZ, 2004. 602 S. – Tucson, AZ, University of Arizona, Ph. D., 2004.

1038 Del Riccio, Roberto: **Die rechtfertigende Kraft des Evangeliums:** eine Untersuchung zum heilsgeschichtlich-personalen Verständnis des Rechtfertigungsgeschehens im Konzil von Trient. F; B; Bern; Bruxelles; NY; Oxford; W: Lang, 2004. 229 S. (EHSch: Reihe 23, Theologie; 791) – Zugl.: F, Philos. Theol. Hochschule St. Georgen, Diss., 2003.

1039 Diederichs-Gottschalk, Dietrich: **Die protestantischen Schriftaltäre des 16. und 17. Jahrhunderts in Nordwestdeutschland:** eine kirchen- und kunstgeschichtliche Untersuchung zu einer Sonderform liturgischer Ausstattung in der Epoche der Konfessionalisierung/ mit Farbaufnahmen von Ulrich Ahrensmeier. Regensburg: Schnell & Steiner, 2005. 416 S.: Ill. (Schriften zu Kunst und Kultur im Protestantismus) – Zugl.: Göttingen, Univ., Theol. Fakultät, Diss., 2004.

1040 Dingel, Irene: **Dorothea Susanna von Sachsen-Weimar (1544-1592) im Spannungsfeld von Konfession und Politik:** ernestinisches und albertinisches Sachsen im Ringen um Glaube und Macht. In: 023, 175-192. L 187-190+".

1041 Dingel, Irene: **Evangelische Lehr- und Bekenntnisbildung im Spiegel der innerprotestantischen Auseinandersetzungen zur Zeit des Augsburger Religionsfriedens.** In: 01, 51-61: Ill.

1042 Dingel, Irene: **Die Rezeption der späten Schriften Martin Luthers bei seinen Schülern.** [Seminarbericht]. LuJ 71 (2004), 273-276.

1043 Dingel, Irene: **Strukturen der Lutherrezeption:** am Beispiel einer Lutherzitatensammlung von Joachim Westphal. In: 042, 32-50.

1044 Engammare, Max: **Les horoscopes de Calvin, Mélanchthon et Luther:** une forme inattendue de polémique catholique post-tridentine. In: 011, 172-203. L 192-200+".

1045 Fisher, Alexander J.: **Music and religious identity in counter-reformation Augsburg, 1580-1630.** Aldershot, Hampshire: Ashgate, 2004. 345 S.

1046 Gilly, Carlos: **Hermes or Luther?:** the search for Johann Arndt's De antiqua philosophia et divina veterum magorum sapientia recuperanda. In: Magia, alchimia, scienzia dal '400 al '700: l'influsso di Ermete Trismegisto (Magie, Alchemie, Wissenschaft vom 15. bis 18. Jahrhundert: der Einfluß des Hermes Trismegistos)/ hrsg. von Carlos Gilly; Cis van Heertum. Firenze: Centro Di, 2002, 373-398.

1047 Gilly, Carlos: **Hermész vagy Luther?:** Johann Arndt De antiqua philosophia et divina veterum magorum sapientia recuperanda című orációja nyomában (Hermes or Luther?: the search for Johann Arnds's »De antiqua philosophia [...]«. [2002] ⟨ungar.⟩). In: Johann Arndt az ősi filozófiáról: szövegváltozatok Carlos Gilly tanulmányával (Johann Arndt über die Urphilosophie: Textvarianten mit der Studie von Carlos Gilly)/ hrsg. von Gizella Keserű; übers. von Péter Hankó. Szeged: Régi Magyar Irodalom Tanszék, 2003, 37-80. L". (Fiatal Filológusok füzetei: korai újkor; 3)

1048 Gotthard, Axel: **Der Augsburger Religionsfrieden.** MS: Aschendorff, 2004. XLVIII, 671 S. (Reformationsgeschichtliche Studien und Texte; 148)

1049 Gottschalk, Jason Lee: **The »Schwanengesang« of Heinrich Schuetz:** a guide to performance. Greensboro, NC, 2004. 183 S. – Greensboro, NC, The University of North Carolina, D. M. A., 2004.

1050 Haemig, Mary Jane: **Jehoshaphat and his prayer among sixteenth-century Lutherans.** ChH 73 (2004), 522-535.

1051 Halvorson, Michael J.: **Baptismal ritual and court culture during the late Reformation.** LQ 18 (2004), 406-434. L 406+".

1052 Hasse, Hans-Peter; Wartenberg, Günther: **Vorwort** [Caspar Peucer]. In: 07, 9-14.

1053 Hegeler, Hartmut: **Anton Praetorius (1560-1613): ein hessischer Pfarrer kämpft gegen Hexenprozesse.** JHKV 55 (2004), 235-273. L 261 f.

1054 Hunnius, Nicolaus: **Diaskepsis theologica:** a theological examination of the fundamental difference between evangelical Lutheran doctrine and Calvinist or reformed teaching (1626)/ übers. von Richard J. Dinda; Elmer Hohle. Malone, TX: Repristination, 2001. LXXXII, 462 S. – Bespr.: Kolb, Robert: CJ 28 (2002), 473 f.

1055 Janse, Wim: **Die Melanchthonrezeption des Nonkonformisten Wilhelm Klebitz (ca. 1533-1568).** In: 054, 257-290. L 271 f+".

1056 Johnston, Gregory S.: **Der Schwanengesang als christlicher Begriff in der deutschen protestantischen Begräbnismusik des 17. Jahrhunderts.** In: 070, 177-188.

1057 Kaufmann, Thomas: **Das Ende der Reformation:** Magdeburgs »Herrgotts Kanzlei« 1548-1551/2. TÜ: Mohr, 2003. XVII, 662 S.: Ill. (Beiträge zur historischen Theologie; 123)

1058 Kaufmann, Thomas: **Joachim Mörlins Anweisung zum Lutherstudium 1565 und ihr historischer Kontext.** In: 051, 25-72.

1059 Kevehàzi, Làszlo: **Az augsburgi vallàsbéke** (Der Augsburger Religionsfrieden). EN (2005), 98-103. L".

1060 Koch, Ernst: **Ausbau, Gefährdung und Festigung der lutherischen Landeskirche von 1553 bis 1601.** In: 031, 191-218: Ill.

1061 Koch, Uwe: **Die Familie Peucker und Caspar Peuckers Beziehungen nach Bautzen.** In: 07, 175-187.

1062 Kößling, Rainer: **»Idyllium Patria« – Caspar Peucers Lobgedicht auf die Oberlausitz.** In: 07, 299-317. L".

1063 Kolb, Robert: **Caspar Peucers Abendmahlsverständnis.** In: 07, 111-134. L 123-125+".

1064 Kuropka, Nicole: **Caspar Peucer und Philipp Melanchthon:** biographische Einblicke in eine reformatorische Gelehrtenfreundschaft. In: 07, 237-257. L".

1065 Leu, Christian: **Luther und Bach:** Seminar der Luther-Gesellschaft vom 11. bis 13. März 2004 in Hamburg. Lu 76 (2005), 43-46.

1066 Loscher, Klaus: **Selnecker, Nikolaus.** In: 075, 297 f.

1067 Loscher, Klaus: **Spangenberg, Cyriakus.** In: 075, 303 f.

1068 Ludwig, Ulrike: **Caspar Peucer als Professor an der Artistenfakultät der Universität Wittenberg.** In: 07, 33-49.

1069 Mahlmann, Theodor: **Die Interpretation von Luthers »De servo arbitrio« bei orthodoxen lutherischen Theologen, vor allem Sebastian Schmidt (1617-1696).** In: 051, 73-136.

1070 Masser, Karin: **Christóbal de Gentil de Rojas y Spinola O.F.M. und der lutherische Abt Gerardus Wolterius Molanus:** ein Beitrag zur Geschichte der Unionsbestrebungen der katholischen und evangelischen Kirche im 17. Jahrhundert. MS: Aschendorff, 2002. 525 S. (Reformationsgeschichtliche Studien und Texte; 145) – Zugl.: Innsbruck, Univ., Kath.-Theol. Fak., Diss., 2000.

1071 Millet, Olivier: **Propagande catholique, convictions protestantes et duplicité textuelle:** la paix de Dieu (1685/1690) du comte Gédéon de Reffuge, nouveau converti. In: 062, 73-87. L".

1072 Molina, Diego M.: **»Escritura y tradición« en los Jesuitas del siglo XVI.** Archivo teológico Granadino 67 (Granada 2004), 5-37. L".

1073 Müller, Gerhard: **Die Kritik des Martin Chemnitz an der Sakramentenlehre des Konzils von Trient.** In: 063, 178-199.

1074 Müller-Jahncke, Wolf-Dieter: **»Paganer« Protestantismus?:** Astrologie und Mantik bei den Reformatoren. In: 07, 75-90: Ill. L 80-85.

1075 Neumann, Hanns-Peter: **Natura sagax – Die geistige Natur:** zum Zusammenhang von Naturphilosophie und Mystik in der Frühen Neuzeit am Beispiel Johann Arndts. TÜ: Niemeyer, 2004. VII, 280 S. (Frühe Neuzeit; 94) – Zugl.: B, Freie Univ., Diss., 2001.

1076 Péter, Katalin: **A felekezetek felett álló Magyarország a reformáció után** (Das überkonfessionelle Ungarn nach der Reformation). In: 015, 9-25. L".

1077 Petzoldt, Martin: **Liturgie und Musik in den Leipziger Hauptkirchen.** In: Die Welt der Bachkantaten/ hrsg. von Christoph Wolff; mit einem Vorwort von Ton Koopman. Bd. 3: Johann Sebastian Bachs Leipziger Kirchenkantaten. S; Weimar: Metzler; Kassel: Bärenreiter, 1999, 69-93: Ill. L 70-73+".

1078 Petzoldt, Martin: **Theologisches Todesverständnis und seine musikalische Umsetzung in der mitteldeutschen Kulturlandschaft am Beispiel der »Musikalischen Exequien« von Heinrich Schütz und der Kantate »Christ lag in Todesbanden« von Johann Sebastian Bach.** In: 070, 15-29.

1079 Poelchau, Lore: **Christian Schesaeus:** ein humanistischer Dichter des 16. Jahrhunderts. In: 043, 211-220.

1080 **Reformatio vitae Johann Jakob Fabricius (1618/20-1673):** ein Beitrag zu Konfessionalisierung und Sozialdisziplinierung im Luthertum des 17. Jahrhunderts/ hrsg. von Harm Klueting. MS: Lit, 2003. XVI, 414 S. (Historia profana et ecclesiastica; 9) – Bespr.: Kirn, Hans-Martin: ThLZ 130 (2005), 180 f.

1081 Reinhard, Wolfgang: **Glaube und Macht:** Kirche und Politik im Zeitalter der Konfessionalisierung. FR; BL; W: Herder, 2004. 128 S. (Herder: Spektrum; 5458)

1082 Roebel, Martin: **Caspar Peucer als Humanist und Mediziner.** In: 07, 51-73. L".

1083 Rose, Stephen: **Publication and the anxiety of judgement in German musical life of the seventeenth century.** Music and letters 85 (Oxford 2005), 22-40.

1084 Scheible, Heinz: **Caspar Peucer und die Kurpfalz.** In: 07, 259-272. L".

1085 Schulz, Hagen: **Bautzen zwischen Reformation, Pönfall und Dreißigjährigem Krieg:** zur Geschichte der Stadt im 16. und 17. Jahrhundert. In: 07, 189-236: Ill. L 191. 213 f.

1086 Sprengler-Ruppenthal, Anneliese: **Lutherische liturgische Formen in Ostfriesland am Ende des 16. Jahrhunderts (die Gottesdienstordnung nach der Engerhafer Liturgie von 1583 und der Marienhafer Kirchenordnung von 1593) und Voraussetzungen ihrer Entstehung.** (1961). In: 067, 1-28. L 14-18+".

1087 Sprengler-Ruppenthal, Anneliese: **Ein Unionsversuch des 16. Jahrhunderts:** die ostfriesischen

Konkordaten von 1599. (1966). In: 067, 81-101. L
85 f. 99-101.

1088 Stalmann, Joachim: **Becker, Cornelius.** In: 075, 33 f.

1089 Steiger, Johann Anselm: **Die Kommuniaktion von Irdischem und Himmlischem:** ein Beitrag zur geistlichen Phänomenologie der Berufsarbeit bei Luther und im Luthertum des 17. Jahrhunderts. In: 042, 15-31.

1090 Teichmann, Doris: **Caspar Peucer und die Beziehungen der Wittenberger Reformatoren zu den Böhmischen Brüdern.** In: 07, 273-282.

1091 Venables, Mary Constance Noll: **In the shadow of war:** the reign of Ernst the Pious in seventeenth-century Saxony. New Haven, CT, 2004. 425 S. – New Haven, CT, Yale University Diss., Ph. D., 2004.

1092 Viskolcz, Noémi: **Jövendölések és váradalmak 17. századi protestáns irodalmunkban** (Weissagungen und Vorausdeutungen in der Literatur im 17. Jh.). In: A harmincéves háború prófétái és chiliasztái (Propheten und Chiliasten des Dreißigjährigen Krieges)/ hrsg. von Gizella Keserű. Bd. 1: Tanulmányok (Aufsätze). Szeged: Régi Magyar Irodalom Tanszék, 2003, 65-100. L". (Fiatal Filológusok füzetei: korai újkor; 4)

1093 Waczkat, Andreas: **Daniel Fridericis »Bicinia sacra« zwischen Evangeliumslied und figuraler Vertonung des Evangeliums.** In: 019, 209-222: Noten.

1094 Wallmann, Johannes: **Johann Arndt (1555-1621).** In: 060, 21-37.

1095 Walsham, Alexandra: **Domme preachers?:** post Reformation English catholicism and the culture of print. Past and present 168 (Oxford 2000), 72-123.

1096 Wartenberg, Günther: **Caspar Peucer – ein Humanist und Universalgelehrter im konfessionellen Zeitalter.** In: 07, 19-31.

1097 Wartenberg, Günther: **Georg Major in den politisch-theologischen Auseinandersetzungen in Kursachsen zwischen 1546 und 1552.** In: 020, 207-231. L 223-225+".

1098 Washburn, Christian David: **St. Roberto Cardinal Bellarmino's defense of Catholic Christology against the Lutheran doctrine of ubiquity.** Washington, DC, 2004. II, 339 Bl. (MS). – Washington, DC, The Catholic University of America, PhD, 2005.

1099 Weeks, Andrew: **Valentin Weigel and »The fourfold interpretation of the creation«:** an obscure compilation or Weigel's crowning attempt at reconciliation of natural and spiritual knowledge? Daphnis 34 (Amsterdam 2005), 1-22.

1100 Weichenhan, Michael: **Caspar Peucers Astrono-**

mie zwischen christlichem Humanismus und Nicolaus Copernikus. In: 07, 91-110. L".

1101 Weiß, Dieter J.: **Katholische Reform und Gegenreformation:** ein Überblick. DA: WB, 2005. 216 S.

1102 Wenz, Gunther: **Augsburger Religionsfriede 1555:** historische und rechtsgeschichtliche Aspekte. US 60 (2005), 202-212.

1103 Wenz, Gunther: **»Beständig und für ewig«:** historische und rechtsgeschichtliche Aspekte zum Augsburger Religionsfrieden 1555. Amtsblatt der Evang.-Luth. Landeskirche Sachsens (2005), B 45-48.

1104 Wiswe, Mechthild: **Fürstliche Repräsentation auch im Tode:** welfische Sarkophage in Wolfenbüttel. In: 070, 147-155.

1105 Wolgast, Eike: **Politisches Kalkül und religiöse Entscheidung im Konfessionszeitalter.** Lu 76 (2005), 66-79.

1106 Zur Mühlen, Karl-Heinz: **Wirkung und Rezeption I:** im Zeitalter der lutherischen Bekenntnisbildung und Orthodoxie. In: 049, 462-472.

c) Pietismus und Aufklärung

1107 Albrecht, Ruth: **Johanna Eleonora Petersen:** theologische Schriftstellerin des frühen Pietismus. GÖ: V&R, 2005. 432 S. (Arbeiten zur Geschichte des Pietismus; 45) – Zugl.: HH, Univ., Habil., 1999.

1108 Arnold, Günter: **Hamanns Verhältnis zum Staat im Dialog mit Kant und Herder.** In: 017, 499-507.

1109 Arnold, Günter: **Von den letzten Dingen – eschatologische Elemente in Herders Werk und ihre Quellen.** In: 032, 383-411. L".

1110 Arnold, Matthieu: **Philippe Jacques Spener d'après sa correspondance:** ses lettres de réconfort. PL 53 (2005), 145-170. L 146 f. 168 f.

1111 Barth, Ulrich: **Gott als Projekt der Vernunft.** TÜ: Mohr, 2005. XII, 518 S.

1112 Barth, Ulrich: **Hallesche Hermeneutik im 18. Jahrhundert:** Stationen des Übergangs zwischen Pietismus und Aufklärung. In: 026, 69-98. L 91 f.

1113 Besser, Beate: **Hallesches Gesangbuch 1704.** In: 075, 127-130.

1114 Brecht, Martin: **Korrespondenzen als Dokumente theologischer Verbindung im süddeutschen Luthertum des 17. Jahrhunderts.** In: 042, 123-134.

1115 Brecht, Martin: **Philipp Jakob Spener und der südwestdeutsche Pietismus.** BlPfKG 72 (2005), 33-47.

1116 Dienst, Karl: **»Ich bin ordentlicher Lutherischer Bischof des Landes«:** zu Beziehungen zwischen bischöflichem Amt und Lutherrezeption bei Johann Gottfried Herder. In: 025, 43-77.

1117 Ehmer, Hermann: **Friedrich Christoph Oetinger (1702-1782).** In: 060, 224-238.

1118 Federlin, Wilhelm-Ludwig: »**Der Diener der Religion ist ein Diener des Friedens ...**«: zu Humanitätsbildung und politischer Erziehung bei Johann Gottfried Herder. In: 025, 79-101. L 87 f. 96 f+".

1119 Frey, Jörg: **Herder und die Evangelien.** In: 032, 47-91. L".

1120 Gerber, Gotthard: **Nachtenhöfer, Kaspar Friedrich.** In: 075, 221 f.

1121 Hartmann, Peter Claus: **Katholische, protestantische, orthodoxe sowie jüdische und muslimische Kultur im Europa des 17. und 18. Jahrhunderts:** Einführung in die Thematik des Kolloquiums. In: Religion und Kultur im Europa des 17. und 18. Jahrhunderts/ hrsg. von Peter Claus Hartmann; unter Mitarb. von Annette Reese. F; B; Bern; Bruxelles; NY; Oxford; W: Lang, 2004, 11-23. (Mainzer Studien zur Neueren Geschichte; 12)

1122 Hug, Walter: **Johann Jacob Rambach (1693-1735):** Religionspädagoge zwischen den Zeiten. S: Kohlhammer, 2003. 205 S. (Praktische Theologie heute; 63)

1123 Irmscher, Hans Dietrich: **Goethe und Herder – eine schwierige Freundschaft.** In: 032, 233-270. L".

1124 Kinczler, Zsuzsanna: **Felvilágosodás és istentisztelet** (Aufklärung und Gottesdienst). Magyar Egyházzene (BP 2002/03), 59-62. 153-156.

1125 Krauter-Dierolf, Heike: **Die Eschatologie Philipp Jakob Speners:** der Streit mit der lutherischen Orthodoxie um die »Hoffnung besserer Zeiten«. TÜ: Mohr, 2005. XIII, 376 S.: Ill. (Beiträge zur historischen Theologie; 131) – Zugl.: B, Humboldt-Univ., Theol. Fak., Diss., 2004.

1126 Lindberg, Carter: **Introduction** [The pietist theologians]. In: 060, 1-20. L 4-8+".

1127 Lindner, Helgo: **Hören auf Johann Georg Hamann in der Auseinandersetzung um die Wahrheit der Bibel:** die bleibende Bedeutung der Hamann-Rezeption im Hallenser Biblizismus. In: 017, 441-453.

1128 Lovelace, Richard F.: **Cotton Mather (1663-1728).** In: 060, 115-127.

1129 Oelke, Harry: **Martin Luther und die Reformation in Gottfried Arnolds »Unparteiischer Kirchen- und Ketzerhistorie«.** In: 063, 200-221.

1130 Patsch, Hermann: **Verstehen durch Vergleichen:** die Biblia Pentapla von 1710-1712. In: 026, 113-130. L 127 f.

1131 Raciti, Giuseppe: **Ex nuce salus:** alcune ipotesi sul significato e sulle implicazioni della prosopopea in Johann Georg Hamann (Einige Hypothesen über Bedeutung und Implikation der prosopopea bei Johann Georg Hamann). In: 017, 509-519.

1132 Schlette, Magnus: **Die Selbst(er)findung des Neuen Menschen: zur Entstehung narrativer Identi-**tätsmuster im Pietismus. GÖ: V&R, 2005. 384 S. (Forschungen zur systematischen und ökumenischen Theologie; 106) – Zugl.: F, Univ., Fachbereich Philosophie und Geschichtswissenschaft, Diss., 2002.

1133 Seils, Martin: **Hamann und Luther:** öffentlicher Abendvortrag in Wittenberg am 6. März 2002. In: 017, 427-440.

1134 Sparn, Walter: **Die öffentliche Aufgabe der Theologie – im Sinne Immanuel Kants:** ein Hinweis auf die Rückseite der Wirkungsgschichte Luthers. In: 051, 169-192.

1135 Spehr, Christopher: **Aufklärung und Ökumene:** Reunionsversuche zwischen Katholiken und Protestanten im deutsprachigen Raum des späteren 18. Jahrhunderts. TÜ: Mohr, 2005. XIX, 484 S. (Beiträge zur historischen Theologie; 132) – Zugl.: MS, Univ., Evang.-Theol. Fak., Diss., 2004.

1136 Steiger, Johann Anselm: **Todesverdrängung und Totentanz:** der Knochenmann bei Lessing, Claudius, Herder und Novalis. In: 032, 129-150: Ill. L 134 f. 146 f+".

1137 Stein, James K.: **Philipp Jakob Spener (1635-1705).** In: 060, 84-99.

1138 Straßberger, Andres: **Die »Leipziger Predigerkunst« im (Zerr-)Spiegel der aufklärerischen Kritik:** Plädoyer für eine geschichtliche Betrachtung orthodoxer Homiletik. In: 069, 163-218: Ill. L 185 f. 215.

1139 Tinsley, Barbara Sher: **Pierre Bayle's reformation:** conscience and criticism on the eve of the Enlightenment. Selingsgrove: Susquehanna University, 2001. 476 S. – Bespr.: Kolb, Robert: CJ 28 (2002), 466 f; Lynn, Michael R.: SCJ 33 (2002), 1203 f.

1140 Wengert, Timothy J.: **The tale of a 1580 Book of concord:** annotated from the Principality of Ansbach to the Commonwealth of Pennsylvania. LQ 17 (2003), 386-419: Ill. L 386-388+".

1141 Wriedt, Markus: »**Der grämliche Luther ist mein Erbe«** – Herder und Luther über die Kirche. In: 025, 189-217.

1142 Zur Mühlen, Karl-Heinz: **Wirkung und Rezeption II:** im Zeitalter von Pietismus und Aufklärung. In: 049, 473-477.

d) 19. und 20. Jahrhundert bis 1917

1143 Arnold, Matthieu: **Autobiographies des pasteurs et courants théologiques en Alsace au XIXe siècle.** In: 030, 163-179. L 171, 174, 176 f.

1144 Beller-McKenna, Daniel: **Brahms and the German spirit.** Cambridge, MA: Harvard University, 2004. XI, 243 S.: Ill.

1145 Berg, Eric: **Hegel's historical appropriation of Luther and the Reformation in the philosophy of** history. Southwestern philosophy review 20 (Charlottesville, VA 2004), 37-48.

1146 Cacciatore, Fortunato Maria: **Protestantesimo e filosofia in Hegel** (Protestantismus und Philosophie bei Hegel). Soveria Mannelli (Catanzaro): Rubbettino, 2003. 196 S. (Biblioteca di studi filosofici; 21) – Bespr.: De Michelis Pintacuda, Fiorelli: Pro 60 (2005), 158-160.

1147 Dillmar, Anders: **Johann Christian Frederik Hæffner und seine Choralbücher, besonders sein Universal-Choralbuch für Deutschland.** In: 019, 73-86: Noten.

1148 Engelhardt, Klaus: **Metropolitan Wilhelm Vilmar (1804-1884) und die Preußische Union.** LThK 28 (2004), 161-176.

1149 **Ernst Troeltsch Lesebuch:** ausgewählte Texte/ hrsg. von Friedemann Voigt. TÜ: Mohr, 2003. XXXVI, 404 S. (UTB; 2452)

1150 Fabiny, Tibor, Sr.: **Az evangélikus Kossuth (Kossuth, der Lutheraner).** In: Kossuth és az egyházak/ hrsg. von Botond Kertész. BP: Luther, 2004, 9-42.

1151 Hempelmann, Heinzpeter: **Adolf Schlatter als Ausleger der Heiligen Schrift:** sieben hermeneutische Impulse. Theol. Beiträge 35 (2004), 17-38. L 24.

1152 Kemler, Herbert: **200 Jahre evangelische Gemeinde im katholischen Fulda.** JHKV 55 (2004), 143-157.

1153 Kierkegaard, Sören: **L'istante** (Oieblikket (ital.))/ hrsg. von Alberto Gallas. Genova: Marietti, 2001. 302 S. (Le vie; 10) – Bespr.: Spanu, Alessandro: Pro 58 (2003), 438 f.

1154 Kleffmann, Tom: **Die Notwendigkeit menschlicher Selbstvergötterung – bei Luther und bei Nietzsche.** In: 051, 193-204.

1155 Lange, Dietz: **Eine andere Luther-Renaissance.** In: 051, 245-274.

1156 Langer, Ulrich: **Heinrich von Treitschke:** politische Biographie eines deutschen Nationalisten. Düsseldorf: Droste, 1998. VI, 445 S.: Portr. L 329 f+". – Düsseldorf, Heinrich-Heine-Univ., Philos. Fak., Diss., 1995.

1157 Macchi, Franco: **Riletture odierne di Kierkegaard** (Heutige Relecture Kierkegaards). Pro 58 (2003), 355-389. L 384-388+".

1158 Mohr, Rudolf: **Goethepredigten.** DPfBl 99 (1999), 451-454.

1159 Osthövener, Claus-Dieter: **Erlösung:** Transformation einer Idee im 19. Jahrhundert. TÜ: Mohr, 2004. VIII, 323 S. (Beiträge zur historischen Theologie; 128) – Zugl.: Halle-Wittenberg, Univ., Theol. Fak., Diss., 2000.

1160 Ratzmann, Wolfgang: **Der Liturgiewissenschaftler Georg Rietschel in Leipzig:** Gottesdiensttheologie zwischen Luther und Schleiermacher. In: 069, 277-287: Ill.

1161 Schmidt, Bernhard: **Lied-Kirchenmusik-Predigt im Festgottesdienst Friedrich Schleiermachers:** zur Rekonstruktion seiner liturgischen Praxis. B; NY: de Gruyter, 2002. XIV, 784 S. (Schleiermacher-Archiv; 20) – Bespr.: Stevenson, Kenneth: The Journal of theological studies 56 (Oxford 2005), 271-274.

1162 Westfall, Joseph: **Zarathustra's Germanity:** Luther, Goethe, Nietzsche. Journal of Nietzsche studies 27 (NY 2004), 42-63.

1163 Wolf, Gerhard Philipp: **Kirche und Konfession im Spiegelbild von Ebrards Leben und Werk.** In: 063, 222-255. L".

1164 Zur Mühlen, Karl-Heinz: **Wirkung und Rezeption III:** im 19. Jahrhundert. In: 049, 477-482.

e) 1918 bis 1996

1165 Aurelius, Carl Axel: **Wingren, Gustaf.** TRE 36 (2004), 110-114.

1166 Barker, H. Gaylon: **The cross of reality:** the role of Luther's »theologia crucis« in the development of Dietrich Bonhoeffer's christology. Madison, NJ, 2004. 443 S. – Madison, NJ, Drew University, Ph. D., 2004.

1167 Bellers, Jürgen: **Luther und die amerikanische Strategie der Eindämmung in der unmittelbaren Nachkriegszeit.** Siegen: Universität Siegen, 2003. 7 S. (Diskussionpapiere des Faches Politikwissenschaften: Rote Reihe; 106)

1168 Bethge, Eberhard: **Dietrich Bonhoeffer:** Theologe – Christ – Zeitgenosse; eine Biographie. 8., korr. Aufl. GÜ: GVH, 2004. 1150 S.

1169 Bethge, Renate: **Dietrich Bonhoeffer:** eine Skizze seines Lebens. GÜ: GVH, 2004. 87 S.: Ill.

1170 Bethge, Renate: **Dietrich Bonhoeffer: un profilo** (Dietrich Bonhoeffer: eine Skizze seines Lebens (ital.))/ übers. von Manuel Kromer. Torino: Claudiana, 2004. 90 S.

1171 Birmelé, André: **De Luther à Leuenberg.** In: 062, 137-150.

1172 Birmelé, André: **Yves-Marie Congar en dialogue avec la Réforme.** Bulletin de littérature ecclésiastique 106 (Toulouse 2005), 65-88. L 64-74.

1173 Bonhoeffer, Dietrich: **Das Außerordentliche wird Ereignis:** Kreuz und Auferstehung/ hrsg. von Manfred Weber. 4. Aufl. GÜ: GVH, 2004. 95 S.

1174 Bonhoeffer, Dietrich: **Gemeinsames Leben/** hrsg. von Eberhard Bethge. 26., überarb. Aufl. GÜ: GVH, 2001. 120 S. (GTB; 452)

1175 Bonhoeffer, Dietrich: **Mitten im Leben Gott erkennen:** Texte für das Kirchenjahr/ hrsg. von Manfred Weber. GÜ: GVH, 2003. 141 S.

1176 Bonhoeffer, Dietrich: **Nachfolge/** hrsg. von Martin Kuske (†); Ilse Tödt. GÜ: GVH, 2002. 390 S. (GTB; 455)

1177 Bonhoeffer, Dietrich: **Una pastorale evangelica (Evang. Seelsorge)**/ aus dem Dt. übers. von Jolanda Schenk; hrsg. von Ermanno Genre. Torino: Claudiana, 2005. 120 S. (Piccola collana moderna; 63)

1178 Busch, Eberhard: **Karl Barths Lebenslauf:** nach seinen Briefen und autobiographischen Texten. Unv. Neuaufl. ZH: Theol. Verlag, 2005. 555 S.: Ill.

1179 Choi, Hyun-Beom: **Die politische Ethik der protestantischen Theologie im 20. Jahrhundert:** Karl Barth, Barmen und die koreanische evangelische Kirche. MS: Lit, 2003. X, 286 S. (Entwürfe zur christlichen Gesellschaftswissenschaft; 15) – Zugl.: Bochum, Univ., Theol. Fak., Diss., 2003.

1180 Croasmun, Matthew: **Authentisch feiern mit Rockmusik:** zum Liturgieverständnis der Vineyard-Bewegung/ übers. von Markus Rathey. Musik und Kirche 75 (2005), 16-20: Ill.

1181 Crowe, Benjamin D.: **Destroying the wisdom of the wise:** on the origins and develpoment of »destruction« in Heidegger's early work. New Orleans, LA, 2004. 553 S. – New Orleans, LA, Tulane University, Ph. D., 2004.

1182 Fafié, Theodorus Arnoldus: **Levensbericht C. W. Mönnich (1915-1994)** (Lebensbericht C. W. Mönnich). Documentatieblad Lutherse kerkgeschiedenis 33 (Haarlem 2005), 9-16: Ill. Frontispiz.

1183 Freybe, Peter: **Leben und Lernen auf Luthers Grund und Boden:** das Evangelische Predigerseminar Wittenberg nach 1945. In: 072, 163-174: Ill.

1184 Garbe, Irmfried: **Hermann Wolfgang Beyer an der Theologischen Fakultät Leipzig 1936-1940.** In: 069, 305-320: Ill.

1185 Green, Clifford J.: **Freiheit zur Mitmenschlichkeit:** Dietrich Bonhoeffers Theologie der Sozialität/ aus dem Amerikan. übers. von Ilse Tödt. GÜ: GVH, 2004. 372 S.

1186 Hailer, Martin: **Welches Verständnis von Person leitet die Ethik?:** eine Auseinandersetzung mit John Rawls. EvTh 64 (2004), 438-453. L 442 f.

1187 Heidegger, Martin: **The phenomenology of religious life** (Phänomenologie des religiösen Lebens ⟨engl.⟩)/ übers. von Matthias Fritsch; Jennifer-Anna Gosetti-Ferenci. Bloomington, IN; Indianapolis, IN: Indiana University, 2004. XV, 266 S. (Studies in continental thought)

1188 Heidegger, Martin: **Fenomenologia della vita religiosa** (Phänomenologie des religiösen Lebens ⟨ital.⟩)/ Ital. Ausgabe hrsg. von Franco Volpi; übers. von Giovanni Gurisatti. Milano: Aadelphi, 2003. 435 S. (Biblioteca filosofica; 23)

1189 Herms, Eilert: **Karl Barths Entdeckung der Ekklesiologie als Rahmentheorie der Dogmatik und seine Kritik am neuzeitlichen Protestantismus.** In: 037, 141-186. L".

1190 Huber, Wolfgang: **»Evangelisch sein muss doch eigentlich frei sein heißen«:** Pfarrer Karl-Heinz Beckers Auseinandersetzungen mit Hitler und dem Nationalsozialismus. ZBKG 74 (2005), 181-199.

1191 Isten embere: **Túróczy Zoltán evangélikus püspök** (1893-1971) (Gottes Mann: Zoltán Túróczy evang.-luth. Bischof, 1893-1971)/ hrsg. von Péter Cserháti; Tamás Fabiny ... Bd. 1: **Életút és dokumentumok** (Lebensweg und Dokumente). BP: Magyarországi Evangélikus Ifjúsági Szövetség, 2002. 618 S. L".

1192 Ittzés, Gábor: **Ordass Lajos és a lutheri két birodalomról szóló tanítás** (Lajos Ordass und Luthers Zweireichelehre). Kersztyén igazság (BP 2001) Nr. 50, 3-7.

1193 Jüngel, Eberhard: **Provozierende Theologie:** zur theologischen Existenz Karl Barths (1921-1935). In: 037, 41-55.

1194 Käßemann, Ernst: **Die Heilung des Besessenen:** neutestamentliche Gesichtspunkte zur Heilung der Krankheit unserer Zeit. In: 034, 191-201.

1195 Käßemann, Ernst: **Prophetische Aufgabe und Volkskirche.** In: 034, 287-301.

1196 Käßemann, Ernst: **Reformatorisches Erbe heute.** In: 034, 164-176.

1197 Kapi, Béla: **Lámpás az oltár zsámolyán:** Kapi Béla püspök feljegyzései életéről és szolgálatáról (Licht auf dem Altarschemel: Bischof Béla Kapis Aufzeichnungen über Leben und Dienst)/ hrsg. von Katalin Mirák. Sopron: Berzsenyi Dániel Evangélikus Gimnázium, 2004. 967 S. L 499-501+".

1198 Keveházi, Laszlo: **A reformáció embere:** Emlékezés Sólyom Jenő professzor taníasára (Mann der Reformation: Gedenken an die Lehre von Prof. Jenő Sólyom). LP 79 (2004), 255-259.

1199 Klappert, Berthold: **De Torah is in zichzelf altijd geestelijk (1):** de weg van H. J. Iwand met het thema »Wet en Evangelie« (Die Thora ist innerlich immer geistlich (1): der Weg Hans Joachim Iwands mit dem Thema »Gesetz und Evangelium«). LuBu 13 (2004), 25-44.

1200 Klappert, Berthold: **De Torah is in zichzelf altijd geestelijk (2):** de weg van H. J. Iwand met het thema »Wet en Evangelie« (Die Thora ist innerlich immer geistlich (2): der Weg Hans Joachim Iwands mit dem Thema »Gesetz und Evangelium«). LuBu 14 (2005) [68]-[84]: Zusammenfassung, [82]-[84].

1201 Krötke, Wolf: **Sin and nothingness in the theology of Karl Barth** (Sünde und Nichtiges bei Karl Barth

⟨engl.⟩)/ übers. und hrsg. von Philip G. Ziegler; Christina-Maria Bammel; mit einem neuen Vorwort des Autors. Princeton, NJ: Princeton Theological Seminary, 2005. 132 S. L 75 f+".

1202 Leppin, Volker: **In Rosenbergs Schatten:** zur Lutherdeutung Erich Vogelsangs. ThZ 61 (2005), 132-142.

1203 Lestringant, Frank: **Zweig contra Calvin (1936).** Foi et vie 104 (P 2005) Heft 3, 31-54. L 32. 35. 37.

1204 Lohmeyer, Jan W.: **The Lutheran Church – Missouri synod school system:** a historical perspective and comparative study. New Orleans, LA, 2004. 244 S. – New Orleans, LA, The University of New Orleans, Ph. D., 2004.

1205 Mattes, Mark C.: **Wolfhart Pannenberg on the doctrine of justification.** LQ 18 (2004), 296-324.

1206 Mokrosch, Reinhold; Johannsen, Friedrich; Gremmels, Christian: **Dietrich Bonhoeffers Ethik:** ein Arbeitsbuch für Schule, Gemeinde und Studium; Was heißt Verantwortung übernehmen? Was heißt Leben schützen? Was heißt »Frieden stiften«? GÜ: GVH, 2003. 259 S.: Ill.

1207 Müller, Gerhard: **Wann ist eine Kirche lutherisch?:** ein Gutachten Erlanger Theologen vom Mai 1935. ZBKG 74 (2005), 165-180.

1208 Nelson, Derek: **The indicative of grace & the imperative of freedom:** an invitation of the theology of Eberhard Jüngel. Dialog 44 (Oxford 2005), 164-180.

1209 Petzoldt, Matthias: **Die Etablierung der Fundamentaltheologie als theologische Disziplin an der Leipziger Fakultät.** In: 069, 439-460. L".

1210 Rohls, Jan: **Barth und der theologische Liberalismus.** In: 037, 285-312. L 286-289+".

1211 Rokay, Zoltán: **Heidegger Sein und Zeit-ja és Luther hattyúdala** (Heideggers Sein und Zeit und Luthers Schwanengesang). In: »Akik az igazságra oktattak sokakat ...«: a 65 éves Rózsa Huba kö-

szöntése/ hrsg. von György Fodor; Béla Tarjányi. BP: Szent István Társulat, 2005, 258-282.

1212 **Rudolf Hermann – Erich Seeberg:** Briefwechsel 1920-1945/ hrsg. von Arnold Wiebel. F; B; Bern; Bruxelles; NY; Oxford; W: Lang, 2003. 431 S.: Ill. (Greifswalder theol. Forschungen; 7) – Bespr.: Seils, Martin: ThLZ 130 (2005), 190-192.

1213 Siegmund, Johannes Jürgen: **Martin Luthers Bedeutung bei Hanns Lilje/** Kurzfassung von Rudolf K. Markwald. LuD 13 (2005), 115-124. [Vgl. LuB 2005, Nr. 1053 – Auszug]

1214 Sólyom, Jenő: **Luther új megismerése felé** (Auf dem Weg einer neuen Lutherkenntnis). (1933). In: 066, 151-154.

1215 Sorum, Jonathan D.: **Another look at Bonhoeffer.** LQ 18 (2004), 469-482.

1216 Tietz-Steiding, Christiane: **Verkrümmte Vernunft und intellektuelle Redlichkeit:** Dietrich Bonhoeffers Erkenntnistheorie. In: 064, 293-307. L".

1217 Tillich, Paul: **Teologia sistematica (Systematische Theologie** ⟨ital.⟩)/ übers. von Renzo Bertalot. Bd. 2: **L' esistenza e il Cristo.** Torino: Claudiana, 2001. 220 S. (Sola Scriptura; 18)

1218 Tillich, Paul: **Teologia sistematica (Systematische Theologie** ⟨ital.⟩)/ übers. von Renzo Bertalot. Bd. 3: **La vita e lo spirito.** Torino: Claudiana, 2003. 346 S. (Sola Scriptura; 19)

1219 Trowitzsch, Michael: **Pfingstlich genau:** zur Hermeneutik Karl Barths. In: 037, 363-391. L".

1220 Weyer-Menkhoff, Stephan: **Gerhard Bohne und Martin Rang:** religionspädagogische Luther-Rezeption zwischen den Weltkriegen. In: 051, 275-295.

1221 Ziemer, Jürgen: **Martin Doernes Wirksamkeit in der kirchlichen Öffentlichkeit während seiner Zugehörigkeit zur Leipziger Fakultät (1934-1947).** In: 069, 289-303.

1222 Zur Mühlen, Karl-Heinz: **Wirkung und Rezeption IV:** im 20. Jahrhundert. In: 049, 482-488.

7 Luthers Gestalt und Lehre in der Gegenwart

1223 Andersen, Svend: **Can bioethics be Lutheran?** Dialog 43 (Berkeley, CA 2004), 312-323.

1224 Andersen, Svend: **Kann eine evangelische Ethik »Menschenrechte« unterstützen?:** Überlegungen zu Kant und Luther. In: 035, 81-100. L 84-88.

1225 Assel, Heinrich: **Leitgedanke für eine Luther-Renaissance heute im Blick auf die evangelische Rede von Gott.** LThK 28 (2004), 137-160.

1226 Barth, Hans-Martin: **Dogmatik:** evangelischer Glaube im Kontext der Weltreligionen; ein Lehrbuch. 2., korr. Aufl. GÜ: Kaiser/GVH, 2002. 862 S.

1227 Bayer, Oswald: **Das Herz ist ein trotzig Ding:** mit

Luther in der Gegenwart; die diagnostische Kraft reformatorischer Theologie. ZZ 6 (2005) Heft 5, 20-23: Ill.

1228 Bayer, Oswald: **Mit Luther in der Gegenwart:** die diagnostische Kraft reformatorischer Theologie. In: 051, 297-310.

1229 Bayer, Oswald: **Theologie als Lebensform.** In: 073, 186-195.

1230 Bell, Theo; Akerboom, Dick: **Joop Boendermaker 80 jaar** (Johannes P. Boendermaker ist 80 Jahre alt). LuBu 14 (2005), 7-9.

1231 Birmelé, André: **Kirchengemeinschaft:** ökumenische Fortschritte und methodologische Konsequenzen/ übers. und hrsg. im Auftrag des Konfessionskundlichen Instituts des Evang. Bundes in Bensheim; aus dem Franz. übers. von Uwe Hecht. MS: Lit, 2003. XIV, 367 S. (Studien zur systematischen Theologie und Ethik; 38)

1232 Bölcskei, Gusztáv: **A reformátori teológiai gondolkodás aktualitása a 21. században** (Die Aktualität des reformatorischen theol. Denkens im 21. Jahrhundert). LP 81 (2006), 2-8.

1233 Boettcher, Susan R.: **Luther year 2003?:** thoughts an off-season comeback. SCJ 35 (2004), 795-809.

1234 Brandt, Reinhard: **Die »Gemeinsame Erklärung zur Rechtfertigungslehre«:** eine Zusammenfassung. DPfBl 98 (1998), 599-602.

1235 Brecht, Martin: **In memoriam Robert Stupperich.** LuJ 71 (2004), 9-11.

1236 Bubmann, Peter: **Kriterien und Perspektiven für gottesdienstliche Musik in einer sich verändernden Gesellschaft.** In: 041, 11-35. L 20 f.

1237 Cezanne, Stephan: **Wendepunkt der Kirchengeschichte?:** vor fünf Jahren wurde die Gemeinsame Erklärung unterzeichnet. Wochenspiegel (2004) Nr. 44 (28. Oktober), 6: Ill.

1238 **Charta oecumenica:** un testo, un processo, un sogno delle Chiese in Europa (Charta oecumenica: ein Text, ein Prozess, ein Wunschtraum der Kirchen in Europa)/ hrsg. von Sarah Numico; Viorel Ionita. Torino: Claudiana, 2003. 127 S.

1239 Chung, Paul S.: **Discovering the relevance of Martin Luther for Asian theology.** Dialog 44 (Oxford 2005), 38-49.

1240 Chung, Paul S.: **Martin Luther and Buddhism: aesthetics of suffering.** Eugene, OR: Wipf and Stock, 2002. 434 S. – Bespr.: Ji, Won Yong: CJ 31 (2005), 97-99.

1241 Csepregi, Zoltán: **Luther-reneszánsz a bibliakutatásban** (Lutherrenaissance in der Bibelauslegung). LP 78 (2003), 257-258. L".

1242 Danz, Christian: **Wahrnehmung von Religionen aus theologischer Perspektive:** zur Grundlegung einer protestantischen Theologie der Religionen. KD 51 (2005), 100-125. L 107-109.

1243 Dietrich, Wolfgang: **Russische Impulse eines theologischen Lebens.** Homiletisch-liturgisches Korrespondenzblatt: N. F. 22/23 (2005/06) Heft 83 f, 72-82.

1244 Epting, Karl-Christoph: **Europa und die evangelische Diaspora:** die Ecksteine des Protestantismus als Beitrag zum europäischen Haus. EvD 74 (2005), 11-25: Ill.

1245 Euler, Walter Andreas: **Fels und Ärgernis:** Papstamt und Petrusdienst aus katholischer Sicht. Informationes theologiae Europae 12 (2003), 61-72.

1246 Frieling, Reinhard: **Impulse der evangelischen Kirche in die europäische Gesellschaft.** In: 063, 514-533. L 522 f+".

1247 Furian, Hans-Otto: **Warum sind Visitationen unverzichtbar?** Berliner theol. Zeitschrift 22 (2005), 130-152. L 150+".

1248 Geldbach, Erich: **Protestantischer Fundamentalismus in den USA und Deutschland.** MS: Lit, 2001. VIII, 193 S.: Tab. (Ökumenische Studien; 21)

1249 Geldbach, Erich: **Das Verhältnis der Konfessionen und die Theologischen Fakultäten in Deutschland:** ein Diskussionsbeitrag. In: 063, 459-468.

1250 Gestrich, Christof: **Schriftauslegung und Macht – ein unerledigtes Problem von »sola scriptura«:** ein Beitrag zur evangelisch-katholischen Veständigung. Berliner theol. Zeitschrift 22 (2005), 250-266.

1251 Gounelle, André: **I grandi principi del protestantesimo** (Die wichtigen Grundlagen des Protestantismus). Torino: Claudiana, 2000. 72 S. (Piccola collana moderna; 85)

1252 Griffith, Catherine Ann: **Procreation, sacrament, fidelity and companionship:** the implications of the western Christian theology of marriage for assessing the moral validity of same-sex relationships. Charlottesville, VA, 2004. 374 S. – Charlottesville, VA, University of Virginia, Ph. D., 2004.

1253 Härle, Wilfried: **Kann die Anwendung von Folter in Extremsituationen aus der Sicht christlicher Ethik gerechtfertigt werden?** ZEvE 49 (2005), 198-212.

1254 Härle, Wilfried: **Roma locuta ...** DPfBl 99 (1999), 407-409.

1255 Hahn, Eberhard: **Darf man heute noch dogmatisch sein?** In: 073, 172-185.

1256 Haspel, Michael: **Justification, justice and the challenge of globalization:** ethical implications and systematic consequences of the Joint declaration on the doctrine of justification. Informationes theologiae Europae 13 (2004), 149-163.

1257 Hefner, Philip: **Can the created co-creator be Lutheran?:** a response to Svend Andersen. Dialog 44 (Oxford 2005), 184-188.

1258 Herbst, Michael: **Minderheit mit Zukunft – Kirche zwischen Resignation und Aufbruch.** KD 51 (2005), 2-16.

1259 Herms, Eilert: **Entspannte Wahrnehmung – »Dominus Jesus« und »Note über den Ausdruck Schwesterkirche« aus lutherischer Sicht.** DPfBl 100 (2000), 667 f.

1260 Hofmann, Frank: **Martin Luther als Vater der Hauskreis-Idee?:** kritische Anmerkungen zu einer evangelikalen Inanspruchnahme des Reformators. Lu 75 (2004), 150-157.

1261 Hohenberger, Thomas: **Die Basis eines lebendigen Glaubens: Predigt über 1. Korinther 3, 11 beim Festgottesdienst zum Reformationstag und zur Erinnerung an Nikolaus Medler am 31. 10. 2002 um 19.30 Uhr in der Evang.-Luth. St. Michaeliskirche Hof. In: 059, 13-18.

1262 Honecker, Martin: **Geld – der sichtbare Gott?** Luth. Kirche in der Welt 52 (2005), 39-57. L".

1263 Honecker, Martin: **Simul iustus – simul peccator:** Bedeutung und Grenzen einer ökumenisch strittigen Formel. In: 063, 416-434. L 422-429+".

1264 Huber, Wolfgang: **Evangelische Glaube und die Frage nach der Kirche.** In: 076, 62-86.

1265 Huber, Wolfgang: **Freiheit als Form der Liebe:** die Aktualität christlicher Freiheit in den gesellschaftlichen Herausforderungen unserer Zeit. In: 064, 17-36. L".

1266 Huber, Wolfgang: **Glaube und Macht:** aktuelle Dimension eines spannenden Themas. In: 023, 267-279.

1267 Huber, Wolfgang: **Rückkehr zur Lehre vom gerechten Krieg?:** aktuelle Entwicklungen in der evangelischen Friedensethik. ZEvE 49 (2005), 113-130. L 115 f. 125.

1268 Huber, Wolfgang: **Vertrauen wurzelt in der Hoffnung:** der Beruf zur Politik; zwanzig Jahre Demokratiedenkschrift der Evangelischen Kirche in Deutschland. ZZ 6 (2005) Heft 8, 56-58: Ill.

1269 Hübner, Hans: **Evangelische Fundamentaltheologie:** Theologie der Bibel. GÖ: V&R, 2005. 255 S.

1270 Hütter, Reinhard: **Bound to be free.** The Christian century 121 (Chicago, IL 2004) Nr. 16, 24-27.

1271 Jagucki, Janusz: **Protestantische Orientierung in Europa:** Gedanken zu Identität und Aufgabe des Protestantismus aus Sicht der lutherischen Diasporakirche in Polen. EvD 74 (2005), 67-78: Ill.

1272 Ji, Won-yong: **My pilgrimage to Luther.** CJ 31 (2005), 37-47.

1273 Johnson, John Frederick: **On preaching theology.** CJ 31 (2005), 269-272.

1274 Jorgenson, Allen G.: **Luther on ubiquity and a theology of the public.** International journal of systematic theology 6 (Oxford 2004), 351-368.

1275 Jüngel, Eberhard: **Evangelischer Glaube und die Frage nach der Rechtfertigung des Gottlosen.** In: 076, 9-31. L 10-13+".

1276 Jüngel, Eberhard: **Evangelischer Glaube und die Frage nach Tod und ewigem Leben.** In: 076, 112-132. L".

1277 Jüngel, Eberhard: **Das Evangelium von der Rechtfertigung des Gottlosen als Zentrum des christlichen Glaubens:** eine theologische Studie in ökumenischer Absicht. 4., verb. Aufl. TÜ: Mohr, 2004. XVIII, 244 S.

1278 **Kleiner Evangelischer Erwachsenen Katechismus/**

im Auftrag des Luth. Kirchenamtes der Vereinigten Evang.-Luth. Kirche Deutschlands (VELKD) hrsg. von Manfred Kießig; Norbert Dennerlein; Heiko Franke ... GÜ: GVH, 2004. 304 S. – Bespr.: Lies, Lothar: ZKTh 127 (2005), 315-317.

1279 Knuth, Hans Christian: **In Zukunft Luther:** zur Bedeutung Luthers für die Zukunft – oder: Die bleibenden theologischen Aufgaben der VELKD. Informationen: Vereinigte Evangelisch-lutherische Kirche Deutschlands (Hannover 2005) Nr. 115 (30. September), 1-5. (Bischöfe zu Fragen der Zeit)

1280 Körtner, Ulrich H. J.: **Der Mensch – von Haus aus unfrei:** wo steht die evangelische Theologie im Streit über den freien Willen? ZZ 6 (2005) Heft 6, 16-18: Ill.

1281 Körtner, Ulrich H. J.: **Wohin steuert die Ökumene?:** vom Konsens- zum Differenzmodell. GÖ: V&R, 2005. 266 S.

1282 Kroeger, Matthias: **Im religiösen Umbruch der Welt:** der fällige Ruck in den Köpfen der Kirche; über Grundriss und Bausteine des religiösen Wandels im Herzen der Kirche. S: Kohlhammer, 2004. 420 S.: Ill.

1283 Krötke, Wolf: **Evangelischer Glaube und die Frage nach Gott.** In: 076, 32-47. L 38+".

1284 Kühlmann, Wilhelm: **Staat und Kirche in der Literatur religiöser Dissidenten.** In: Staat und Kirche im werdenden Europa: nationale Unterschiede und Gemeinsamkeiten/ hrsg. von Dieter Fauth; Erich Satter. Würzburg: Religion & Kultur, 2003, 15-38. L 16 f. 19.

1285 Kühn, Ulrich: **Die Theologie im Konzert der Wissenschaften.** S: Hirzel; L: Sächsische Akademie der Wissenschaften zu Leipzig, 2000. 16 S. (Sitzungsberichte der Sächsischen Akademie der Wissenschaften, Philos.-Hist. Klasse; 137, Heft 4)

1286 Kühn, Ulrich: **Zum evangelisch-katholischen Dialog:** Grundfragen einer ökumenischen Verständigung. L: EVA, 2005. 91 S. (Forum Theol. Literaturzeitung; 15)

1287 Kvam, Kristen E.: **The significance of Luther's ideas for the churches of the 21st century:** a feminist perspective. LuJ 71 (2004), 65-71.

1288 Lämmermann, Godwin: **Einleitung in die Praktische Theologie:** Handlungstheorien und Handlungsfelder. S; B; Köln: Kohlhammer, 2001. 287 S.

1289 Lapp, Michael: **Gute Bibliotheken und neue Schulen braucht das Land!:** Impulse Martin Luthers für die aktuelle Bildungsdebatte nach PISA. Lu 75 (2004), 120-123.

1290 Lee, Peter K. H.: **Tracing back to the origin, critical self-reflection, and reaching out:** on the question of finding an orientation for the Lutheran Theological Seminary at this time and age. Theology & life 27 (Hong Kong, 2004), 186-195.

1291 Lo, Pilgrim W. K.: **Die Bedeutung von Luthers Theologie für das 21. Jahrhundert.** LuJ 71 (2004), 61-64.

1292 Lo, Pilgrim W. K.: **Theology is not mere sociology:** a theological reflection on the reception of the Christian religion in Mainland China. Dialog 43 (Berkeley, CA 2004), 159-165.

1293 McGrath, Alister E.: **Christian spirituality:** an introduction. Oxford: Blackwell, 1999. XI, 204 S.

1294 McGrath, Alister E.: **Spiritualità cristiana:** una introduzione (Christian spirituality ⟨ital.⟩)/ übers. von Giorgio Girardet. Torino: Claudiana, 2002. 259 S. (Strumenti; 11)

1295 **Marks of the body of Christ/** hrsg. von Carl E. Braaten; Robert W. Jenson. Grand Rapids, MI: Eerdmans, 1999. 167 S. – Bespr.: Garcia, Alberto L.: CJ 28 (2002), 187-191.

1296 Markschies, Christoph: **Kirchengeschichte.** In: 045, 73-103. L 86 f. 97.

1297 Miggelbrink, Ralf: **Der Zorn Gottes:** Geschichte und Aktualität einer ungeliebten biblischen Tradition. FR; BL; W: Herder, 2000. 639 S. – Zugl.: Innsbruck, Univ., Kath.-Theol. Fak., Habil., 1999. – Bespr.: Rosenau, Hartmut: ThLZ 127 (2002), 1113-1115.

1298 Müller, Gerhard: **Der Auftrag der Vereinigten Evangelisch-Lutherischen Kirche Deutschlands.** Luth. Kirche in der Welt 52 (2005), 59-81. L 64-66. 69-72+".

1299 Müller, Gerhard: **Martin Luthers Theologie der Trinität heute.** In: Prüft alles, und das Gute behaltet: zum Wechselspiel von Kirchen, Religionen und säkularer Welt; Festschrift für Hans-Martin Barth/ hrsg. von Friederike Schönemann; Thorsten Maaßen. F: Lembeck, 2004, 538-556.

1300 Müller, Norbert: **Der christliche Weg.** L: EVA, 2005. 484 S.

1301 Nicol, Martin: **Grundwissen Praktische Theologie:** ein Arbeitsbuch. S: Kohlhammer, 2000. 262 S.: Tab.

1302 Ohst, Martin: **Dominus Jesus – katholisch und reformatorisch.** In: 063, 360-382. L 372-381.

1303 Pannenberg, Wolfhart: **Grundlagen der Ethik:** philosophisch-theologische Perspektiven. 2., durchges. und erg. Aufl. GÖ: V&R, 2003. 163 S. (UTB; 2458)

1304 Pannenberg, Wolfhart: **Ökumenische Aufgaben im Verhältnis zur römisch-katholischen Kirche.** KD 50 (2004), 260-270.

1305 Pesch, Otto Hermann: »**Ich bin der, der ich geworden bin durch Hans Küng«:** Laudatio. In: Ökumene und Weltethos: mit Beiträgen von Kofi

A. Annan ... MS: Lit, 2004, 19-27. (Tübinger ökumenische Reden; 1)

1306 Peterson, Cheryl M.: **The question of the church in North American Lutheranism:** toward an ecclesiology of the third article. Milwaukee, WI, 2004. 361 S. – Milwaukee, WI, Marquette University, Ph. D., 2004.

1307 Plasger, Georg: **Einladende Ethik:** zu einem neuen evangelischen Paradigma in einer pluralen Gesellschaft. KD 51 (2005), 126-156. L 129 f.

1308 Plathow, Michael: »**Das Ökumeneschiff – Eine frische Brise tut not«:** ökumenischer Jahresbericht 2004; Bericht bei der Mitgliederversammlung des Evangelischen Bundes in Kronberg/Taunus am 15. Oktober 2004. MD 55 (2004) Beilage zu Heft 6, I-XI.

1309 Pohl-Patalong, Uta: **Gemeinde:** kritische Blicke und konstruktive Perspektiven. PTh 94 (2005), 242-257.

1310 Rauhaus, Alfred: **Zerbrochene Chorschranken:** warum Kirchen für Protestanten keine heiligen Räume sind, sondern Häuser der Gemeinde. ZZ 5 (2004) Heft 11, 32 f.

1311 Repo, Matti: **Lutherin katekismusten merkitys tänään:** saksan evankelis-luterilaisen kirkon konsultaatio Fuldassa 26.-28. 2. 2004 (Die heutige Bedeutung von Luthers Katechismen: Konsultation der VELKD in Fulda). Reseptio (Helsinki 2004) Heft 3, 105-111.

1312 Reuss, András: **A reformáció eredeti céljai és a katolikus megújulás a II. vatikáni zsinat után** (Die ursprünglichen Ziele der Reformation und die kath. Erneuerung nach dem Vaticanum II). LP 80 (2005), 6-9.

1313 Ricca, Paolo: **Reformiert Sein in Rom.** In: 063, 408-415.

1314 Riehm, Heinrich: **Das Kirchenlied am Anfang des 21. Jahrhunderts in den evangelischen und katholischen Gesangbüchern des deutschen Sprachbereichs:** eine Dokumentation. TÜ: Francke, 2004. X, 504 S.: Ill. (Mainzer hymnologische Studien; 12)

1315 Ritschl, Dietrich: **Theorie und Konkretion in der Ökumenischen Theologie:** kann es eine Hermeneutik des Vertrauens inmitten differierender semiotischer Systeme geben? MS: Lit, 2003. IV, 233 S. (Studien zur systematischen Theologie und Ethik; 37)

1316 Rohrmoser, Günter: **Mehr als Endlichkeit und Ohnmacht:** Flut in Asien – geistige Ebbe in Deutschland. CAZW 76 (2005) Heft 1, 68-74.

1317 Roth, Michael: **Die Ausdifferenzierung der theologischen Wissenschaft als Problemstellung der evangelischen Theologie.** In: 013, 73-94.

276

1318 Roth, Michael: **Martin Luther – Theologe für die Gegenwart?**: Oswald Bayers Buch »Martin Luthers Theologie. Eine Vergegenwärtigung«. Theol. Beiträge 35 (2004), 161-170.

1319 Roth, Michael: **Protestantische Apologetik als Hermeneutik der Gegenwart.** In: 013, 145-170. L 152-154. 160.

1320 Rowold, Henry: **Reformation day:** John 8:31-36; October 30, 2005; quack, quack. CJ 31 (2005), 296-298.

1321 Santmire, H. Paul: **A Reformation theology of nature transfigured:** Joseph Sittler's invitation to see as well as to hear. Theology today 61 (Princeton, NJ 2005), 509-527.

1322 Schieder, Rolf: **Provinzspieler und Weltmeister:** die Faszination des Papstamtes, der Protestantismus und die Intellektuellen. ZZ 6 (2005) Heft 5, 54-56: Ill.

1323 Schilling, Johannes: **Arbeit im Dienst der protestantischen Kultur:** die Luther-Gesellschaft. Scientia Halensis: Wissenschaftsjournal der Martin-Luther-Universität Halle-Wittenberg 13 (2005) Nr. 2, 28 f: Ill.

1324 Schlichting, Wolfhart: **Reformation im Papsttum?:** Hat der Antichrist abgedankt? CAZW 76 (2005) Heft 2, 50-57: Ill.

1325 Schöpflin, Karin: **Alttestamentliche Wissenschaft.** In: 045, 11-43. L 12-14.

1326 Schwab, Ulrich: **Bildung in evangelischer Perspektive.** PTh 94 (2005), 47-60.

1327 Schwarzwäller, Klaus: **»Siehe, ich verkündige euch große Freude«.** CAZW 76 (2005) Heft 2, 58-63: Ill.

1328 Skrade, Kristofer; Satter, James: **The Lutheran handbook.** MP: Augsburg Fortress, 2005. 240 S.: Ill.

1329 Sparn, Walter: **Hoffentlich nur ein Betriebsunfall:** die Empfehlung der Bischofskonferenz der VELKD »Allgemeines Priestertum, Ordination und Beauftragung nach evangelischem Verständnis«. MD 56 (2005), 25-29.

1330 Stock, Konrad: **Die Theorie der christlichen Gewißheit:** eine enzyklopädische Orientierung. TÜ: Mohr, 2005. XIII, 334 S.

1331 Thayer, Anne T.: **Penitence, preaching and the coming of the Reformation.** Burlington, VT: Ashgate, 2002. XIV, 226 S. – Bespr.: Cambers, Andrew: SCJ 35 (2004), 187-189.

1332 Thiedemann, Volker: **Bekenntnis aus persönlicher Verantwortung:** Predigt über »Das Bekenntnis des Petrus« (Markus 8,27-30; Matthäus 16,13-20; Lukas 9,18-21; Johannes 6,67-69). Luth. Kirche in der Welt 52 (2005), 14-18.

1333 Umbach, Helmut: **Heilige Räume – Pforten des Himmels:** vom Umgang der Protestanten mit ihren Kirchen. GÖ: V&R, 2005. 380 S.: Ill.

1334 Véghelyi, Antal: **Mi közünk Lutherhoz** (Was geht uns Luther an)? Keresztyén igazság (BP 2002) Nr. 55, 6-11.

1335 Veith, Gene Edward, Jr: **God at work:** your Christian vocation in all of life. Wheaton, IL: Crossway, 2002. 176 S. – Bespr.: Anderson, Mary Elizabeth: LQ 18 (2004), 113 f.

1336 Veith, Gene Edward; Vaughan, David J.: **A place to stand:** the word of God in the life of Martin Luther. Nashville, TN: Cumberland House, 2005. XX, 244 S.

1337 Weinrich, Michael: **Die Einheit der Kirche aus reformatorischer Perspektive:** ein Beitrag zum protestantischen Ökumeneverständnis. EvTh 65 (2005), 196-210.

1338 Wiersma, Hans: **James Kittelson (1941-2003):** a doctor of the church. LQ 18 (2004), 333-341.

1339 Wohlleben, Ekkehard: **Die Kirchen und die Religionen:** Perspektiven einer ökumenischen Religionstheologie. GÖ: V&R, 2004. 457 S.: Ill. (Kirche – Konfession – Religion; 48) – Zugl.: Erlangen, Univ., Theol. Fak., Diss., 2001.

1340 Ziegert, Richard: **Alles Übel kommt von Westen!?:** über die religiöse Fundierung der amerikanischen Sendungsidee. CAZW 76 (2005) Heft 1, 19-22: Ill.

8 Romane, Schauspiele, Filme, Varia

1341 Dieckmann, Guido: **Luther.** 4. Aufl. B: Aufbau, 2004. 375 S.: Ill. [Buch zu dem Lutherfilm von 2003]

1342 **Fides et potestas:** Musik zur 2. Sächsischen Landesausstellung »Glaube und Macht«; Sachsen im Europa der Reformationszeit/ Konzeption: Wolfram Steude; musiziert vom Ensemble für »Alte Musik Dresden«. [Schloß Goseck]: Raumklang, 2004. 1 Audio-CD. [Beilage zu LuB 2006, Nr. 022]

1343 Forte, Dieter: **Martin Luther und Thomas Müntzer oder die Einführung der Buchhaltung:** Hörspiel/ Regie: Hartmut Kiste; Tilo Prückner. B: Audio, 2003. 3 CD (200 min).

1344 Gavigan, Bart; Thomasson, Camille: **Luther:** rebel, genius, liberator/ Leitung: Eric Till. F: NFP Teleart, 2003. 1 Film (35 mm): 121 Minuten. – Bespr.: Hendrix, Scott: SCJ 35 (2004), 811-814.

1345 **Germany.** Wheeling, IL: Film ideas (Firm), 2004. 1 DVD (22 min).

1346 Jones, Ken Sundet: **Luther at the movies.** LQ 18 (2004), 342-347.

1347 **Martin Luther/** von Cassian Harrison; Timothy West. Burbank, CA: PBS Home Video, 2004. 1 Video-DVD (110 min).

1348 **Martin Luther.** (1953)/ Regie: Irving Pichel. Neuausgabe des Films auf DVD. s. l.: 2002. 1 DVD (105 min): Engl.

1349 **Men who changed the world/** von Lynn Poole ... Folge 3: **The man who made the world go round.** Baltimore, MD: Johns Hopkins University, 2004. 1 Videokasette: VHS (29 min).

1350 Oakes, Edward T.: **Luther, the movie.** First things 139 (NY 2004), 20 f.

1351 **Unterichtsmaterial:** Luther-Film auch als Multimedia-DVD. Wochenspiegel (2004) Nr. 45 (4. November), 16.

1352 Wolf, Manfred: **Thesen und andere Anschläge:** Anekdoten um Martin Luther. L: EVA, 2005. 192 S.

1353 Jackson, Dave; Jackson, Neta: **Martin Luther:** nächtlicher Überfall (Spy for the night riders ⟨dt.⟩). Bielefeld: Luther, 2004. 125 S. Ill., Kt.

C FORSCHUNGSBERICHTE, SAMMELBESPRECHUNGEN, BIBLIOGRAPHIEN

1354 Arnold, Matthieu: **Quelques ouvrages récents relatifs à Martin Luther (XX).** PL 53 (2005), 99-106.

1355 **Auswahlbibliographie zur sächsischen Kirchengeschichte im 16. Jahrhundert/** zsgest. von Günther Wartenberg. In: 031, 239-261.

1356 Baubérot, Caroline: **Martin Luther – sur le roc de la Parole.** Luth. Dienst 42 (2006), 14. [Bespr. zu LuB 2006, 108]

1357 **Bibliographie de Marc Lienhard/** angelegt von Marc Lienhard; durchges. von Matthieu Arnold. In: 062, 171-190.

1358 **Bibliographie der gedruckten Werke Caspar Peucers/** bearb. von Jürgen Hamel; Martin Roebel. In: 07, 327-368.

1359 **Bibliographie deutschsprachiger Rhetorikforschung 2003/** zsgest. von Jörg Jungmayr. Rhetorik 23 (2004), 165-179.

1360 **Bibliographie deutschsprachiger Rhetorikforschung 2004/** zsgest. von Jörg Jungmayr. Rhetorik 24 (2005), 129-154.

1361 **Bibliographische Hinweise zur ökumenischen Theologie/** zsgest. von Klaus Krüger. Cath 59 (2005), 154-166.

1362 **Eero Huovinen index scriptorum 1972-2004/** zsgest. von Jari Jolkkonen. In: 071, 264-274.

1363 Frank, Günter: **Melanchthon und Skandinavien – Bilanz und Perspektiven der Forschung.** In: 021, 457-467.

1364 Gößner, Andreas: **Die Geschichte von theologischen Fakultäten als wissenschaftlicher Gegenstand:** ein Literaturbericht. In: 069, 17-38. L".

1365 Junghans, Helmar: **Martin Luther und die Welt der Reformation.** LuJ 71 (2004), 291-306.

1366 Leppin, Volker: **Lutherforschung am Beginn des 21. Jahrhunderts.** In: 049, 19-34.

1367 **Literaturbericht zur Hymnologie:** deutschsprachige Länder (2002) 2003/ zsgest. von Andreas Marti. JLH 43 (2004), 239-250.

1368 **Literaturbericht zur Hymnologie:** französischsprachige Länder (2002) 2003/ zsgest. von Édith Weber. JLH 43 (2005), 251-256.

1369 **Lutherbibliographie 2004/** bearb. von Helmar Junghans; Michael Beyer; Cornelia Schnapka-Bartmuß; Martin Teubner. LuJ 71 (2004), 313-394.

1370 **Martin Bucer (1491-1551):** Bibliographie/ erst. von Holger Pils ...; unter Mitarb. von Zita Faragó-Günter; mit Unterstützung der Heidelberger Akademie der Wissenschaften hrsg. von Gottfried Seebaß. GÜ: GVH, 2005. 751 S.: Ill.

1371 Müller, Gerhard: **A szellemtörténettöl a reáltörténetig** (Von der Geistesgeschichte zur Realgeschichte). LP 79 (2004), 250-255.

1372 Pesch, Otto Hermann: **Wo steht die katholische Lutherforschung?** LuBu 13 (2004), 85-106.

1373 Sträter, Udo: **Europaweit singulär und weltweit anerkannt:** das Zentrum für Reformationsgeschichte und Lutherische Orthodoxie. Scientia Halensis: Wissenschaftsjournal der Martin-Luther-Universität Halle-Wittenberg 13 (2005) Nr. 2, 11 f: Ill.

1374 **Verzeichnis der gedruckten Schriften Georg Majors/** nach Vorarbeiten von Hans-Peter Hasse ..., bearb. von Michael Beyer. In: 020, 271-318.

1375 **Verzeichnis der Schriften von Gottfried Maron:** 1992-2002. In: 063, 537-539.

1376 **Verzeichnis der Veröffentlichungen von Jörg Baur.** In: 051, 311-321.

LuB 1997

784 Himmighöfer, Traudel. – Beyer, Michael: LuJ 71 (2004), 308-310.

LuB 2001

065 Vestigia pietatis. – Bonkhoff, Bernhard H.: BlPfKG 72 (2005), 211 f; Lindberg, Carter: LQ 17 (2003), 492-494.

323 Stolt, Birgit. – Lies, Lothar: ZKTh 127 (2005), 313.

921 Roy, Martin. – Junghans, Helmar: LuJ 71 (2004), 303-306.

LuB 2002

040 Moeller, Bernd. – Schubert, Anselm: ZKG 115 (2004), 254-256.

741 Kettler, Wilfried. – Beyer, Michael: LuJ 71 (2004), 310-312.

LuB 2003

03 Caritas ... – Maschke, Timothy: SCJ 36 (2005), 210 f.

011 Frömmigkeit und ... – McLaughlin, R. Emmet: SCJ 35 (2004), 1255 f.

024 Junghans, Helmar. – Bünz, Enno: Zeitschrift des Vereins für Thüringische Geschichte 58 (2004), 299 f; Ohst, Martin: ThR 70 (2005), 507-509; Tranvik, Mark: LQ 19 (2005), 113-115.

030 Lexikon der Reformationszeit. – Lexutt, Athina: ZKG 115 (2004), 251 f.

035 Lutherinszenierung ... – Gößner, Andreas: ThLZ 129 (2004), 1220-1223.

247 Bennethum, Michael. – Anderson, Mary: LQ 19 (2005), 90 f.

366 Witte, John, Jr. – Hendrix, Scott: LQ 18 (2004), 348-350.

369 Backus, Irena. – Schmidt, Timothy A. M.: LQ 17 (2003), 483-485.

391 Frühneuhochdt. Wörterbuch 3 V. – Junghans, Helmar: LuJ 71 (2004), 292 f.

414 Leroux, Neil Richard. – Kleinhans, Kathryn A.: LQ 19 (2005), 228-230.

472 Arand, Charles P. – Dost, Timothy: CJ 30 (2004), 273 f.

565 Stolle, Volker. – Baumert, N.: ThPh 78 (2003), 611-613; Haacker, Klaus: Theol. Beiträge 35 (2004), 55 f.

576 Haug-Moritz, Gabriele. – Junghans, Helmar: LuJ 71 (2004), 293-295.

585 Kruse, Jens-Martin. – Müller, Gerhard: ZKG 115 (2004), 252-254.

712 Dost, Timothy P. – Johnson, Anna Marie: LQ 18 (2004), 369 f.

715 Gülpen, Ilona van. – Dienst, Karl: JHKV 54 (2003), 312 f; Junghans, Helmar: LuJ 71 (2004), 300-302.

774 Detmers, Achim. – Oberforcher, Robert: ZKTh 127 (2005), 139 f.

780 Osten-Sacken, Peter von der. – Lies, Lothar: ZKTh 127 (2005), 314 f; Wolf, Gerhard Philipp: ZBKG 74 (2005), 254-256.

785 Arndt, Karl; Moeller, Bernd. – Junghans, Helmar: LuJ 71 (2004), 302 f.

940 Steiger, Johann Anselm. – Boettcher, Susan R.: SCJ 35 (2004), 1133-1135.

LuB 2004

09 The Cambridge companion ... – Wengert, Timothy J.: LQ 19 (2005), 79-84; Zwanepol, Klaas: LuBu 14 (2005), 98 f.

027 Die Geschichte der Lutherbibelrevision. – Lindemann, Andreas: ThR 70 (2005), 383 f.

053 Martin Bucer zwischen ... – Kandler, Karl-Hermann: Lu 76 (2005), 48 f.

054 Melanchthon und die Neuzeit. – Ford, James Thomas: SCJ 36 (2005), 566-568.

056 Mystik. – Dobschütz, Detlef von: Lu 75 (2004), 162 f.

069 Religion in Geschichte ... V. – Körtner, Ulrich H. J.: ThLZ 130 (2005), 610-615.

076 Die Theol. Fakultät Wittenberg ... – Lindberg, Carter: LQ 19 (2005), 104-106.

085 The work of H. A. Oberman. – De Jong, James A.: SCJ 36 (2005), 494 f.

52 Luther, Martin. – Suolanan, Samuli: TA 110 (2005), 90-92.

57 Luther on women. – Mattox, Mickey L.: LQ 19 (2005), 230-232.

85 Lexutt, Athina. – Zur Mühlen, Karl-Heinz: Lu 75 (2004), 160.

149 Luther's lives. – Kolb, Robert: LQ 19 (2005), 245-248; Vercruysse, Jos E.: RHE 100 (2005), 233-236.

174 Markwald, Rudolf K. – Anderson, Mary Elizabeth: LQ 19 (2005), 116 f.

198 Bayer, Oswald. – Bell, T. M. M. A. C.: LuBu 13 (2004), 108; Mattes, Mark C.: LQ 19 (2005), 216-220; Roth, Michael: Theol. Beiträge 35 (2004), 161-170.

369 Simon, Wolfgang. – Junghans, Helmar: LuJ 71 (2004), 291 f; Walter, Gregory: LQ 18 (2004), 490-492.

385 Führer, Werner. – Lies, Lothar: ZKTh 127 (2005), 320-323.

560 Frühneuhochdt. Wörterbuch 6 I. – Junghans, Helmar: LuJ 71 (2004), 292 f.

561 Frühneuhochdt. Wörterbuch 8 II. – Junghans, Helmar: LuJ 71 (2004), 292 f.

601 Marty, Martin E. – Schweitzer, John: LQ 19 (2005), 89.

602 Mattox, Mickey Leland. – Pak, G. Sujin: SCJ 35 (2004), 1137-1139.

687 Schalk, Carl. – Westermeyer, Paul: LQ 17 (2003), 481-483.

753 Richardsen-Friedrich, Ingvild. – Leppin, Volker: ThLZ 130 (2005), 531-533.

763 Wiemer, Axel. – Plathow, Michael: Lu 76 (2005), 50 f; Theißen, Henning: LuJ 71 (2004), 307 f.

824 Otto, Henrik. – Müller, Gerhard: Lu 75 (2004), 160 f.

830 Posset, Franz. – Jensen, Gordon A.: SCJ 36 (2005), 160 f; Kreitzer, Beth: LQ 18 (2004), 370-372; Mantey, Heinz Volker: Lu 75 (2004), 161 f.

841 Akten der dt. Reichsreligionsgespräche ... 2 I. – Junghans, Helmar: LuJ 71 (2004), 297 f; Wolgast, Eike: HZ 279 (2004), 465-467.

842 Akten der dt. Reichsreligionsgespräche ... 2 II. – Junghans, Helmar: LuJ 71 (2004), 297 f; Wolgast, Eike: HZ 279 (2004), 265-267.

872 Kohnle, Armin. – Kolb, Robert: LQ 18 (2004), 483-485.

884 Schneider, Bernd Christian. – Solte, Ernst-Lüder: ZEvKR 49 (2004), 786-791.

924 Melanchthon, Philipp. – Junghans, Helmar: LuJ 71 (2004), 296 f.

970 Augustijn, Cornelis. – Junghans, Helmar: LuJ 71 (2004), 298-300.

1199 Mann, Jeffrey K. – Schmidt, Timothy A. M.: LQ 19 (2005), 91-93.

1202 Oberman, Heiko Augustinus. – Mattox, Mickey L.: SCJ 36 (2005), 315 f.

1237 Gössner, Andreas. – Hammerstein, Notker: HZ 279 (2004), 471 f.

1371 Ratke, David C. – Pless, John T.: LQ 17 (2003), 487-490

LuB 2005

01 Barth, Ulrich. – Janowski, J. Christine: ThLZ 130 (2005), 692-694; Weinhardt, Joachim: NZSTh 47 (2005), 338-341.

021 Harvesting Martin Luther's ... – Becker, Matthew: CJ 31 (2005), 322-327; Wengert, Timothy J.: SCJ 36 (2005), 561 f.

026 Im Licht ... – Weber, Beat: ThZ 61 (2005), 171 f.

033 Konfession: Evang.-luth. – Lies, Lothar: ZKTh 127 (2005), 315-317; Weidhas, Annette; ThLZ 129 (2004), 1107-1109.

041 Luther zwischen den Kulturen. – Bickelhaupt, Jörg: Ökumenische Rundschau 54 (2005), 404 f.

042 Lutherforschung im 20. Jh. – Zwanepol, Klaas: LuBu 14 (2005), 99-101.

049 Möller, Christian. – Pohl-Patalong, Uta: ThLZ 130 (2005), 332-334; Stollberg, Dietrich: PTh 94 (2005), 124 f.

062 Staats, Reinhart. – Greiner, Albert: Lu 76 (2005), 117 f; Picker, Christoph: BlPfKG 72 (2005), 216-218.

067 Was heißt hier lutherisch! – Hauschildt, Friedrich: ZZ 6 (2005), Heft 1, 64; Kühn, Ulrich: ThLZ 130 (2005), 1024 f; Plathow, Michael: MD 5 (2004), 123.

071 Wolf, Gerhard Philipp. – Hohenberger, Thomas: ZBKG 74 (2005), 293-297.

9 Schuster, Britt-Marie. – Bentzinger, Rudolf: Zeitschrift für deutsche Philologie 124 (2005), 148-151; Schwitalla, Johannes: Rhetorik 23 (2004), 181-184.

187 Thompson, Deanna A. – Jensen, Gordon A.: LQ 19 (2005), 235-237.

279 Asendorf, Ulrich. – Abraham, Martin: ZZ 6 (2005), Heft 3, 66 f; Wenz, Gunther: ThLZ 130 (2005), 447 f.

428 Parsons, Michael. – MacGregor, Kirk R.: SCJ 36 (2005), 592-594.

556 Frank, Günter. – Beck, Andreas J.: ThLZ 130 (2005), 680-682.

649 Oberman, Heiko A. – Blickle, Peter: HZ 279 (2004), 464 f; Selge, Kurt-Victor: ARG 96 (2005), 295-304.

688 Melanchthon, Philipp. – Junghans, Helmar: LuJ 71 (2004), 295 f; Keller, Rudolf: ZBKG 73 (2004), 190 f.

912 Appold, Kenneth G. – Kolb, Robert: LQ 19 (2005), 354-356.

978 Assel, Heinrich. – Markschies, Christoph: ThLZ 130 (2005), 304-307; Osthövener, Claus-Dieter: Zeitschrift für neuere Theologiegeschichte 11 (2004), 321-327.

1009 Barth, Karl. – Berner, Knut: ZZ 6 (2005), Heft 7, 65 f.

1184 Das Geheimnis ... – Braun, Reiner: JHKV 55 (2004), 369 f; Greiner, Albert: Lu 76 (2005), 47 f.

Berichtigung

LuJ 72 (2005), 202 wurden bei dem im Zusammenhang mit Thomas Müntzer genannten David Steinmetz die Lebensdaten des marxistischen Müntzerforscher Max Steinmetz ergänzt. Ich bitte um Verzeihung für dieses Versehen und freue mich, daß David Steinmetz noch unter uns lebt.